KB086277

독학 라틴어의 모든 것

# 카르페 라틴어

## 제2권 라틴어 구문론

*Carpe Linguam Latinam*
*Liber Secundus Syntaxis Linguae Latinae*

한동일

문예림

# "Carpe diem!
# Carpe Linguam Latinam!"

여러분은 Carpe diem이란 말을 들어 본 적이 있는가? 대부분 이 말을 베스트셀러이자 동명의 영화인 '죽은 시인의 사회'(Dead Poets Society, 1989)의 명대사로 기억하고 있을 것이다.

그렇다면, 존 키팅 선생님의 이 유명한 대사는 어떻게 해서 "하루를 즐겨라!"는 뜻을 가지게 되었을까?

'Carpe diem'이란 말은 원래 농사와 관련된 은유로서 로마의 위대한 시인인 호라티우스 (Quintus Horatius Flaccus, B.C. 65~8)가 쓴 말이다. 'carpe'란 말은 "carpo, 덩굴이나 과실을 따다, 추수하다"란 동사의 명령형이다.

과실을 수확하는 일은 사실 굉장히 고되고 힘들지만, 한 해 동안 수확물을 위해 땀을 흘린 농부에게 추수란 그 무엇과도 비교할 수 없는 행복일 것이다. 그래서 'carpo' 동사에는 "즐기다, 누리다"란 의미가 추가되어 "Carpe diem, 하루를 즐겨라."란 말이 되었고, 이후 Carpe diem이란 말은 쾌락주의 사조의 주요 표제어가 된다.

이 책의 제목인 '카르페 라틴어(Carpe Linguam Latinam)'도 같은 맥락으로 생각해 볼 수 있다.

원래 "Carpe Linguam Latinam"을 직역하면 "라틴어를 잡아라!" 또는 "라틴어를 사로잡아라!" 정도이다. 말은 쉽지만 사실 라틴어는, 또 라틴어뿐만 아니라 모든 공부는 고된 노동이다. 하지만 농부가 자라나는 농작물을 보며 가을에 탐스럽게 열릴 과실을 고대하듯이, 공부라는 노동에도 힘든 과정을 통해 지금의 내가 아닌 "장차 놀랍게 성장할 나"를 꿈꾸는 것이 필요하다.

그렇게 라틴어를 알아 감에 따라 그 속에 담긴 재미를 찾아간다면, 언젠가는 과실로 가득한 밭을 바라보는 농부처럼 우리의 지식과 마음가짐도 풍요로워지지 않을까 하는 것이 이 책에 담긴 바람이다. 이제 본격적으로 라틴어 공부를 시작하는 여러분, 라틴어를 사로잡고, 또 동시에 라틴어의 아름다움에 사로잡히기를!

# 서문
## Praefatio

이탈리아에서는 고등학교에 올라갈 때 인문계와 실업계 학교 진학 선택권이 주어진다. 그리고 인문계 고등학교를 졸업한 학생들은 대학 진학이 가능하다. 대학 진학을 위해서는 고등학교 졸업 시험을 치러야 하는데, 이를 통과한 학생에 한해서 졸업장(Diploma)을 수여한다. 이 시험은 일종의 대학수학능력시험인데, 첫날 과목이 라틴어다. 따라서 라틴어는 우리의 수능 국어나 영어인 셈이다. 이러한 이유 때문에 다양한 라틴어 관련 교육 서적이 풍부하다.

그러나 한국에서 '라틴어'라고 하면 죽은 언어, 어려운 언어라는 통념이 강하다. 그런 통념 때문에 라틴어를 배우고자 하는 학생들은 자료가 부족해 더욱 어려움을 겪어 왔다. 그러나 라틴어는 분명 배울 가치가 큰 언어이고, 그것을 알고 있는 소수의 열정적인 학생들은 오래전부터 지속적으로 그 배움의 열망을 키워 왔다. 그런 학생들의 열정에 조금이나마 보탬이 되고자 조금 더 쉽고 재미있게 라틴어를 배울 수 있고 쓸 수 있도록 이 책을 준비했다.

나는 이 책에 대한민국의 다른 어떤 라틴어 문법서보다도 풍부한 설명과 단어, 문제와 해설을 담았다. 나아가, 라틴어 회화와, 라틴 명언, 라틴어와 관련된 다양한 이야기들을 곳곳에 실어 자칫 지루할 수 있는 라틴어 문법에 재미와 풍부한 지식을 더했다. 그렇기에 이 책 한 권으로 사전이나 다른 자료 없이 라틴어 공부를 끝낼 수 있을 것이라고 자부한다.

이 책의 또 다른 강점은 바로 시각적인 요소이다. 라틴어는 굉장히 논리 정연한 언어이기 때문에, 표와 같이 시각적으로 정리를 할수록 쉽게 머리에 들어오게 된다. 그래서 그림, 표를 통해 더욱 쉽게 눈에 들어오게 하는 것에 가장 큰 신경을 써서 작업했다. 보통의 문법서처럼 순차적으로 나열하는 것에서 벗어나, 필요에 따라 병렬적이고, 연계적인 배치를 사용했기 때문에 라틴어를 혼자 학습하는 독자들도 보다 효율적으로 공부할 수 있을 것이다.

마지막으로 이 책과 함께 대한민국 사회에서 라틴어가 부활하기를 바란다. 라틴어가 사어라고 오해받는 이유는 현대 언어들과 같이 발맞추어 변해 가지 못했기 때문이라고 생각한다. 옛날의 낯선 문법 용어와 설명들이 오늘날 라틴어 배우기를 더 어렵게 하는 것이다. 그렇기에 나는 라틴어의 문법 용어들을 오늘날 이해하기 쉬운 용어로 대체했고, 부족하다 싶으면 충분한 설명을 덧붙였다. 이 작업에는 서강대를 비롯한 신촌의 학생들의 도움이 컸다. 라틴어를 배우는 젊은이들이 그들의 시선으로 라틴어를 배우면서, 라틴어에 활기를 불어넣어 주었다. 죽었던 라틴어가 현대의 언어로 다시 살아난 것이다. 그래도 남은 아쉬움은 또 다른 작업으로 넘긴다.

지은이 한동일

# 문법 약호
## Abbreviationes Grammaticae

| 약어 | 원어 | 의미 |
| --- | --- | --- |
| abl. | (casus) ablativus | 탈격 |
| acc. | (casus) accusativus | 대격 |
| adj. | adiectivum / adjectivum | 형용사 |
| adv. | adverbium | 부사 |
| adv., superl. | adverbium superlativum | 최상급 부사 |
| alci. | alicui | aliquis(어떤)의 여격 |
| alqo. | aliquo | aliquis, aliquid(어떤)의 탈격 |
| anom. / anomal. | (verbum) anomalum | 변칙동사 |
| antiq. | (dativus) antiquus | 옛 (여격) |
| arch. | archaicus | 고어 |
| can. | canon | 교회법 조문 |
| cf. | confer | 참조하라 |
| comm. | (adiectivum) commune | 공통 (형용사) |
| compar. | (gradus) comparativus | 비교급 |
| conj. | coniunctio / conjuntio | 접속사 |
| coord. | (coniunctio) coordinationis | 동등 (접속사) |
| dat. | (casus) dativus | 여격 |
| decl. | declinabile | 변화사 |
| def. / defect. | (verbum) defectivus | 부족동사, 불비동사, 결여동사 |
| dep. | (verbum) deponens | 탈형동사 |
| deriv. | derivatum | 파생(어) |
| dim. | diminutivum | 지소어, 축소어 |
| dir. | (obiectum) directum | 직접목적어, 직접객어 |
| dupl. acc. | duplex accusativus | 이중 대격 |
| e.g. | exempli gratia | 예를 들면 |
| etc. | et cetera | 기타 등등 |
| exact. | (futurum) exactum | (미래) 완료 |
| f. | (genus) feminium | 여성 |
| freq. | (verbum) frequentativus | 반복 (동사) |
| fut. | futurum | 미래 |
| fut. exact. | futurum exactum | 미래완료 |
| gen. | (casus) genitivus | 속격 |
| gerundiv. | gerundivum | 수동 당위분사 |
| imper. / imperat | (modus) imperativus | 명령법 |
| impers. | impersonale, impersonaliter | 비인칭(적으로) |
| inch. | (verbum) inchoativum | 기동 동사 |

| indecl. | indeclinabile | 불변화어 |
|---|---|---|
| inf. | (modus) infinitivus | 부정사(법) |
| intens. | (verbum) intensivum | 강세동사 |
| interj. | interjectio | 감탄사 |
| interr. | (pronomen) interrogativum | 의문 (대명사) |
| intr. | (verbum) intransitivum | 자동사 |
| inusit. | inusitatum | 불규칙, 변칙 |
| m. | (genus) masculinum | 남성 |
| n. | (genus) neutrum | 중성 |
| nom. | (casus) nominativus | 주격 |
| num. | numeralia | 수사(數詞) |
| obi. | obiectum | 목적어, 객어(客語) |
| obiectiv. | (genitivus) obiectivus | 객어적 (속격) |
| opp. | oppositum | 반대말 |
| ordin. | (numeralia) ordinalia | 서수 |
| p.p. | participium perfectum | 과거분사 |
| p. praes. | participium praesens | 현재분사 |
| pass. | passivum | 수동형 |
| pl. | pluralis | 복수 |
| poss. | (pronomen) possesivum | 소유 (대명사) |
| pr.obiectiv. | propositio obiectiva | 목적어문 |
| pr. / prop. | propositio | 문장 |
| praep. | praepositio | 전치사 |
| praes. | praesens | 현재 |
| praet. | praeteritum | 과거 |
| pron. | pronomen, pronominale | 대명사(적) |
| saec. | saeculum | 세기 |
| sc. | scilicet | 즉 |
| semidep. | (verbum) semidepones | 반탈형동사 |
| sg. / sing. | singularis | 단수 |
| subj. | subiunctivus | 접속법, 종속법 |
| superl. | (gradus) superlativus | 최상급 |
| supin. | supinum | 동명사, 목적분사 |
| tr. | (verbum) transitivum | 타동사 |
| v. | verbum | 동사 |
| v.g. | verbi gratia | 예를 들면 |
| voc. | (casus) vocativus | 호격 |

# 저자 및 인용 문헌 약어
## Abbrevitiones Auctorum et Operarum

| | |
|---|---|
| Ambr. | Ambrosius(밀라노 주교) |
| Apul. | Apuleius(기원후 2세기) |
| *Met.* | *Metamorphoses*(변신 이야기) |
| Aug. | Augustus(황제, 기원전 1세기) |
| *Bell. Alex.* | *Bellum Alexandrinum* |
| Caes. | Caesar(기원전 1세기) |
| *B. C.* | *de Bello Civili*(내전기) |
| *B. G.* | *de Bello Gallico*(갈리아 전기) |
| *Carm.* | *Carmen* |
| Cat. | Cato(기원전 3~2세기) |
| Catull. | Catullus(기원전 1세기) |
| Cic. | Cicero(기원전 1세기) |
| *Acad.* | *Academicorum libri*(학술서) |
| *ad Q. fr.* | *Epistulae ad Quintum fratrem* (퀸투스 형제에게 보내는 서한) |
| *Agr.* | *de Lege Agraria*(농지법에 대하여) |
| *Amic.* | *de Amicitia*(우정에 대하여) |
| *Att.* | *Epistulae ad Atticum*(아티쿠스에게 보내는 서한) |
| *Br.* | *Brutus*(브루투스) |
| *Catil.* | *in L. Catilinam*(카틸리나 탄핵) |
| *Cato.* | *Cato maior*(연장자 카토) |
| *De Orat.* | *De Oratore*(변론가에 대하여) |
| *Deiot.* | *pro rege Deiotaro* (데이오타로 왕을 위하여, 갈라티아의 영주, 캐사르의 적) |
| *Div.* | *de Divinatione*(점에 대하여) |
| *Dom.* | *de domo sua*(고향에 대하여) |
| *Fam.* | *Epistulae ad Familiares*(가족에게 보내는 편지) |
| *Fin.* | *de Finibus Bonorum et Malorum*(최고 선악론) |

| | |
|---|---|
| *Lael.* | *Laelius*(랠리우스, 기원전 3~2세기 로마의 정치가) |
| *Leg.* | *de Legibus*(법률에 대하여, 입법론) |
| *Lig.* | *pro Ligario* |
| | (리가리우스를 대신하여, 캐사르의 적을 치체로가 옹호) |
| *Marc.* | *pro Marcello*(마르첼로를 대신하여) |
| *Mil.* | *Pro Milone*(밀로를 위하여, 크로토네의 유명 육상선수) |
| *Nat.(N. D.)* | *de Natura Deorum*(신들의 본성에 대하여) |
| *Off.* | *de Officiis*(의무론) |
| *Or.* | *Orator*(연설가) |
| *Par.* | *Paradoxa Stoicorum*(스토아철학의 역설) |
| *Partit.* | *Partitiones Oratoriae*(웅변술 분석) |
| *Phil.* | *Philippicae*(필리피카) |
| *Pis.* | *in Pisonem*(피소에게) |
| *Rab. Perd.* | *pro Rabirio Perduellionis Reo* |
| | (반역죄 혐의의 라비리우스를 대신하여) |
| *Rep.* | *de Republica*(공화국에 대하여, 국가론) |
| *S. Rosc.* | *pro S. Roscio Amerino*(아메리노의 로시오를 대신하여) |
| *Sen.* | *post reditum in Senatum*(원로원에 돌아온 뒤에) |
| *Tim.* | *Timaeus*(치체로가 라틴어로 번역한 플라톤의 담론 제목) |
| *Top.* | *Topica*(개연적 추리론, 아리스토텔레스의 논리학 제4권) |
| *Tusc.* | *Tusculanae Disputationes*(투스쿨라나 담론) |
| *Verr.* | *in C. Verrem*(베레스에 맞선 치체로의 변론) |
| Curt. | Crutius(기원후 1세기) |
| D. Brut. | D. Iunius Brutus(기원후 1세기) |
| Eutr. | Eutropius(기원후 4세기) |
| Gell. | Gellius(기원후 2세기) |
| *Noct. Att.* | *Noctium Atticarum*(권력자들의 만찬) |
| Hor. | Horatius(기원전 1세기) |
| *A. P.* | *Ars Poetica*(시학) |
| *Carm.* | *Carmina*(카르미나, 서정시) |
| *Sat.* | *Satirae*(사티라, 풍자시) |
| Iust. | Iustinus(기원후 3세기) |

*Leg. XII Tav.*  *Leges duodecim tabularum*(12표법)

Liv.  Livius(기원전 1세기~기원후 1세기)

Mart.  M. Valerius Martialis(기원후 1세기)

Mela.  Pomponius Mela(기원후 1세기)

Nep.  Cornelius Nepos(기원전 1세기)

  *Alc.*  *Alcibiades*(알치비아데스)

  *Con.*  *Conon*(코논)

  *Hann.*  *Hannibal*(한니발)

  *Reg.*  *Reges*(왕들)

  *Them.*  *Themistocles*(테미스토클레스, 아테네의 정치가)

Ov.  Ovidius(기원전 1세기~기원후 1세기)

  *Met.*  *Metamorphoses*(변신 이야기)

Phaedr.  Phaedrus(기원후 1세기, 소크라테스의 친구, 치체로의 스승)

*Pl. Capt.*  Plautus의 희곡 *Captivi*(포로들)

Planc.  L. Munatius Plancius(기원전 1세기)

Plaut.  Plautus(기원전 3~2세기)

  *Amph.*  *Amphitruo*(암피트루오, 테베의 왕)

  *Cist.*  *Cistellaria*(치스텔라리아, 희극)

  *Men.*  *Menaechmi*(메내크미 형제, 희극)

  *Ps.*  *Pseudolus*(거짓말쟁이, 희극)

Plin.  Plinius(기원후 1세기)

  *Ep.*  *Epistulae*(서한)

  *Nat.*  *Historia naturalis*(자연사)

Prop.  Propertius(기원전 1세기)

Publ.  Publius Syrus(기원전 1세기)

Quint.  M. Fabius Quintillianus(기원후 1세기)

  *Inst.*  *Institutio oratoria*(웅변 교육)

*Rhet.*  *Rhetorica ad Herennium*(헤렌니우스를 위한 수사학)

Sall.  Sallustius(기원전 1세기)

  *Cat.*  *de coniuratione Catilinae*(카틸리나의 음모에 대하여)

  *Iug.*  *de bello Iugurthino*(유구르티노 전쟁에 대하여)

Sen.  Seneca(기원후 1세기)

|  | *Br. Vit.* | *de Brevitate Vitae*(인생의 짧음에 대하여) |
|---|---|---|
|  | *Clem.* | *de Clementia*(자비에 대하여, 자비론) |
|  | *Ep.* | *Epistulae ad Lucilium*(루칠리우스에게 보내는 서한) |
|  | *Ira.* | *Dialogorum libri 3-5: de Ira 1-3*<br>(담론서 3-5: 분노에 대하여 1-3) |
|  | *Nat.* | *Naturales quaestiones*(자연 연구서) |
|  | *Prov.* | *de providentia*(섭리에 대하여, 섭리론) |
|  | *Tr.* | *Troades*(트로이아 사람들) |
| Serv. | Servius(기원후 4~5세기) | |
| Svet. | Svetonius(기원후 2세기) | |
|  | *Cl.* | *divus Claudius*(신 클라디우스) |
|  | *Iul.* | *divus Iulius*(신 율리우스) |
|  | *Tib.* | *Tiberius*(티베리우스, 로마의 2대 황제) |
| Tac. | Tacitus(기원후 1~2세기) | |
| Ter. | Terentius(기원전 2세기) | |
|  | *Heaut.* | *Heautontimorumenos*(자책하는 자, 희곡) |
|  | *Phorm.* | *Phormio*(포르미오, 소요학파의 철학자) |
| Val. Max. | Valerius Maximus(기원후 1세기) | |
| Varr. | Terentius Varro(기원전 1세기) | |
|  | *Men.* | *Menippeae satirae*(메니포의 풍자) |
| Vell. | Velleius Paterculus(기원후 1세기) | |
| Verg. | Vergilius(기원전 1세기) | |
|  | *Aen.* | *Aeneis*(애네이스, 장편 서사시) |
|  | *Buc.* | *Bucolica*(전원시) |
|  | *Geo.* | *Georgica*(농경시) |

## •목차•

Quod in Libro Continetur

## 제2권 라틴어 구문론

# 이 책에 대하여
## Introductio

『카르페 라틴어』 제1권 '품사론(morphologia)'에서는 문장에 쓰인 각 단어의 기능, 형태, 의미를 중심으로 살펴보았다. 각 단어가 갖는 문법상 성질, 동사의 활용, 품사의 용법 등에 관한 구문론은 결국 문장 안에서 단어의 어떤 기능을 설명하는 것이므로 품사론과 구문론은 서로 긴밀히 연결되어 있다. '구문론(syntaxis)'은 일반적으로 '통사론' 또는 '문장론'으로도 불린다. 전통적으로 구문론은 단문이나 복문의 구성 요소, 그러한 구성 요소들의 기능과 의미적 관계를 분석하고 연구한다.

라틴어의 문장은 크게 단문과 복문으로 구분할 수 있다.

단문(propositio simplex)은 기본적인 유형의 문장으로, 동사를 하나만 갖는다. 라틴어 단문 중 가장 간단한 구조는 서술어 하나만을 가진 구조이며, 날씨를 나타내는 비인칭동사나 감탄사 등이 대표적인 단문이다. 주어와 서술어만으로 이루어진 간단한 단문 형태뿐만 아니라, 직접목적어, 간접목적어, 부사어 등이 포함된 단문들도 있다.

> E.g. Pluit. 비가 온다.
>
> Lucescit. 날이 밝는다.
>
> Mehercules! (헤라클레스 신을 부르면서) 맹세코!

복문(propositio composita)은 서로 대등한 단문끼리 연결되거나, 한 문장이 다른 문장에 종속되는 종속절(propositio dependens)을 이루는 형태의 문장이다. 주절과 종속절로 구성된 복문은 주절의 시제와 종속절의 시제에 따라 다양한 의미가 있다.

라틴어의 '구문론'은 문장구조, 동사의 용법과 시제, 격(casus), 문장의 종류와 시제 등을 다룬다.

문장구조 부분에서는 주어, 서술어, 목적어 및 주어와 서술어의 일치 등과 같은 문장의 구성 성분에 대해 공부한다.

동사의 용법 부분에서는 명령법, 부정법, 접속법 등의 다양한 용법과 독립문의 시제 등에 대해 공부한다. 아울러 문장 안에서 동사의 다양한 용례에 대해 살펴보도록 하겠다.

격 용법 부분에서는 품사론에서 배웠던 주격, 속격, 여격, 대격, 탈격의 구체적 용법에 대해서 살펴본다.

문장의 종류와 시제에서는 주절과 종속절의 관계를 공부한다.

끝으로 우리나라 라틴어 연구의 대가이자 초석을 이루어 놓으신 고 허창덕 신부님께 존경과 감사의 인사를 올린다. 그분이 1961년에 저술한 우리나라 유일(唯一)의 『라틴어 문장론』을 반세기가 훨씬 지난 오늘 부족한 저자가 현대적 의미에 맞춰 새롭게 저술하였음을 밝힌다.

Auctor

Advocatus Rotalis Samuel T. I. HAN

# 일러두기
## Praenotanda

1. 인·지명 표기는 되도록 국어사전과 국립국어원 자료 등을 따라서 표기했다. 그러나 이 책의 라틴어 발음 원칙에 따라 국어사전과 국립국어원의 표기를 따르지 않은 것이 있다. 가령 Caesar나 Cicero의 경우, 고전 발음은 "카에사르, 키케로"로 발음하지만 이 책의 학교 발음은 "캐사르, 치체로"로 발음한다. 이 경우 학교 발음[고전 발음]으로 표기하여 "캐사르[카에사르], 치체로[키케로]"로 표기하였다.

2. 인·지명이 단어 설명에 등장하는 경우, 표기를 먼저 해 주고, 괄호 안의 부연 설명은 나중에 했다.
   예: Epidaurum, −i, n. 에피다우로스(고대 그리스의 작은 도시)

3. 외국어를 우리말로 옮길 때 경음을 쓰지 않는다는 원칙이 있지만, 이 책의 라틴어 발음 원칙과 관계할 때는 그냥 학교 발음에 따라 표기하였다.
   예: 암피오 → 암삐오, 세콰니 → 세꽈니, 파피루스 → 빠삐루스, 아그리파 → 아그립빠

4. 지명 가운데 예전 이름과 현재 이름이 다른 경우, 라틴어 표기대로 예전 이름을 먼저 쓰고, 괄호 안에 현재 이름을 표기하였다.
   예: 에트루리아의(오늘날 토스카나의)

5. 우리말 '등등'에 해당하는 라틴어는 'eccetera'이어서 약어는 'ecc.'이지만, 독자들이 'etc.'에 더 익숙하리라고 생각되어 'etc.'로 표기했다.

6. 라틴어 단어와 우리말 조사가 연결되는 경우, 라틴어 발음을 고려하여 우리말 조사를 결정하였다. 예를 들면, ad는 '아드'로 읽어서, 'ad는'으로, ob는 '오브'로 읽어서 'ob와'로 표기하였다.

7. 명사의 경우 어근을 제외한 속격의 어미는 '−'로 표기하였다.
   예: rosa, −ae, f. 장미

8. 형용사의 경우 남성, 여성, 중성의 순으로 표기하였으며, 중성과 여성의 어근을 제외한 어미는 '－'로 표기하였다.

　예: bonus, －a, －um, adj. 좋은

9. 동사의 경우 동사의 기본형을 다음과 같은 순서에 따라 표기하였다. 아울러 어근을 제외한 어미 부분은 '－'를 생략하고 표기하였다.

　현재 단수 1인칭, 현재 단수 2인칭, 단순과거 1인칭, 목적분사, 1, 2, 3, 4(동사의 활용), 자·타동사의 여부, 뜻

　예: amo, as, avi, atum, 1 tr. 사랑하다

10. "1, 2, 3, 4"라는 동사의 활용을 표기한 것은 해당 동사의 변화표를 쉽게 참조하게 하기 위함이다.

11. 관계절, 관계사절은 "관계사절"로 통일한다.

# Pars 1
# Structura Propositionis
문장의 구조

# De Partibus Propositionum

## 문장의 구성 요소

### I. 주어(Subiectum)

#### 1. 문장의 주어

주어란 문장의 주체가 되는 사람이나 사물, 즉 술어가 서술하는 어떤 상태나 행위의 주체를 말한다. 명사 또는 명사의 의미를 갖는 대명사, 명사화된 형용사, 명사 역할을 하는 분사, 단순 부정사문에서 동사의 부정사 등이 주어가 될 수 있다.

|명사| Horae cedunt. (Cic.) 시간(들)이 가 버린다.

|대명사| Hoc erat in votis. (Hor.) 이것이 간청들 가운데 있었다.

|명사화된 형용사| Inimici sunt multi. (Cic.) 원수들은 많다.

|동사의 부정사| Imperare sibi maximum imperium est. (Sen.)
자기 자신을 다스리는 것이 최고의 다스림이다.

|부정사문| Omnibus bonis expedit salvam esse rem publicam. (Cic. *Phil.* 13, 16)
공화국이 안전한 것이 선한 모든 사람들에게 이롭다.[1]

---

votum, −i, n. 축원, 기원, 간청, 서원
inimicus, −a, −um, adj. 원수의, 비우호적인, (사물) 해로운
imperium, −ii, n. 명령, 지시, 통치                salvus, −a, −um, adj. 무사한, 안전한, 구원된
expedio, is, ivi et ii, itum, ire, 4 tr. 해방하다, 석방하다, 이행하다; intr. 이롭다, 유익하다
cedo, is, cessi, cessum, ere, 3 intr. et tr. 가 버리다, 돌아가다

---

1) 부정사 esse 동사와 주어 역할을 하는 명사로 이루어진 부정사문 전체가 주어 역할을 하는 예문이다.

## 2. 주어의 표현

• 하나의 문장 안에서 주어는 주격으로 표현된다. 그러나 주어가 인칭대명사일 경우 일반적으로 생략된다. 특히 1·2인칭 대명사는 특별한 강조나 대조 등의 표현을 나타내지 않는 경우, 대부분 생략한다. 동사의 어미(용장) 활용, 즉 동사의 어미변화 자체가 인칭의 뜻을 내포하고 있기 때문에 문장 안에서 인칭대명사인 주어를 생략할 수 있다.

|주어 생략| Vobis plaudo. (나는) 여러분에게 박수친다.

|강조| Huius luctuosissimi belli semen tu fuisti. (Cic. *Phil.* 2, 55) 너는 가장 비참한 이 전쟁의 원인이었다.

|대조| Praedia mea tu possides, ego aliena misericordia vivo. (Cic.) 너는 나의 토지들을 차지하고, 나는 다른 사람의 동정심으로 산다.

• 부정사문에서 주어는 대격으로 표현한다. 이에 대해서는 "Pars 2, Lectio II. 부정법"을 참조하라. 또한 비인칭동사의 경우 대격을 주어로 가지기도 한다. 이에 대해서는 "Pars 2, Lectio VIII. 비인칭동사"를 참조하라.

Platonem ferunt in Italiam venisse. (Cic.) (사람들은) 플라톤이 이탈리아에 왔었다고들 말한다.

• 절대적 비인칭동사 가운데 날씨를 나타내는 동사는 주어를 생략한다.

E.g. Pluit. 비가 온다. Ningit. 눈이 내린다. Tonat. 천둥이 친다.

|날씨 동사에 얽힌 이야기| 날씨를 나타내는 이들 동사 앞에 원래는 Iuppiter라는 주어가 있었다. Iuppiter는 번개와 우뢰를 무기로 사용하는 신으로서, 그리스신화에서는 Zeus로, 로마신화에서는 '유피테르'로 불렀다.

E.g. Iuppiter tonat. 유피테르가 천둥을 친다.

---

luctuosus, −a, −um, adj. 슬픈, 비참한　　　semen, seminis, n. 씨, 씨앗, 정자, 원인
praedium, −ii, n. 토지, 농장, 소유물　　　alienus, −a, −um, adj. 다른 사람의, 외국의
misericordia, −ae, f. 자비, 동정심, 측은지심 aliena aliquod vivere 다른 사람의 ~로 살다
Plato, −onis, m. 플라톤(그리스의 철학자)
plaudo, is, plausi, plausum, ere, 3 tr. (소리 나게) 치다; intr. 박수치다, 칭찬하다
possideo, es, sedi, sessum, ere, 2 tr. 소유하다, 차지하다, 가지다
fero, fers, tuli, latum, ferre, 운반하다, 참다, 말하다(이 동사에 대해서는 118~120쪽 참조); ferunt (사람들이) ~라고들 말한다; fertur, feruntur ~라고 한다, ~라고 전해 내려온다

## 3. 동격

• 라틴어에서 동격은 다른 명사에 덧붙여 정의하거나 명시하는 용법으로서, 공직, 인척 관계, 나이, 신분, 지명 등을 나타낸다.
  E.g. Homerus poeta 시인 호메로스, Cicero consul 집정관 치체로

• 동격은 관련되는 명사와 같은 격을 사용한다.
  E.g. flumen Padus 포 강, urbs Athenae 아테네 시(市), insula Sicilia 시칠리아 섬
  Gallos ab Aquitanis Garumna flumen dividit. (Caes. *B. G.* 1, 1, 2)
  가론 강은 아퀴타니아에서 갈리아를 나눈다.

• 동격은 한정 형용사를 덧붙일 수 있다.
  E.g. Achilles, vir fortissimus 가장 용감한 사람 아킬레스

• 동격은 보어로 정의될 수 있다.
  E.g. Roma, caput Italiae 이탈리아의 수도 로마
  Dionysius, vir optimus et doctissimus tuique amantissimus, Romam venit. (Cic. *Att.* 7, 7, 1)
  가장 선하고 현명한 사람, 그리고 너의 가장 사랑스러운 사람, 디오니시오가 로마에 왔다.

> Aquitania, -ae, f. 아퀴타니아(갈리아의 한 지방. 오늘날 프랑스 남서부. 현 지명은 Aquitaine)
> Garumna, -ae, m. 가론 강(프랑스 남서부 피레네 산맥에서 서북쪽으로 흘러 Gironde 강으로 들어감)

## II. 서술어(Praedicatum)

서술어는 문장 구성의 기본 골격이 되는 요소로서, 주어의 동작·상태·성질 등을 서술하는 말이다. 라틴어의 서술어는 주어의 명시 없이 단독으로 완전한 의미 전달이 가능하다. 서술어에는 동사적 술어와 명사적 술어가 있다.

## 1. 동사적 술어

동사적 술어는 주어와 일치하는 하나의 동사로 구성된다. 이 경우 동사는 능동태, 수동태, 탈형동사일 수 있다. 조동사는 동사의 부정사와 함께 하나의 서술어를 구성한다.

Defendi rem publicam. (Cic.) (내가) 국가를 지켰다.

Perpetuo vincit qui utitur clementia. (Publ. 500)

관대함을 사용하는(곧 관대한) 사람은 영원히 승리한다.

(Caesar) oppidum expugnare non potuit. (Caes. *B. G.* 2, 12)

(캐사르는) 도시를 함락시킬 수 없었다.

---

defendo, is, defendi, fensum, ere, 3 tr. 방어하다, 지키다, 변호하다

perpetuo, adv. 영원히

utor, eris, usus sum, uti, 3 dep. 사용하다 (+abl.)

expugno, as, avi, atum, are, 1 tr. 공략하다, 함락시키다, 정복하다

---

## 2. 명사적 술어

명사적 술어는 계사(서술격 조사) 기능을 하는 sum 동사가 명사 또는 형용사와 함께 구성된 것을 말한다. 명사일 경우에는 주어의 격과 수를, 형용사일 경우에는 성도 일치시켜야 한다.

|명사| Iustitia est regina virtutum. (Cic.) 정의는 덕들의 여왕이다.

Non exercitus neque thesauri praesidia regni sunt, verum amici. (Sall. *Iug.* 10, 4)

왕국의 방어 수단은 군대나 보물이 아니라, 충성스러운 신하들이다.

|형용사| Divitiarum gloria fluxa est. (Sall.) 부귀영화는 덧없다. (직역: 재산이 주는 영화는 헛되다.)

Stultum est queri de adversis, ubi culpa est tua. (Publ. 608)

네 탓일 때, 불운에 대해 불평하는 것은 어리석다. (자기 탓일 때, 불운에 대해 불평하는 것은 어리석다는 의미)

---

non A, verum B A가 아니라 B          exercitus, −us, m. 훈련, 군대

thesaurus, −i, m. 보물, 국고, 금고          praesidium, −ii, n. 보호, 방어 수단, 보호 대책

amicus, −i, m. 친구, (왕의) 심복 부하, 충성스러운 신하

divitiae, −arum, f. pl. 재산, 부, 재물          fluxus, −a, −um, adj. 헛된, 덧없는, 사라지는

adversum, −i, n. 재앙, 불운

queror, quereris, questus sum, queri, 3 dep. 원망하다, 불평하다, 푸념하다

culpa, −ae, f. 탓, 잘못

---

## 3. 술어가 생략된 문장

일상적 표현, 격언이나 속담과 같은 관용적 표현은 문장 안에서 동사를 생략하기도 한다.

• 문맥상 쉽게 추론할 수 있는 경우에 동사가 생략되곤 한다. 가령, "너 몇 시에 도착하니?"라
는 질문에 "여섯 시."라고 대답하면, 이 문장은 "여섯 시에 도착해."라는 의미이다.
Ubi est aurum? In arca apud me (est). 금이 어디에 있니? 내 옆(에 있는) 상자에.
Milo domum venit, calceos et vestimenta mutavit, dein profectus (est). (Cic.)
밀로는 집에 와서, 신과 옷을 갈아입은 다음, 떠났다.

• 동사가 없는 명사구: 동사가 없어도 뜻이 명확히 전달될 수 있는 경우 술어가 생략된다.
이러한 명사구는 주로 법언, 격언, 속담 등의 관용적 표현이다.
Summum ius, summa iniuria. (Cic. *Off.* 1, 33) 최상의 법은, 최고의 불법(이다).
Quot homines (sunt), tot sententiae. (Ter. *Phorm.* 454)
사람 수만큼 많은 의견. 십인십색(十人十色).

---

Milo, -onis, m. 밀로(크로토네의 유명한 운동선수)

calceus, -i, m. 신, 구두                              vestimentum, -i, n. 옷

proficiscor, proficisceris, profectus sum, ficisci, 3 dep. intr. 출발하다, 떠나다

arca, -ae, f. 상자, (성경) 노아의 방주      quot A, tot B A만큼, 그만큼 많은 B

---

## III. 목적어(Res Obiecta)

목적어는 동사가 나타내는 행위의 대상이 되는 문장 성분을 말한다. 대격 형태의 명사, 명사
화된 형용사, 대명사가 목적어가 될 수 있다.

• 일반적으로 타동사가 목적어(직접목적어, 목적보어)를 취하지만, 자동사라도 목적어를 요
구할 수 있다.
|타동사| Veneti se suaque omnia Caesari dediderunt. (Caes. *B. G.* 3, 16, 4)
베네치아 주민들은 자기 자신들과 모든 것(들)을 캐사르에게 바쳤다.
|자동사| Probus invidet nemini. (Cic. *Tim.* 9) 정직한 사람은 아무도 부러워하지 않는다.
N.B. invidere alicui vel alicui rei ~(사람, 사물)을 부러워하다, 여격 요구 동사

• 중성명사처럼 사용된 동사의 부정사, 부사, 접속사 등
Vera dicere didici. (Plaut. *Amph.* 687) 나는 진실을 말하는 것을(말하도록) 배웠다.
Graeci adspirare 'f' solent. (Quint. *Inst.* 1, 4, 14) 그리스 사람들은 'f'를 발음하는 습관이 있다.

•종속절이 종속접속사나 부정사문 등으로 주절 동사의 목적어가 되는 경우

Peto ut benigne me audiatis. (Cic. *Phil.* 1, 15)

나는 여러분이 너그럽게 나를 경청해 주시길 청합니다.

N.B. petere ut＋접속법 동사 ~해 주시길 청하다. audiatis는 audio 동사의 접속법 현재 복수 2인칭.


Facere non possum quin tibi gratias agam. (Cic. *Fam.* 10, 24, 1)

나는 당신에게 고맙다고 하지 않을 수 없다.

N.B. "Facere non possum quin ~하지 않을 수 없다"라는 의미의 관용어 "Pars 4, Lectio III, IV" 참조.


Homines nos esse meminerimus. (Cic. *Fam.* 5, 16, 2) 우리가 인간이란 것을 기억합시다!

N.B. meminerimus는 memini 동사의 접속법 단순과거 복수 1인칭. memini 동사의 단순 과거는 현재 시제로 옮긴다.


N.B. 라틴어의 타동사는 일반적으로 대격 형태의 직접목적어를 취한다. 그러나 동사에 따라 대격 형태가 아니라 속격, 여격, 탈격을 목적어로 요구하는 동사들이 있다. 이러한 동사들은 대격 형태가 아니더라도 우리말로 옮길 때에는 목적어로 옮겨야 뜻이 통한다. 이에 대해서는 "Pars 3. 격의 용법"에서 살펴보기로 하자.

속격 요구 동사: memini 기억하다

여격 요구 동사: persuadeo 설득하다, consulo 돌보다 etc.

탈격 요구 동사: careo 결핍하다, utor 사용하다 etc.


Veneti(-thi), -orum, m. pl. 베네치아 주민들

nemo, neminis, m./f. pron., adj. 아무도 아니, 아무도 않다

verum, -i, n. 진리, 진실                     benigne, adv. 너그럽게, 호의를 갖고, 기꺼이

quin, conj. subord. ~하지 않고서는          dedo, is, didi, ditum, ere, 3 tr. 주다, 바치다

invideo, es, vidi, visum, ere, 2 질투하다, 시기하다, 부러워하다

disco, is, didici, ere, 3 배우다

aspiro(ads-), as, avi, atum, are, 1 발음하다, 갈망하다

soleo, es, solitus sum, ere, semidep. intr. 습관적으로 ~하다, ~하는 버릇이 있다

peto, is, ivi vel ii, itum, ere, 3 청하다, 부탁하다, 요구하다

memini, meministi, meminisse 기억하다

## IV. 주어와 서술어의 일치

　주어가 명사, 명사화된 형용사, 대명사일 경우에는 서술어와 수(數), 성(性)을 일치시키고, 의미상 주어와 형태 변화를 일치시켜야 한다. 즉 통사론적으로 밀접한 관계를 맺고 있는 주어와 수, 성, 인칭 등을 일치시켜야 한다.

### 1. 수(數)의 일치

#### 1) 하나의 주어

• 서술어와 계사(sum 동사)는 주어의 인칭과 수와 일치해야 한다.
　Tu venisti. 네가 왔다.
　Nos omnes ridebamus. 우리는 모두 웃고 있었다.
　Puella librum legit. 소녀가 책을 읽는다(읽었다).
　Athenae omnium artium domicilium fuerunt. (Cic.) 아테네는 모든 예술의 본거지였다.
　Thebae[2] ab Alexandro deletae sunt.[3] (Liv.) 테베는 알렉산더에 의해 파괴되었다.

• 형용사가 주어를 서술할 때 주어와 성, 수, 격을 일치시켜야 한다.
　Pater est bonus. 아버지는 좋다.
　Mater est bona. 어머니는 좋다.
　Filii sunt boni. 아들들은 좋다.

• 주어가 단순 부정사문이나 부정사문일 경우 중성으로 간주한다.
　Vincere honestum est, pulchrum ignoscere. (Publ.)
　승리하는 것은 명예롭고, 용서하는 것은 존귀하다.
　Errare humanum est. 실수하는 것은 인간적이다.

#### 2) 둘 이상의 주어

주어가 둘 이상일 경우 서술어와 계사(sum 동사)는 복수가 된다.
　Si tu et Tullia valetis, ego et suavissimus Cicero valemus. (Cic. *Fam.* 14, 5, 1)
　만일 너와 툴리아가 잘 있다면, 나와 가장 사랑스러운 치체로도 잘 있다.
　N.B. 주어의 인칭이 다를 경우 1인칭 > 2인칭 > 3인칭의 순서이다.

---

2) 3인칭 여성 복수.
3) 수동형 3인칭 여성 복수.

domicilium, −ii, n. 주소, 집, 본거지
Thebae, −arum, f. pl. 고대 이집트의 수도 테베, 그리스 테살리아 지방에 있는 도시명·도시 사람
rideo, es, risi, risum, ere, 2 웃다
deleo, es, evi, etum, ere, 2 tr. 파괴하다, 소멸하다, 폐허로 만들다
suavis, −e, adj. 부드러운, 감미로운, 사랑스러운

## 2. 성(性)의 일치

•성이 같은 둘 이상의 주어일 경우, 서술하는 말은 같은 성의 복수를 사용한다.
 Pater et filius boni sunt. 아버지와 아들은 좋다.
 Mater et filia bonae sunt. 어머니와 딸은 좋다.

•성이 다른 둘 이상의 주어가 생물일 경우 남성 > 여성 > 중성의 순이다.
 Aquila et aper inedia sunt consumpti. (Phaedr. 2, 4, 23) 독수리와 멧돼지가 굶주림으로
 죽었다.
 N.B. aper 남성 > aquila 여성 → consumpti 수동태 단순과거 복수 남성

 Mulieres et mancipia captae sunt. 부인들과 노예들이 잡혔다.
 N.B. mulieres 여성 복수 > mancipia 중성 복수 → captae 수동태 단순과거 복수 여성

•성이 다른 둘 이상의 주어가 무생물일 경우 중성으로 일치시킨다.
 Secundae res, honores, imperia fortuita sunt. 행운, 명예, 통치권(들)은 운이다.
 N.B. secundae res 여성 복수, honores 남성 복수, imperia 중성 복수. 모두가 무생물이므
 로 중성으로 일치.

inedia, −ae, f. 굶음, 단식, 기아          mancipium, −ii, n. 노예
fortuitus, −a, −um, adj. 우연한, 예기치 않은    imperium, −ii, n. 명령, 통치권
capio, is, cepi, captum, ere, 3 tr. 잡다, 점령하다, 가지다, 이해하다
consumo, is, sumpsi, sumptum, ere, 3 tr. 소비하다, 소모하다, 파괴하다, 죽이다

## 3. 의미상 주어와의 일치

서술어가 문장의 문법상 주어와 일치하는 것이 아니라, 문장의 '의미상 주어'와 일치하는
경우이다.

•복수의 의미를 나타내는 multitudo, pars, exercitus, classis, nobilitas 등의 집합명사는 문법상 단수이지만, 의미상 주어를 따라 동사를 복수로 사용할 수 있다.

Multitudo Philopoemenis sententiam expectabant. (Liv.)
군중은 필로포에멘의 결정을 기다리고 있었다.

Pars navium haustae sunt. (Tac.) 배들(의) 일부가 가라앉았다.

Nobilitas rem publicam deseruerant. (Liv. 26, 12, 8) 귀족은 공화국을 버렸었다.

> multitudo, -dinis, f. 다수, 군중, 무리
> Philopoemen, -enis, m. 필로포에멘(아카이아 동맹의 우두머리)
> pars, partis, f. 부분, 일부; pl. 정당, 소송당사자
> haurio, is, hausi, haustum, ire, 4. tr. 빨아들이다, (물속에) 가라앉히다
> exercitus, -us, m. 훈련, 군대, 무리, 떼          classis, -is, f. 함대, 수송 선단
> nobilitas, -atis, f. 유명, 고상, 귀족
> desero, is, serui, sertum, ere, 3 tr. 버리다, 포기하다

•milia(천), capita, servitia(노예)와 같은 중성 복수 명사는 의미상의 주어를 따른다.

Samnitium caesi (sunt) tria milia ducenti, capti quattuor milia septingenti. (Liv. 10, 34, 3)
삼니움족 가운데 3,200명은 죽었고, 4,700명이 포로로 잡혔다.

N.B. caesi와 capti는 문법상 주어 milia가 아니라 의미상 주어 Samnitium에 일치시킨 것임.

•분할 속격 대명사가 quisque(각자, 각각), uter(둘 중 하나), uterque(둘 다) 등의 미한정 대명사이거나 또는 주어가 동반하는 사람이 있는 경우, 동사를 복수로 사용할 수 있다.

Uterque eorum ex castris exercitum educunt. (Caes. *B. G.* 3, 30, 3)
그들 가운데 양쪽 다 군대를 진영 밖으로 인솔해 나온다.

Ipse dux cum aliquot principibus capiuntur. (Liv.)
몇몇 지휘관들과 함께 사령관 본인이 체포된다.

> Samnites, -ium, m. pl. 삼니움족(오늘날 이탈리아 Campania 지방)
> caedo, is, cecidi, caesum, caedere, 3 tr. 베다, 자르다, 죽이다, 학살하다
> capio, is, cepi, captum, ere, 3 tr. 잡다, 체포하다, 점령하다, 가지다, 이해하다
> educo, is, duxi, ductum, ere, 3 tr. 끌어내다, 인솔해 나오다

•oppidum, urbs(성곽도시), civitas(도시, 국가) 등이 지명을 나타내는 고유명사의 동격으로 쓰인 경우, 서술어는 동격에 일치시킨다.

Volsinii, oppidum Tuscorum, totum concrematum est. (Plin.)

에트루리아의 성곽도시, 볼시니는 모두 전소되었다.

N.B. 'concrematum est'는 문법상 주어 volsinii(남성 복수 주격)가 아니라, 동격 oppidum(중성 단수)에 일치시킨 것임.

•주어가 둘 이상일 경우, 가까운 주어와 서술어를 일치시킬 수 있다.

Impedimenta et omnis equitatus secutus est. (Caes.) 수송부대들과 모든 기병대가 뒤따랐다.

N.B. secutus est는 equitatus에만 일치시킨 것임.

---

Volsinii, −orum, m. pl. 에트루리아의 도시명(오늘날 Orvieto에서 14km 떨어진 볼세나)

Tuscus, −a, −um, adj. 에트루리아의(오늘날 토스카나의)

equitatus, −us, m. 기병대                    concremo, as, avi, atum, are, 1 tr. 태우다

impedimentum, −i, n. 장애; pl. 수송부대, 마차

sequor, sequeris, secutus sum, sequi, dep. tr. 따르다, 뒤따르다

---

•주어들이 통일된 하나의 개념일 경우, 동사를 단수로 표시할 수 있다.

Dies tempusque lenit iras. (Liv.) 날과 시간이 분노를 가라앉힌다. 세월이 약이다.

Senatus populusque Romanus L. Aemilium Paulum consulem creavit. (Vell. 1, 9, 3)

로마의 원로원과 백성은 L. 애밀리오 빠(파)울루스를 집정관으로 선출하였다.

•주어들이 et ~ et, aut ~ aut, nec ~ nec 등의 상관 접속사로 나열될 경우, 동사를 단수로 표시할 수 있다.

Mens et animus et consilium et sententia civitatis posita est in legibus. (Cic.)

정신과 영혼, 합의와 시민의 지혜가 법률에 개진되었다.

N.B. posita est는 sententia에 일치시킨 것임.

•주어가 아니라 서술하는 명사에 동사를 일치시킨 경우.

Gens universa Veneti appellati (sunt). (Liv. 1, 1, 3) 모든 백성이 '베네티'라고 불렸다.

---

gens, gentis, f. 씨족, 백성                    Veneti(−thi), −orum, m. pl. 베네치아 주민들

lenio, is, ivi vel ii, itum, ire, 4 진정시키다, 가라앉히다, 달래다

creo, as, avi, atum, are, 1 선출하다, 창조하다; creare aliquem consulem ~를 집정관으로 선출하다

appello, as, avi, atum, are, 1 tr. 호소하다, 상소하다, 부르다

pono, is, posui, positum, ere, 3 tr. 두다, 세우다, 개진하다

# Nomen et Adiectivum in Propositione

## 문장 안에서 명사와 형용사

라틴어의 형용사는 문장 안에서 한정과 서술 두 가지 역할을 한다. 한정 용법은 서술어와 관계없이 명사나 대명사를 한정, 수식한다. 반면 서술 용법은 문법상 문장의 주어 또는 목적어와 일치하고, 서술어를 꾸며 준다.

|한정| Exercitus salvus rediit in castra. 살아남은 군대가 진영으로 돌아왔다.

|서술| Exercitus salvus rediit. 군대가 무사히 돌아왔다.

> salvus, −a, −um, adj. 건강한, 무사한, 살아 있는, 구원된, 잘 있는
>
> redeo, is, ii, itum, ire, intr. 돌아오다

## I. 형용사의 한정 용법

### 1. 용법

- 한정 형용사는 명사 또는 대명사에 일치하여 성질이나 성격을 한정, 수식하는 형용사이다. 따라서 한정 형용사는 명사와 성, 수, 격을 일치시켜야 한다.

  vir magnus 위대한 사람

  femina magna 위대한 여인

  animal magnum 큰 동물

- 라틴어의 한정 형용사는 주로 형용사이지만 형용사 역할을 하는 분사나 대명사가 될 수도 있다. 이에 대해서는 79쪽을 참조하라.

- 성이 다른 둘 이상의 명사가 나열될 때, 한정 형용사는 가까운 명사의 성에 일치시키거나,

각각의 명사 앞에 반복해서 붙일 수 있다.

Hominis utilitati agri omnes et maria parent. (Cic.) 모든 땅과 바다는 인간들의 편리에 종속된다.

L. Cotta, vir summo ingenio summaque prudentia. (Cic. *Pis.* 62)
가장 재능이 뛰어나고 가장 현명한 사람, L. Cotta.

---

ager, agri, m. 밭, 땅                                  utilitas, -atis, f. 이익, 유용성, 편리

pareo, es, parui, paritum, ere, 2 intr. 나타나다, 양보하다, 종속되다

ingenium, -ii, n. 재능, 재주

---

## 2. 한정 형용사의 위치

• 성질 형용사는 일반적으로 명사 앞에 놓는다.
 E.g. parva pecunia 적은 돈, pulchra puella 아름다운 소녀, optimus princeps 최고의 군주

• 한정 형용사는 명사 뒤에 놓는다.
 E.g. miles Romanus 로마의 군인, pecunia publica 공금, pater meus 나의 아버지
 N.B. 한정 형용사의 위치는 정해진 원칙이 없으며, 무엇을 강조하느냐에 따라 달라질 수 있다.

Amicus certus in re incerta cernitur. (Cic. *Amic.* 64)
신의 있는 친구는 불확실한 상황에서 밝혀진다.

---

certus, -a, -um, adj. 확실한, 명백한, 신의 있는

cerno, is, crevi, cretum, ere, 3 tr. 추리다, 알아보다, 밝히다

---

## 3. 용례

한정 형용사는 역사와 지리, 출신, 동맹과 원수, 재료 등을 수식할 때 광범위하게 사용한다.

• 역사와 지리
 pugna Cannensis 칸나에 전쟁(로마인이 B.C. 216년 한니발에게 패한 전쟁)
 victoria Actiaca 악티움 승리(악티움 해전: B.C. 31년 마르쿠스 안토니우스와 옥타비아누스가 로마의 패권을 두고 벌인 해전. 로마가 쇠퇴하는 결정적 원인 제공)
 mare Creticum 크레타 해(海)

•출신

Cimon Atheniensis 아테네 사람 Cimon(B.C. 510~450)

Gorgias Leontinus 렌티니 출신의 Gorgias(궤변학자)

•동맹과 적대

bellum Mithridaticum 미트리다테스 전쟁(3차에 걸친 로마와의 전쟁)

foedus Punicum 페니키아 동맹

•재료

signum aeneum 동상, patera aurea 금으로 만든 술잔

| | |
|---|---|
| Cannensis, -e, adj. 칸나에의 | Cannae, -arum, f. pl. 칸나에 |
| Actiacus, -a, -um, adj. 악티움의 | Creticus, -a, -um, adj. 크레타 섬의 |
| Atheniensis, -e, adj. 아테네인의 | |
| Leontinus, -a, -um, adj. 렌티니인의(시칠리아 동부 해안에 있는 도시, 오늘날 Lentini) | |
| Mithridaticus, -a, -um, adj. 미트리다테스의(Pontus의 왕) | |
| foedus, foederis, n. 조약, 서약, 동맹 | Punicus, -a, -um, adj. 페니키아의, 카르타고의 |
| signum, -i, n. 표징, 신호, 상(像) | aeneus, -a, -um, adj. 구리로 만든, 청동의 |
| patera, -ae, f. (제구용) 술잔 | aureus, -a, -um, adj. 금의, 금으로 만든 |

## II. 형용사와 명사의 서술 용법

### 1. 형용사의 서술 용법

•형용사의 서술 용법은 주어 또는 목적어와 일치하고, 서술어를 꾸며 준다. 형용사 외에 분사도 서술 역할을 한다. 이에 대해서는 80~83쪽을 참조하라.

|주어| Hannibal princeps in proelium ibat, ultimus conserto proelio excedebat. (Liv.)
한니발이 제일 먼저 전투에 가고 있었고, 제일 나중에 교전에서 물러나고 있었다.

|목적어| Virtutem semper liberam volumus, semper invictam. (Cic.)
우리는 영원히 자유롭고, 영원히 지지 않는 덕(힘)을 원한다.

| | |
|---|---|
| princeps, principis, adj. 첫째, 제일 먼저, 뛰어난; m. 군주, 임금 | |
| proelium, -ii, n. 전투, 전쟁 | eo, is, ivi, itum, ire, intr. anom. 가다 |

ultimus, −a, −um, adj. (공간) 가장 멀리 있는, (시간) 마지막의, 최후의, (순서) 제일 나중의
consero proelium 교전하다; conserto는 consero 동사의 과거분사 중성 단수 탈격
excedo, is, cessi, cessum, ere, 3 (proelio) 물러나다, 철수하다; (시간) 지나다, 경과하다
invictus, −a, −um, adj. 지지 않는, 불굴의, 지치지 않는

• 시간과 공간의 표현: primus, extremus, summus, medius, imus 등의 형용사는 시간과 공간
을 가리키는 표현에서 서술 형용사로 사용된다.

primo vere 초봄에                          prima hieme 초겨울에
prima luce 첫 새벽에                        extrema, ultima aestate 여름의 끝자락에
in summo monte 산꼭대기에                   in imo monte(=colle) 산기슭에
in media valle 계곡 한가운데에               media aestate 한여름에

Afranius copias in medio colle constituit. (Caes.) 아프라니우스는 군대를 산 한가운데에 놓았다.
Villa in colle imo sita. (Plin. *Ep.* 5, 6, 14) 산기슭에 위치한 별장.
Prima nocte domum claude. (Hor. *Carm.* 3, 7, 29) 초저녁에 문(집)을 닫아라!

ver, veris, n. 봄                                  primus, −a, −um, adj. 최초의, 처음의
extremus, −a, −um, adj. 제일 외부의, 최후의, 마지막의
summus, −a, −um, adj. 꼭대기의, 정상의, 가장 큰
imus, −a, −um, adj. 가장 낮은, 맨 아래의   medius, −a, −um, adj. 중앙의, 한가운데의
vallis(es), −is, f. 계곡, 골짜기
constituo, is, stitui, stitutum, ere, 3 세우다, 작성하다, 제정하다, 놓다
villa, −ae, f. 별장                                situs, −a, −um, adj. 위치한, 놓여 있는
claudo, is, clausi, clausum, ere, 3 닫다, 잠그다, 막다

• 서술 형용사는 마음의 상태, 존재의 양상을 나타낸다. 이들 형용사를 우리말로 옮길 때는
부사 또는 부사어로 옮긴다.

vivus 살아 있는                            mortuus 죽은
nescius, ignarus, inscius 모르는, 의식하지 못하는
invitus 억지로 하는, 마지못해 하는          tacitus 침묵하는, 암암리의
matutinus 아침의, 이른 아침의              vespertinus 저녁의, 저녁때의
nocturnus 밤의, 야간의                    sollicitus, sedulus 서둘러, 급히

Augustus vivus divinos honores emeruit. (Serv.)
살아서 아우구스투스는 황제의 명예들을 받을 만하였다.

Inscii rapimur. (Sen. *Ep.* 108, 24) 우리는 부지불식간에 빠져들게 된다.

Lupus gregibus nocturnus obambulat. (Verg. *Geo.* 3, 537) 늑대는 밤에 양 떼 주변을 배회하였다.

---

emereo, es, rui, ritum, ere, 2 마땅히 받을 만하다, (무엇에) 합당하다, 군복무를 채우다

divinus, −a, −um, adj. 신적인, 황제의, 신성불가침의

rapio, is, rapui, raptum, ere, 3 잡아채다, 납치하다, (무엇에) 빠지게 하다

grex, gregis, m. 짐승 떼, 양 떼

obambulo, as, avi, atum, are, 1 ~ 주변을 왔다 갔다 하다, 돌아다니다

---

## 2. 명사의 서술 용법

• 명사도 형용사와 마찬가지로 서술 용법을 가진다. 명사의 서술 용법은 동격처럼 주어, 목적어, 목적보어와 일치하면서, 서술어를 꾸며 준다. 명사의 서술 용법을 우리말로 옮길 때는 문맥에 따라 "~으로서, ~에 의해, ~의 자격으로"라고 옮긴다.

|주어| Litteras Graecas senex didici. (Cic.) 나는 노인에게 그리스 문학을 배웠다.

|목적어| Attalus heredem populum Romanum reliquit. (Eutr.)

Attalus는 상속자로서 로마 백성을 남겼다.

|관용어| uti aliquo duce ~를 지휘관으로 쓰다

Vel imperatore, vel milite me utimini.[4] (Sall. *Cat.* 20, 16)

여러분은 나를 지휘관으로든 졸병으로든 써 달라!

Sosilo Hannibal litterarum Graecarum usus est[5] doctore. (Nep.)

한니발은 그리스 문학의 선생으로 소실로를 썼다.

N.B. utor가 탈격 요구 동사이기 때문에 목적어로 탈격 me, Sosilo를 사용한 것임.

---

senex, senis, adj. 늙은; m./f. 노인          disco, is, didici, ere, 3 tr. 배우다

heres, heredis, m./f. 상속자

relinquo, is, liqui, lictum, 3 tr. 떠나다, 버리다, 남겨 놓다

utor, ·uteris, usus sum, uti, 3 dep. 사용하다, 쓰다

---

4) 명령 복수 2인칭.

5) 직설 단순과거 단수 3인칭.

## III. 명사와 형용사의 특수 용례

### 1. 명사의 특수 용례

• 라틴어는 집합명사를 단수로 표기하는 경향이 간혹 있다.

사람: miles 군인, civis 시민 etc.

동식물: agnus 어린양, quercus 참나무 etc.

사물: supellex 도구, 시설; vestis 옷

Eques in medium agmen hostium ruit. (Liv. 10, 41, 9) 말들이 적들의 중심 부대로 쇄도한다.

• 라틴어는 사람이나 사물의 범주를 추상명사로 표현하는 것을 선호하였다.

E.g. iuventus 젊은이, servitia 노예, custodiae 경계병

Erat frequens amoenitas orae. (Plin. *Ep.* 6, 16, 9)

(직역) 해안의 경관은 만원이었다.

(의역) 아름다운 해안은 사람들로 만원이었다.

• 하나의 개념을 강조하기 위해 라틴 저술가들은 앞의 단어와 비슷한 말을 중복(duplicatio)으로 사용하는 경향이 있었다.

|명사| timor et metus (직역) 두려움과 공포, (라틴 저술가의 의도) 대단한 공포

|형용사| Par similisque ceteris efficiebatur. (Sall. *Cat.* 14, 4)

다른 사람들과 아주 비슷하게 되어 있었다.

• 하나의 개념을 강조하기 위해 비슷한 단어를 중복하기도 하지만, 비슷하지 않은 두 개의 단어를 나열할 때도 있다. 이 경우 앞의 명사는 간접보어, 한정 형용사처럼 옮긴다.

vires et hostes (직역) 사람들과 적들, (의역) 강력한 맞수

natura pudorque (직역) 자연과 수치심, (의역) 천부적 수치심

sanitas ac mens (직역) 건강과 정신, (의역) 건전한 정신, 정신의 건강

ratio et via (직역) 이성과 길, (의역) 합리적 방법

---

agmen, -minis, n. 무리, 떼, 군대; medium agmen 중심 부대

frequens, -entis, adj. 빈번한, 만원의

> amoenitas, -atis, f. 경관, 경치, 유쾌함, 쾌적함, 매력
>
> ora, -ae, f. 해안, 해변          par, paris, adj. 같은
>
> similis, -e, adj. (여격 요구) 비슷한
>
> ceterus, -a, -um, adj. 나머지, 다른; ceteri, m. pl. 다른 사람들
>
> vir, viri, m. 남자, 사람          hostis, -is, m./f. 이방인, 적
>
> pudor, -oris, m. 부끄러움, 수치심      sanitas, -atis, f. 건강, 건전
>
> mens, mentis, f. 정신, 이성
>
> ruo, ruis, rui, rutum, (미래분사) ruiturus, ere, 3 돌진하다, 쇄도하다
>
> efficio, is, feci, fectum, ere, 3 tr. 이루다, 만들다, ~게 하다

## 2. 명사화된 형용사

라틴어의 형용사는 명사의 의미로도 사용될 수 있다. 그러나 이 같은 현상은 그리 빈번하지 않았으며, 크게 두 가지 경우로 제약된다.

• 사람의 범주를 설명하기 위한 남성 복수 형용사

boni 좋은 사람들, 선인들; fortes 용감한 사람들

Boni improbis, improbi bonis amici esse non possunt. (Cic. *Amic.* 74)
선인(善人)들은 악인들에게, 악인(惡人)들은 선인들에게 친구가 될 수 없다.

• 추상적 개념을 나타내기 위한 중성 단, 복수 형용사

중성 단수: bonum 선(善), 중성 복수: bona 재산, 안락

Bonum ex malo non fit. (Sen. *Ep.* 87, 22) 선은 악으로부터 만들어지지 않는다.

• 형용사의 비교급과 최상급도 명사화된 형용사가 될 수 있다.

Video meliora proboque, deteriora sequor. (Ov. *Met.* 7, 20)
나는 더 좋은 것(들)을 보고 인정하지만, (그러나 실제로는) 더 나쁜 것(들)을 따라간다.
N.B. meliora는 bonus의 비교급 중성 복수, deteriora는 전치사 de에서 유래한 비교급.

Multa in eo viro praeclara cognovi. (Cic. *Sen.* 12)
나는 그 사람 안에서 뛰어난 많은 것들을 알아보았다.

• 라틴어의 명사와 형용사는 늘 뚜렷한 구분이 있는 것은 아니다. 실상 많은 명사들이 형용사

의 기능을 겸하기도 한다. 가령 amicus(친구), inimicus(원수)는 남성명사이지만, amicus, −a, −um(inimicus, −a, −um)처럼 형용사로 사용된다.

•어떤 단어들은 명사와 형용사일 때 뜻이 달라지는 경우도 있다.

| 명사 | 형용사 |
|---|---|
| aequalis, -is, m./f. 같은 시대 사람, 동년배 | 동등한, 평등한 |
| familiaris, -is, m. 노예, 친지 | 가족의, 친밀한, 익숙한 |
| socius, -ii, m. 동료 | 같이하는, 공동의 |

improbus, −a, −um, adj. 나쁜, 부정직한

fio, fis, factus sum, fieri, anom. pass. 되다, 이루어지다, 만들어지다

probo, as, avi, atum, are, 1 tr. 시험하다, 인정하다

praeclarus, −a, −um, adj. 비범한, 뛰어난

cognosco, is, cognovi, cognitum, ere, 3 tr. 알다, 알아보다

# Verbum in Propositione

## 문장 안에서 동사

동사는 의심할 여지 없이 문장구조상 가장 중요한 품사이며, 문장이나 대화의 의미를 완성시키기 때문에 좀 더 중요한 단어라고 할 수 있다.

- 라틴어의 동사는 인칭, 수, 시제, 서법, 태와 종류라는 여섯 가지 특징을 가진다.
- 라틴어 동사는 주어 단·복수의 수(numerus)와 1·2·3인칭(persona)에 따라 어미변화를 한다.
- 라틴어 동사는 타동사와 자동사라는 종류(genus)를 가진다.
- 라틴어 동사는 능동·수동·중간(재귀동사)의 태(vox), 직설·접속·명령·부정법 등의 서법(modus)과 현재·미완료·미래·단순과거·과거완료·미래완료 등의 시제(tempus)를 가진다.

## I. 동사의 종류: 타동사와 자동사

라틴어의 동사들은 타동사, 자동사로만 구분되는 것이 아니라, 자동사와 타동사의 의미를 동시에 가진다.

- 타동사의 경우 주어가 한 행위의 결과가 목적어에 영향을 '미친다(transit)'.
  Caesar copias educit. (Caes.) 캐사르가 군대를 인솔해 나온다.

- 자동사의 경우 주어가 한 행위의 결과가 목적어와 상관없이 주어에만 영향을 끼친다.
  Eo L. Caesar adulescens venit. (Caes.) 그곳으로 젊은 루치오 캐사르가 간다.

---

copia, -ae, f. 많음, 다량, 다수; pl. 재산, 식량, 군대
1. educo, as, avi, atum, are, 1 tr. 양육하다, 가르치다, 교육하다
2. educo, is, duxi, ductum, ere, 3 tr. 끌어내다, 이끌고 나오다, 교육하다
eo, adv. 그곳으로, 그리로
adulescens, -entis, (adolesco 동사의 현재분사가 형용사화됨) adj. 젊은; m./f. 젊은이, 청소년

---

## 1. 자동사의 의미로 사용된 타동사

일반적으로 라틴어의 많은 타동사는 자동사의 의미로도 사용된다. 즉 목적어를 가져야 하는 타동사가 목적어를 취하지 않거나, 목적어를 나타내는 대격을 사용하지 않고 다른 격으로 표현한 경우를 말한다. 그러나 이 경우 타동사나 자동사의 형태는 변하지 않고 그 의미만 변한다.

E.g. 1. lego 동사: 일반적인 경우

|타동사| Marcus librum legit. 마르쿠스가 책을 읽는다.

|자동사| Marcus legit. 마르쿠스가 읽고 있다.

E.g. 2. consulo 동사: 목적어를 나타내는 격이 다른 경우

|타동사| Athenienses oraculum(acc.) consuluerunt. 아테네 사람들은 신탁을 알아보았다.

|자동사| Pater filio(dat.) consuluit. 아버지가 아들을 보살폈다.

E.g. 3. teneo 동사: 동사의 의미가 변한 경우

|타동사| Risum vix tenebam. (Cic. *Br.* 293) 나는 간신히 웃음을 참고 있었다.

|자동사| Imber continens per totam noctem tenuit. (Liv. 23, 44, 6) 밤새도록 비가 계속 내렸다.

E.g. 4. caveo 동사: 의미가 변한 경우

|타동사| Cave canem! (Varr. *Men.* 75t) 개를 조심하시오!

|자동사| Roma, cave tibi! (Liv. 35, 21, 5) 로마여, 너 자신이나 돌봐라!

---

risus, −us, m. 웃음; risum tenere 웃음을 참다 vix, adv. 간신히, 겨우

imber, imbris, abl. imbri et imbre, m. 비, 폭우, 소나기

continens, continentis, (contineo의 현재분사) adj. 이웃의, 가까운; 연속되는, 계속되는

consulo, is, consului, consultum, ere, 3 intr. et tr. 1. intr. (여격 요구) 보살피다, (de abl. vel in acc.) 궁리하다, 강구하다; 2. tr. (대격 요구) 문의하다, 상의하다, 신탁을 알아보다

teneo, es, tenui, tentum, tenere, 2 tr. et intr. 1. tr. 잡다, 유지하다, 소유하다, 지키다, 고수하다; 2. intr. 계속하다, 지속하다

caveo, es, cavi, cautum, ere, 2 intr. et tr. 1. (대격 요구) 조심하다, 경계하다; 2. 돌보다(cavere sibi, alicui), 조치를 취하다

---

## 2. 목적어가 생략된 타동사

몇몇 타동사는 목적어 없이 사용될 수 있는데, 이는 목적어가 생략되었거나 축소된 경우이다. 이러한 용례는 주로 관용적 표현과 전문용어에서 나타난다.

## 1) 관용적 표현

•obire 동사가 mortem을 생략하여 '죽다'라는 뜻을 나타낸다. 원래는 '죽음을 맞이하다'라는 뜻이다.

•agere 동사가 vitam을 생략하여 '살다'라는 뜻을 나타낸다. 원래는 '삶을 보내다, 인생을 지내다'라는 뜻이다.

Tecum vivere amen,[6] tecum obeam libens. (Hor. *Carm.* 3, 9, 24)
나는 너와 함께 살고 싶고, 기꺼이 너와 함께 죽고 싶다.

## 2) 수사학적 표현

•absolvere 동사의 관용어 'paucis absolvere, 간단히 말하다'는 'paucis verbis absolvere rem, 약간의 말로 주제를 논하다'의 생략된 형태이다.

•praecidere 동사의 'brevi praecidere, 짧게 끝내다'라는 표현은 'brevi praecidere rem, 주제를 짧게 자르다'라는 표현의 생략된 형태이다.

Cetera quam paucissimis absolvam. (Sall. *Iug.* 17, 2) 그 밖의 것들은 아주 간단히 말할 것이다.

libens, libentis, adj. 기꺼이 하는
absolvo, is, solvi, solutum, ere, 3 tr. 풀어 주다, 면제하다, 해방하다, 간단히 말하다
praecido, is, cidi, cisum, ere, 3 tr. 자르다, 잘라 내다, 부인하다, 거절하다

## 3) 항해 용어

•appellere 동사가 navem을 생략하여 '상륙하다'라는 뜻을 나타낸다. appello 동사는 'ad+pello(밀다, 이르게 하다)'의 합성어로 '해변에 이르게 하다'라는 뜻이다.

•conscendere 동사가 navem을 생략하여 '승선하다'라는 뜻을 나타낸다. 원래는 '배에 오르다'라는 뜻이다.

•solvere 동사가 ancoras를 생략하여 '출항하다'라는 뜻을 나타낸다. 원래는 '닻을 올리다'라는 뜻이다.

Curio appellit ad eum locum. (Caes.) 쿠리오가 그 장소에 상륙한다.
Naves ex portu solverunt. (Caes.) 배들이 항구에서 출항했다.
Legati Epidauro solverunt et Antium appulerunt. (Val. Max. 1, 8, 2)
사신들이 에피다우로스에서 출항하여 안티움에 상륙했다.

---

6) amo의 접속법 현재 단수 1인칭.

legatus, -i, m. 사신, 대사

Epidaurum, -i, n. 에피다우로스(Επίδαυρος, 고대 그리스의 작은 도시)

Antium, -ii, n. 안티움(이탈리아 라치오에 있는 도시)

1 appello, as, avi, atum, are, 1 tr. 청하다, 호소하다, 상소하다, 부르다

2 appello, is, puli, pulsum, ere, 3 tr. ~로 몰고 가다, 상륙하다/시키다

conscendo, is, scendi, scensum, ere, 3 intr. et tr. 오르다, 올라타다

solvo, is, solvi, solutum, ere, 3 tr. 해방하다, 변제하다, 이행하다, 해결하다, 해석하다, 닻을 올리다

## 4) 군사 용어

•merere 동사가 stipendia를 생략하여 '군 복무를 하다'라는 뜻을 나타낸다. 원래는 '군인 봉급을 받다'라는 뜻이다.

•emerere 동사가 stipendia를 생략하여 '군 복무를 마치다, 제대하다'라는 뜻을 나타낸다. 원래는 '군인 봉급을 더 이상 받지 않다'라는 뜻이다.

•educere 동사가 exercitum(군대), castris(진지)를 생략하여 '이끌고 나오다, 인솔해 나오다'라는 뜻을 나타낸다. 원래는 '전투에 군대를 데리고 가다'라는 뜻이다.

•movere 동사가 castris(진지, 진영)를 생략하여 '행군을 시작하다'라는 뜻을 나타낸다. 원래는 '진영을 옮기다'라는 뜻이다.

Hannibal ex hibernis movit. (Liv. 22, 1, 1) 한니발은 겨울 진영에서 행군을 시작했다.

hiberna, -orum, n. pl. 겨울 진영

mereo, es, ui, itum, ere, 2 tr. et intr. 벌다, 받을 만하다, ~할 가치가 있다, 군 복무를 하다

emereo, es, merui, meritum, ere, 2 tr. 공로를 세우다, ~할 가치가 있다, (직무, 임무를) 마치다, 은퇴하다

educo, is, duxi, ductum, ere, 3 tr. 끌어내다, 이끌고 나오다, 교육하다

moveo, es, movi, motum, ere, 2 tr. et 드물게 intr. 움직이다, 이동하다, 시작하다, 소란을 일으키다

## 3. 타동사의 의미로 사용된 자동사

시어나 상고시대 문헌에는 타동사의 의미로 사용된 자동사를 어렵지 않게 찾아볼 수 있다. 이러한 경우는 대격의 목적어가 자동사와 함께 쓰인다. 이 동사들은 어떤 경우 아주 드물게 산문에서 수동의 형식으로도 사용되었다.

pugnare pugnam 싸움을 하다, 전투를 하다 → 싸우다, 전투하다

somniare somnium 꿈을 꾸다 → 꿈꾸다    currere stadium 경기장을 뛰다

Istam pugnam pugnabo. (Plaut. *Ps.* 524) 이 전투를 할 것이다.

Sacerdos dixit pugnam acerrimam pugnari. (Gell. *Noct. Att.* 15, 18, 2)

사제는 아주 잔인한 싸움을 하게 되었다고 말했다.

---

pugno, as, avi, atum, are, 1 intr. 싸우다, 투쟁하다

pugna, −ae, f. 싸움, 전투, 투쟁

somnio, as, avi, atum, are 1 intr. et tr. 꿈꾸다, 꿈에 보다

somnium, −ii, n. 꿈

curro, is, cucurri, cursum, ere, 3 intr. 달리다, 뛰다, 시간이 지나가다

stadium, −ii, n. 경기장(고대 그리스 올림피아 경기장의 길이를 나타내는 말에서 유래함. Stadium은 185m임)

---

## 4. 동사의 결합가(Valentia, 서술어의 자릿수)

라틴어 동사의 결합가란 동사가 문장구조를 미리 결정한다는 이론이다. 즉 모든 동사는 문장의 의미를 가지기 위해 하나, 둘 또는 세 개의 필수 보어나 목적어, 동사의 주어와 결합하는 것을 말한다. 따라서 동사의 결합가란 동사의 '통사적 기능'이라고 정의할 수 있다. 즉 절의 통사적 구조의 종류 및 '최소한의 문장'이 되기 위해 가져야 하는 필수적인 요소의 수를 말한다. 이를 '서술어의 자릿수'라고 부르기도 한다.

동사의 결합가는 한 번에 모든 것이 결정되는 것이 아니라, 문장 안에서 동사가 가지는 의미에 따라 다르다. 또한 자동사와 타동사일 때 의미가 다르다.

E.g. 1. 두 자리 술어 amo

Marcus amat Tulliam. 마르쿠스는 툴리아를 사랑한다.

E.g. 2. 한 자리 술어 amo

Marcus amat. 마르쿠스는 사랑에 빠진다.

동사 결합가는 문맥에 따라 다양하게 분류될 수 있다.

### 1) 비인칭 술어(무결합가 동사)

무결합가 동사는 필수 보어를 요구하지 않는다. 여기에는 날씨를 나타내는 약간의 절대적 비인칭동사와 비인칭으로 사용되는 자동사가 있다.

•날씨를 나타내는 절대적 비인칭동사

pluit 비가 내리다                 ningit 눈이 내리다

N.B. 이에 대해서는 146쪽을 참조하라.

• 비인칭으로 사용되는 자동사

curritur 달린다                                     pugnatur 싸운다

itur 간다

### 2) 한 자리 술어

한 자리 술어는 필수 보어로 주어 하나만을 요구하는 동사이다. 한 자리 술어에는 자동사와 자동사적으로 사용되는 동사들이 있다.

Puer currit. 소년이 달린다.

### 3) 두 자리 술어

두 자리 술어는 주어 외에도 다른 필수 보어를 요구하는 동사이다.

• 대격의 목적어를 요구하는 타동사

Magister laudat discipulos. 선생님이 학생들을 칭찬한다.

• 목적어를 나타내는 격인 대격을 사용하지 않고 다른 격을 요구하는 자동사

Fortuna tibi favet. 행운이 너를 돕는다.

N.B. faveo 동사는 여격 요구 자동사이다.

• 서술어의 의미가 분명하게 드러나도록 부사어를 요구하는 경우

Ego sum in horto. 나는 정원에 있다.

### 4) 세 자리 술어

• 세 자리 술어는 주어, 목적어 외에 목적보어를 요구하는 동사이다. 이러한 동사에는 '주다, 보내다, 맡기다' 등의 의미를 가진 동사들이 있다.

Pater commisit filium magistro. 아버지가 아들을 선생님에게 맡겼다.

• 세 자리 술어에는 이중 대격을 요구하는 동사도 있다.

Magister docebat discipulos grammaticam. 선생님이 학생들에게 문법을 가르치고 있었다.

---

faveo, es, favi, fautum, ere, 2 intr. (여격 요구) 호의/은혜를 베풀다, 좋아하다, 돕다; (종교) 경건하게 침묵하다, 조용히 있다

> committo, is, misi, missum, ere, 3 tr. 결합시키다, 교전하다, (잘못을) 저지르다, 맡기다, 위임하다
> grammatica, -ae, f. 문법

## II. 동사의 태(Vox): 능동, 수동, 중간태

라틴어 동사는 어미의 형태(forma)에 따라 능동형과 수동형으로 나뉘며, 동사의 의미에 따라 능동·수동·중간태(재귀동사)로 구분된다. 동사의 태(vox)란 동사에 논리적 의미를 부여한 것으로 동사가 표현하는 행위와 주어의 관계를 나타낸 것이다.

## 1. 능동형과 수동형

### 1) 능동형(forma activa)

• 동사의 능동형은 일반적으로 능동태로 표현된다.

Magister laudat discipulum. 선생님이 학생을 칭찬한다.

Puer currit. 소년이 달린다.

• 능동형 동사 가운데 약간은 수동의 의미로 사용되었다. 그 대표적 동사로는 fio(되다, 이루어지다), pereo(망하다, 파괴되다), veneo(팔리다), vapulo(매 맞다) 등이 있다.

(Iugurthae) Romae omnia venire in animo haeserat. (Sall. *Iug.* 26, 1)

로마에서 모든 것이 팔리리라는 생각이 유구르타에게서 떠나지 않았었다.

N.B. 1. 이 예문에서 사용된 venire는 veneo 동사의 부정사이다. venio(가다, 오다) 동사의 부정사 venire와 형태가 같으므로 주의해야 한다.

N.B. 2. pereo와 veneo 동사는 eo 동사와의 합성어이다.

per(성취, 강화, 악화되어야 할 행위)+eo(가다) → pereo(파괴하러 가다)

vendo(팔다)+eo(가다) → veneo(팔러 가다)

> fio, fis, factus sum, fieri 되다, 이루어지다(facio 동사의 수동의 의미)
> pereo, is, perii(-ivi), peritum, ire, intr. 잃어버리다, 없어지다, 망하다, 파괴되다, 죽다
> veneo, is, venii, venum, ire (vendo 동사의 수동의 의미로 사용) 팔리다
> vapulo, as, avi, atum, are, 1 intr. 매 맞다, 피해를 입다
> haereo, es, haesi, haesum, ere, 2 intr. 꼭 달라붙다, 고착되어 있다, 체재하다, 망설이다

## 2) 수동형(forma passiva)

- 수동형은 능동형 동사의 타동사를 수동태로 표현한 것이다.

  |능동형| laudo(칭찬하다), |수동형| laudor(칭찬받다)

- 탈형동사는 수동형이지만 그 뜻은 능동태이거나 중간태(재귀동사)를 의미한다.

  |수동형| proficiscor(나는 출발한다, 능동태)

  |중간태| laetor(나는 기쁘다), lavor(나는 씻는다), moveor(나는 움직인다)

  N.B. 중간태는 그리스어의 동사 체계에서 유래하는 것으로 라틴어는 그것을 수동형에 포함시켜 단순화하였다.

- 모든 능동형 타동사가 수동형을 가지는 것은 아니다. 가령 facio, perdo, vendo 동사는 수동형을 모두 갖지 않고, 그것의 부족분은 fio, pereo, veneo 동사로 대체한다.

- 몇몇 자동사는 예외적으로 특히 시어에서 수동형으로 사용되었다.

  Cur invideor? (Hor. *A. P.* 56) 왜 나를 질투하는가?

---

proficiscor, eris, fectus sum, ficisci, 3 dep. intr. 출발하다, 떠나다, 시작하다, ~에서 기원하다

laetor, aris, atus sum, ari, 1 dep. intr. 기뻐하다, 즐거워하다

invideo, es, vidi, visum, ere, 2 intr. et tr. 질투하다, 시기하다, 거절하다

---

## 2. 능동태, 수동태, 중간태

- 형태상 능동태(vox activa)는 능동형과 일치한다. 능동태는 주어가 동작의 주체, 즉 행위자일 경우를 의미한다. 즉 주어가 실행하는 행위와 상태를 가리킨다.

  laudo 나는 칭찬한다                    curro 나는 달린다

  sedeo 나는 앉아 있다

- 형태상 수동태(vox passiva)는 수동형과 일치한다. 수동태는 주어가 피동작주, 즉 피행위자일 경우를 의미한다.

  laudor 나는 칭찬받는다                    trahor 나는 끌려간다

- 중간태(vox media)는 행위가 주어 자신에게로 돌아오는 것으로 재귀동사를 말한다. 중간태는 형태상 수동형을 따른다.

moveor 나는/나를 움직인다, 나는 걸어간다　lavor 나는/나를 씻는다

recordor 나는/나를 기억한다

- 극소수의 동사만이 세 가지 태(능동, 수동, 중간)를 모두 가진다.

| 능동태 | 수동태 | 중간태 |
| --- | --- | --- |
| cingo 나는 장식한다 | cingor 나는 장식 받는다 | cingor 나는 꾸민다 |
| excrucio 나는 고문한다 | excrucior 나는 고문 받는다 | excrucior 나를 고문한다 |
| excutio 나는 흔든다 | excutior 나는 흔들린다 | excutior 나는 깨운다 |
| exerceo 나는 훈련한다 | exerceor 나는 훈련받는다 | exerceor 나를 훈련한다 |
| fallo 나는 속인다 | fallor 나는 속는다 | fallor 나를 속이다 |
| fero 나는 운반한다 | feror 나는 운반된다 | feror 나는 간다 |
| flecto 나는 구부린다 | flector 나는 구부러진다 | flector 나는 굴복한다 |
| frango 나는 부순다 | frangor 나는 부서진다 | frangor 나는 마음이 아프다 |
| lavo 나는 닦는다 | lavor 나는 씻긴다 | lavor 나를 씻는다 |
| moveo 나는 움직인다 | moveor 나는 움직이게 된다 | moveor 나는 간다 |

## 3. 중간태의 규칙

- 고대 중간태 동사는 탈형동사였는데, 그 가운데 약간의 동사들만이 원래의 중간태 의미를 간직하였다.

queror 나는 불평한다　　　　　　　　recordor 나는 기억한다

obliviscor 나는 잊어버린다　　　　　　miror 나는 놀란다/어안이 벙벙하다

> queror, eris, questus sum, queri, 3 dep. tr. et intr. 불평하다, 원망하다, 하소연하다
> recordor, aris, atus sum, ari, 1 dep. tr. et intr. 기억하다, 회상하다
> obliviscor, eris, oblitus sum, oblivisci, 3 dep. intr. et tr. 잊어버리다, 망각하다, 게을리하다
> miror, aris, atus sum, ari, 1 dep. tr. et intr. 경탄하다, 놀라다, 경탄하는 눈으로 바라보다

- 라틴어의 중간태는 재귀동사로, 인칭을 우리말로 옮길 때 문맥에 따라 해당 인칭이나 직접 목적어(대격)로 옮긴다.

queror 나는/나를 불평한다　　　　　　lavor 나는/나를 씻는다

Excutior somno. (Verg. *Aen.* 2, 302) 나는 꿈에서 깨어난다.

Ferimur per opaca locorum. (*Ibid.* 2, 725) 우리는 컴컴한 장소를 거쳐서 간다.

Cingor fulgentibus armis. (*Ibid.* 2, 749) 나는 화려한 무기들로 치장한다.

| | |
|---|---|
| somnus, −i, m. 꿈, 잠 | opacus, −a, −um, adj. 컴컴한, 어두운, 그늘진 |
| fulgens, −entis, adj. 화려한, 빛나는 | arma, armorum, n. pl. 무기, 병기 |

•중간태는 때때로 타동사의 의미와 반대인 자동사의 의미를 나타내기 위해 사용되었다.

| Domus uritur: 이 문장은 두 가지 의미로 해석된다. | |
|---|---|
| 1. 집이 태워진다.<br>이 경우 uritur는 uro 동사의 능동 타동사에 대한 수동형을 나타낸다. | 2. 집이 탄다.<br>이 경우 uro 동사의 자동사의 의미를 나타낸다. |

uro(tr. 태우다, intr. 타다) 동사와 같은 유형의 동사들로는 augeo(tr. 증가/확대하다, intr. 증가/확대되다), muto(tr. 바꾸다/변하다, intr. 바뀌다/변화시키다), minuo/comminuo(tr. 축소하다, intr. 축소시키다), pasco(tr. 방목하다, intr. 풀을 먹다), sano(tr. 치유하다, intr. 치유되다) 등이 있다.

Uret Achaicus ignis Iliacas domos. (Hor. *Carm.* 1, 15, 35−36) 그리스의 불이 트로이아의 집들을 태울 것이다.

Uritur infelix Dido. (Verg. *Aen.* 4, 68) 불행한 디도가 탄다.

Domum venit, calceos et vestimenta mutavit. (Cic. *Mil.* 28) 집에 와서 신발과 옷을 갈아입었다.

Mores civitatis crebro mutantur. (Cic. *De Orat.* 2, 337) 도시의 관습들은 자주 바뀐다.

| |
|---|
| uro, is, ussi, ustum, ere, 3 tr. 태우다, 말리다 |
| augeo, es, auxi, auctum, ere, 2 tr. 증가하다, 발전시키다, 불어나다 |
| muto, as, avi, atum, are, 1 tr. et intr. 옮기다, 바꾸다, 변경하다, 교환하다 |
| minuo/comminuo, is, minui, minutum, ere, 3 tr. 축소하다, 줄이다; intr. 축소시키다 |
| pasco, is, pavi, pastum, ere, 3 tr. 방목하다; intr. 풀을 먹다 |
| sano, as, avi, atum, are, 1 tr. 낫다, 고치다, 치유하다; intr. 치유되다 |
| ignis, −is, m. 불, 화재, 열정, 사랑의 불꽃 |
| Achaicus, −a, −um, adj. 그리스의; m. 로마 치하의 그리스인 |
| Iliacus, −a, −um, adj. 일리오스의(트로이아의 라틴명), 트로이아의, 엉덩뼈 |
| Dido, −us(onis), f. 카르타고를 창건한 여왕    calceus, −i, m. 신, 구두 |
| vestimentum, −i, n. 옷                     mos, moris, m. 관습, 풍습, 관례 |
| civitas, −atis, f. 도시                     crebro, adv. 자주 |

## 4. 비인칭 수동 구문

•동사는 인칭이나 수(數)를 언급하지 않고 3인칭 단수의 비인칭 구문으로 나타낼 수도
있다. 비인칭 구문은 통상 비인칭동사로 표현한다. 그러나 비인칭동사뿐만 아니라 자
동사와 문장 구조상 '비인칭 수동 구문'에서도 사용될 수 있다.
N.B. 이에 대해서는 "Pars 2, Lectio VIII. 비인칭동사"를 참조하라.

•모든 능동 자동사는 비인칭 구문으로 사용될 수 있는데, 직설·접속·명령법 등의 한정
서법에서 수동 어미의 단수 3인칭으로 구성된다. 이를 '비인칭 수동 구문'이라 한다.
완료 시제나 수동태 용장활용(수동형 당위분사) 구문에서 과거분사와 동형사는 늘
중성 단수 주격 또는 대격 어미로 나타낸다. 라틴어의 서법은 한정 서법과 미한정
서법으로 구분한다. 한정 서법은 직설법, 접속법, 명령법을 말한다. 반면 미한정 서법
에는 부정법, 분사, 동명사, 동형사, 목적분사 등이 있다.
E.g. itur 간다(수동태 직설 단수 3인칭)
itum est 갔다(수동태 직설 단순과거 단수 3인칭)
eundum est 가야 한다(수동형 당위분사 비인칭 문장)

Ad arma concurritur. (Caes. *B. G.* 7, 4, 2) 부대로 모여든다.
Diu atque acriter pugnatum est. (Caes. *B. G.* 1, 50, 3) 오랫동안 격렬하게 싸웠다.
Nunc... ad meliora eundum est. (Sen. *Br. Vit.* 19, 2) 이제 우리는 더 좋게 가야 한다.

•탈형동사의 자동사는 수동태 용장활용(수동형 당위분사) 구문에서만 비인칭 수동 구문이
허용된다.
Proficiscendum est. 출발해야 한다.
Moriendum (est) certe. (Cic. *Sen.* 74) 반드시 죽어야만 한다.

•부정사문에서 비인칭 수동 구문으로 사용된 자동사의 부정사는 수동 어미를 취한다.
(Caecina dixit) illa eruptione ad Rhenum perveniri. (Tac.)
캐치나는 그 출격으로 라인 강까지 다다랐다고 말했다.

---

diu, adv. 오래, 오랫동안                              atque, conj. 그리고 또, 게다가, 그리고 특히
acriter, adv. 날카롭게, 격렬하게
melior, -ius, adj. (bonus의 비교급) 더 좋은, 더 나은, 더 착한

certe, adv. 확실히, 반드시, 의심 없이　　　Caecina, −ae, m. 채치나(Licinia족의 가문 명)

eruptio, −onis, f. 분출, 폭발, 돌진, 출격　Rhenum, −i, m. 라인 강

concurro, is, curri, cursum, ere, 3 intr. 함께 뛰다, 모여들다, 경쟁하다, 생기다

morior, moreris, mortuus sum(part. fut. moriturus), mori, 3 intr. dep. 죽다, 진력하다

pervenio, is, veni, ventum, ire, 4 intr. 다다르다, 도착하다, (누구에게) 돌아가다, 차지하다

• 능동 타동사가 자동사의 의미로 사용될 때 비인칭 수동 구문이 허용된다.

Videndum est... ut pro dignitate cuique tribuatur. (Cic. *Off.* 1, 42)

공로에 따라 각자에게 배분할 수 있도록 주의해야 한다.

Bello vincendum est. (Liv. 32, 34, 3)

전쟁에서 승리해야 한다. (직역: 전쟁에서 승리할 필요가 있다.)

• 비인칭 수동 구문은 모든 수동태 구문과 마찬가지로 행위자가 탈격이나 여격으로 표현된다.

Summa vi ab utrisque contenditur. (Caes. *B. G.* 7, 70, 1) 양편에서 전력으로 싸운다.

Considerandum vobis... diligenter puto quid faciatis. (Cic. *Fam.* 14, 18, 1)

여러분이 무엇을 할지 주의 깊게 생각해야 한다고 나는 생각한다.

• 자동사에 여격·속격·탈격의 목적어가 따른다면, 이것은 동사가 요구하기 때문이다. 이에 대해서는 '격의 용법'을 참조하라.

Multis propter sapientiam... invidetur. (Sen. *Ep.* 87, 34)

그는 지혜 때문에 많은 사람들에게 부러움을 받는다.

Sapienti non nocetur a paupertate. (Sen. *Ep.* 85, 37)

그는 가난 때문에 현자에게 해를 끼치지 않는다.

dignitas, −atis, f. 공로, 자격, 품위, 존엄성

vis, f. 힘, 폭력, 효력 (acc. vim, abl. vi; pl. vires, virium, viribus)

uterque, utraque, utrumque, pron. 양쪽 다, 둘 다 각각

diligenter, adv. 주의 깊게, 열심히, 성실하게

sapiens, −entis, adj. 지혜로운, 슬기로운; m. 지혜로운 사람, 현자

paupertas, −atis, f. 가난

video, es, vidi, visum, ere, 2 tr. 보다, 알아차리다

tribuo, is, tribui, tributum, ere, 3 tr. 분배하다, 나누다, 양보하다, 분리하다

contendo, is, tendi, tentum, ere, 3 tr. 잡아당기다, 얻으려고 노력하다, 비교하다; intr. 빨리 가다, 힘쓰다, 애쓰다, 싸우다, 대결하다

considero, as, avi, atum, are, 1 tr. 살펴보다, 깊이 생각하다, 심사숙고하다

invideo, es, vidi, visum, ere, 2 질투하다, 시기하다, 부러워하다; invidere alicui, alicui rei (여격 요구)
(사람, 사물을) 부러워하다

noceo, es, nocui, nocitum, ere, 2 intr. et tr. 해를 입히다/끼치다, 손해를 주다; nocere alteri (여격
요구) 타인에게 해를 끼치다

## 5. 조동사와 결합한 수동형 부정사 구문

### 1) 조동사와 결합한 동사의 능동형 부정사 구문: 조동사+동사의 능동형 부정사

•조동사는 그 자체로는 완성된 의미를 갖지 못하며, 동사의 부정사와 결합하여 온전한 의미
를 가진다. 주요 조동사로는 "possum/queo 할 수 있다, nequeo 할 수 없다, debeo 해야
한다, soleo 습관적으로 ~하다, incipio 시작하다, desino 그만두다" 등이 있다. 한편 possum
과 debeo는 본동사의 의미로도 사용된다.

|조동사 용례|

(Caesar) oppidum expugnare non potuit. (Caes. *B. G.* 2, 12)
캐사르는 성곽도시를 정복할 수 없었다.

Castigatio contumelia vacare debet. (Cic. *Off.* 1, 88) 징벌은 모욕이 없어야 한다.

|본동사 용례|

Multum in re militari potest fortuna. (Caes. *B. G.* 6, 30, 2)
좋은 기회는 대부분 군대의 경험에서 할 수 있다.

Grandem pecuniam debebat. (Sall. *Cat.* 49, 3) 그는 엄청난 돈을 빚지고 있었다.

expugno, as, avi, atum, are, 1 tr. 공략하다, 정복하다, 함락시키다

castigatio, -onis, f. 징벌, 징계        contumelia, -ae, f. 학대, 폭행, 모욕

vaco, as, avi, atum, are, 1 intr. (abl., ab+abl.) 없다, 비어 있다, 한가하다, 자유롭다

multum, adv. 대부분, 많이; m. 많음, 다수    fortuna, -ae, f. 행운, 재수, 좋은 기회; 운, 운명

debeo, es, ui, itum, ere, 2 tr. (본동사) 빚지고 있다, 의무가 있다; (조동사) ~해야 한다

grandis, -e, adj. 큰, 커다란

### 2) 조동사와 결합한 수동형 부정사 구문: 조동사+동사의 수동형 부정사

•조동사와 결합한 수동형 부정사 구문이란 조동사 자체에 의미가 있는 것이 아니라, 수동형
부정사에 그 의미가 달려 있다. 따라서 그 용법은 "조동사+능동형 부정사"와 같고, 우리말
로 옮길 때는 수동의 의미로 옮기면 된다.

Res familiaris debet conservari diligentia ac parsimonia. (Cic.)
가산은 근검절약으로 보관돼야 한다.

Mutari fata non possunt. (Cic.) 운명(들)은 바뀔 수 없다.

Temperantia recte frugalitas appellari potest. (Cic.) 자제는 올바른 절제라고 불릴 수 있다.

• 상고시대 라틴어에서는 possum, queo, nequeo 동사의 수동형 어미와 수동형 부정사가 결합
된 문장을 쉽게 찾아볼 수 있다.

Vas/quod tamen expleri nulla ratione postetur. (Lucretius, *De rerum natura*, 3, 1010)
어떠한 방식으로도 채워질 수 없는 항아리.

| | |
|---|---|
| res familiaris 가산 | diligentia, −ae, f. 근면, 검약 |
| parsimonia, −ae, f. 절약 | fatum, −i, n. 운명 |
| temperantia, −ae, f. 절제, 자제, 극기, 신중 | recte, adv. 곧게, 옳게, 바로 |
| frugalitas, −atis, f. 절약, 알뜰함, 절제 | vas, vasis, n. 그릇, 항아리, 혈관 |
| tamen, conj. 그러나, 비록 ~하더라도 | |
| ratio, −onis, f. 이성, 계산, 방법, 방식, 규칙; nulla ratione 어떤 모양/방식으로도 아니(못) | |
| conservo, as, avi, atum, are, 1 tr. 보존하다, 보관하다, 보호하다, 지키다 | |
| muto, as, avi, atum, are, 1 intr. 바뀌다, 달라지다; tr. 바꾸다, 변경하다 | |
| appello, as, avi, atum, are, 1 tr. 호소하다, 상소하다; 부르다, 명칭 붙이다 | |
| expleo, es, plevi, pletum, ere, 2 tr. 가득 채우다, (욕망, 갈증) 만족/충족시키다, (시간) 채우다 | |

### 3) coepi, desii 동사

**coepio, is, coepi, coeptum, ere, 3 tr. et intr.** 시작하다

N.B. coepio 동사는 고전기부터 과거와 목적분사 형태만 전해지고 현재는 사라졌다. 사라
진 현재는 incipio 동사로 대체하였다.

**desino, is, desii, desitum, ere, 3 intr. et tr.** 그치다, 그만두다, 중지하다

• coepi(시작했다), desii(그만두었다) 동사의 경우, 과거 시제에서 기인하는 수동형 부정사와
결합하면, coepi와 desii 동사도 수동형으로 해야 한다. coeptus, −a, −um sum/es/est etc.

Capua a consulibus obsideri coepta est. (Liv.) 카푸아는 집정관들에 의해 포위되기 시작하였다.

Res agitari coepta est. (Sall.) 문제가 논의되기/소송이 변론되기 시작하였다.

Veteres orationes a plerisque legi sunt desitae. (Cic.)
옛 연설은 대부분의 사람들에게 읽히지 않았다. (직역: 옛 연설들은 대부분의 사람들로부

터 읽히는 것이 중단되었다.)

N.B. desino 동사의 현재는 정상적으로 능동의 의미를 가진다.

In sole sidera desinunt cerni. (Quint.) 낮에는 별들이 보이지 않는다.

•coepi와 desii 동사가 수동형이라도 수동의 의미를 갖지 않는 부정사(augeri 증가하다, 성장하다; fieri 되다; lavari 목욕하다, 씻다; moveri 움직이다; videri ~처럼 보이다)와 결합하면, 재귀동사의 의미를 가진다. 이때 coepi와 desii 동사는 능동형으로 표현한다.

Conventus fieri desierunt. (Cic.)

계약의 성사가 중단됐다. (직역: 계약이 성사되는 것이 중단됐다.)

Arbor augeri desiit. 나무가 성장을 멈추었다. (직역: 나무가 성장하는 것을 멈췄다.)

•coepi와 desii 동사가 탈형동사의 부정사와 결합하면 coepi와 desii 동사는 능동형으로 활용하고, 재귀동사의 의미를 가진다.

Hortensius me coepit hortari. (Caes.) 호르텐시우스가 나를 권고하기 시작했다.

---

consul, -is, m. (로마 시대) 집정관, 지방 총독, (중세) 자치도시의 장(통령), 각 단체장, (15세기) 영사

plerusque, pleraque, plerumque, adj. 대부분의, 대단히 많은

sidus, sideris, n. 성좌, 별　　　　　　　　conventus, -us, m. 모임, 협정, 계약

arbor, -oris, f. 나무

obsideo, es, sedi, sessum, ere, 2 intr. 앉아 있다, 자리 잡고 있다; tr. 포위하다, 점령하다, 사로잡다

cerno, is, crevi, cretum, ere, 3 tr. 가려내다, 추리다, 분별/식별하다, 이해하다, 보다

hortor, aris, atus sum, ari, 1 dep. tr. 권고/권유하다, ~하도록 격려하다

---

### 4) 조동사와 결합한 비인칭동사

•조동사가 비인칭동사를 수반할 때 단수 3인칭(비인칭 형식)을 사용한다. 이 경우 '조동사 단수 3인칭+비인칭동사의 부정사' 형태를 취한다.

accidit (일이) 생기다/일어나다/발생하다 → accidere potest 발생할 수 있다

Me paenitet. 나는 후회한다. → Potest me paenitere. 나는 나를 후회할 수 있다.

Solet eum, cum aliquid furiose fecit, paenitere. (Cic. *Att.* 8, 5, 1)

무언가 무분별하게 했을 때, 그는 자신을 후회하곤 한다.

•조동사가 자동사의 수동형 비인칭을 수반하면 단수 3인칭(비인칭 형식)을 사용한다. 이

경우 '조동사 단수 3인칭＋수동형 부정사' 형태를 취한다.

Divitiis invidetur. 그는 부자들에게 부러움을 산다. → Divitiis invideri potest. 그는 부자들에게 시기를 받을 수 있다.

Ad sapientiam perveniri potest. (Cic. *Fin.* 1, 3) 지혜에 도달될 수 있다.

Mihi persuaderi non potest. (Cic.) 그는 나에게 설득될 수 없다.

Desitum est pugnari. 싸우게 되는 것이 중단됐다.

---

aliquis, aliquid, pron. 어떤 것/사람, 누가, 무엇

furiose, adv. 미친 듯이, 맹렬하게, 무분별하게

soleo, es, solitus sum, ere, semidep. intr. 습관적으로 ~하다, ~하는 버릇이 있다

pervenio, is, veni, ventum, ire, 4 intr. 다다르다, 도착/도달하다, 돌아가다

persuadeo, es, suasi, suasum, ere, 2 tr. et intr. 확신시키다, 설득하다

pugno, as, avi, atum, are, 1 intr. 싸우다, 분투하다, 전투하다

---

## III. 서법(Modus)

라틴어 동사의 서법은 표현한 것에 대한 화자의 태도와 관점을 가리킨다. 사실 동사에 의해 표현된 행위는 화자(話者)나 글쓴이의 현실, 바람, 가능, 추측, 명령, 금지 등을 묘사한다. 이렇듯 행위를 표현하는 다양한 방법 때문에 직설법, 접속법, 명령법이라는 동사의 세 가지 서법이 파생한다.

### 1. 라틴어 서법의 종류

라틴어 동사의 서법에는 총 8가지가 있다. 이에 따라 라틴어 동사의 서법은 크게 한정 서법과 미한정 서법 두 가지로 구분된다.

•한정 서법: 한정 서법이라고 부르는 이유는 주어와의 관계에 한정되기 때문이다. 한정 서법은 단·복수의 인칭에 따라 하나의 어미만을 가진다. 한정 서법에는 직설법, 접속법, 명령법이 있다.

•미한정 서법: 미한정 서법이라고 부르는 이유는 주어와의 관계에 한정되지 않기 때문

이다. 미한정 서법의 동사들은 성(性)과 시제(時制)를 갖지만, 인칭어미를 갖지 않고 모든 인칭에 하나의 어미만을 제시한다. 또한 이 서법의 동사들은 명사나 형용사의 어미변화를 갖기 때문에 동사의 명사적 형태라고 말한다. 이러한 미한정 서법에는 부정법, 분사, 동명사, 동형사, 목적분사가 있는데, 명사의 기능을 하는지, 형용사의 기능을 하는지에 따라 크게 두 가지로 구분된다.

명사적 동사: 부정법, 동명사, 목적분사

형용사적 동사: 분사, 동형사

## 2. 한정 서법: 직설법, 접속법, 명령법

• 직설법: 직설법은 문장의 내용을 현실적, 객관적으로 묘사하는 서법이다. 화자나 글쓴이의 판단이 개입되지 않으며, 행위나 상황, 과정을 표현하거나 묘사할 때 사용된다. 직설법은 서실법이라고도 부른다.

• 접속법: 접속법은 화자나 글쓴이의 바람, 우연, 가능, 실현 불가능을 담은 행위나 상황, 과정을 표현하거나 묘사할 때 사용된다. 접속법은 서상법이라고도 부른다. 라틴어의 접속법은 인도유럽어와 그리스어의 두 가지 다른 접속법(가능, 우연, 의문)과 기원법(바람)의 기능을 하나로 합친 것이다. 접속법 동사 가운데 "sim, velim, faxim(facio의 고대 형태)" 등은 고대 기원법의 흔적이 라틴어에도 남은 것이다.

N.B. 이에 대해서는 "Pars 2, Lectio III. 접속법"을 참조하라.

|직설법| Aliquis dicit. 누군가 말한다.

|접속법| Aliquis dicat. 누가 말씀하세요! 누군가 말할 수 있습니다. 누가 말할 것입니다.

• 명령법: 명령법은 명령이나 금지를 표현하는 서법으로 큰 소리로 외치는 것에 가깝다. 라틴어의 명령법은 단·복수 2인칭 현재만이 사용된다. 명령법 미래도 있지만, 이 기능은 접속법에 포함되기도 한다.

N.B. 이에 대해서는 "Pars 2, Lectio I. 명령법"을 참조하라.

# Pars 2
## Usus Verbi
동사의 용법

이 장에서는 좀 더 심화된 동사의 문법을 학습한다. 특히 명령법, 부정법과 접속법을 배우며, 동사를 활용한 분사와 동명사의 형태를 배우고, 마지막으로 예외적인 형태의 동사들을 배운다.

# Modus Imperativus

## 명령법

라틴어 서법에는 명령법(modus imperativus)이 따로 있는데, 명령문이나 금지 명령문은 화자가 명령이나 권고, 부탁 등을 표현할 때 쓰인다.

직접적인 명령에는 동사 변화의 명령법을 쓴다. 2인칭 명령의 경우 주어 tu와 vos를 표시하지 않으며, 3인칭 명령일 경우에만 주어를 표시한다. 2인칭 명령의 경우, 명령받는 사람을 표시하려면, 호격을 사용하고 쉼표를 찍는다.

권고, 부탁, 소원, 희망, 경계, 의무 등을 표시하는 간접적인 명령에는 동사 변화의 접속법 현재를 쓴다. 간접적인 명령에 대해서는 "Pars 2, Lectio III. 접속법"의 "권고성 명령문"을 참조하라.

## I. 명령법 동사의 어미 활용

### 1. esse 동사의 명령법

| 인칭 | 현재 | 미래 |
|---|---|---|
| sg. 2p | es | esto |
| pl. 2p | este | estote |
| sg. 3p | - | esto |
| pl. 3p | - | sunto |

esse 동사의 명령형은 우리말로 "~이어라, ~일지어다, ~되어라" 정도로 옮길 수 있다.

Iudices, semper iusti estote! 재판관들이여, 늘 공정할지어다!

## 2. 명령법 현재

| 2인칭 | 제1활용 | | 제2활용 | | 제3활용 | | 제4활용 | |
|---|---|---|---|---|---|---|---|---|
| | 능동 | 수동 | 능동 | 수동 | 능동 | 수동 | 능동 | 수동 |
| 단수 | am-a | am-are | mon-e | mon-ere | leg-e | leg-ere | aud-i | aud-ire |
| 복수 | am-ate | am-amini | mon-ete | mon-emini | leg-ite | leg-imini | aud-ite | aud-imini |

• 능동태 현재 명령법을 만드는 방법: 동사 원형의 어미 −re를 떼면 단수 2인칭 명령이 되고, 연결 모음(−a, −e, −i)과 −te를 붙이면 복수 2인칭 명령이 된다.
• 수동태 현재 단수 2인칭 명령은 동사 원형을 사용하여 나타내고, 복수 2인칭 명령은 수동태 직설법 현재 복수 2인칭을 그대로 사용한다.
• 부르는 말이 필요할 때는 호격을 사용하고 쉼표를 찍는다.
• 명령문 마침에는 감탄사(!)를 쓴다.
  Amice, ama vicinum! 친구여, 이웃을 사랑하여라!
  Amici, amate vicinos! 친구들이여, 이웃들을 사랑하여라!

• 다음 동사들의 명령형은 연결 모음을 떼고 어근만 사용한다.
  dico(말하다) 동사의 명령형    dic 말해라
  duco(인도하다) 동사의 명령형   duc 인솔해라
  facio(하다) 동사의 명령형    fac 해라
  fero(옮기다) 동사의 명령형   fer 옮겨라

## 3. 명령법 미래

| 인칭 | 제1활용 | | 제2활용 | | 제3활용 | | 제4활용 | |
|---|---|---|---|---|---|---|---|---|
| | 능동 | 수동 | 능동 | 수동 | 능동 | 수동 | 능동 | 수동 |
| 2p sg. | am-ato | am-ator | mon-eto | mon-etor | leg-ito | leg-itor | aud-ito | aud-itor |
| 3p sg. | am-ato | am-ator | mon-eto | mon-etor | leg-ito | leg-itor | aud-ito | aud-itor |
| 2p pl. | am-atote | - | mon-etote | - | leg-itote | - | aud-itote | - |
| 3p pl. | am-anto | am-antor | mon-ento | mon-entor | leg-unto | leg-untor | aud-iunto | aud-iuntor |

• 수동태의 미래 명령법은 극히 드물게 사용한다.

## II. 명령법 동사의 용법

### 1. 명령법 현재

1) 명령법 현재는 즉시 해야 할 필요성이 있는 것에 대한 명령을 나타낸다. 라틴어의 명령법 현재는 오직 단·복수 2인칭만을 가진다. 가령 ama, 사랑하라! amate! 너희는 사랑하여라! 두 가지 형식뿐이다. 다른 인칭을 대상으로 하는 명령법은 접속법의 권고성 명령문을 사용한다.

Egredere[1] ex urbe, Catilina, libera[2] rem publicam metu, in exilium proficiscere![3] (Cic. *Catil.* 1, 20) 카틸리나여, 도시에서 나가, 공화국을 공포로부터 구하고, 유배를 떠나라!

In studium incumbite, adulescentes! 젊은이들이여, 학문에 열중하라!

Plaudite! 박수를 쳐 주십시오! (연극이 끝날 때 배우나 가수가 했던 말)

| | |
|---|---|
| egredior 나가다 | urbs, urbis, f. 도시 |
| libero 해방하다, 구하다 | metus, -us, m. 공포 |
| exilium(=exsilium), -i, n. 유배, 추방 | proficiscor 가다, 떠나다 |
| studium, -ii, n. 공부 | incumbo 열중하다, ~을 열심히 하다 |
| adulescens, -centis, m./f. 젊은이 | plaudo 박수치다 |

2) 남에게 정중하게 무엇을 부탁하거나, 하라고 할 때, 영어의 *please*에 해당하는 관용어적 표현을 덧붙인다.

| | |
|---|---|
| quaeso | amabo te |
| si vis | sultis(=si vultis) |

Dic quaeso: num te illa terrent? (Cic. *Tusc.* 1, 10)
제발 말씀해 주십시오. 그것들이 당신을 놀라게 하는지요?

Fac, amabo te. 제발, 해 주십시오.

Ne si vis(=sis), plora! 제발, 울지 마라!

| | |
|---|---|
| quaeso 구하다, 제발 | num, adv. (직접 의문문) ~란 말이냐? ~는지? |
| terreo 놀라게 하다 | volo 원하다 |
| ploro 울다 | |

---

1) egredior의 명령법 현재 단수 2인칭.
2) libero의 명령법 현재 단수 2인칭.
3) proficiscor의 명령법 현재 단수 2인칭.

3) 격려하거나 고무하기 위해 영어의 *Come on*, 불어의 *Allez*와 같은 표현인 'age, agedum, agite'를 덧붙여 표현한다. 이러한 관용어적 표현은 명령형에서 감탄사로 된 것으로 다른 명령, 권유, 양보 등을 재촉하여 "자, 그래" 정도의 의미를 가진다.

　Age, age exponamus! 자, 이제 설명합시다!
　Agendum, lictor, excide radicem hanc.[1] 자, 호위병, 이 뿌리를 잘라 내시오!

| | |
|---|---|
| expono 설명하다, 이야기하다 | excido 떨어지다, 뽑히다, 잘라 내다 |

## 2. 명령법 미래

1) 명령법 미래는 즉각적인 실행을 요구하지 않는 명령을 나타내는 완곡한 의사 표현으로 2인칭과 3인칭이 있다. 명령법 미래는 주로 법규, 양도, 법언(法諺), 속담 등에서 발견된다. 우리말로 옮길 때는 명령법 현재와 큰 차이가 없다.

|법언|
Salus populi suprema lex esto. (Cic. *Leg.* 3, 8) 백성의 안녕이 최상의 법이다.
|양도|
(Antiochus) tradito naves longas! (Liv. 38, 38, 8) (안티오쿠스는) 군함들을 인도하여라(넘겨라)!

| | |
|---|---|
| Antiochus, -i, m. 안티오쿠스(시리아의 13왕 중 한 명) | |
| trado 넘겨주다, 돌려주다, 인도하다 | navis, -is, f. 배; navis longa 군함 |

2) 주로 sum, habeo(생각하다, 평가하다), scio(알다), memini(기억하다) 등의 동사들은 시어적 표현에서 종종 명령법 현재를 미래로 대체한다.

　Contentus esto negotiis in quae descendisti. (Sen. *Ep.* 24, 12)
　네가 그 임무를 계승했다는 것에 만족하여라.
　Scito Curionem venisse ad me salutatum. (Cic. *Att.* 2, 8, 1)
　쿠리오가 나에게 인사하기 위해 왔다는 것을 알아라.

| | |
|---|---|
| negotium, -ii, n. 임무, 직무 | descendo 내려가다, 계승하다 |

---

1) excide는 excido 동사의 명령법 현재 단수 2인칭.

## 3. 금지 명령문

1) 라틴어는 금지를 표현하기 위해 각기 다른 표현 방식을 사용한다.

| 부정부사 ne | +접속법 단순과거 2인칭 단·복수 |
|---|---|

• 명령법 현재의 금지 명령문은 접속법 단순과거를 사용한다.
  이러한 표현 방식은 전형적인 문학적 표현으로 권고성 금지 명령문에 사용한다.

|  | 명령법 현재 | 금지 명령문(접속법 단순과거) |
|---|---|---|
| sg. 2p | Ama! 사랑하라! | Ne amaveris! 사랑하지 마라! |
| pl. 2p | Amate! (너희는) 사랑하여라! | Ne amaveritis! (너희는) 사랑하지 마라! |

Tu ne quaesieris. (Hor. *Carm.* 1, 11, 1) 당신은 청하지 마시오!
Ne timueritis. (Mt 10, 26) 너희는 두려워하지 마라!

2) 2인칭의 완곡한 금지 명령문

| noli, nolite[2)]<br>fuge, fugite | +부정사: ~하지 마시오. |
|---|---|

Nolite timere. 너희는 두려워하지 마라.
Quid sit futurum cras, fuge quaerere. (Hor. *Carm.* 1, 9, 13)
내일 있을 일을 묻지 마시오.

| cave, cavete | +접속법: ~하지 않도록 조심하시오. |
|---|---|

Cave aliter facias. (Cic.) 다르게 하지 않도록 조심하시오.
Caesar, cave credas. cave ignoscas. (Cic. *Lig.* 16) 캐사르여, 믿지 마시오. 용서하지 마시오.

| fac, facite ne<br>vide, videte ne | +접속법 현재: ~하지 마라. |
|---|---|

Fac ne quid aliud cures hoc tempore. (Cic.) 이 시기에 다른 것을 걱정하지 마라.

| volo 원하다 | fio 되다, 이루어지다 |
|---|---|
| caveo 조심하다, 삼가다 | video 보다, 잘 생각하다 |

---

2) noli와 nolite는 nolo 동사의 명령법 현재.

### 3) 금지 명령문 미래

금지 명령문 미래는 분명한 사실 뒤에 부정부사 ne를 붙여 표현한다. 이러한 표현은 특히 상고 라틴어와 시어에서 많이 찾아볼 수 있다.

Hominem mortuum[3] in urbe ne sepelito neve urito.[4] (*Leg. XII Tav.*)

도시에서는 죽은 이를 매장도 화장도 하지 마시오.

Tu ne cede malis, sed contra audentior ito.[5] (Verg. *Aen.* 6, 95)

당신은 악인들에게 굴하지 말고, 그와 반대로 더 용감하게 가라.

| | |
|---|---|
| mortuus, −a, −um, adj. 죽은 | sepelio 매장하다, 파묻다 |
| neve, adv. (연속적 금지) ~도 마라 | uro 태우다, 화장하다 |
| cedo 굴복하다 | contra, adv. 반대로 |
| audens, audentis, adj. 용감한 | eo 가다 |

1. 다음 esse 동사의 명령법을 우리말로 옮기시오.

1) Custodes portarum semper attenti sunto!

 Exercitatio   (해답은 부록 119쪽 참조)

2) Amici fideles sunto usque ad mortem!

3) Discipuli semper attenti sunto!

4) Amici, concordes estote!

5) Estote ergo prudentes sicut serpentes, et simplices sicut columbae!

---

3) morior 동사의 과거분사.

4) 12표법은 기원전 451년 10인 위원회(decemvir)에 임명된 10명의 시민들이 솔론의 아테네 법에 근거한 관습법을 성문화한 것이다. 12표법은 고대 로마법의 시작을 나타내고, 그 규정들은 공법과 신법(神法)을 포함해 법의 모든 분야를 아우른다. 원본은 남아 있지 않고 후기 저술들에서 인용된 내용들이 전해진다. 본 예문은 12표법 가운데 하나이다.

5) ito는 eo 동사의 명령법 미래.

6) Esne aegrotus? Minime. Es semper iucundus!

| | |
|---|---|
| custos, −odis, m./f. 수호자, 경비병 | porta, −ae, f. 문, 성문 |
| attentus, −a, −um, adj. 주의 깊은 | fidelis, −e, adj. 충실한 |
| usque ad (+acc.) ~까지 | mors, mortis, f. 죽음 |
| concors, concordis, adj. 화목한 | ergo, conj. 그러므로 |
| prudens, prudentis, adj. 신중한 | sicut, adv. ~와 같이 |
| serpens, serpentis, m./f. 간악한 사람 | simplex, simplicis, adj. 단순한, 순진한 |
| columba, −ae, f. 비둘기 | aegrotus, −a, −um, adj. 아픈, 병든 |
| minime, adv. 절대 아니, 천만에 | iucundus, −a, −um, adj. 유쾌한, 재미있는 |

2. 다음 문장을 우리말로 옮기시오.

1) Dic, quod rogo!


2) Boni discipuli, amate scientiam!


3) Alumni, bene servate regulas scholae!


4) Amice, narra mihi iucundam fabulam!


5) Ne mentiaris.


6) Nolite vanas causas adducere.


7) Ne mortem timeamus pro rei publicae salute.


8) Scitote vos nobis carissimos esse.


9) Ne difficilia optemus.

narro 이야기하다

mentior 거짓말하다

causa, −ae, f. 이유, 구실, 변명

timeo 두려워하다

difficilis, −e, adj. 어려운, 힘든

fabula, −ae, f. 동화, 우화

vanus, −a, −um, adj. 공허한

adduco 데려오다(가다), 불러내다

salus, salutis, f. 건강, 안녕

opto 원하다

# Modus Infinitus

## 부정법

라틴어의 부정사(infinitus), 분사(participium), 동명사(gerundium), 목적분사(supinum)는 동사의 역할을 하면서 동사형 명사 및 형용사 구실을 하기도 한다. 이 가운데 부정사, 동명사, 목적분사는 동사의 명사적 형태라고 한다.

부정법은 동사의 명사적 형태인 부정사를 사용하는 서법으로 형태론적(morphologica) 구조에서 양태(능동태와 수동태), 시제(현재, 단순과거, 미래)를 가지며, 인칭에 따른 어미 활용 없이 문장을 구성한다. 또한 명사로서 부정사는 주절 동사의 목적어나 주어 역할을 한다.

## I. 부정사의 형태

대부분의 타동사들은 양태(능동태와 수동태)와 시제(현재, 단순과거, 미래)에 따라 모두 여섯 개의 부정사를 갖는다. 이 가운데 미래 수동 부정사는 아주 드물게 사용되며, 자동사는 일반적으로 수동 부정사를 갖지 않는다.

### 1. 현재 부정사

| 양태 | 제1활용 | 제2활용 | 제3활용 | 제4활용 |
|------|---------|---------|---------|---------|
| 능동태 | laud-are 칭찬하는 것 | mon-ere 충고하는 것 | leg-ere 읽는 것 | aud-ire 듣는 것 |
| 수동태 | laud-ari 칭찬받는 것 | mon-eri 충고 받는 것 | leg-i 읽히는 것 | aud-iri 들리는 것 |

• 능동태 현재 부정사는 연결 모음(-a, -e, -i) 다음에 시간 형태소 -se가 붙는 형태였지만, 's'가 'r'음으로 전환되는 현상(*Rhotacism*)으로 인해 -re가 되었다.

    am-a-se → am-are                 leg-e-se → leg-ere

• 시간 형태소 -se의 흔적은 sum 동사의 현재 부정사 es-se에서 발견된다.

• 현재 부정사는 주절의 시제와 동시성을 갖는다.

## 2. 과거 부정사

| 양태 | 제1활용 | 제2활용 | 제3활용 | 제4활용 |
|------|---------|---------|---------|---------|
| 능동태 | laudav-**isse** 칭찬한 것 | monu-**isse** 충고한 것 | leg-**isse** 읽은 것 | audiv-**isse** 들은 것 |
| 수동태 | laudat-**um**, -**am**, -**um** / laudat-**os**, -**as**, -**a** | esse | monit-**um**, -**am**, -**um** / monit-**os**, -**as**, -**a** | esse | lect-**um**, -**am**, -**um** / lect-**os**, -**as**, -**a** | esse | audit-**um**, -**am**, -**um** / audit-**os**, -**as**, -**a** | esse |
| | 칭찬받은 것 | 충고 받은 것 | 읽힌 것 | 들린 것 |

• 능동태 과거 부정사는 동사의 기본형 "laudo, laudas, laudavi, laudatum, laudare"에서 과거 어근에 −isse를 붙이면 된다.
  laudav/monu/leg/audiv + -isse
• 수동태 과거 부정사는 동사 기본형의 목적분사를 성, 수에 맞춰 어미변화를 시킨 뒤 esse를 붙이면 된다.
• 과거 부정사는 주절의 시제보다 먼저 일어난 행위를 나타낸다.

## 3. 미래 부정사

| 활용 | 양태 | 미래 부정사 |
|------|------|-------------|
| 제1활용 | 능동태 | laudat-**urum**, -**uram**, -**urum**; laudat-**uros**, -**uras**, -**ura** esse |
| | 수동태 | laudat-**um** iri |
| 제2활용 | 능동태 | monit-**urum**, -**uram**, -**urum**; monit-**uros**, -**uras**, -**ura** esse |
| | 수동태 | monit-**um** iri |
| 제3활용 | 능동태 | lect-**urum**, -**uram**, -**urum**; lect-**uros**, -**uras**, -**ura** esse |
| | 수동태 | lect-**um** iri |
| 제4활용 | 능동태 | audit-**urum**, -**uram**, -**urum**; audit-**uros**, -**uras**, -**ura** esse |
| | 수동태 | audit-**um** iri |

• 능동태 미래 부정사는 목적분사의 대격에 esse를 붙이면 된다. 능동태 미래 부정사는 sum 동사의 미래 부정사와 유사하다.
• 수동태 미래 부정사는 동사의 목적분사에 iri를 붙이면 된다.

## II. 단순 부정사문

단순 부정사문은 일반적으로 현재 부정사에 한정되며, 동사의 의미를 간직한 채 주어의 역할을 하는 문장을 말한다. 이를 주격 부정사문(propositio nominativi cum infinitivo)이라고도 한다.

가령 "Errare humanum est. 실수하는 것은 인간적이다."라는 문장에서 부정사 errare가 문장의 주어 역할을 하는데, 이러한 문장이 바로 단순 부정사문이다. 단순 부정사문은 연계 동사 (sum, vivo, fio, efficior) 이외에도 조동사(possum, debeo, soleo, conor, cupio, facio, iubeo, etc.)에 동사의 부정사를 연결하여 표현하는 문장에서도 쉽게 발견된다.

### 1. 단순 부정사의 역할

#### 1) 주어(주격) 역할
• 우리말로 "~하는 것은, ~하는 것이"라고 옮긴다.
• sum 동사가 중성 형용사나 명사와 연결된 문장에서 부정사가 주어 역할을 한다. 가령 "iustum est, 공정하다; lex est, 법이다; mos est, 습관이다" 등의 표현에서 주어로 사용된다.
Dulce et decorum est pro patria mori(=mors).[6] (Quintus Horatius Flaccus)
조국을 위해 죽는 것은 즐겁고 아름답다.
Errare humanum est, ignoscere divinum (est).
실수하는 것은 인간적이고, 용서하는 것은 거룩하다.
Turpe est mentiri[7](=mendacium). 거짓말하는 것은(거짓말은) 부끄럽다.

| | |
|---|---|
| dulcis, −e, adj. 달콤한, 즐거운, 감미로운 | decorus, −a, −um, adj. 합당한, 아름다운, 품위 있는 |
| mentior, dep. 거짓말하다 | mendacium, −ii, n. 거짓말, 날조 |

• 비인칭동사 "decet(합당하다, 타당하다), dedecet(부당하다), piget(귀찮다, 짜증나다), paenitet(후회하다), oportet(~해야 한다, 필요하다), necesse est, opus est(필요하다), placet, delectat(마음에 들다, 좋아하다)" 등＋현재 부정사[8]
Confidere(=confidentia) decet, timere(=timor) non decet. (Cic.)
신뢰하는 것은(신뢰는) 타당하고, 두려워하는 것은(두려움은) 합당하지 않다.

---

6) mori는 morior 동사의 부정법 현재.
7) mentiri는 mentior의 부정법 현재.
8) 비인칭동사의 부정법 용법에 대해서는 "Pars 2, Lectio VIII. 비인칭동사"를 참조하라.

Legem brevem esse oportet. (Sen. *Ep.* 94, 38) 법은 짧아야 한다.

Necesse est adiuvare viros qui sunt in difficultate.

어려움에 처한 사람들을 도울 필요가 있다.

Quid opus est in hoc philosophari?9) (Cic. *Tusc.* 1, 89)

이 문제에 대해 철학적으로 사고한다는 것은 무엇을 필요로 하는가?

---

adiuvo 돕다

difficultas, −tatis, f. 어려움, 곤경; esse in difficultate 어려움에 처해 있다

in (+acc.) (목적, 의향, 변천, 태도, 기타) ~에 대한, 위하여, 있어서, 으로

philosophor, dep. 철학적으로 사고하다, 철학을 논하다

---

## 2) 목적어(대격) 역할

• 우리말로 "~하는 것을"이라고 옮긴다.

• 조동사 possum, debeo, soleo, queo, nequeo, volo, nolo, malo, expeto+부정사

soleo (반탈형동사) 늘(흔히, 상습적으로) ~하다

queo (어쩔 수 없이) ~을 할 수 있다 (possum은 적극적 의미이고 queo는 소극적 의미, 주로 부정문에서 사용)

nequeo ~할 수 없다, ~할 능력이 없다      volo 원하다, ~하고 싶다, 좋아하다

nolo 원하지 않다      malo 더 원하다, 더 좋아하다

expeto 간절히 바라다, 얻으려고 노력하다

Nulla vitae pars vacare officio potest. (Cic. *Off.* 1, 4)

인생의 어떤 부분도 본분에서 자유로울 수 없다.

Romani veteres regnari10) omnes volebant. (Liv.)

옛 로마인들은 만인이 통치되기를 바라곤 하였다.

Videre te expeto. (나는) 너를 간절히 보고 싶다.

---

nullus −a, −um, adj. 아무 ~도 아니      pars, partis, f. 부분, 측

vaco 비어 있다, 쉬다, 자유롭다      officium, −ii, n. 책임, 의무, 본분, 임무

regno 통치하다, 지배하다

---

• 바람(opto, cupio, desidero, peto, etc.), 의사(iubeo, statuo, constituo, permitto, concedo,

---

9) philosophari는 philosophor 동사의 부정법 현재.

10) regnari는 수동태 부정사 현재.

veto, etc.), 시도나 노력(conor, studio), 그 밖에 scio, nescio, doceo, disco, incipio, desino 동사들은 부정사와 함께 조동사 기능을 한다.

| | |
|---|---|
| opto 바라다, 열망하다 | cupio 원하다, 간절히 바라다 |
| desidero 바라다, 원하다 | peto 부탁하다, 청하다, 간절히 바라다 |
| iubeo 명령하다, 간곡히 권고하다 | statuo 결정하다 |
| constituo 세우다, 결정하다, 구성하다 | permitto 허락하다, 용인하다 |
| concedo 양보하다 | veto 금지하다 |
| studeo 전념하다, 힘쓰다, 공부하다 | scio 알다 |
| nescio 모르다 | doceo 가르치다 |
| disco 배우다 | incipio 시작하다 |
| desino 그만두다 | conor (탈형동사) 힘쓰다, 시도하다 |

Petimus bene vivere. (Horatius) 우리는 잘살기를 (간절히) 바란다.
Caesar constituit non progredi longius.[11] (Caes. *B. G.* 6, 29, 1)
캐사르는 더 멀리 전진하지 않도록 결정했다.

---
progredior, dep. 나아가다, 전진하다

---

•volo, nolo, malo, cupio 등의 의사를 나타내는 조동사는 두 문장 사이의 주어를 대격으로 표현한다.
Volo te clementissimum existimari. (Cic. *Fam.* 11, 22, 1)
나는 당신이 가장 어진 사람으로 존경받기를 원한다.
Sapientem civem me esse volo. (Cic.) 나는 현명한 시민을 원한다.

---
existimo 여기다, 생각하다, 평가하다, 존경하다 sapiens, sapientis, adj. 지혜로운, 현명한
civis, civis, m./f. 시민

---

3) 서술 명사의 역할
•sum 동사와 더불어 중성대명사나 다른 부정사를 주어로 가질 때 서술 명사의 역할을 한다.
Hoc est vivere(=vita). (Sen.) 이것이 산다는 것이다. 이것이 삶(인생)이다.
Docto homini et erudito vivere est cogitare. (Cic.)
박학하고 교양 있는 사람에게 산다는 것은 생각하는 것이다.

---

11) longius는 longus의 중성 비교급 형용사.

Est peccare tamquam transire lineas. (Cic. *Par.* 20)

경계선을 넘은 것이나 마찬가지로 실수한 것이다.

Vel pace vel bello clarum fieri licet. (Sall. *Cat.* 3, 1) 평화 시나 전시에나 유명해질 수 있다.

---

| | |
|---|---|
| doctus, −a, −um, adj. 교육받은, 박학한 | eruditus, −a, −um, adj. 교양 있는 |
| pecco 실수하다, 범죄하다 | tamquam, adv. 마찬가지로, 같이, ~처럼 |
| linea, −ae, f. 선, 실, 경계선 | transeo 넘어가다, 건너가다 |
| pax, pacis, f. 평화 | bellum, −i, n. 전쟁 |
| fio 되다, 이루어지다 | licet[12] 허가되다, ~해도 좋다, 할 수 있다 |

## 4) 설명의 역할

•부정사는 중성대명사나 일반 명사를 다시 취하여 설명하는 역할을 한다.

Id iniustissimum ipsum est, iustitiae mercedem quaerere.[13] (Cic. *Leg.* 1, 49)

정의를 위해 보상을 요구하는 것은, 그것은 바로 그 자체로 가장 불의한 것이다.

Idem velle et idem nolle, ea demum firma amicitia est.[14] (Sall. *Cat.* 20, 4)

같은 것을 원하고 같은 것을 싫어하는 것, 그것이야말로 확고한 우정이다.

---

merces, −cedis, f. 임금, 품삯, 대가, 보상   quaero 구하다, 청하다, 묻다, 요구하다

idem, eadem, idem, pron. 같은, 동일한

demum, adv. 드디어, 마침내, (is, hic, ille 따위의 지시대명사 뒤에) 바로, 그야말로

firmus, −a, −um, adj. 확실한, 견고한, 튼튼한, 단단한, 굳은

---

## 2. 단순 부정사의 예외적 용법

단순 부정사문이라고 말할 때 시제상 현재 부정사의 형태를 의미한다. 그러나 아주 드물게 과거 부정사가 사용되기도 한다. 단순 부정사문에서 과거 부정사가 사용되는 것은, 부정 과거의 의미를 담은 행위 그 자체를 나타내거나, 종결된 행위를 나타내기 위해서다.

Vide[15] si quis forte est qui te nolit perisse.[16] (Cic. *Verr.* 3, 180)

---

12) licet와 같은 비인칭동사의 경우 주격을 사용하지 않고 대격을 사용한다.

13) id가 중성이므로 iniustus 형용사의 최상급, ipse 대명사 모두 중성 주격이다. 'iustitiae'는 이해 여격으로 '~을 위해'라고 옮긴다.

14) velle는 volo 동사의, nolle는 nolo 동사의 부정사이다.

15) vide는 video 동사의 명령형 현재 단수 2인칭.

16) nolit는 nolo 동사의 접속법 현재이고, perisse는 pereo 동사의 과거 부정사.

네가 없어졌기를 원하지 않는 사람이 누가 있는지 보아라.

| | |
|---|---|
| fors, fortis, f. 운수, 우연한 기회 | si forte 혹시라도 ~면 |
| nolo 원하지 않다 | pereo 망하다, 죽다, 소멸하다, 없어지다 |

• "do(주다), habeo(가지다)" 동사와 결합된 단순 부정사문

Do bibere. 마실 것을 준다.

Habeo dicere/scribere. 말할/쓸 것이 있다.

De re publica nihil habeo ad te scribere. (Cic. *Att.* 2, 22, 6)

나는 너에게 정치활동에 대해 쓸 것이 아무것도 없다.

res publica, -ae, f. 공화국, 정권, 정치활동

• "eo(가다), venio(오다)" 등의 움직임을 나타내는 동사들을 이용한 단순 부정사문은 귀착

지점이라는 의미로 시어에서 발견된다.

(Milanion) ibat hirsutas... videre feras.[17] (Prop. 1, 1, 12)

밀라니온은 털이 곤두서 있는 맹수들을 보러 가고 있었다.

| | |
|---|---|
| eo 가다 | fera, -ae, f. 맹수, 야수 |
| hirsutus, -a, -um, adj. 털이 곤두서 있는, 털투성이의 | |
| Milanion, -onis, m. (그리스신화 속) 밀라니온. 아틀란타의 남편(황금 사과를 던져 아틀란타와의 경주에서 이겨 그녀를 아내로 삼음) | |

## III. 부정사문(Propositio Infinitiva)

부정사문이란 부정사로 나오는 동사와 주어 역할을 하는 명사나 다른 품사들이 한 단위로 이루어지는 문장을 말한다. 라틴어에서 부정사문은 주어와 목적어 모두 대격(acc.)을 사용한다. 그래서 이를 대격 부정사문(propositio accusativi cum infinitivo)이라고 한다. 그러나 영문법에 익숙한 우리에게는 대격 부정사문이라는 용어가 다소 낯설게 들릴 것이다.

라틴어의 대격 부정사문은 영어의 간접화법에 해당하는 것으로 어떤 사람의 말이나 생각, 느낌 등을 간접적으로 전하는 방식이다. 영어는 이를 접속사 *that*으로 이끄는 종속절로 처리한

---

17) ibat는 eo 동사의 직설법 미완료 단수 3인칭.

다. 그러나 라틴어는 절(節) 대신에 대격 주어를 취하는 부정사 구(句)로 표현한다.

Magister dicit Paulum esse discipulum bonum. 선생님은 파울루스가 착한 학생이라고 말한다.

• 위 문장은 아래 두 문장을 합친 것이다. 부정사구의 주어 Paulus가 대격 Paulum의 형태로 바뀐다. 라틴어는 이름도 명사 변화를 한다.

선생님은 말한다. → Magister dicit.

파울루스는 착한 학생이다. → Paulus est discipulus bonus.

Magister dixit Paulum esse discipulum bonum. 선생님은 파울루스가 착한 학생이라고 말했다.

• 위 문장은 아래 두 문장을 합친 것이다.

선생님은 말했다. → Magister dixit.

파울루스는 착한 학생이었다. → Paulus fuit discipulus bonus.

• 라틴어에서 이러한 간접화법의 구문은 인식 동사(scio 알다; puto 생각하다…), 의사 동사(volo 원하다; nolo 원하지 않다; peto 청하다; statuo 결정하다…), 설화 동사 (dico, narro, declaro 말하다; scribo 쓰다…) 등에서 대격 부정사문으로 표현한다.

N.B. 라틴어의 대격 부정사문 형태는 영어에서도 발견된다. "*The teacher considers her to be a good student.*"와 같은 문장에서 알 수 있듯이, 목적격(대격)과 부정사로 구성된 비슷한 구문 형태를 볼 수 있다.

## 1. 주어의 표현

• 종속절인 부정사문의 주어(주격)는 일반적으로 대격(목적어)으로 바꾸고, 동사는 부정사로 표현한다.

Scio eum amavisse multum illam puellam.

(나는) 그가 그 여인을 매우 사랑하였다는 것을 안다.

Puto Marcum verum dicere. 나는 마르코가 진실을 말한다고 생각한다.

• 간접 화법 동사의 주어가 3인칭이고 종속절의 주어와 일치하는 경우에는 종속절의 주어가 3인칭 대명사의 대격 se가 된다.

Marcus putat se verum dicere. 마르코는 (자기 자신이) 진실을 말한다고 생각한다.

Paulus putat se esse bonum discipulum. 파울루스는 (자기 자신이) 좋은 학생이라고 생각한다.
Ait se aes alienum fecisse.[18] (Liv. 2, 23, 3) 그는 (그가, 자기 자신이) 빚을 졌다고 말한다.
Mulier dixit se amavisse illum virum ubi primum eum cognoverat.[19]
여인은 그를 알자마자 그 남자를 사랑하였다고 말했다.
N.B. "그, 그녀, 그것" 등을 지칭하는 3인칭 대명사는 "is, ea, id"라는 지시대명사로 대체되
고, 부정사문의 3인칭 주어는 eum, eam, eos, eas로 표현된다. 3인칭 대명사 "sui(자기를,
자기에 대한), sibi(자기에게), se(자기를), se(자기 자신으로부터)"는 재귀대명사로 사
용된다. 즉 주어의 동작이 다시 주어로 되돌아가는 관계를 나타내기에 주격이 없다. 또한
단·복수가 같다.

---

aio (부정에 대립하여) 긍정하다, 말하다

aes alienum, n. (합성명사) 빚; aes alienum facio 빚지다; facio 하다, 만들다

mulier, mulieris, f. 여자, 부인, 아내      ubi primum ~하자마자

is, ea, id, pron. 그, 그 사람, 그것      cognosco 알다

---

• 우리말의 "~처럼 보이다, ~인 것 같다, 영어의 *seem to inf.*"와 같은 표현은 라틴어로 videor라
는 동사를 사용하는데, 이 경우에는 대격 부정사문이 아니라 주격 부정사문을 사용한다.
이에 대해서는 "Pars 3, Lectio I, II. videor 동사"를 참조하라.

## 2. 부정사문의 시제

부정사문의 부정사 시제는 주절 동사의 시제와 비교하여 동시성, 선행, 후행 관계를 표현한
다. 즉 주절 동사의 시제와 같으면 현재 부정사, 주절 동사의 시제보다 앞서면 과거 부정사,
주절 동사의 시제보다 나중에 오면 미래 부정사를 사용한다. dare 동사를 이용한 각 시제별
예문을 통해 알아보자.

### 1) 능동태 부정사문

dare 동사의 기본형: do, das, dedi, datum, dare

dare 동사의 능동태 부정사: 현재 dare, 과거 dedisse, 미래 dat-ur-um, -am, -um, dat-ur-os,

---

18) fecisse는 facio 동사의 과거 부정사이다.
19) amavisse는 amo 동사의 과거 부정사. illum은 지시대명사 ille의 단수 대격. eum은 지시대명사 is의
단수 대격.

| -as, -a esse |
|---|

• 주절의 동사가 현재

|현재 부정사: 현재를 기준으로 주절과 종속절의 시간이 같음|

Puto matrem puellae dare ei bona consilia.

나는 소녀의 어머니가 그녀(소녀)에게 좋은 충고들을 준다고 생각한다.

|과거 부정사: 현재를 기준으로 종속절의 시간이 앞섬|

Puto matrem puellae dedisse ei bona consilia.

나는 소녀의 어머니가 그녀에게 좋은 충고들을 주었다고 생각한다.

|미래 부정사: 현재를 기준으로 종속절의 시간이 미래|

Puto matrem puellae daturam esse ei bona consilia.

나는 소녀의 어머니가 그녀에게 좋은 충고들을 줄 것이라고 생각한다.

| puto 생각하다 | do 주다 |
|---|---|
| consilium, −ii, n. 충고, 조언, 의견, 결정 | |

• 주절의 동사가 과거(미완료, 단순과거)

|현재 부정사: 과거를 기준으로 주절과 종속절의 시간이 같음|

Putabam matrem puellae dare ei bona consilia.

나는 소녀의 어머니가 그녀에게 좋은 충고들을 주었다고 생각하였다.

|과거 부정사: 과거를 기준으로 종속절의 시간이 앞섬|

Putabam matrem puellae dedisse ei bona consilia.

나는 소녀의 어머니가 그녀에게 좋은 충고들을 주었었다고 생각하였다.

|미래 부정사: 과거를 기준으로 종속절의 시간이 미래|

Putabam matrem puellae daturam esse ei bona consilia.

나는 소녀의 어머니가 그녀에게 좋은 충고들을 주었을 것이라고 생각하였다.

## 2) 수동태 부정사문

dare 동사의 기본형: do, das, dedi, datum, dare
dare 동사의 수동태 부정사: 현재 dari; 과거 dat-um, -am, -um, dat-os, -as, -a + esse; 미래
dat-um iri5

• 주절의 동사가 현재

|현재 부정사: 현재를 기준으로 주절과 종속절의 시간이 같음|

Scio a matre bona consilia filiae dari.

나는 딸을 위해 좋은 충고들이 어머니로부터 주어진다는 것을 안다.

|과거 부정사: 현재를 기준으로 종속절의 시간이 먼저 일어남|

Scio a matre bona consilia filiae data esse.

나는 딸을 위해 좋은 충고들이 어머니로부터 주어졌다는 것을 안다.

|미래 부정사: 현재를 기준으로 종속절의 시간이 미래|

Scio a matre bona consilia filiae daturum iri.

나는 딸을 위해 좋은 충고들이 어머니로부터 주어질 것임을 안다.

• 주절의 동사가 과거

|현재 부정사: 과거를 기준으로 주절과 종속절의 시간이 같음|

Sciebam a matre bona consilia filiae dari.

나는 딸을 위해 좋은 충고들이 어머니로부터 주어졌다는 것을 알고 있었다.

|과거 부정사: 과거를 기준으로 종속절의 시간이 먼저 일어남|

Sciebam a matre bona consilia filiae data esse.

나는 딸을 위해 좋은 충고들이 어머니로부터 주어졌었다는 것을 알고 있었다.

|미래 부정사: 과거를 기준으로 종속절의 시간이 미래|

Sciebam a matre bona consilia filiae daturum iri.

 Exercitatio   (해답은 부록 120쪽 참조)

나는 딸을 위해 좋은 충고들이 어머니로부터 주어졌을 것임을 알고 있었다.

1. 다음의 단순 부정사문을 우리말로 옮기시오.

  1) Volo exire domo.

  2) Nemo potest esse doctus sine studio.

  3) Debemus oboedire veritati.

  4) Vir sciebat mulierem ivisse domum.

5) Puto omnes cives defendere debere patriam.

6) Bibere humanum est, ergo bibamus.[20]

---

exeo 나오다, 나가다

domus, -us, f. 집; domi 집에; domum (도착점) 집으로; domo (출발점) 집에서(부터)

nemo, neminis, m./f. 아무도 ~않다(못하다, 없다)

doctus, -a, -um, adj. 유식한, 박학한; m. 학자, 감정가

sine (+abl.) ~ 없이                          studium, -ii, n. 공부, 면학, 연구

oboedio(=obedio) 귀를 기울이다, 경청하다, 복종하다

veritas, -tatis, f. 진리                      scio 알다

eo 가다                                       bibo 마시다

---

2. 다음의 부정사문을 우리말로 옮기시오.

1) Puto omnes cives defendere debere patriam.

2) Illa puella credebat se natam esse tantum ad tolerandos dolores.

3) Vir dixit se velle ducere in matrimonium.

4) Nescio cur is redivisse.

5) Mater mea dicit periculosum esse ambulare nocte.

6) Puto eum mutaturum esse sententiam.

7) Scio eum amavisse multum illam puellam.

8) Puto te mereri praemium.

---

20) bibamus는 bibo 동사의 접속법 현재 복수 1인칭.

9) Magister putabat discipulos legisse historiam.

10) Vir sciebat mulierem ivisse domum.

11) Notum est Athenienses uti navibus velocibus.

12) Puto eum locutum esse cum prudentia.

| | |
|---|---|
| puto 생각하다 | civis, -is, m./f. 시민 |
| defendo 방어하다, 변호하다 | patria, -ae, f. 조국 |
| tolero 참다, 견디다 | multum, adv. 대단히, 많이, 자주 |
| mereor, dep. 받을 만하다, ~할 자격이 있다 lego 읽다 | |
| historia, -ae, f. 역사 | Athenienses, -ium, m. pl. 아테네 사람들 |
| utor, dep. (+abl.) 사용하다 | loquor 말하다, 이야기하다 |

# Modus Coniunctivus

## 접속법

　라틴어에는 사실을 있는 그대로 서술하는 직설법과 더불어 화자(話者)의 생각과 추측, 가정과 희망, 조건과 권고를 나타내는 화법인 접속법(modus coniunctivus)이 있다. 라틴어의 화법인 접속법은 이탈리아어를 포함한 그 밖의 유럽어를 공부한 사람들에게는 친숙한 문법 용어이지만, 그렇지 않은 경우에는 영어의 "가정법" 정도로 생각하면 이해에 도움이 될 것이다.

　라틴어의 접속법 화법은 일반적으로 종속절에 많이 쓰이기 때문에 종속법(modus subiunctivus)이라고도 부른다. 라틴어의 종속법(modus subiunctivus)을 영어는 가정법(subiunctive mood)이라고 옮기며, 종속절에 쓰이는 절(incisum)의 유형(목적, 결과, 조건, 전제, 가정 등)도 다양하다. 또한 접속법 동사는 직설법 동사와 마찬가지로 능동태와 수동태 두 가지 형태로 나뉘고, 그에 따라 각각 다른 동사 어미 활용을 한다.

　접속법 동사의 시제는 현재, 미완료, 단순과거, 과거완료 네 가지뿐이다. 따라서 접속법 동사에는 미래 시제가 없는데, 이것은 접속법 동사 자체가 희망과 염원을 나타내는 미래 지향적 의미를 담고 있기 때문이다.

　N.B. 라틴어에서 접속법은 흔히 화자 편에서 명확하지 않은 것을 말할 때 사용하는데, 객관적인 서술을 중시하는 로마인의 성격으로 인해 영어의 가정법보다 훨씬 빈번하게 쓰였다. 이는 영어 조동사의 "*may, might, should, would, may have, would have*" 등의 표현으로 이해하면 쉬울 것이다.

## I. 접속법 동사의 어미 활용

### 1. sum과 possum 동사의 접속법

| 인칭 | 현재 | | 미완료 | | 단순과거 | | 과거완료 | |
|------|------|------|--------|--------|----------|----------|----------|----------|
| **sg. 1p** | sim | possim | essem | possem | fuerim | potuerim | fuissem | potuissem |
| **sg. 2p** | sis | possis | esses | posses | fueris | potueris | fuisses | potuisses |
| **sg. 3p** | sit | possit | esset | posset | fuerit | potuerit | fuisset | potuisset |

| | | | | | | | | |
|---|---|---|---|---|---|---|---|---|
| **pl. 1p** | simus | possimus | essemus | possemus | fuerimus | potuerimus | fuissemus | potuissemus |
| **pl. 2p** | sitis | possitis | essetis | possetis | fueritis | potueritis | fuissetis | potuissetis |
| **pl. 3p** | sint | possint | essent | possent | fuerint | potuerint | fuissent | potuissent |

- 라틴어 sum 동사의 접속법 어미 활용은 인도유럽어의 기원법(modus optativus)에서 유래한 것으로 산스크리트어는 syam, syas, syat, syama, syata, syur 형태이다.
- sum, possum, volo(원하다, ~하고 싶다, *to want*), nolo(원하지 않다, ~하고 싶지 않다, *not to wish, be unwilling*), malo(더 좋아하다, 차라리 ~하겠다, *to prefer, would rather*)와 같은 불규칙동사들은 접속법 동사 활용도 불규칙하다.
- volo, nolo, malo 동사는 possum(*to be able, can*)과 debeo(*to owe, must*) 동사처럼 보조동사로 다른 동사의 부정법과 함께 사용된다. 이들 동사에 대해서는 불규칙동사 편에서 살펴보기로 하자.
- sum과 possum 동사를 포함해서 라틴어 접속문 동사는 문장과 용법에 따라 다양하게 해석 되기 때문에 하나의 정형화된 우리말 범례(範例)를 제시할 수 없다. 이에 대해서는 각각의 용법에 따라 살펴보도록 하자.

## 2. 접속법 현재

| 인칭 | 제1활용 | | 제2활용 | | 제3활용 | | 제4활용 | |
|---|---|---|---|---|---|---|---|---|
| | **능동** | **수동** | **능동** | **수동** | **능동** | **수동** | **능동** | **수동** |
| **sg. 1p** | laud-em | laud-er | mon-eam | mon-ear | leg-am | leg-ar | aud-iam | aud-iar |
| **sg. 2p** | laud-es | laud-eris | mon-eas | mon-earis | leg-as | leg-aris | aud-ias | aud-iaris |
| **sg. 3p** | laud-et | laud-etur | mon-eat | mon-eatur | leg-at | leg-atur | aud-iat | aud-iatur |
| **pl. 1p** | laud-emus | laud-emur | mon-eamus | mon-eamur | leg-amus | leg-amur | aud-iamus | aud-iamur |
| **pl. 2p** | laud-etis | laud-emini | mon-eatis | mon-eamini | leg-atis | leg-amini | aud-iatis | aud-iamini |
| **pl. 3p** | laud-ent | laud-entur | mon-eant | mon-eantur | leg-ant | leg-antur | aud-iant | aud-iantur |

- 제1활용 동사

동사 어근(laud) + 연결 모음(-e) + 능동/수동 어미

제2활용에서 제4활용 동사의 연결 모음은 모두 -a이지만, 제1활용 동사는 직설법 현재와 구분하기 위해 -e가 된다.

- 제2활용~제4활용 동사

동사 어근(mon/leg/aud) + 연결 모음(-a/-e/-i) + 능동/수동 어미

## 3. 접속법 미완료

동사 어근(laud/mon/leg/aud)＋연결 모음(−a/−e/−i)＋접미사(−re)＋능동/수동 어미

| 인칭 | 제1활용 | | 제2활용 | |
|---|---|---|---|---|
| | 능동 | 수동 | 능동 | 수동 |
| sg. 1p | laud-arem | laud-arer | mon-erem | mon-erer |
| sg. 2p | laud-ares | laud-areris | mon-eres | mon-ereris |
| sg. 3p | laud-aret | laud-aretur | mon-eret | mon-eretur |
| pl. 1p | laud-aremus | laud-aremur | mon-eremus | mon-eremur |
| pl. 2p | laud-aretis | laud-aremini | mon-eretis | mon-eremini |
| pl. 3p | laud-arent | laud-arentur | mon-erent | mon-erentur |
| 인칭 | 제3활용 | | 제4활용 | |
| | 능동 | 수동 | 능동 | 수동 |
| sg. 1p | leg-erem | leg-erer | aud-irem | aud-irer |
| sg. 2p | leg-eres | leg-ereris | aud-ires | aud-ireris |
| sg. 3p | leg-eret | leg-eretur | aud-iret | aud-iretur |
| pl. 1p | leg-eremus | leg-eremur | aud-iremus | aud-iremur |
| pl. 2p | leg-eretis | leg-eremini | aud-iretis | aud-iremini |
| pl. 3p | leg-erent | leg-erentur | aud-irent | aud-irentur |

## 4. 접속법 단순과거

### 1) 접속법 단순과거 능동

| 인칭 | 제1활용 | 제2활용 | 제3활용 | 제4활용 |
|---|---|---|---|---|
| sg. 1p | laudav-erim | monu-erim | leg-erim | audiv-erim |
| sg. 2p | laudav-eris | monu-eris | leg-eris | audiv-eris |
| sg. 3p | laudav-erit | monu-erit | leg-erit | audiv-erit |
| pl. 1p | laudav-erimus | monu-erimus | leg-erimus | audiv-erimus |
| pl. 2p | laudav-eritis | monu-eritis | leg-eritis | audiv-eritis |
| pl. 3p | laudav-erint | monu-erint | leg-erint | audiv-erint |

•라틴어 직설법 능동 단순과거가 '과거 어근＋sum 동사의 현재완료 어미'를 사용한다면, 라틴어 접속법 능동 단순과거는 '과거 어근(laudav/monu/leg/audiv)＋sum 동사의 접속법 현재완료에서 fu−를 제거한 어미'를 사용한다.

### 2) 접속법 단순과거 수동

동사의 과거분사＋sum 동사의 접속법 현재

| 인칭 | 제1활용 | 제2활용 | 제3활용 | 제4활용 | sum 동사의 접속법 현재 |
|---|---|---|---|---|---|
| sg. 1p | laudatus, -a, -um | monitus, -a, -um | lectus, -a, -um | auditus, -a, -um | sim |
| sg. 2p | | | | | sis |
| sg. 3p | | | | | sit |
| pl. 1p | laudati, -ae, -a | moniti, -ae, -a | lecti, -ae, -a | auditi, -ae, -a | simus |
| pl. 2p | | | | | sitis |
| pl. 3p | | | | | sint |

## 5. 접속법 과거완료

### 1) 접속법 과거완료 능동

| 인칭 | 제1활용 | 제2활용 | 제3활용 | 제4활용 |
|---|---|---|---|---|
| sg. 1p | laudav-issem | monu-issem | leg-issem | audiv-issem |
| sg. 2p | laudav-isses | monu-isses | leg-isses | audiv-isses |
| sg. 3p | laudav-isset | monu-isset | leg-isset | audiv-isset |
| pl. 1p | laudav-issemus | monu-issemus | leg-issemus | audiv-issemus |
| pl. 2p | laudav-issetis | monu-issetis | leg-issetis | audiv-issetis |
| pl. 3p | laudav-issent | monu-issent | leg-issent | audiv-issent |

• 라틴어 접속법 능동 과거완료는 "과거 어근(laudav/monu/leg/audiv)＋sum 동사의 접속법 과거완료에서 fu−를 제거한 어미"를 사용한다.

### 2) 접속법 과거완료 수동

• 동사의 과거분사＋sum 동사의 접속법 미완료

| 인칭 | 제1활용 | 제2활용 | 제3활용 | 제4활용 | sum 동사의 접속법 미완료 |
|---|---|---|---|---|---|
| sg. 1p | laudatus, -a, -um | monitus, -a, -um | lectus, -a, -um | auditus, -a, -um | essem |
| sg. 2p | | | | | esses |
| sg. 3p | | | | | esset |
| pl. 1p | laudati, -ae, -a | moniti, -ae, -a | lecti, -ae, -a | auditi, -ae, -a | essemus |
| pl. 2p | | | | | essetis |
| pl. 3p | | | | | essent |

## II. 접속법의 용법

라틴어의 접속법(modus coniunctivus)을 칭하는 또 다른 명칭인 종속법(modus subiunctivus)이라는 문법 용어에서 알 수 있듯이, 접속법은 일반적으로 종속절에 많이 쓰인다. 그러나 라틴어 동사의 접속법은 ut, ne, cum 등과 같은 종속접속사와 연결되지 않고, 독립절(단독 문장)이나 주절로 사용되어 가능과 의도(소원)를 표현하기도 한다.

• 의도(소원)문의 종류: 권고, 소원(바람), 양보

부정문은 부정부사 ne(또는 nemo, nihil, nullus)를 쓴다.

• 가능문의 종류: 가능, 의혹

부정문은 부정부사 non을 쓴다.

## 1. 권고문(Propositio Exhortativa)

권고문은 권고, 충고, 요청 등을 표현하며, 나아가 동사의 명령법을 대체하여 권고성 명령을 나타내기도 한다. 권고성 명령은 동사의 명령법처럼 단호하거나 위압적인 명령이 아니라 권유와 요청의 형식이다.

### 1) 권고문

Taceam. 침묵해야지. 말하지 말아야지.

Taceat. 조용히 합시다.

Taceamus. (우리) 침묵합시다. 말하지 맙시다.

Taceant. (거기들) 조용히 하세요.

Amemus patriam. (Cic.) (우리) 조국을 사랑합시다.

Arma deponat. (Cic.) 무기들을 내려놓읍시다.

---

taceo 침묵하다, 조용히 있다, 말하지 않다    depono 내려놓다, 벗어 놓다, 내놓다

---

### 2) 권고성 명령문

접속법 2인칭 단수와 복수는 명령문을 대체하여 권고성 명령문을 표현한다. 권고성 명령문은 직설법 명령문과 달리 간곡한 요청을 나타낸다.

Taceas. (너) 조용히 좀 있어.

Taceatis. 당신들 조용히 좀 하시오.

### 3) 권고성 금지 명령문

"ne(nemo, nihil, nullus, numquam)+접속법 현재, 단순과거"이다.

Ne hoc dicas. 이것을 말하지 마시오.

Ne dicas hoc modo. 이런 식으로 말하지 마시오.

Ne timueritis. 두려워하지 마시오.

Hoc ne feceris. (Cic.) 이것을 하지 마시오.

De me nihil timueritis. (Cic.) 나에 대해서는 두려워하지 마시오.

N.B. feceris, timueritis는 접속법 단순과거 시제이다. 우리말로 옮길 때는 현재 시제처럼 옮긴다.

## 2. 소원문(Propositio Optativa)

• 소원을 의미하는 라틴어 형용사 optativa는 동사 opto에서 유래한 것으로 "간절히 바라다, 기원하다"라는 뜻이다.

• 접속법의 소원문은 어떤 일이 일어나길 바라거나 축원하는 문장, 또는 현재에 이루어지지 못한 일에 대한 아쉬움을 표현한다.

• 긍정적 소원문 첫머리에는 부사 "utinam, 제발, 원컨대, ~으면, ~하기를!"을 놓으며, 부정적 소원문에는 부정부사 ne(nemo, nihil, numquam 등)를 붙여 "utinam ne"를 쓴다. 소원문 문장의 끝에는 느낌표(!)를 찍고, 우리말로는 "~한다면 좋겠다", "했더라면 좋았겠다" 정도로 옮긴다.

### 1) 소원문의 시제

• 접속법 현재

현재와 미래에 실현 가능한 바람을 표현한다.

Utinam pater redeat! 아버지께서 돌아오시면 좋겠다!

Utinam illum diem videam! (Cic. *Att.* 3, 3) 나는 그날을 꼭 보고 싶다!

Utinam hac nocte ne fur veniat! 오늘 밤에 제발 도둑이 들지 않기를!

| | |
|---|---|
| redeo 돌아가다, 돌아오다 | nox, noctis, f. 밤 |
| fur, furis, m./f. 도둑, 절도 | |

• 접속법 단순과거

다소 드물게 사용하는 표현으로, 과거에 실현 가능한 일에 대한 바람 또는 기원을 표현한다.

Utinam pater iam venerit!

아버지께서 벌써 돌아오셨으면 좋겠는데!
Utinam nostri vicerint![21] 그들이 우리를 이겼더라면 좋았을 텐데!

•접속법 미완료(반과거)
현재에 실현 가능성이 없는 바람을 표현한다.
Utinam pater meus viveret! 내 아버지께서 살아 계셨다면! (실제로는 살아 계시지 않음)
Illud utinam ne vere scriberem! (Cic. *Fam.* 5, 17, 3)
내가 그것을 사실대로 쓰지 않았다면! (실제로는 사실대로 썼기 때문에 곤경에 처함)

•접속법 과거완료
과거에 실현 가능성이 없는 사실에 대한 안타까움을 표현한다.
Hoc utinam a principio tibi placuisset! (Sall. *Iug.* 102, 8)
이것이 처음부터 네 마음에 들었었다면! (실제로는 처음부터 마음에 들지 않았음)
Utinam fuissem tecum! (내가) 너와 함께 있었더라면!

principium, -ii, n. 시작, 처음, 원칙; a principio 처음부터, 시작부터

2) volo, nolo, malo 접속법 동사와 결합한 소원문
소원문을 표현하기 위해서는 부사 utinam 이외에도, 의사를 표시하는 volo(나는 원한다), nolo(나는 원하지 않는다), malo(나는 더 좋아한다) 동사의 접속법 형태를 문장의 첫머리에 놓는다.
•접속법 현재 velim, nolim, malim+접속법 동사 현재, 단순과거: 실현 가능한 바람
Velim taceas. (나는) 네가 침묵하길 바란다.
Velim tacueris. (나는) 네가 침묵했기를 바란다.
Velim verum dicas. (나는) 네가 사실을 말하기(말했기)를 바란다.
Velim verum dixeris. (나는) 네가 사실을 말했기를 바란다.

verum, -i, n. 사실, 진실, 진리

•접속법 미완료 vellem, nollem, mallem+접속법 동사 미완료, 과거완료: 실현 불가능한 바람
Vellem taceres. (나는) 네가 침묵하길 바랐는데. (실제로는 침묵하지 않았음)
Vellem tacuises. (나는) 네가 침묵하였기를 바랐는데.

---

21) nostri는 목적 속격으로 "우리를, 우리에 대한"이라고 옮긴다.

Vellem mecum venires. (나는) 네가 나와 함께 오길 원했다. (실제로는 함께 오지 않았음)
Vellem mecum venisses. (나는) 네가 나와 함께 왔기를 원했다.


Quam vellem Romae mansisses! (Cic. *Att.* 2, 22, 1)
(나는) 네가 로마에 머물렀기를 얼마나 바랐던가!
N.B. Romae는 장소를 나타내는 여격으로 사용된다. 우리말로 "로마에"로 옮기며, 편지나
문서의 마지막에 사용하곤 한다.

---

quam, adv. 얼마나                          maneo 머무르다, 묵다, 남아 있다

---

## 3. 양보문

접속법의 양보문은 사실에 대한 양보, 용인, 가정을 표시하는 문장이다.
우리말로 "~라고 하더라도", "~라고 하자" 정도로 옮길 수 있다.


### 1) 양보문의 시제
•현재: 현재와 관련한 양보나 용인
Sit hoc verum, non est aequum. 이것이 사실이라 하더라도, 공평하지 못하다.


•단순과거: 과거와 관련한 양보나 용인
Fueris doctus, fueris prudens, sed bonus non fuisti.
(당신은) 현명하고, 신중하였다고 하더라도, 당신은 선량하지 않았다.


### 2) 양보문의 표현
•sane(~라고 하자), ut, licet(비록 ~일지라도)를 삽입하여 표현하기도 한다.
Haec sint falsa sane; invidiosa certe non sunt. (Cic.)
이것들이 틀리다고 하더라도, 그렇다 해도 밉지는 않다.

---

falsus, -a, -um, adj. 잘못된, 틀린, 그릇된      invidiosus, -a, -um, adj. 부러운, 시샘하는, 미운
certe, adv. 확실히, 그렇다 해도, 분명, (대답) 확실히, 물론

---

•부정하는 경우에는 부정부사 ne를 사용한다.
Ne sit sane summum malum dolor, malum certe est. (Cic. *Tusc.* 2, 14)

고통이 가장 큰 불행은 아니더라도, 분명 불행이다.

---

dolor, doloris, m. 고통, 아픔          malum, −i, n. 악, 불행, 고통, 병

summus, −a, −um, adj. 가장 높은, 가장 큰, 극단의

---

## 4. 가능문(Propositio Potentialis)

접속법의 가능문은 일어날 수 있거나 일어날 수도 있었던 어떤 일에 대한 가능성을 표현하는 문장이다. 가능문의 주어는 종종 "aliquis, quis?, nemo" 등과 같은 미한정 대명사로 표현되는 불특정한 주체나 일반적 의미의 "너, 당신"을 나타내는 2인칭 단수가 사용된다.

가능문의 부정문에는 부정부사 non을 쓰고, 가능문은 우리말로 "~지도 모른다", "~겠는가?" 정도로 옮길 수 있다.

### 1) 가능문의 시제

• 접속법 현재와 단순과거: 현재의 가능성을 표현

Quis rem tam veterem pro certo adfirmet? (Liv. 1, 3, 2)

누가 이렇게 옛날 일을 확실하게 단언할 수 있겠는가?

Forsitan quispiam dixerit...[22] (Cic. *Off.* 3, 29) 아마도 혹자는 ~라고 말하였을 것이다.

Mori neminem sapiens miserum duxerit. (Cic.)

현명한 사람의 죽음은 아무도 불행한 일로 생각하지 않는다.

---

tam, adv. 이와 같이, 이처럼

adfirmo 주장하다, 단언하다; aliquid pro certo ad(f)firmare ~을 확실하게 주장(단언)하다

morior 죽다          sapiens, sapientis, adj. 현명한; m. 현명한 사람

duco 여기다, 평가하다; neminem duco miserum 아무도 불쌍한 일로 여기지 않다

---

• 접속법 미완료: 과거의 가능성을 표현

Mare velis florere videres. 바다가 돛으로 무성한 모습을 (너는) 보았을지도 모른다.

Hoc tantum bellum quis umquam arbitraretur ab uno imperatore confici posse[23]? (Cic.)

일찍이 이 큰 전쟁이 황제 혼자에 의해서 수행될 수 있었다고 누가 생각할 수 있었단 말인가?

---

22) 미한정 대명사 quispiam은 가능과 가정을 나타내는 문장에 사용되며, 우리말로 "어떤 사람, 혹자, 아무"라고 옮긴다.

23) posse는 possum 동사의 부정법 현재.

| | |
|---|---|
| mare, maris, n. 바다 | velum, -i, n. 돛 |
| floreo 꽃피다, 무성하다 | |
| umquam(=unquam), adv. (의문문에서 부정적 대답을 요구할 때) 일찍이 ~란 말이냐? | |
| arbitror, dep. 생각하다, 판결하다 | conficio 마치다, 이행(수행)하다, 집행하다 |

## 5. 의혹 의문문(Propositio Dubitativa)

의혹 의문문은 현재와 미래에 취할 결정에 대한 의문, 과거에 취했던 결정에 대한 의문을
의문문 형태로 나타낸다. 의혹 의문문의 부정문에는 부정부사 non을 쓴다.
의혹 의문문은 우리말로 "어떻게 할까?", "~하였을까?" 정도로 옮길 수 있다.

#### 의혹 의문문의 시제

• 접속법 현재: 현재와 미래에 대한 의문

Quid agam, iudices? (Cic.) (나는) 무엇을 해야 하고, (너는) 무엇을 판단해야 하나?

Rogem te ut venias? Non rogem? Sine te igitur sim? (Cic. *Fam.* 14, 4, 3)

와 달라고 네게 청할까? 청하지 말까? 그래 너 없이 있을까?

| | |
|---|---|
| rogo 묻다, 청하다, 애걸하다 | igitur, conj. 그러므로, (질문, 반어) 그래서 |

• 접속법 미완료: 과거에 대한 의문

Quid facerem? (Verg.) 나는 무엇을 했어야 할까?

Cur Cornelium non defenderem? (Cic.) 왜 나는 코르넬리오를 변호하지 말았어야 했을까?

## III. 접속법의 미래

접속법 동사는 미래의 행위를 표현하기 위한 동사의 어미변화가 따로 없다. 그 이유는 접속법
동사 자체가 희망과 염원을 나타내는 미래 지향적 의미를 담고 있기에, 몇몇 우언법(문법적
관계를 동사의 어미변화를 통해서가 아니라 별개의 단어들을 써서 표현하는 방법)을 반복하지
않고, 접속법 동사의 네 가지 시제(현재, 미완료, 단순과거, 과거완료)만으로 미래의 표현이
가능하기 때문이다. 그런데 접속법 동사에는 미래의 개념이 표현되지 않는 경우와 표현되는
경우가 있다.

## 1. 접속법 동사에 미래의 개념이 표현되지 않는 경우

문장의 성격상 종속절의 내용이 미래를 생각하지 않을 수 있다. 가령 목적절, 원의나 명령의 직접목적어, "timere 두려워하다; impedire 방해(금지)하다" 등의 동사에 의존하여 목적, 두려움, 명령의 대상이 되는 경우 미래와 관계할 수 없다. 또는 접속법 문장이 다른 미래 시제(미래 부정사)에 의존하는 경우, 접속법 동사 자체로 충분히 미래에 대한 표현이 가능하다.
- 주절에 주 시제(현재 등) 또는 역사 시제(미완료, 과거, 과거완료 등)가 있고, 단순 미래의 개념을 표현하기 위해서는 접속법 현재나 미완료를 쓴다.

- 주절에 주 시제 또는 역사 시제가 있고, 미래완료의 개념을 표현하기 위해서는 접속법 과거나 과거완료를 쓴다.

Timeo ne hoc facias[24](=non facturus sis). 나는 네가 이것을 하지 않을까 두렵다. (동시)
Timebam ne hoc faceres[25](=non facturus esses).
나는 네가 이것을 하지 않(았)을까 두려웠다. (동시)
|미래| 나는 캐사르가 명령할 것을 하리라고 약속한다/약속하였다.
Polliceor me facturum esse quae Caesar imperet.
Polliceor me facturum esse quae Caesar imperaret.
|미래완료| 나는 캐사르가 명령하였던 것을 하리라고 약속한다/약속하였다.
Polliceor me facturum esse quae Caesar imperaverit.
Polliceor me facturum esse quae Caesar imperavisset.

## 2. 접속법 동사에 미래 개념이 표현되는 경우

문장 자체의 성격상 미래의 개념이 분명하지 않거나, 미래 동사에 의존하지 않을 경우, 종속절의 미래 또는 미래완료를 표현하는 방법은 다음과 같다.

### 1) 종속절의 미래
- 주절의 동사가 주 시제 또는 역사 시제일 때, 종속절에 능동 (단순) 미래 개념을 나타내기 위해서는 "능동태 용장활용+sim 또는 essem"을 쓴다.
Non dubito quin pater venturus sit. 나는 아버지께서 오실 것을 의심하지 않는다.

24) facio의 접속법 현재 단수 2인칭.
25) facio의 접속법 미완료 단수 2인칭.

Non dubitabam quin pater venturus esset. 나는 아버지께서 오실 것을 의심하지 않았다.
N.B. "Non dubito quin 나는 ~하는 것을 의심하지 않는다."라는 의미의 관용어. 이에 대해서는 "Pars 4, Lectio III, IV" 참조.

• 주절의 동사가 주 시제 또는 역사 시제일 때, 종속절에 수동(또는 미래분사가 없는 동사의) (단순) 미래 개념을 나타내기 위해서는 "접속법 현재/미완료+possum 동사" 또는 접속법 현재/미완료 동사 앞에 "mox 이제 곧, 그다음에; brevi 오래지 않아, post 뒤에" 등과 같은 부사를 사용한다.
Non dubito quin timere possis. 나는 네가 두려워할 수 있다는 것을 의심하지 않는다.
Non dubitabam quin res fieri posset(=post fieret).
나는 일이 이루어질 수 있다는 것을 의심하지 않았다.

## 2) 종속절의 미래완료
• 주절이 주 시제 또는 역사 시제일 때, 종속절에서 미래완료 개념을 나타내기 위해서는 수동뿐 아니라 능동에서도 "접속법 과거/과거완료+possum 동사" 또는 접속법 과거/과거완료 동사 앞에 "mox 이제 곧, 그다음에; brevi 오래지 않아, post 뒤에" 등과 같은 부사를 사용한다.
Non dubito quin brevi opus perfeceris[26].
나는 오래지 않아 네가 일을 마칠 것이라는 것을 의심하지 않는다.
Non dubitabam quin brevi opus perfecisses.[27]
나는 오래지 않아 네가 일을 마칠 것이라는 것을 의심하지 않았다.

## 3) 특수 용례
문법가나 저술가 등에 의해 한두 번 발견되는 종속절의 미래, 미래완료의 표현은 다음과 같다.

• 종속절의 미래

| 주절 | 종속절 |
|---|---|
| 주 시제 | futurum sit ut+접속법 현재 |
| 역사 시제 | futurum esset ut+접속법 미완료 |

---

26) perficio의 접속법 과거 단수 2인칭.
27) perficio의 접속법 과거완료 단수 2인칭.

Non dubito quin futurum sit ut te paeniteat.

나는 네가 뉘우치리라는 것을 의심하지 않는다.

Non dubitabam quin futurum esset ut te paeniteret.

나는 네가 뉘우치리라는 것을 의심하지 않았다.

●종속절의 미래완료

| 주절 | 종속절 |
|------|--------|
| 주 시제 | futurum sit ut + 접속법 과거 |
| 역사 시제 | futurum esset ut + 접속법 과거완료 |

Non dubito quin futurum sit ut te iam paenituerit.

나는 네가 이미 뉘우쳤으리라는 것을 의심하지 않는다.

Non dubitabam quin futurum esset ut te iam paenituisset.

나는 네가 이미 뉘우쳤으리라는 것을 의심하지 않았다.

---

quin, conj. subord. ~하는 것을, ~하지 않을

polliceor, eris, pollicitus sum, eri, 2 dep. 약속(보증)하다, 허락하다

impero, as, avi, atum, are, 1 tr. 명령하다; intr. 통치하다

dubito, as, avi, atum, are, 1 tr. 의심하다

fio, fis, factus sum, fieri, 되다, 이루어지다

perficio, is, feci, fectum, ere, 3 tr. 끝내다, 마치다

paeniteo(poeniteo), paenituit, paenitere, impers. 후회하다, 뉘우치다[또는 paeniteo(poeniteo) pers. 2]

# Participipium et Ablativus Absolutus

## 분사와 독립분사구문

분사는 라틴어 고대 문법에서부터 분사라고 불렸는데, 그 이유는 명사와 동사의 성격을 공유(partior)하기 때문이다. 사실 분사는 철자의 형태에서는 물론이고 구문론상 형용사의 기능과 동사의 성격도 띤다. 형용사 역할로서 분사는 어미변화를 하며, 수식하는 명사에 성, 수, 격을 일치시킨다. 동사의 성격으로서 분사는 능동태와 수동태의 양태, 현재·과거·미래 시제, 직접목적어와 간접목적어를 가지며 종속절이 수반될 수도 있다.

## I. 분사의 시제와 양태

라틴어의 분사는 현재, 과거, 미래 시제를 가진다.

### 1. 현재분사

현재분사에는 수동태는 없고 능동태만 있으며, 주절의 동사 시제와 동 시간대의 행위를 가리킨다.

fleo, fles, flevi, fletum, flere 울다

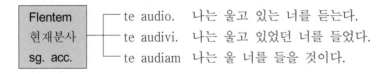

| Flentem<br>현재분사<br>sg. acc. | te audio. 나는 울고 있는 너를 듣는다. |
| | te audivi. 나는 울고 있었던 너를 들었다. |
| | te audiam 나는 울 너를 들을 것이다. |

1) 형태: 능동태와 탈형동사의 모든 타동사와 자동사는 현재분사를 가진다.

|능동태 타동사|

amo, amas, amavi, amatum, amare 사랑하다

⇒ amans, amantis 사랑하는, 사랑하고 있는

|능동태 자동사|

venio, venis, veni, ventum, venire 오다

⇒ veniens, venientis 오는

|탈형동사 타동사|

hortor, hortaris, hortatus sum, hortari 권고하다

⇒ hortans, hortantis 권고하는

|탈형동사 자동사|

morior, moreris, mortuus sum, mori 죽다

⇒ moriens, morientis 죽는

2) 형성

```
┌─────┤ 현재 어근 ├─────┐
```

어근＋연결 모음(−a, −e, −i)＋접사(−nt, −ns)＋어미(형용사 제2형의 어미변화)

　　제1활용 lad＋a＋nt (주격은 −ns) → laudans, laudantis

　　제2활용 mon＋e＋nt (주격은 −ns) → monens, monentis

　　제3활용 leg＋e＋nt (주격은 −ns) → legens, legentis

　　제4활용 aud＋ie＋nt (주격은 −ns) → audiens, audientis

3) 어미변화: 현재분사의 어미변화는 형용사 제2형의 어미변화를 따른다.

| 수 | sg. | | | pl. | | |
|---|---|---|---|---|---|---|
| 격　성 | m. | f. | n. | m. | f. | n. |
| nom. | laud-a-ns | laudans | laudans | laud-a-nt-es | laudantes | laudantia |
| gen. | laud-a-nt-is | laudantis | laudantis | laud-a-nt-ium | laudantium | laudantium |
| dat. | laud-a-nt-i | laudanti | laudanti | laud-a-nt-ibus | laudantibus | laudantibus |
| acc. | laud-a-nt-em | laudantem | laudans | laud-a-nt-es | laudantes | laudantia |
| abl. | laud-a-nt-e | laudante | laudante | laud-a-nt-ibus | laudantibus | laudantibus |

ducens 인도하는 이끄는　　　　　iens 가는

volens 원하는, 소망하는　　　　　nolens 원하지 않는

ferens 운반하는, 나르는　　　　　habens 가지고 있는

capiens 사로잡는　　　　　　　　potens 능력이 있는

|예외| sum, malo, fio 등의 동사는 현재분사가 없다.

## 2. 과거분사

• 과거분사는 주절의 시제보다 먼저 일어난 행위를 표현한다.

vinco, is, vici, victum, vincere 이기다, 승리하다

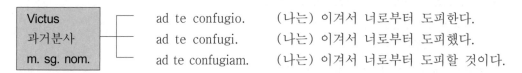

| Victus<br>과거분사<br>m. sg. nom. | ad te confugio. | (나는) 이겨서 너로부터 도피한다. |
| | ad te confugi. | (나는) 이겨서 너로부터 도피했다. |
| | ad te confugiam. | (나는) 이겨서 너로부터 도피할 것이다. |

N.B. 'victus'는 직역하면 '이긴 나'이지만 문맥상 과거분사는 "인과, 시간, 양보" 등의 관계를 나타낼 수 있다.

> confugio 도피하다, 피난하다, 피난처로 삼다, ~에 호소하다

• 형태: 능동태 타동사만이 수동태 과거분사를 가지며, "venio 오다, curro 달리다" 등의 능동태 자동사는 비인칭동사 형태의 과거분사만을 가진다.
탈형동사는 타동사("hortor 충고하다"의 과거분사 hortatus)와 자동사("proficiscor 출발하다"의 과거분사 profectus)의 구분 없이 능동의 의미인 과거분사를 가진다.

• 형성: 과거분사는 동사의 기본형에 있는 목적분사에서 −um을 떼고 −us, −a, −um을 붙이면 된다.

### 동사의 기본형/과거분사

제1활용   laudo, laudas, laudavi, laudatum, laudare
       ↓
    laudat-us, -a, -um 칭찬받은, 칭찬받고서

제2활용   moneo, mones, monui, monitum, monere
       ↓
    monuit-us, -a, -um 충고 들은, 충고 듣고서

제3활용   lego, legis, legi, lectum, legere
     ↓
    lect-us, -a, -um 읽힌, 읽히고 나서

제4활용   audio, audis, audivi, auditum, audire
      ↓
    audit-us, -a, -um 들린

•어미변화: 과거분사의 어미변화는 형용사 제1형을 따른다.

| 수 \ 격 성 | sg. | | | pl. | | |
|---|---|---|---|---|---|---|
| | m. | f. | n. | m. | f. | n. |
| nom. | laudat-us | laudat-a | laudat-um | laudat-i | laudat-ae | laudat-a |
| gen. | laudat-i | laudat-ae | laudat-i | laudat-orum | laudat-arum | laudat-orum |
| dat. | laudat-o | laudat-ae | laudat-o | laudat-is | laudat-is | laudat-is |
| acc. | laudat-um | laudat-am | laudat-um | laudat-os | laudat-as | laudat-a |
| abl. | laudat-o | laudat-a | laudat-o | laudat-is | laudat-is | laudat-is |

ductus, -a, -um 인도된, 끌려온(duco 동사의 p.p.)

latus, -a, -um 운반된, 지녀 온(fero 동사의 p.p.)

captus, -a, -um 잡힌, 포획된(capio 동사의 p.p.)

|예외| sum, possum, volo, nolo, malo 등의 동사는 수동태 과거분사가 없다.

•몇몇 과거분사는 명사가 되기도 한다.

ductus, -us, m. 인솔, 지휘, 통솔　　　　　　　captus, -us, m. 포획, 포착(이해)

## 3. 미래분사

•미래분사는 다가올 상태, 의도, 가능성, 운명 등의 개념을 표현한다.

Ave, imperator, morituri te salutant(amus). (Svet. *Cl.* 21)

안녕하신지요, 황제 폐하! 죽어야 할 운명에 처한 자들이 당신께 인사 올립니다. (로마의 검투사들이 경기 직전에 황제 앞에서 행진하면서 외쳤던 인사말)

N.B. morituri는 주격 역할을 하는 미래분사이다. 바로 뒤에 이어지는 "II. 분사의 용법, 1. 분사의 명사적 용법, 3) 명사 역할을 하는 분사" 참조.

•미래분사의 행위는 주절의 동사보다 나중에 일어날 행위를 지칭한다.

| Venio | consulturus 미래분사 m. sg. nom. | 나는 의논하기 위해 온다. |
|---|---|---|
| Veni | | 나는 의논하기 위해 왔다. |
| Venia | | 나는 의논하기 위해 올 것이다. |

morior(moreris, moritur), mortuus sum, mori, dep. 죽다

consulto 숙고하다, 의논하다

•모든 형태(타동사와 자동사, 능동태와 수동태)의 동사는 미래분사를 가진다.

•형성: 미래 능동 분사는 동사의 기본형에 있는 목적분사에서 ―um을 떼고 ―urus, ―ura, ―urum 을 붙이면 된다.

N.B. 그러나 미래분사는 능동태와 수동태의 형태가 다르다. 미래 수동 분사에 대해서는 "Lectio V. 동명사와 동형사, 수동형 당위분사와 목적분사" 편에서 자세히 다룬다.

동사의 기본형/미래분사

제1활용   laudo, laudas, laudavi, laudatum, laudare
                    ↓
              laudat-urus, -ura, -urum 칭찬할, 칭찬하기 위해

제2활용   moneo, mones, monui, monitum, monere
                    ↓
              monit-urus, -ura, -urum 충고할, 충고하기 위해

제3활용   lego, legis, legi, lectum, legere
                    ↓
              lect-urus, -ura, -urum 읽으려는, 읽기 위해

제4활용   audio, audis, audivi, auditum, audire
                    ↓
              audit-urus, -ura, -urum 들으려는, 듣기 위해

•어미변화: 미래분사의 어미변화는 형용사 제1형을 따른다.

| 수 격 성 | sg. | | | pl. | | |
|---|---|---|---|---|---|---|
| | m. | f. | n. | m. | f. | n. |
| nom. | laudat-urus | laudat-ura | laudat-urum | laudat-uri | laudat-urae | laudat-ura |
| gen. | laudat-uri | laudat-urae | laudat-uri | laudat-urorum | laudat-urarum | laudat-urorum |
| dat. | laudat-uro | laudat-urae | laudat-uro | laudat-uris | laudat-uris | laudat-uris |
| acc. | laudat-urum | laudat-uram | laudat-urum | laudat-uros | laudat-uras | laudat-ura |
| abl. | laudat-uro | laudat-ura | laudat-uro | laudat-uris | laudat-uris | laudat-uris |

|예외| possum, volo, nolo, malo, fio 등의 동사는 미래분사가 없다.

4. 과거분사의 예외적 사항

1) 현재분사의 의미를 가진 과거분사

•몇몇 탈형동사와 반탈형동사는 과거분사의 형태를 갖지만 현재분사의 의미를 나타내며,

현재분사처럼 주절의 동사 시제와 같은 시간대의 행위를 가리킨다.

| 분사의 형태 및 의미 | 동사의 기본형 |
|---|---|
| **arbitratus** 믿는, 믿으면서 | arbitror, aris, atus sum, ari (탈형동사) 목격하다, 재판하다, 믿다 |
| **ausus** 감히 ~하는 | audeo, es, ausus sum, ere (반탈형동사) 감히 ~하다, 감행하다 |
| **fisus** 신뢰하는, 신뢰하면서 | fido, is, fisus sum, ere (반탈형동사) 신뢰하다, 믿다 |
| **confisus** 신용하는, 믿으면서 | confido, is, fisus sum, ere (반탈형동사) 믿다, 신뢰하다 |
| **diffisus** 불신하는, 실망하면서 | diffido, is, fisus sum, ere (반탈형동사) 불신하다 |
| **gavisus** 기뻐하는, 향유하면서 | gaudeo, es, gavisus sum, ere (반탈형동사) 기뻐하다, 누리다 |
| **ratus** ~라고 생각하는, 여기는 | reor, reris, ratus sum, reri (탈형동사) ~라고 믿다, 여기다 |
| **secutus** 따르는, 추구하면서 | sequor, eris, secutus sum, sequi (탈형동사) 뒤따르다 |
| **usus** 사용하는, 쓰면서 | utor, uteris, usus sum, uti (탈형동사) 사용하다, 쓰다 |
| **veritus** 두려워하는, 경외하면서 | vereor, vereris, veritus sum, eri (탈형동사) 두려워하다 |

Massilienses celeritate navium confisi nostros eludebant. (Caes. *B. C.* 1, 58, 1)
배들의 속력을 믿은 마르세유 사람들은 경기에서 우리를 이기곤 하였다.

---

Massiliensis, −e, adj. 마르세유의          Massilienses, −ium, m. pl. 마르세유 사람들
celeritas, −atis, f. 빠름, 속력             navis, navis, f. 배
eludo 경기에 이기다, 조롱하다, (적의 공격을) 피하다

---

## 2) 능동과 수동의 의미를 모두 가진 탈형동사의 과거분사

| 분사 | 의미 능동 | 의미 수동 | 동사의 기본형 |
|---|---|---|---|
| adeptus | 얻은, 획득한 | 얻어진, 획득된 | adipiscor, sceris, adeptus sum, adipisci 얻다, 획득하다 |
| comitatus | 동행한 | 수반된, 따라간 | comitor, aris, atus sum, ari 동행하다, 수반하다, 따라가다 |
| confessus | 자백한, 인정한 | 자백된, 시인된 | confiteor, eris, confessus sum, eri 고백하다, 시인하다 |
| dimensus | 측정한 | 측정된 | dimetior, iris, mensus sum, dimetiri 측정하다; 측정되다 |
| expertus | 시험한, 경험한 | 시도된, 경험된 | experior, iris, expertus sum, iri 시험하다, 경험하다 |
| meditatus | 명상한, 심사숙고한 | 궁리된, 묵상된 | meditor, aris, atus sum, ari 묵상하다, 명상하다, 궁리하다 |
| pactus | 약정한, 계약한 | 협정된, 약속된 | paciscor, eris, pactus sum, pacisci 계약하다, 협정하다 |

| partitus | 나눈, 쪼갠 | 할당된, 분배된 | partior, iris, itus sum, iri<br>나누다, 할당하다 |
| --- | --- | --- | --- |
| populatus | 약탈한, 강탈한 | 약탈된, 망쳐진 | populor, aris, atus sum, ari<br>황폐하게 하다, 망치다, 약탈하다 |
| sortitus | 추첨한, 당첨한 | 추첨된, 당첨된 | sortior, iris, itus sum, iri<br>제비뽑다, 추첨하다, 당첨하다 |
| ultus | 원수 갚은 | 벌 받은 | ulciscor, eris, ultus sum, ulcisci<br>원수 갚다, 벌하다 |

•능동의 의미로 쓰인 예:

Belgae agros Remorum depopulati ad castra Caesaris contenderunt. (Caes. *B. G.* 2, 7, 3)
벨기에 사람들은 벨기에 거주 프랑스인들의 밭들을 약탈한 뒤 캐사르의 진영을 향해 서둘러 갔다.

Belgae, -arum, m. pl. 벨기에 사람        Remus, -i, m. 벨기에 거주 프랑스인
depopulor 파괴하다, 약탈하다        castra, -orum, n. pl. 병영, 진지, 군막
contendo 서둘러 가다, 빨리 가다

•수동의 의미로 쓰인 예:

Populata vexataque provincia. (Cic. *Verr.* 3, 112) 약탈되고 학대받은 속주.

vexo 박해하다, 학대하다        provincia, -ae, f. (로마 통치하의) 속주

### 3) 타동사에서 유래하지만 수동의 의미가 없는 과거분사

| 분사의 형태 및 의미 | 동사의 기본형 |
| --- | --- |
| cenatus 저녁 먹은, 밥 먹은 | ceno, as, avi, atum, are 저녁 먹다 |
| pransus 아침 먹은, 점심 먹은 | prandeo, es, prandi, pransum, ere 아침 식사를 하다, 점심 식사를 하다 |
| potus (술) 마신, (술) 취한 | poto, as, avi, atum, are 마시다, 술 마시다 |
| iuratus 선서한, 맹세한 | iuro, as, avi, atum, are 맹세하다, 서약하다, 선서하다 |
| perosus 몹시 미워하는 | perodi, isti, perodisse 미워하다, 증오하다 |
| coniuratus 함께 선서한, 공모한 | coniuro, as, avi, atum, are 공동 선서하다, 공모하다, 동맹하다 |

Pransus non avide, ...domesticus otior. (Hor. *Sat.* 1, 6, 126-128)
게걸스럽지 않게 점심 식사를 한 뒤, 나는 집에서 쉬고 있다.

avide, adv. 욕심내어, 게걸스럽게        domesticus, -a, -um, adj. (자기) 집의
otior 한가로이 지내다, 휴식을 갖다; domesticus otior (관용어) 나는 집에서 쉬고 있다

## II. 분사의 용법

### 1. 분사의 명사적 용법

라틴어 문법에서는 명사적 용법 안에서 형용사와 명사의 용법을 모두 설명한다. 분사는 부가 형용사나 형용사와 같은 역할을 하며, 서술 용법의 명사나 서술 보어(수식어) 역할도 한다. 또한, 단독으로 사용되어 독립적인 명사의 역할을 할 수도 있다.

#### 1) 형용사 역할을 하는 분사

형용사 역할을 하는 현재분사: 현재분사는 형태론적인 측면과 구문론적인 측면에서 모두 형용사처럼 사용된다.

가령 "amans 사랑하는, ardens 불타는, oboediens 복종하는, nocens 해를 끼치는" 등의 현재분사는

- 비교급과 최상급이 있고 [형태론적 측면] (amantior, amantissimus; ardentior, ardentissi-mus; oboedientior, oboedientissimus; nocentior, nocentissimus 등)
- 꾸미는 명사에 성, 수, 격을 일치해야 한다. [구문론적 측면]

|최상급|

Homo nocentissimus (Cic. *Verr.* 1, 47) 가장 위험한 사람

|성·수·격 일치|

Filius parentibus oboediens 부모에게 순종하는 아이

N.B. 동사 oboedio가 여격(dat.) 요구 동사이므로 분사가 수식하는 명사 역시 여격으로 사용한다.

| | |
|---|---|
| noceo 해를 끼치다, 해치다 | oboedio 복종하다, 귀를 기울이다 |

부가 형용사 역할을 하는 분사는 명사를 더 잘 수식하고 정의하기 위해 명사에 더해질 수 있다.

Temeritas est florentis aetatis. (Cic.) 무모함은 꽃피는(꽃다운) 나이의 (전형)이다.

N.B. 치체로가 사용한 "florens aetas"는 관용어처럼 '젊은 나이, 한창 나이'를 나타낸다.

Iucunda est memoria praeteritorum malorum. (Cic.) 지나간 결점들의 기억은 유익하다.

| | |
|---|---|
| temeritas, -atis, f. 무모, 경솔, 무분별 | floreo 꽃피다, 번성하다 |
| florens, -entis, pp. 꽃피는, 한창인 | aetas, -atis, f. 나이 |
| iucundus, -a, -um, adj. 유쾌한, 즐거운 | memoria, -ae, f. 기억, 회상 |

praeteritus, -a, -um, pp. 지나간, 과거의    praetereo 지나가다, (시간이) 지나다
malum, -i, n. 악, 결점, 불행

## 2) 서술어 역할을 하는 분사
### (1) Sum 동사를 동반하는 분사
분사는 sum 동사와 함께 서술 명사를 대신할 수 있다.

• 과거분사는 sum 동사와 결합하여 수동태 단순과거 시제를 구성한다.
  laudat-us, -a, -um sum 칭찬받았다, 칭송되었다
  laudat-um, -am, -um esse (과거 부정사)
  hortat-us, -a, -um sum (탈형동사) 충고 받았다, 권고되었다
  hortat-um, -am, -um esse (과거 부정사)

• 미래 능동 분사는 sum 동사와 결합하여 다가올 상태, 의도, 의향, 운명 등을 표현하는
  능동태 용장활용(coniugatio periphrastica activa)을 구성한다. 미래분사를 가지는
  모든 타동사와 탈형동사는 능동태 용장활용을 가진다. 능동태 용장활용의 시제는 직설
  법, 접속법과 부정법이 있다.
  그 의미는 sum 동사의 시제를 중심으로, '그 시점에서 가까운 미래에 대한 기대'를
  표현하며, 우리말로 "막 ~하려고 하다, ~할 작정(의도)이다, ~할 생각이다, ~할 운명
  에 처해 있다" 정도로 옮길 수 있다.

• 수동태 미래분사는 수동태로서 "~되어야 할, 되어야 하는"과 같은 당위성을 나타낸다.
  이러한 용법은 당위분사(gerundivum)라고 부르거나, 수동태 용장활용이라 부른다.
  수동태 용장활용은 타동사에만 있다. 수동태 용장활용에 대해서는 "Pars 2, Lectio
  V. 동명사와 동형사, 수동형 당위분사와 목적분사" 부분에서 더 자세히 다룬다.

scribo, is, scripsi, scriptum, scribere 쓰다

| 직설법 | | | |
|------|------|------|------|
| 시제 | 형태 | | 의미 |
| 현재 | script-urus, -ura, -urum<br>script-uri, -urae, -ura | sum, es, est<br>sumus, estis, sunt | 막 쓰려고 한다, 쓸 작정이다,<br>쓰려고 생각한다 |
| 미완료 | | eram, eras, erat<br>eramus, eratis, erant | 막 쓰고 있었다, 쓸 작정이었<br>다, 쓰려고 생각하곤 하였다 |

| 미래 | | ero, eris, erit<br>erimus, eritis, erunt | 막 쓸 것이다, 쓸 의도가<br>있다, 쓰려고 생각할 것이다 |
|---|---|---|---|
| 단순과거 | | fui, fuisti, fuit<br>fuimus, fuistis, fuerunt | 방금 썼다, 쓸 작정이었다,<br>쓰려고 생각했다 |
| 과거완료 | | fueram, fueras, fuerat<br>fueramus, fueratis, fuerant | 막 썼었다, 쓸 작정이었었다,<br>쓰려고 생각했었다 |
| 미래완료 | | fuero, fueris, fuerit<br>fuerimus, fueritis, fuerint | 막 쓰려고 하였을 것이다, 쓸<br>작정이었을 것이다 |
| **접속법** | | | |
| 시제 | 형태 | | 의미 |
| 현재 | | sim, sis, sit<br>simus, sitis, sint | |
| 미완료 | script-urus, -ura, -urum<br>script-uri, -urae, -ura | essem, esses, esset<br>essemus, essetis, essent | 접속법은 문맥에 따라 권고,<br>청원, 완곡한 바람, 권고성<br>금지 등의 의미를 나타낸다. |
| 단순과거 | | fuerim, fueris, fuerit<br>fuerimus, fueritis, fuerint | |
| 과거완료 | | fuissem, fuisses, fuisset<br>fuissemus, fuissetis, fuissent | |

Huc venturus erat Maecenas optimus.[28] (Hor. *Sat.* 1, 5, 27)
이곳으로 가장 훌륭한 매체나스가 막 도착하려 하고 있었다.

Bellum scripturus sum quod populus Romanus cum Iugurtha gessit.[29] (Sall. *Iug.* 5, 1)
(나는) 로마 백성이 유구르타에 대항해서 완수했던 전쟁을 쓰려고 한다.

---

huc, adv. (hic) 여기로, 이리로, 이곳으로   Maecenas, -atis, m. 매체나스(B.C. 70?~8)
optimus, -a, -um, adj. 가장 좋은   bellum, -i, n. 전쟁
populus, -i, m. 국민, 백성   gero 지니다, 실행하다, 전쟁하다
Iugurtha, -ae, m. (B.C. 160~104) 누미디아(오늘날 튀니지) 왕

---

 쉬어 가는 문화사 이야기

매체나스는 원래 에트루리아의 귀족으로, 황제 아우구스투스의 친구이자 시인 베르질리
우스(Vergilius)와 호라티우스(Horatius)의 후원자였다.
그의 이름에서 유래되어, 15세기 르네상스 시기부터 예술가를 후원하는 권력자들을 매체
나라고 불렀다.

---

28) venturus erat는 venio 동사의 능동태 용장활용 미완료 단수 3인칭.
29) quod는 이 문장에서 관계대명사 중성 단수 대격이다.

(2) 서술적 용법의 분사

• 지각동사와 함께 사용한 현재분사

지각동사(audio 듣다, video 보다, invenio 알게 되다 등)와 함께 사용되는 현재분사는 행위의 동시성을 강조하기 위해 사용된다. 우리말 번역상으로는 큰 차이가 없지만, 부정사문은 단순히 인지되는 행위(읽고 있는)를 강조하는 것이고, 분사절은 인지 행위 (보고 있는)와 인지되는 행위(읽고 있는)가 동시에 일어나고 있음을 강조한다.

|부정사문| Video discipulum legere.   나는 학생이 책을 읽고 있는 것을 본다.
|분사절| Video discipulum legentem. 나는 학생이 책을 읽고 있는 것을 본다.

• habeo 동사에 수동태 과거분사를 연결하여 과거에 전개된 행위에 대한 현재의 결과를 나타낸다.

**compertum habeo** ~을 명백히 알다          **cognitum habeo** ~을 잘 알다
**statutum habeo** ~을 결정하다

Compertum ego habeo, milites, verba virtutem non addere. (Sall. *Cat.* 58, 1)
군인들이여, 용기는 말(들)을 덧붙이는 것이 아니라는 것을 나는 잘 알고 있다.
An quisquam potest probare quod cognitum non habet? (Cic. *Fin.* 5, 76)
잘 알고 있지 못하다는 것을 누가 인정할 수 있는가?

---

miles, militis, m. 군인                    verbum, -i, n. 말
virtus, -tutis, f. 덕, 용기, 용맹            addo 더하다, 덧붙이다
an, conj. 만일 ~이 아닐까?
quisquam, quidquam, pron. (부정사 뒤에) 아무것도 아니, (함축적으로 부정적 대답, 결론이 전제되는 의문문에) 누가, 어떤 사람; 어떤 것, 무엇  probo 시험하다, 인정하다

---

• 사역동사와 함께 사용하는 분사

"facio 하다, induco 하게 하다" 동사와 함께 사용되는 분사의 서술 용법은 사역동사의 의미로 사용된다.

**facere aliquem loquentem** ~를 말하게 하다(희극 작품 등에서 사용된 표현)
Polyphemum Homerus cum ariete colloquentem facit.[30] (Cic. *Tusc.* 5, 115)
호메로스는 폴리페모스가 숫양과 함께 이야기하게 한다.

---

30) colloquentem은 colloquor 동사의 현재분사 단수 대격.

missum facere aliquem vel aliquid 가게 하다, 떠나게 하다

Censeo ita decernendum legiones, bello confecto, missas fieri.[31] (Cic. *Phil.* 5, 53)
결정해야 한다면, 전쟁이 끝났으므로, 나는 군대들을 떠나게 해야 한다고 생각한다.

---

Polyphemos(-us), -i, m. (그리스신화) 폴리페모스

Homerus, -i, m. 호메로스                    aries, -etis, m. 숫양

colloquor 담화하다, 함께 이야기하다          facio 하다, 만들다

mitto 파견하다, 보고하다                      censeo 호구 조사하다, 생각하다

decerno 결정하다                            legio, -onis, f. 군대

---

## 3) 명사 역할을 하는 분사

• 형용사가 명사화되어 단독으로 명사의 의미를 가지는 것처럼, 분사 또한 명사화되어 단독으로 명사로 사용될 수 있다.

Nostri impeditos adoriebantur.[32] (Caes. *B. G.* 4, 26, 2)
우리는 복병들을 공격하고 있었다(공격하곤 하였다).

---

impedio (발을) 묶다, 방해하다, 막다          adorior, dep. 공격하다, (일을) 시작하다

---

• 동사의 의미를 간직한 채 중성 과거분사가 중성명사가 된 경우
dico, is, dixi, dictum, dicere 말하다
    → dictus, -a, -um → dictum, -i, n. 격언, 금언, 명언, 농담, 조소
facio, is, feci, factum, facere 하다, 만들다
    → factus, -a, -um → factum, -i, n. 사실, 행위
promitto, is, misi, missum, promittere 약속하다
    → promissus, -a, -um → promissum, -i, n. 약속
respondeo, es, spondi, sponsum, respondere 대답하다
    → responsus, -a, -um → responsum, -i, n. 대답, 회답

• 동사의 의미를 상실하고 명사와 형용사로만 사용되는 분사
adolesco(=adulesco), is, adolevi, adultum, adolescere 성장하다
    → adulescens, -entis, m./f. 청소년; adj. 젊은

---

31) bello confecto는 독립분사구문. fieri는 fio 동사의 부정사 현재.
32) impeditos는 impedio 동사의 과거분사 impeditus, -a, -um의 남성 복수 대격.

alo, is, alui, altum, alere 기르다, 양육하다

→ altus(=alitus), m. 음식물, 양식, 양육비 (abl. altu)

N.B. 형용사 "altus, -a, -um, adj. 높은, 깊은"과 구분할 것.

candeo, es, candui, candere 밝게 빛나다, 하얀 광채를 발하다

→ candidatus, -i, m. 후보자; candidatus, -a, -um, adj. 흰옷 입은, 흰옷의

N.B. 고대 로마의 관직 취임 후보자는 흰색 toga를 걸쳤기에 "하얀 광채를 발하다, candeo"라는 표현에서 후보자란 말이 파생한다.

nubo, is, nupsi, nuptum, ere 가리다, 덮다, 시집가다

→ nupta, -ae, f. 신부, 새색시; nuptus, -us, m. 결혼

spondeo, es, spopondi, sponsum, ere 약속하다, 약혼하다, 서약하다

→ sponsus, -i, 신랑, 약혼남; sponsa, -ae, f. 신부, 약혼녀

possum, potes, potui, posse 할 수 있다

→ potens, -entis, m. 세력가, 부자, 주인, 지배자; adj. 영향력이 큰, 유능한

quiesco, quiescis, quievi, quietum, ere 쉬다, 조용해지다

→ quietus, -a, -um, adj. 고요한, 조용한, 평화로운

sapio, is, sapii(sapivi o sapui), ere 맛보다, 지혜롭다, 똑똑하다, 알다

→ sapiens, -entis, m. 지혜로운 사람; adj. 지혜로운, 현명한

valeo, es, valui, valiturus, ere 잘 있다, 의미 있다, 능력(효능) 있다

→ valens, -entis, adj. 건강한, 유효한, 강한

• 주격 역할을 하는 미래분사

주격 역할을 하는 미래분사는 고전기 문학에서 아주 드물게 나타나다가, 기원후 1세기부터 본격적으로 사용된다. 그 뒤 세네카(Seneca)의 산문에서 미래분사는 종종 명사처럼 사용된다.

Accipimus peritura perituri. (Sen. *Prov.* 5)

죽어야 하는 우리는 죽어야 할 운명에 대해 받아들인다.

Ave, imperator, morituri te salutant(amus). (Svet. *Cl.* 21)

안녕하신지요, 황제 폐하! 죽어야 할 운명에 처한 자들이 당신께 인사 올립니다.

N.B. peritura는 미래분사 중성 복수 대격, perituri와 morituri는 미래분사 남성 복수 주격; 미래분사는 다가올 상태, 의도, 가능성, 운명 등의 개념을 표현하는 명사처럼 사용된다. 라틴어의 수동태 미래분사는 "~되어야 할, ~되어야 하는"이라는 당위성을 나타내기도 한다.

> accipio 받다, 받아들이다                               pereo 죽다, 없어지다, 멸망하다

## 2. 분사의 동사적 용법

앞에서 분사의 명사적 용법에 대해 살펴본 바와 같이 분사는 동사의 흔적을 간직하고 있다. 무엇보다도 분사가 종속절에서 서술 용법으로 쓰일 때 동사의 역할을 한다. 분사의 동사적 용법은 분사구문과 독립분사구문(Ablativus absolutus)에서 나타난다.

### 1) 분사구문

분사구문은 주어와 관계하여 주절의 보어와 같은 역할을 하는 종속절이다. 영문법에 익숙한 우리에게는 주절을 부사구처럼 수식하는 상황이라고 이해하는 것이 더 쉬울 것이다.

(Vos) non potestis, voluptate omnia dirigentes, aut tueri aut retinere virtutem.33) (Cic.)
(너희가) 모든 것을 쾌락에 맞춘다면, 덕을 보호할 수도 보존할 수도 없다.

N.B. 1. 현재분사 dirigentes는 주절에 생략된 주어 Vos와 관계한다.

N.B. 2. 분사구문에는 의미상 주어가 있는데, 이것이 주절의 주어와 같을 때는 생략한다. voluptate omnia dirigentes, "모든 것을 쾌락에 맞춘다면"은 조건을 나타내는 분사구문과 같다.

> voluptas, -tatis, f. (육체적) 쾌락, 즐거움  dirigo (무엇을 무엇에) 따르게 하다, 지도하다
> aut ~ aut, conj. ~거나 아니면 ~거나    tueor, dep. 보호하다, 보살피다
> retineo 붙잡다, 못하게 막다, 보존하다    virtus, virtutis, f. 덕, 도덕, 용기

### 2) 분사구문의 종류

라틴어의 분사구문은 주절 행위에 대한 시간, 이유, 조건, 양보 등의 부대 상황을 나타낸다.

• 시간, 때를 나타내는 분사구문(~할 때에, ~하는 동안에, ~한 뒤에)

Cornelius Rufus dormiens(=dum dormit) oculorum visum amisit. (Plin.)
코르넬리오 루푸스는 잠자는 동안 눈(들)의 시력을 잃었다.

Occisus est a cena rediens.34) (Cic. S. Rosc. 97)
만찬에서 돌아오는 중에 (그는) 살해당했다.

---

33) dirigentes는 dirigo 동사의 현재분사 복수 대격.

34) occisus est는 수동태 직설법 단순과거; rediens, redeuntis, redeo 동사의 과거분사.

dormio 자다

visus, -us, m. 시각, 시력

occido 죽이다, 살해하다

redeo 돌아가다, 돌아오다; a cena(=coena) redeo 만찬에서 돌아오다

oculus, -i, m. 눈

amitto 떠나가게 하다, 잃다, 손해 입다

---

•이유, 원인을 나타내는 분사구문(~때문에, ~해서, ~이므로)

Dionysius cultros metuens(=quia metuebat) tonsorios, candenti carbone sibi adurebat capillum. (Cic.)

디오니시우스는 면도칼을 두려워하였기에, 이글거리는 숯에 자기 수염을 그슬리곤 하였다.

culter, -tri, m. 작은 칼, 식칼

tonsorius, -a, -um, adj. 이발용의; tonsorius culter 면도칼

candens, -entis, pp. 벌겋게 타오르는

sibi, dat., pron. 자기(들)에게

capillus, -i, m. 머리털, 모발, 수염

metuo 무서워하다, 두려워하다, 주저하다

carbo, -onis, m. 숯

aduro 그슬리다, 불태우다

---

•양보를 나타내는 분사구문(비록 ~한다 할지라도, ~한다 하더라도, 비록 ~이지만)

(Risus) interdum ita repente erumpit ut eum cupientes tenere nequeamus.[35] (Cic. *De Orat.* 2, 235)

그것(웃음)을 하지 않으려고 간절히 바랄지라도 우리가 할 수 없을 만큼 웃음은 때때로 갑자기 터져 나온다. (웃음을 참으려 해도 참을 수 없을 만큼 웃음이 갑자기 터져 나온다.)

interdum, adv. 이따금, 때때로, 그동안에

repente, adv. 갑자기

cupio 몹시 원하다, 열망하다

nequeo 할 수 없다

ita ~ ut (1) (동등 비교) 그렇게, 이렇게, 그와 같이; (2) (결과문) ~할 만큼 그 정도로; (3) (목적, 조건) ~하기로 하고, ~하는 조건에서

erumpo 터져 나오다

teneo 붙잡다, ~하지 못하게 하다

---

•조건, 가정을 나타내는 분사구문(~한다면, ~라면)

Ne mente quidem recte uti possumus multo cibo et potione completi(=si completi sumus).[36] (Cic.)

많은 음식과 음료로 가득 채워졌다면, 우리는 올바른 이성조차 사용할 수 없다.

Neque rogemus res turpes nec faciamus rogati. (Cic. *Amic.* 40)

---

35) cupiens, -tis, (cupio 동사의 현재분사) 원하는, 열망하는.

36) completus, -a, -um, (compleo 동사의 과거분사) 다 찬, 완성된.

우리는 (친구에게) 부끄러운 일들을 청하지도 말며 청해질 수도 없다면 하지도 말자.

| | |
|---|---|
| mens, mentis, f. 정신, 이성, 마음, 생각 | quidem, adv. 참으로, 정말 |
| ne ~ quidem 조차 아니, ~라도 아니 | utor, dep. (+abl.) ~을 사용하다 |
| multus, −a, −um, adj. 많은 | cibus, −i, m. 음식 |
| potio, potionis, f. 음료 | compleo 채우다, 완성하다, 가득 차게 하다 |
| neque(또는 nec), conj. 아니 | nec ~ nec ~도 ~도 아니 |
| rogo 묻다, 청하다, 부탁하다 | turpis, −e, adj. 추잡한, 부끄러운 |
| facio 하다, 만들다 | |

• 목적을 나타내는 분사구문(~위하여)

미래분사를 사용하는 분사구문이 고전 라틴어에서 드물게 사용되다가, 고전 후기 라틴어에서는 목적을 나타내는 분사구문으로 사용된다.

Cimber Tillius quasi aliquid rogaturus propius accessit.[37] (Svet. *Iul.* 82)

침버 틸리우스는 마치 무언가를 청하려는 것처럼 더 가까이 접근했다.

| |
|---|
| quasi, conj. ~인 것처럼, ~인 듯이, ~와 같이 |
| aliquis, aliqua, aliquid, pron. m. 누가, 누군가; n. 어떤 것, 무엇, 무엇인가 |
| propius, adv. 더 가까이                   accedo 접근하다, 가까이 오다 |

## III. 독립분사구문

독립분사구문은 분사의 동사적 용법 가운데 하나로 라틴어의 문장 표현 가운데 가장 아름다운 기법이며 고전 작품에 빈번히 등장하는 표현 방식이다. 독립분사구문(ablativus absolutus)이라고 부르는 이유는 분사와 명사가 모두 탈격(abl.)으로 표시되기 때문이고, 또한, 일반적인 분사구문과 달리 주절의 주어와는 다른 분사 자체의 의미상의 주어가 따로 있기 때문이다. 독립분사구문은 분사구문과 마찬가지로 시간, 이유, 조건, 양보 등의 부대 상황을 나타낸다.

---

37) Cimber Tillius(B.C. 42년 사망)는 캐사르를 암살한 원로원의 의원 중의 한 사람. 이 문장은 Cimber가 캐사르에게 무언가를 청하는 것처럼 접근하고, 그 뒤에서 Casca가 일격을 가해 캐사르를 암살하는 장면을 묘사한 것이다.

## 1. 독립분사구문의 성립 조건

- 탈격 분사의 의미상의 주어가 주절의 주어와 달라야 한다.
- 주절과 종속절 사이에 문법적 연관이 없어야 한다. 즉 독립분사구문의 주어로 언급되는 것이 주절의 대명사(의미상의 주어)에 없어야 한다. 그러나 그 반대는 가능해서, 독립분사구문에 있는 대명사가 주절의 주어로 언급될 수 있다.

Regibus exterminatis, libertas in re publica constituta est.[38] (Cic.)
임금들이 추방되고 난 뒤, 공화국에 자유가 이루어졌다. (과거분사의 독립분사구문)
N.B. 독립분사구문의 의미상의 주어 regibus(m. pl. abl.)가 주절의 주어 libertas(f. sg. nom.)와 다르다.

Pulso fratre, Amulius regnat.[39] (Liv.)
형제가 추방되고 난 뒤에, 아물리우스가 통치한다. (과거분사의 독립분사구문)
N.B. 독립분사구문의 의미상의 fratre(m. sg. abl.)와 주절의 주어가 다르다.

| | |
|---|---|
| rex, regis, m. 왕, 임금 | extermino 쫓아내다, 몰아내다, 추방하다 |
| libertas, libertatis, f. 자유 | constituo 세우다, 건설하다, 창설하다, 제정하다 |
| pello 때리다, 내쫓다, 추방하다 | regno 왕 노릇 하다, 군림하다, 통치하다 |

## 2. 독립분사구문의 구성

독립분사구문은 동사의 현재분사 또는 과거분사와 명사(대명사)로 구성된다.

### 1) 현재분사로 구성된 독립분사구문

모든 능동태와 탈형동사의 타동사와 자동사의 현재분사로 독립분사구문이 구성되는 경우, 독립분사구문은 늘 능동의 의미를 가지며, 주절과 동 시간대의 행위를 나타낸다.

Maximas virtutes iacere omnes necesse est voluptate dominante.[40] (Cic.)
쾌락이 지배한다면, 모든 사람이 가장 큰 덕을 등한시하는 것은 불가피하다.

---

38) constituta est는 수동태 직설법 단순과거 단수 3인칭. libertas가 여성이므로 수동태도 여성 형태를 취함.
39) pulsus, ―a, ―um은 pello 동사의 과거분사.
40) dominante는 dominor 동사의 탈격 현재분사.

maximus, −a, −um, adj. (최상급) 가장 큰 virtus, virtutis, f. 덕, 용기, 품격
iaceo 등한시하다                    necesse est (절대적으로) 필요하다, 불가피하다
voluptas, −tatis, f. 욕망, 쾌락       dominor 주인 노릇을 하다, 지배하다, 주도하다

## 2) 과거분사로 구성된 독립분사구문

과거분사로 표현된 독립분사구문은 동사에 따라 능동과 수동의 의미를 가지며, 일반적으로 주절의 시제보다 먼저 일어난 행위들을 나타낸다.

• 수동태를 가질 수 있는 타동사는 수동의 의미를 담은 과거분사를 가진다.

Cicero, praesidiis dispositis, Lentulum in carcerem deducit.[41] (Sall.)

경호병들이 배치된 뒤에, 치체로는 렌툴룸을 감옥에 넣는다.

His rebus cognitis, Caesar exploratores centurionesque praemittit.[42] (Caes. *B. G.* 2, 17, 1)

이 일들을 알고 난 뒤, 캐사르는 정찰자들과 백인대장들을 먼저 보낸다.

praesidium, −ii, n. 경호, 경호인       dispono 배치하다, 배열하다
carcer, carceris, m. 감옥, 교도소
deduco 데리고 가다, 데려다 맡기다, 인도하다; in carcerem aliquam deduco 감옥에 넣다
explorator, −oris, m. 정탐자, 정찰자     centurio, −onis, m. 백부장, 백인대장
praemitto 먼저 보내다

• 자동사의 의미를 띤 탈형동사는 능동형 과거분사를 가진다.

Defuncto Traiano, Aelius Hadrianus creatus est princeps.[43] (Eutr.)

트라야누스가 죽은 뒤에, 앨리우스 하드리아누스 황제가 선출되었다.

N.B. defuncto는 defungor 탈형동사 자동사의 과거분사로 능동의 의미를 내포한다.

Mortuo Tullo, res ad patres redierat.[44] (Liv. 1, 32, 1)

툴로가 죽은 뒤에, 권력이 원로원 의원들에게 돌아갔었다.

defungor 죽다                creo 창조하다, 선출하다
princeps, −cipis, m. 군주, 황제       morior 죽다
res, rei, f. 일, 사실, 사태, 권력       patres, −um, m. pl. 원로원 의원

---

41) dispositis는 dispono 동사의 타동사 과거분사로 수동의 의미를 내포한다.

42) cognitis는 cognosco 동사의 과거분사.

43) creatus est는 creo 동사의 수동태 직설법 단순과거 단수 3인칭.

44) mortuo는 morior 탈형동사의 과거분사.

redeo 돌아가다, (ad aliquam) ~에게 돌아가다, 귀속되다, 차지가 되다

## 3. 독립분사구문의 종류

독립분사구문은 문맥에 따라 시간, 이유, 양보, 조건 등의 다양한 의미를 가진다.

• 시간, 때를 나타내는 분사구문(~할 때에, ~하는 동안에, ~한 뒤에)
Caesar exploratis regionibus albente caelo omnes copias castris educit.[45] (Cic.)
캐사르는 날이 밝아질 때에 지역(들)을 정탐한 뒤에, 모든 군대를 진영에서 인솔해 나온다.

| | |
|---|---|
| exploro 살피다, 정탐(정찰)하다 | exploratus, -a, -um, pp. 확인된 |
| regio, -onis, f. 지역, 구역, 나라 | albente caelo 날이 밝아질 때에 |
| copia, -ae, f. 많음; pl. 군대 | castra, -orum, n. pl. 진영, 병영, 진지 |
| educo 끌어내다, 인솔해 나오다 | |

• 이유, 원인을 나타내는 분사구문(~때문에, ~해서, ~이므로)
Dein Micipsa regnum obtinuit fratribus morbo absumptis. (Sall.)
형제들이 병환으로 죽었기 때문에 이어서 미칩사가 왕국을 차지했다.
Exhaustis iam patriae facultatibus, (Hannibal) cupivit impraesentiarum bellum componere.
(Nep. *Hann.* 6, 2)
이미 조국의 재원이 고갈되었기 때문에, 한니발은 당분간 전쟁을 조정하길 바랐다.

| | |
|---|---|
| dein(=deinde) 그다음에, 그 후 | regnum, -i, n. 왕권, 왕국, 권력 |
| obtineo 차지하다, 다스리다 | frater, fratris, m. 형제 |
| morbus, -i, m. 병, 질환 | absumo 소비하다, 없애 버리다, 죽이다 |
| exhaurio 다 써 버리다, 고갈시키다 | iam, adv. 이미, 이제는, 지금은 |
| facultas, -atis, f. 권한; pl. 재원 | cupio 원하다, 바라다 |
| impraesentiarum, adv. 당분간 | compono 타결하다, 조정하다, 작성하다 |

• 양보를 나타내는 분사구문(비록 ~한다 할지라도, ~한다 하더라도, 비록 ~이지만)
Omnia summa consecutus es virtute duce multis invidentibus. (Cic. *Br.* 109)
많은 사람들이 부러워할지라도, 능력의 인도로(능력으로) 너는 가장 지고한 명예를 성취했다.

---

45) exploratus, -a, -um은 exploro 동사의 과거분사.

> omnia summa 가장 지고한 명예
> dux, ducis, m./f. 인도자, 지도자
> invideo 질투하다, 시기하다
>
> consequor 뒤따르다, 도달하다, 성취하다
> multus, −a, −um, adj. 많은

• 조건, 가정을 나타내는 분사구문(~한다면, ~라면)

Reluctante natura, irritus labor est. (Sen. *Tr.* 7, 2)

자연에 맞서 싸운다면, 그 수고가 헛되다.

> relucto 저항하다, (맞서) 싸우다
> irritus, −a, −um, adj. 공허한, 헛된
>
> natura, −ae, f. 자연, 본성
> labor, −oris, m. 노력, 일, 고생

## 4. 독립분사구문의 예외적 용법

### 1) 분사 생략 독립분사구문

분사가 생략된 독립분사구문은 '명사구'로 정의되는데, 명사구는 탈격 명사와 다른 명사·형용사·대명사의 탈격 형태가 뒤따를 수 있다. 분사가 생략된 독립분사구문은 서술 용법의 역할을 한다. 분사가 생략된 독립분사구문의 경우 우리말로 옮길 때 동사를 덧붙여 해석할 수 있는데, 가령 "Cicerone consule"는 "치체로가 집정관이었을 때", "치체로의 집정관 (재임) 하에"라고 해석할 수 있다.

이러한 분사 생략 독립분사구문은 다음과 같은 표현에서 아주 빈번히 사용되었다.

M. Tullio Cicerone G. Antonio Hibrida consulibus

마르쿠스 툴리오와 안토니오 히브리다 집정관 재임 중에(B.C. 63년)

> consul, −is, m. 집정관, 지방 총독

natura duce 자연의 인도로, 자연이 인도할 때/인도하는 동안/인도한다면

Hannibale duce 한니발의 인솔하에 　　　　caelo sereno 맑은 하늘에, 맑은 날에(=in sereno)

dis invitis[46) 신들의 뜻에 거슬러서

ignaris omnibus 모두가 모르는, 모든 것이 미지에 있었을 때(동안)

auctore aliquo ~의 권위 있는 충고로 　　　teste aliquo ~의 증언을 위해

> dux, ducis, m./f. 인솔, 인도, 지휘자, 장군 　　　caelum, −i, n. 하늘, 일기(日氣)

---

46) dis는 deus의 복수 탈격.

serenus, -a, -um, adj. 맑은, 청명한     deus, -i, m. 신(神)
invitus, -a, -um, adj. 억지로 하는     ignarus, -a, -um, adj. 모르는, 미지의
auctor, -oris, m. 권위자, 주동자     testis, -is, m./f. 증인

Troiani, Aenea duce, profugi sedibus incertis vagabantur. (Sall. *Cat.* 6, 1)
트로이아 피난민들은 애네아의 인솔하에, 일정한 거처 없이 떠돌아다니고 있었다.

profugus, -a, -um, adj. 도망하는; m. (f.) 추방당한 사람, 피난민
sedes(=sedis), -is, f. 자리, 거처     incertus, -a, -um, adj. 불확실한, 일정하지 않은
vagor 떠돌아다니다, 방황하다

## 2) 중성 단수 탈격 과거분사로만 구성된 독립분사구문
• 대격 부정사/ut + 접속사/간접 의문문 등의 보어문에서 주어 역할을 하는 분사

cognito 알려진     edicto 공포된, 고시된
audito 들린, 알려진     impetrato 획득된, 성취된
nuntiato 통보된     permisso 허락된, 승인된

Alexander, audito Darium movisse ab Ecbatanis, fugientem insequi pergit.[47] (Curt.)
다리오가 엑바타나에서 소란을 피웠다는 소문을 들은 알렉산더는 도피자를 추격하는
것을 계속했다.

moveo 움직이다, 소란을 일으키다
Ecbatana, -orum, n. pl. (고대 페르시아의 수도) 엑바타나
fugiens, -entis, m. 도망자, 도피자     insequor, dep. 추적하다, 뒤쫓다
pergo 계속해서 하다

• 비인칭으로 사용된 분사

sortito 추첨한, 제비 뽑아 얻은     auspicato 점을 보고
litato 희생 제물을 봉헌한     explorato 확인된, 확실한

Romulus urbem condidit auspicato. (Cic.)
로물루스는 점을 보고 난 뒤 도시를 세웠다.

---

47) movisse는 moveo 동사의 능동태 과거 부정사.

Exercitatio   (해답은 부록 120쪽 참조)

1. 다음 분사들을 올바르게 번역하시오.

    1) arbitratus          2) usus              3) veritus

    4) venturus            5) populatus         6) expertus

    7) iuratus             8) habens

2. 다음 분사구문들을 우리말로 옮기시오.

    1) viros perventuros               2) urbes captae

    3) templa aedificata               4) illi oppugnaturi

3. 다음 문장의 의미에 맞게 괄호 안에 알맞은 형태의 분사를 쓰고, 완성된 문장을 번역하시오.

    1) Boni cives (사랑하는 amo) patriae (Cic. *Att.* 9, 13, 3)

    2) Hominem ratione (사용하는 utor)

    3) Est lex recta ratio (명령하는 impero) honesta (금하는 prohibeo)que contraria. (Cic. *Phil.*
       11, 28)

    4) Epistulam in pulvino (놓인 pono) sumit ac legit. (Sall. *Iug.* 71, 4)

4. 다음 라틴어 문장을 번역하시오.

    1) Quid igitur timeam si post mortem beatus futurus sum? (Cic. *Sen.* 67)

    2) Omnes sumus morituri. Gaudeamus igitur.

    3) Scipio L. Furium repente venientem aspexit. (Cic. *Rep.* 1, 17)

    4) Ex hisce aedibus vidi exeuntem mulierem. (Plaut. *Cist.* 546)

5) Saepe me querentem de feminarum sumptibus audisti. (Liv. 34, 4, 1)

6) Censeo ita decernendum legiones, bello confecto, missas fieri. (Cic. *Phil.* 5, 53)

7) Caesar, cohortatus suos, proelium commisit. (Caes. *B. G.* 1, 25, 1)

8) His nuntiis commotus, Caesar duas legiones conscripsit. (Caes. *B. G.* 2, 2, 1)

9) Pueri Spartiatae non ingemiscunt verberum dolore laniati(=quamvis laniati sint). (Cic.)

10) Nostri, urbe reliqua capta, arcem tamen retinuerunt. (Cic. *Att.* 7, 11, 3)

11) Nostris neque terra neque mari effugium dabatur victis. (*Bell. Alex.*)

12) Bellum Gallicum Caesare imperatore gestum est. (Cic.)

5. 다음 문장을 라틴어로 작문하시오.

1) 저항하지 않는 자들을 이기는 것은 쉬웠다.

2) 나쁘게 얻어진 것들은 나쁘게 없어진다.

3) 북풍이 불어올 때에는, 밭을 갈지 마라.

4) 아무런 저항도 없이 한니발은 출발했다.

| | |
|---|---|
| facilis, facile, adj. 쉬운 | vinco 승리하다, 이기다 |
| repugno 저항하다 | male, adv. 나쁘게 |
| pario 얻다 | dilabor 없어지다 |
| boreas, −ae, m. 북풍 | flo (바람이) 불어오다 |
| aro 밭 갈다, 경작하다 | proficiscor 출발하다 |
| resisto 저항하다, 반항하다. | mare, maris, n. 바다 |

# Gerundium et Gerundivum, Coniugatio Periphrastica Passiva Supinumque

## 동명사와 동형사, 수동형 당위분사와 목적분사

이 과에서 배우게 될 동명사와 동형사의 용법은 라틴어의 문장에서 빈번하게 사용되는 표현이다. 그 활용도가 대단히 높은 만큼 주의 깊게 학습할 필요가 있다.

## I. 동명사(Gerundium)

라틴어의 동명사와 수동형 당위분사라는 용어는 gerundus라는 말에서 유래하는데, 상고 라틴어에서 gerundus라는 말은 "완수하다, 수행하다"라는 의미의 'gero' 동사에서 유래한 것으로 그 의미는 "완수해야 할 행위"이다. 따라서 이것은 아직 완성되지 않은 행위를 가리키는 말이었다.

라틴어의 동명사는 명사의 역할을 하는 동사적 명사이다. 따라서 동명사는 명사처럼 어미변화를 하고, 동시에 동사처럼 능동의 의미를 가지며 해당 격을 요구한다.

문법적으로 동명사는 주격(nom.)과 대격(acc.)밖에 없는 부정사(infinitus)의 기능을 보완하는 역할을 한다. 따라서 동명사는 주격이 없고 속격, 여격, 대격, 탈격을 가진다. 일반적으로 동명사의 대격은 "~하기 위하여"를 의미하는 전치사 ad나 다른 대격 요구 전치사와 결합하여 간접목적어로 사용되었고, 직접목적이로는 쓰이지 않는다.

주격: Studere(＝Studium) est necessarium.    공부하는 것이(공부가) 필요하다.

속격: Studendi necessitas    공부(하는 것)의 필요성

여격: Studendo operam do.    (나는) 공부(하는 것)에 힘쓴다.

대격: Ad studendum vir natus    공부하기 위해 태어난 인간

탈격: Studendo multa consequeris.    공부(하는 것으)로 많은 것들을 얻는다.

---

operam do alicui rei ~에 힘쓰다, 애쓰다

natus, -a, -um, adj. 태어난, 출생한          consequor 잇따라 일어나다, 얻다, 달성하다

## 1. 동명사의 어미 활용

동명사는 현재 어근에 연결 모음(-a, -e, -i), 접사(-nd)와 격에 따른 어미를 연결시켜 변화한다. 또한 각 동사의 활용에 따라 연결 모음(-a, -e, -e, -ie)이 달라진다. 각 접미사와 동사 활용형에 따른 어미변화 형태와 의미는 다음과 같다.

|      | 제1활용 동사 | 제2활용 동사 | 제3활용 동사 | 제4활용 동사 |
| ---- | ----------- | ----------- | ----------- | ----------- |
| **gen.** | laud-andi | mon-endi | leg-endi | aud-iendi |
| **dat.** | laud-ando | mon-endo | leg-endo | aud-iendo |
| **acc.** | (ad) laud-andum | (ad) mon-endum | (ad) leg-endum | (ad) aud-iendum |
| **abl.** | laud-ando | mon-endo | leg-endo | aud-iendo |

• 동명사의 어미 활용 구성

| 어근 | 연결 모음 | 접미사(형태소) | 제2변화 명사 단수 어미변화 | 뜻 |
| ---- | -------- | ------------- | ----------------------- | --- |
| laud | -a | | -i(속격) | ~하는 것의, ~하는, ~할, ~하는 데 대한 |
| mon | -e | -nd | -o(여격) | ~하는 것에게, ~하는 것을 위하여, ~함에 |
| leg | -e | | -um(대격) | ~하기 위하여 |
| aud | -ie | | -o(탈격) | ~하는 것으로, ~함으로 |

• 제4활용 동사의 동명사 형태는 연결 모음 '-i'에 모음 '-e'를 덧붙여 "aud-ie-nd-i"가 된다. 이는 제3활용 동사의 동명사 형태를 닮은 것이다.
• 제3·4 활용 능동태 동사와 제3·4 활용 탈형동사의 동명사 형태는 -endi와 -iendi(legendi, audiendi, potiendi)인데, 가끔 -undi와 -iundi(legundi, audiundi, potiundi) 형태를 사용하기도 한다.
• -undi와 -iundi 형태는 상고 라틴어에서 발견되는데, 후에 -e/o로 모음교체가 된 것이다. 라틴어의 모음교체는 매우 일반적인 현상이었다.

## 2. 동명사의 격(Casus)에 따른 용법

### 1) 동명사의 속격
동명사의 속격은 속격을 요구하는 명사나 형용사와 함께 사용된다.
• 속격 요구 명사

속격을 요구하는 명사로는 tempus, occasio, ars, officium, causa, consuetudo 등이 있고 우리말로 "~할, ~하는"이라고 옮긴다. 동명사의 속격으로 구성되는 문장은 단순 부정사문이나 부정사문과 같은 용법으로 사용된다. 가령 동명사의 속격과 함께 사용되는 "tempus est ~하는 때이다", "consuetudo est ~하는 습관이 있다"라는 관용어적 표현 등이 있다. "tempus est, consuetudo est" 관용어는 동명사의 속격뿐 아니라 부정사문 형태로도 자주 사용된다.

Officium oboediendi saepe difficile est. 경청하는 직무는 가끔 힘들다.

Vivendi ars est prudentia. (Cic. *Fin*. 5, 16)
현명함은 살아 있는 예술이다. ("살아 있는 예술은 현명함이다."라고 옮길 수도 있다.)

|동명사문|

Iuventus est tempus discendi. 젊은이는 공부할 때가 있다.

Hoc est discendi tempus.[48] (Sen. *Ep*. 36, 4) 이것은 배울 때가 있다.

|부정사문|

Tempus est studere. 공부할 시간이다.

Tempus est te proficisci.[49] 네가 떠날 시간이다.

Consuetudo est studere. 공부하는 습관이 있다.

Consuetudo est aestate familias ire in ferias.
여름에 가족들은 휴가를 가는 습관이 있다. (여름에 가족들은 휴가를 가곤 한다.)


• 속격 요구 형용사
속격을 요구하는 형용사로는 "cupidus, -a, -um ~하고 싶어 하는, 탐내는", "peritus, -a, -um 능숙한, 숙련된", "prudens, -entis 예견하는, 신중한, 고의적인", "studiosus, -a, -um 열중한, 전념하는, 골몰하는" 등이 있다.

E.g. cupidus + 동명사의 속격: ~하고 싶어 하는

Puer cupidus vivendi Romae. 로마에 살고 싶어 하는 소년.

Cupidus sum videndi. 나는 보고 싶다.


• 특별히 동명사의 속격이 중성대명사나 형용사와 사용될 때, 대격 직접목적어의 간접목적어 역할을 한다. 또한 명사로 표현된 직접목적어가 있을 때에는 일반적으로 속격을 선호한다.

(Ars) vera ac falsa diiudicandi.[50] (Cic. *De Orat*. 2, 157) 진실과 거짓을 구분하는 (기술).

---

48) discendi는 disco 동사의 동명사 속격.

49) te는 부정사문의 주어이기 때문에 대격을 사용하고, 동사는 proficisci 원형을 사용함.

50) vera와 falsa는 각각 verus와 falsus 형용사의 중성 복수. diiudicandi는 diiudico의 동명사 속격.

Pictoribus atque poetis... quidlibet audendi semper fuit aequa potestas.[51] (Hor. *A. P.* 9-10)

화가들과 시인들에게… 늘 무엇이든지 모험하는 정당한 권리가 있었다.

diiudico 판결하다, 결정하다, 구분하다        audeo 감히 ~하다, 감행하다, 모험하다
pictor, -oris, m. 화가

•동명사의 속격은 종종 목적을 나타내기 위해 탈격 causa나 gratia를 덧붙여 사용된다. 라틴어에서 "~하기 위하여"라는 목적을 나타내는 표현 방법은 크게 세 가지이며, 그 의미는 모두 같다. 이에 대해서는 213, 291쪽을 참조하라.

**목적을 나타내는 표현 방법**
1. ut + 접속법 동사 현재 또는 미완료
2. ad + 동명사의 대격
3. 동명사의 속격 + causa 또는 gratia

다음 예문을 보면 쉽게 이해할 수 있을 것이다.
나는 시험을 통과하기 위해 열심히 공부할 것이다.
Multum studebo, ut superem examen.
Multum studebo ad superandum examen.
Multum studebo superandi examinis causa(또는 gratia).

나는 너를 보기 위해 로마로 온다.
Veniam Romam ut te videam.
Veniam Romam ad videndum te.
Veniam Romam videndi tui causa (또는 gratia).

2) 동명사의 여격
동명사의 여격은 매우 드물게 사용된다. 동명사의 여격은 목적어를 여격 형태로 요구하는 동사나 형용사와 함께 쓴다.

---

51) audendi는 audeo 동사의 동명사 속격.

•"알맞은, 적당한, 합당한, 적절한" 등의 태도나 성질을 나타내는 형용사 idoneus, aptus, accomodatus, opportunus, necessarius(필요한) 등은 동명사의 여격을 요구한다.
Telum certando aptum.52) 싸우기에 알맞은 창.
Opportunus visus est locus communiendo praesidio.53) (Liv.)
요새를 지키기에 알맞은 장소처럼 보였다.

•"operam do ~에 힘쓰다, 애쓰다", "diem statuo 날짜를 정하다", "comitia indico 민회를 소집하다" 등의 관용어적 표현과 목적어를 여격 형태로 요구하는 동사에 사용된다.
Consul habendo dilectui operam dat. (Liv.) 집정관은 징병 모집에 힘쓴다.
Scribendo adfuisti.54) (Cic. *Fam.* 15, 13, 2) (당신은) 문서 작성에 참석하였다.

### 3) 동명사의 대격

동명사의 대격은 결코 직접목적어의 역할을 하지 않으며(그러한 역할은 부정법에서 사용된다.), 전치사 ad를 앞에 붙여 행위의 목적을 표현하기 위해 사용된다. 때때로 드물게 ad 대신에 ob, in, propter 등과 같은 대격 요구 전치사를 사용하기도 한다.

•ad + 동명사의 대격: ~하기 위하여
Paratus ad dimicandum animus. (Caes. *B. G.* 2, 21, 5) 싸울 각오가 된 마음.
Ad studendum veni. 나는 공부하기 위해 왔다.
Castra erant ad bellum ducendum aptissima.55) (Caes.)
전쟁을 계속하기 위해 가장 적합한 진영이었다.

•ob + 대격: ~ 때문에, ~ 위하여
Bocchus se ob regnum tutandum arma cepisse respondit. (Sall.)
보쿠스는 왕국을 방어하기 위해 무기를 잡았다고 대답했다.

### 4) 동명사의 탈격

동명사의 탈격은 탈격을 요구하는 동사, 형용사, 전치사와 함께 사용된다.

---

52) certando는 certo 동사의 동명사 여격. certo 싸우다.
53) visus est는 videor 탈형동사의 단순과거 단수 3인칭.
54) 이 표현은 원로원의 긴급 포고령이나 결정에 증인으로 입회하였음을 의미하는 말이다.
55) aptissima는 aptus 형용사의 최상급.

•동명사의 탈격은 전치사 없이 탈격 자체로 수단과 방법을 나타내거나(더 자주 사용하는 표현 방법), 전치사 a/ab, e/ex, de, in, pro와 결합하여 사용된다.

Docendo discimus. 우리는 가르치며(가르침으로써) 배운다.

Consumpsi tempus legendo.56) 나는 독서로 시간을 보냈다.

Hominis mens discendo alitur et cogitando.57) (Cic. *Off*. 1, 105)
인간의 정신은 배움과 생각으로(배우는 것과 생각하는 것으로) 양육된다.

Sanos homines deterruit58) a scribendo. (Cic. *Br*. 262) 건강한 사람들은 징집에서 제외했다.

Multa de tolerando paupertatem dicuntur. 많은 것들이 가난을 인내함에 대해 이야기된다.

Temperantia constat ex praetermittendis voluptatibus corporis. (Cic.)
절제는 육체의 욕망들을 소홀히 함(하는 것)으로 이루어진다.

•전치사가 없는 동명사의 탈격은 때때로 대격인 직접목적어를 수반할 수 있다.

Homines ad deos nulla re propius accedunt quam salutem hominibus dando.59) (Cic. *Lig*. 38)
인간들은 인간들에게 구원을 주기보다 아무것도 아닌 일로 신들에게 더 가까이 간다.

•전치사가 없는 동명사의 탈격은 현재분사와 같은 의미로 동(同) 시간대의 행위(~하면서, ~하는 중에)를 표현하기 위해 사용된다. 이러한 현상은 특히 고전 후기 라틴어에서 빈번하게 나타난다.

Quis talia fando... temperet a lacrimis?60) (Verg. *Aen*. 2, 6-8)
누가 이와 같은 것들을 말하면서, …눈물을 참을 수 있겠는가?


## II. 동형사(Gerundivum)

동형사란 동사에서 나온 형용사, 동사의 역할을 하는 형용사로 그 어미는 -ndus, -a, -um 형태로 끝난다.

수동의 의미를 가지는 동형사는 오직 타동사와 탈형동사에만 있다.

---

56) consumpsi는 consumo 동사의 직설법 단순과거 단수 1인칭.

57) alitur는 alo 동사의 수동태 현재 단수 3인칭.

58) deterro 동사로 "(무엇에서) 제지하다, 떠나게(멀어지게) 하다"라는 표현을 할 때 "de, a/ab+탈격", 탈격 자체로 표현한다.

59) quam은 가끔 비교급 없이 "~보다"라는 비교의 뜻을 가짐.

60) talia는 talis(m. e f.), tale 형용사의 중성 복수. fando는 for 동사의 동명사. temperet는 tempero 동사의 접속법 현재 단수 3인칭.

자동사의 경우 비인칭 형태만 유일하게 동형사를 가진다.

Currendum[61] est. 달려야 한다.

- 탈형동사의 경우 utor(사용하다), fungor(이행하다), potior(차지하다), vescor(먹다)와 같은 자동사도 동형사를 가진다.
- 동형사는 형용사 제1형 bonus, bona, bonum과 형태가 같기 때문에 문법상 다음과 같은 특징을 가진다.
- 동형사는 형용사 제1형 bonus, bona, bonum과 같은 어미변화를 한다.
- 동형사는 관련 명사나 대명사에 성(性), 수(數), 격(格)을 일치시켜야 한다.

## 1. 동형사의 어미 활용

| 제1활용 | 제2활용 | 제3활용 | 제4활용 |
|---|---|---|---|
| laud-**andus**, -a, -um | mon-**endus**, -a, -um | leg-**endus**, -a, -um | aud-**iendus**, -a, -um |

제3활용과 제4활용 동형사의 원래 형태는 연결 모음 -o를 가졌는데, 나중에 -u로, 그리고 현재의 -e 형태로 바뀌게 된다.

leg-o-ndus > leg-u-ndus > leg-e-ndus

audi-o-ndus > audi-u-ndus > audi-e-ndus

- 동형사의 어미 활용 구성

| 어근 | 연결 모음 | 접미사(형태소) | 형용사 제1형 어미변화 | 뜻 |
|---|---|---|---|---|
| laud | -a | | -us, -a, -um | 칭찬받아야 할 |
| mon | -e | -nd | -us, -a, -um | 권고 받아야 할 |
| leg | -e | | -us, -a, -um | 읽혀야 할 |
| aud | -ie | | -us, -a, -um | 들려야 할 |

## 2. 동형사의 표현

동형사는 형용사의 역할과 서술 기능을 한다.

동형사는 동명사와 마찬가지로 동사의 행위 자체를 표현할 수 있다.

---

61) currendum은 curro 동사의 중성 동형사.

|동형사| Spes urbis servandae 도시를 구하려는 희망
|동명사| Spes urbem servandi 도시를 구하려는 희망

동형사는 과거분사와 반대로 아직 성취되지 않은 생각, 즉 '해야 되는 일'을 나타낸다. 수동형 미래분사의 의미를 가진다.

|동형사| res gerendae 해야 될 일
|과거분사| res gestae 완수한 일, 공적

동형사는 의무나 필요를 나타낸다. 이를 문법 용어로 수동형 당위분사 또는 수동태 용장활용(coniugatio periphrastica passiva)이라 하는데, 라틴 문장에서 자주 접하는 표현법이다. 수동형 당위분사를 우리말로 직역하면 "~받아야 한다, 되어야 한다"이며, 능동형으로 "~해야 한다"라고 옮기는 것이 더 자연스러울 때도 있다.

Virtus laudanda est. 용기는 칭찬받아야 한다.

## 3. 동명사와 동형사의 차이

| 동명사(Gerundium) | 동형사(Gerundivum) |
| --- | --- |
| 동사에서 파생한 명사 | 동사에서 파생한 형용사 |
| 단수 속격, 여격, 대격, 탈격 어미만 있음 | 단·복수 주격에서 탈격까지 어미변화를 함 |
| 제2변화 명사 단수 어미변화를 따름 | 형용사 제1형 어미변화를 따름 |
| 능동의 의미로 옮김 | 수동으로 옮기되, 의무와 필요 등의 뜻을 포함함 |
| 다른 품사에 성, 수, 격을 일치시키지 않아도 됨 | 관련 명사나 대명사에 성, 수, 격을 일치시켜야 함 |

## 4. 동형사의 격(Casus)에 따른 용법: 형용사 역할

동형사의 격에 따른 용법은 동형사 고유의 문법적 기능인 형용사 역할을 할 때이다.
동형사는 명사에 일치하여 형용사 역할을 하며, 동명사와 마찬가지로 시제에 구속되지 않고 스스로 동사의 행위(동작)를 표현한다.

### 1) 동형사의 속격
• 동형사의 속격은 속격을 요구하는 명사와 형용사에 종속된다. 동명사의 속격에서 언급한 바와 같이, 속격을 요구하는 형용사로는 "cupidus, -a, -um ~하고 싶어 하는, 탐내는", "peritus, -a, -um 능숙한, 숙련된", "prudens, -entis 신중한, 지혜로운",

"studiosus, -a, -um 열중한, 전념하는, 골몰하는" 등이 있다.

Cupiditas belli gerendi innata est.[62] (Caes. *B. G.* 1, 41, 1) 전쟁을 하려는 갈망이 생겼다.

Catilina opprimundae(=opprimendae) rei publicae consilium cepit.[63] (Sall. *Cat.* 16, 4) 카틸리나는 공화국을 탄압하려는 계획을 세웠다.

• 직접목적어를 가지는 동명사 문장은 동형사 문장으로 대체될 수 있으며, 그 의미는 같다. 고대 로마인들은 동명사의 속격 문장보다 동형사의 속격으로 표현하는 것을 더 선호하였다.

|동형사| Spes recuperandae libertatis 자유를 되찾으려는 희망

|동명사| Spes recuperandi libertatem 자유를 되찾으려는 희망

Cicero의 경우 동형사와 동명사 모두를 사용하여 표현하기도 하였다.

Facultas opprimendae rei publicae..., populum Romanum servitute opprimendi. (Cic. *Phil.* 5, 6) 공화국을 탄압할 가능성은… 로마 백성을 노예 신분으로 탄압하려는.

• 동형사의 속격도 동명사와 마찬가지로 목적을 표현하기 위해 탈격 causa나 gratia를 덧붙여 사용된다.

Caesar navium parandarum causa moratur.[64] (Caes. *B. G.* 4, 22, 1) 캐사르는 배들을 준비하기 위해 지체한다.

• "tempus est ~하는 때이다", "consuetudo/mos est ~하는 습관이 있다", "consilium capere 계획을 세우다, 결정을 하다"라는 관용어적 표현과 함께 사용하는 동형사는 부정사문과 같은 용법으로 사용된다.

|동형사| Acciderat ut subito Galli belli renovandi consilium caperent.[65] (Caes. *B. G.* 3, 2, 2) 갑자기 갈리아 사람들이 전쟁을 재개하려는 계획을 세우는 일이 발생했었다.

|부정사| Vercingetorix consilium capit omnem a se equitatum dimittere. (Caes. *B. G.* 7, 71, 1) 베르친게토릭스는 스스로 모든 기병대를 해산하는 것을 결정한다.

• 동형사가 인칭대명사의 속격 mei(나를, 나에 대한, 나에 대해서), tui(너를, 너에 대한), sui (자기를, 자기에 대한), nostri(우리를, 우리에 대한), vestri(너희를, 너희에 대한)와 함께

---

62) cupiditas는 속격을 요구하는 명사. gerendi는 gero 동사의 동형사. innata est는 탈형동사 innascor의 단순과거 단수 3인칭.

63) opprimundae는 opprimo 동사의 동형사 단수 속격. cepit는 capio 동사의 단순과거 단수 3인칭.

64) parandarum은 paro 동사의 여성 복수 속격 동형사. moratur는 moror 동사의 현재 단수 3인칭.

65) acciderat는 accido 동사의 과거완료 단수 3인칭. caperent는 capio 동사의 접속법 미완료 복수 3인칭. accido ut 표현은 접속법 동사 caperent를 사용함.

사용될 때, 복수 명사나 여성명사에 관계없이 어미는 모두 −i를 붙인다.

Cleopatra sui conservandi(≠conservandae) causa confugit.[66] (Cic.)

클레오파트라는 자기를 지키기 위해 피신하였다.

### 2) 동형사의 여격

• 구문론상 여격을 요구하는 명사와 형용사(utilis 편리한, inclinatus 기울어진, propensus 치우치는 등)가 올 때 동형사의 여격을 사용한다.

• 동형사의 여격은 행위의 목적을 표현하기 위해 사용된다. 그러나 고전 라틴어에서 그리 많이 사용된 표현법은 아니었다. 일반적으로 저술가들은 행위의 목적을 나타내고자 할 때 "ad+동명사의 대격"으로 표현하였다.

Diem dicere rei gerendae. 일을 처리하기 위한 날을 정하다.

Consul comitia censoribus creandis habuit.[67] (Liv. 32, 7, 1)

집정관은 감찰관을 선출하기 위해 민회를 가졌다(소집했다).

• 동형사의 여격 사용은 로마법에서 법률이나 직무의 목적을 명시하기 위한 소정 양식의 표현에서 발견된다.

Decemviri legibus scribundis.[68] 법률을 기술할 임무가 있는 10인 위원회.

Quindecimviri sacris faciundis.[69] 종교 예식을 수행할 의무가 있는 15인 위원회.

 쉬어 가는 문화사 이야기

> 10인 위원회는 12표법으로5 알려진 규정들의 모음을 만들었는데, 12표법은 평민회에 의해 공식적으로 제안되었으며 그들에 의해 승인되었다. 12표법은 고대 로마법의 시작을 나타내고, 그 규정들은 공법과 신법(神法)을 포함해 법의 모든 분야를 포함한다. 원본은 남아 있지 않지만 후기 저술물들에서 많이 인용되었는데, 그 내용은 주로 재구성된 것이었다.

### 3) 동형사의 대격

• 전치사 "ad+동형사 대격"은 행위의 목적을 표현한다.

---

66) conservandi는 conservo 동사의 동형사.

67) creandis는 creo 동사의 동형사 복수 여격. habuit는 habeo 동사의 단순과거 단수 3인칭.

68) scribundis는 scribo 동사의 여성 복수 여격 동형사이며, scribendus의 옛 형태이다.

69) faciundis는 facio 동사의 동형사 faciendus의 옛 형태이다.

Ad foedus faciendum duces prodeunt. (Liv. 1, 13, 4)

사령관들이 동맹을 맺기 위해 나온다.

Catilina erat paratus ad dissimulanda omnia.70) (Sall. *Cat.* 31, 7)

카틸리나는 모든 것을 은폐하기 위해 준비를 갖추었다.


• ad 대신에 ob, in, ante, inter, circa 등과 같은 대격 요구 전치사를 사용하기도 한다.

Ob rem iudicandam accipere pecuniam. (Cic. *Verr.* 2, 78)

기판력 때문에 돈을 받다.

Inter aurum accipiendum (Liv. 6, 11, 5) 금(돈)을 받는 중에

---

| | |
|---|---|
| accipio 받다 | inter, praep. (장소) 사이에, (시간) 동안에, 중에 |

 **쉬어 가는 문화사 이야기**

### res iudicata(기판 사항, 기판력)

"기판력"이란 확정된 재판의 판결 내용이 소송당사자와 후소 법원(後訴法院)을 구속하고 이와 모순되는 주장이나 판결을 부적법하게 하는 소송법상의 효력을 말한다. 민사소송의 경우 기판력에 지급명령을 포함할 수 있다. 고대 로마법에서 일상의 재판은 주로 오늘날의 민사소송에 관한 것이었고, 그 사안은 개인의 권리 구제에 관한 문제였다. 소송당사자의 권리 구제가 인정되는 판결(기판 사항)을 내리면 돈을 지급받을 수 있었다. 본 예문은 이러한 맥락에서 쓰인 것이다.

### 4) 동형사의 탈격

• 동형사의 탈격은 구문론상 탈격을 요구하는 문장에서 사용되며, 전치사를 동반할 수도 있다.

• 전치사가 없는 동형사의 탈격은 원인, 수단 등의 도구적인 의미를 표현한다. 이것을 문법적인 용어로 도구격, 또는 구격이라고 한다.

Loquendi elegantia augetur legendis oratoribus et poetis.71) (Cic. *De Orat.* 3, 39)

연설가들과 시인들의 글을 읽음으로써 말하기의 기품이 성장한다.

---

70) dissimulanda는 dissimulo 동사의 동형사 중성 복수 대격.

71) loquendi는 탈형동사 loquor의 동명사. augetur는 augeo 동사의 수동 직설법 현재 단수 3인칭. legendis 는 lego 동사의 동형사 복수 탈격.

•동명사와 마찬가지로 전치사가 없는 동형사의 탈격도 동(同) 시간대의 행위를 표현할 수 있다.

Quis est qui, nullis officii praeceptis tradendis, philosophum se audeat dicere?[72] (Cic. *Off.* 1, 5)

의무에 대한 가르침을 전혀 가르치지 않으면서, 누가 감히 철학을 논할 수 있는가?

•in, a/ab, e/ex, de 등의 전치사와 함께 사용한 동형사의 탈격은 출처, 배제, 장소 등을 표현한다.

A rebus gerendis senectus abstrahit.[73] (Cic. *Sen.* 15) 노인은 정치활동에서 그만두게 한다.

(L. Brutus) in liberanda patria est interfectus.[74] (Cic. *Sen.* 75)

L. 브루투스는 조국에 자유를 주면서 살해됐다.

Primus Tusculanorum disputationum liber est de contemnenda morte.[75] (Cic. *Div.* 2, 2)

제1권 투스쿨라인들의 논쟁에서 사형 선고에 대해 다룬다.

## 5. 동형사의 서술 용법

•동명사는 목적어를 갖지 못한다. 따라서 목적어를 가질 때는 동형사를 사용해야 한다. 이를 동형사의 서술 용법이라 한다.

|동형사| Carmen de Roma constituenda scripsit. (그는) 로마 건설에 관한 노래를 썼다.

|동명사| Carmen de constituendo Romam scripsit. (×)

　　　　 동명사 constituendo를 썼기 때문에 틀린 문장이다.

•동형사는 목적어의 서술 역할을 하며 "주다, 보내다(do, trado, mitto, defero)", "맡기다, 위임하다(committo, permitto)", "~하도록 하다, 돌보다(suscipio, sumo, curo)", "남겨 놓다(relinquo)", "잡아당기다, 자리 잡게 하다(conduco, loco)"라는 의미의 동

---

72) nullis는 nullus의 복수 여격과 탈격. tradendis는 trado 동사의 동형사 탈격 복수. "philosophum se audeat dicere"는 부정사문이다. 쉽게 이해할 수 있도록 옮기면 "audeat se philosophum dicere"이다. se는 주어와 종속절의 주어가 같기 때문에 사용한 것이다.

73) abstrahere aliquem a rebus gerendis ~를 정치활동에서 그만두게 하다.

74) liberanda는 libero 동사의 동형사 여성 단수 탈격. "est interfectus"는 interficio 동사의 수동 단순과거 단수 3인칭.

75) "Tusculani, -orum, m. pl. 투스쿨로 사람"은 로마 이전에 형성된 도시로 오늘날 로마 남동쪽에 있는 콜리 알바니(Colli Albani)에 살던 사람들을 말한다. contemnenda는 contemno 동사의 동형사 여성 단수 탈격.

사와 함께 행위의 목적을 표현한다.

(Caesar) pontem in Arare faciendum curavit.[76] (Caes. *B. G.* 1, 13, 1)

(캐사르가) 아라르에 다리를 만들도록 하였다.

(Caesar) reliquum exercitum Q. Titurio Sabino ducendum dedit.[77] (Caes. *B. G.* 4, 22, 3)

(캐사르는) 남은 군대의 지휘를 Q. 티투리오 사비노에게 맡겼다.

• 동형사의 서술 용법은 때때로 habeo 동사와 함께 사용되는데, 이러한 표현은 특히 상고 라틴어와 고전 후기 라틴어에서 발견된다.

Agrum colendum habebat. (Ter. *Phorm.* 364-365) 경작할 밭을 가지고 있었다.

• 앞에서 언급한 동사 외에도 전치사 ad와 함께 사용되면 동형사는 서술 역할을 한다.


## III. 수동형 당위분사(수동태 용장활용, Coniugatio Periphrastica Passiva)

• 미래분사(-urus, -ura, -urum)는 sum 동사와 결합하여 다가올 상태, 의도, 의향, 운명[막 ~하려고 하다, ~할 작정(의도)이다, ~할 생각이다, ~할 운명에 처해 있다] 등을 표현하는 능동태 용장활용(coniugatio periphrastica activa)[78]을 구성하는 것 외에도, 어미 -ndus, -nda, -ndum 형태에 sum 동사와 결합하여 수동태 용장활용 (coniugatio periphrastica passiva)을 구성한다.

• 동형사는 의무나 필요를 표현한다. 이를 문법 용어로 수동형 당위분사 또는 수동태 용장활용이라 하며, 라틴 문장에서 자주 접하는 표현법이다. 수동태 용장활용(수동형 당위분사)을 우리말로 직역하면 "~받아야 한다, 되어야 한다"이며, 능동형으로 "~해야 한다"라고 옮기는 것이 더 자연스러울 때도 있다.

• 수동태 용장활용 문장은 인칭 문장과 비인칭 문장으로 구성된다.

---

76) faciendum은 facio 동사의 동형사 남성 단수 대격.

77) ducendum은 duco 동사의 동형사 중성 단수 대격.

78) 능동태 용장활용에 대해서는 "Lectio IV. 분사와 독립분사구문, II. 분사의 용법, 1. 2) 서술어 역할을 하는 분사"를 보라.

## 1. 인칭 문장(Propositio Personalis)

수동태 용장활용의 인칭 문장은 주어를 가지며, 동형사와 sum 동사는 주어와 일치시켜야 한다. 수동태 용장활용에서 능동문의 주어는 수동문의 부사어로, 곧 여격(행동 주체 여격)으로 표현한다.

라틴어에서 필요나 의무, 당위를 나타내는 표현 방식에는 두 가지가 있다. "조동사 debeo+부정사"를 이용하여 표현하는 방법과 수동태 용장활용으로 표현하는 방법이다.

• 로마인들은 능동태 당위 문장을 쓰기보다 수사학적으로 수동태 용장활용 문장을 선호하였다. 이는 통치나 지배를 받는 사람이 지배받는다는 느낌이 들지 않도록 하는 고도의 표현이기도 하였다. 실제로 로마제국은 강력한 군사력을 바탕으로 대제국을 형성하고 유지하기 위한 수단으로 로마법과 그리스도교, 그리고 수평적인 제국의 언어인 라틴어가 있기에 가능했다.

• 수동태 용장활용의 인칭 문장은 능동태 문장을 수동형 당위분사로 표현한 것과, 수동태 문장을 수동형 당위분사로 전환한 문장이 있다.

### 1) 능동태 문장을 수동태 용장활용문으로 전환

우리는 진실을 말해야 한다.
• 위 문장은 두 가지 표현 방식으로 옮길 수 있다.

Nos <u>debemus dicere</u> <u>veritatem</u>.

Veritas <u>dicenda est</u> <u>nobis.</u>

• 능동태 당위 문장을 수동태 당위 문장(수동태 용장활용)으로 바꾸는 방법:
  (1) 능동태 문장의 직접목적어 "veritatem"은 수동태 당위 문장의 주어 "veritas"가 된다.
  (2) 능동태 문장의 주어 "nos"는 수동태 당위 문장의 여격 "nobis"가 된다.
  (3) 능동태 문장의 "debeo+부정사(dicere)"는 수동태 당위 문장에서는 dicere 동사의 동형사 "dicendus, -a, -um+esse" 형태로 바뀐다. 이 문장에서는 주어 veritas가 여성이므로 'dicenda'가 된다.

인간들은 질투를 피해야 한다.

Homines debent vitare invidiam.

Invidia vitanda est hominibus.

|분석| invidia가 여성명사이므로 동형사 vitanda도 여성을 쓰며, invidia가 단수 3인칭이므로 sum 동사의 단수 3인칭 est를 쓴다.

우리는 모든 일에 근면함을 사용해야 한다.[79]

Nos adhibere debemus diligentiam in omnibus rebus.

Diligentia in omnibus rebus est nobis adhibenda. (Cic.)

### 2) 수동태 문장을 수동태 용장활용문으로 전환

•수동태 문장의 주어는 그대로 주격으로 표현한다.

|현재| 죄인들은 벌을 받아야 한다.

Rei debent puniri.

Reis puniendi sunt.

|분석| puniri는 punio 동사의 수동태 현재 부정사이며, 수동태 문장의 주어 rei는 그대로 주격 reis로 쓰고, 수동태 문장의 주어가 남성 복수이므로 동형사도 puniendi sunt라고 쓴다.

•본동사가 여격을 요구하는 동사인 경우(oboedio, pareo, etc.)에는 두 개의 여격 사용에서 오는 혼란을 피하기 위해 수동태 문장의 주어를 "a/ab + 탈격" 형태로 쓴다.

나는 너에게 복종해(되어)야 한다.

(Ego) debeo oboedire tibi.

A me oboediendum est tibi.

우리는 부모님께 순종해(되어)야 한다.

(Nos) Debemus parere parentibus.

Parentibus parendum est a nobis.

---

79) 라틴어로 쉽게 작문할 수 있도록 하기 위해 위와 같은 우리말 예문을 든 것이다. 원문을 좀 더 자연스럽게 우리말로 옮기면 "우리는 매사에 근면함을 보여야 한다."가 된다.

## 2. 비인칭 문장(Propositio Impersonalis)

동사가 자동사일 경우, 또는 자동사적으로 사용될 경우, 즉 문장에서 목적어를 갖지 않을 때 비인칭 문장을 사용한다.

• 비인칭 문장은 행동 주체를 가리키는 문장의 주어를 여격으로 표현한다.
• 비인칭 문장의 동형사는 중성 형태인 -dum을 취하고 sum 동사는 단수 3인칭 est를 사용한다.

소녀는 로마로 떠나야 했었다.

Puella debebat proficisci Romam.

Puellae proficiscendum erat Romam.

모든 인간은 죽어야 한다.

Omnes debemus mori.

Moriendum est omnibus.

• utor(사용하다), fruor(이용하다), fungor(이행하다, 수행하다), vescor(먹다, 사용하다), potior(소유하다, 잡다) 등의 동사는 일반적으로 비인칭 문장을 형성한다.
Utendum est divitiis(복수 여격) prudenter. 재산(들)은 신중하게 사용해야 한다.
Etiam in secundissimis rebus maxime est utendum consilio amicorum.[80] (Cic. Off. 1, 91)
가장 유리한 상황에서도 친구들의 충고가 제일 필요하다.

## 3. 수동태 용장활용 어미변화

rego, is, rexi, rectum, regere 다스리다, 통치하다

| 직설법(Modus indicativus) | | |
|---|---|---|
| **현재** | regendus, -a, -um | sum, es, est | 통치 받아(되어)야 한다 |
| | regendi, -ae, -a | sumus, estis, sunt | 통치해야 한다 |
| **미완료** | regendus, -a, -um | eram, eras, erat | 통치 받고 있어야 했다 |
| | regendi, -ae, -a | eramus, eratis, erant | 통치하고 있어야 했다 |
| **미래** | regendus, -a, -um | ero, eris, erit | 통치 받아야 할 것이다 |
| | regendi, -ae, -a | erimus, eritis, erunt | 통치해야 할 것이다 |

---

80) secundissimis는 secundus 형용사의 최상급. secundissimis rebus는 res secundae(번영)의 "in+abl." 형태이다. utor 동사가 탈격을 요구하기 때문에 consilio를 쓴다.

| 단순과거 | regendus, -a, -um<br>regendi, -ae, -a | fui, fuisti, fuit<br>fuimus, fuistis, fuerunt | 통치 받아야 했다<br>통치해야 했다 |
|---|---|---|---|
| 과거완료 | regendus, -a, -um<br>regendi, -ae, -a | fueram, fueras, fuerat<br>fueramus, fueratis, fuerant | 통치 받아야 했었다<br>통치해야 했었다 |
| 미래완료 | regendus, -a, -um<br>regendi, -ae, -a | fuero, fueris, fuerit<br>fuerimus, fueritis, fuerint | 통치 받았어야 할 것이다<br>통치했어야 할 것이다 |
| **접속법(Modus coniunctivus)** | | | |
| 현재 | regendus, -a, -um<br>regendi, -ae, -a | sim, sis, sit<br>simus, sitis, sint | 접속법은 정형화된 우리말 형태로 옮기는 데 어려움이 있다. 문맥과 시제, 접속법 용법에 따라 알맞게 옮겨야 한다. |
| 미완료 | regendus, -a, -um<br>regendi, -ae, -a | essem, esses, esset<br>essemus, essetis, essent | |
| 단순과거 | regendus, -a, -um<br>regendi, -ae, -a | fuerim, fueris, fuerit<br>fuerimus, fueritis, fuerint | |
| 과거완료 | regendus, -a, -um<br>regendi, -ae, -a | fuissem, fuisses, fuisset<br>fuissemus, fuissetis, fuissent | |
| **부정법(Modus infinitus)** | | | |
| 현재 | regendum, -am, -um<br>regendos, -as, -a | esse<br>esse | |
| 과거 | regendum, -am, -um<br>regendos, -as, -a | fuisse<br>fuisse | |
| 미래 | regendum, -am, -um<br>regendos, -as, -a | iri<br>iri | |

## IV. 목적분사(Supinum)

목적분사는 동명사와 마찬가지로 동사가 명사화된 것으로서 동사적 명사라 하며, 제4 변화 명사와 같이 어미변화를 한다.

고전 라틴어에서 목적분사는 오직 대격(acc.)과 탈격(abl.) 형태만 있다.

• 대격 능동형 목적분사: −um
• 탈격 수동형 목적분사: −u

목적분사는 시제나 어형과 어미의 변화로 단어가 문장에서 지니는 문법적 의미를 표현 하는 언어의 특징(인칭, 성, 수, 격, 법, 태 등)[81]에 관계없이 행위 자체를 규정한다. 이러 한 이유에서 목적분사를 supinum이라 칭하였는데, supinum이란 "활용하지 않는, 게으른"

---

81) 이를 문법 용어로 굴절어라고 한다.

을 의미하는 말이었다.

## 1. 목적분사의 어미 활용

| | 제1활용 | 제2활용 | 제3활용 | 제4활용 |
|---|---|---|---|---|
| **능동형 목적분사 -um** | laudat-um | monit-um | lect-um | audit-um |
| **수동형 목적분사 -u** | laudat-u | monit-u | lect-u | audit-u |

사전에서 동사를 찾아보면 동사의 기본형 안에 항상 목적분사도 표기되어 있다. 가령 laudo 동사의 기본형을 살펴보면 다음과 같이 표기되어 있다.

| laudo | -as | -avi | -atum | -are |
|---|---|---|---|---|
| 현재 1인칭 | 현재 2인칭 | 단순과거 | 목적분사 | 부정형 |

동사의 기본형에 목적분사를 항상 기입하는 이유는 목적분사가 미래분사, 과거분사, 부정법 미래, 수동태 부정법 미래의 어근 역할을 하기 때문이다. 나아가, 수동태의 과거 시제인 단순과거, 과거완료, 미래완료 등의 과거 어근은 과거분사에서 그 형태를 취하는데, 과거분사 역시 목적분사에서 유래한다.

아래의 도표를 보면 목적분사가 어떻게 어근 역할을 하는지 알 수 있을 것이다.

미래분사

| 직설법 현재 | 목적분사 | 미래분사 |
|---|---|---|
| laudo | laudat-um | laudat-urus, -ura, -urum etc. |
| moneo | monit-um | monit-urus, -ura, -urum etc. |
| lego | lect-um | lect-urus, -ura, -urum etc. |
| audio | audit-um | audit-urus, -ura, -urum etc. |

과거분사

| 직설법 현재 | 목적분사 | 과거분사 |
|---|---|---|
| laudo | laudat-um | laudatus, -a, -um |
| moneo | monit-um | monitus, -a, -um |
| lego | lect-um | lectus, -a, -um |
| audio | audit-um | auditus, -a, -um |

**부정법 미래**

| 직설법 현재 | 목적분사 | 부정법 미래 |
|---|---|---|
| laudo | laudat-um | laudat-urum, -am, -um; -os, -as, -a esse |
| moneo | monit-um | monit-urum, -am, -um; -os, -as, -a esse |
| lego | lect-um | lect-urum, -am, -um; -os, -as, -a esse |
| audio | audit-um | audit-urum, -am, -um; -os, -as, -a esse |

**수동태 부정법 미래**

| 직설법 현재 | 목적분사 | 수동태 부정법 미래 |
|---|---|---|
| laudo | laudat-um | laudatum iri |
| moneo | monit-um | monitum iri |
| lego | lect-um | lectum iri |
| audio | audit-um | auditum iri |

## 2. 목적분사의 용법

### 1) 능동형 목적분사 -um

- 어미 −um 형태를 가지는 목적분사는 방향 대격(목적격)의 역할을 하며, "venio(가다, 오다), mitto(보내다)" 등과 같은 이동 동사 다음에서 목적지, 동작의 목적을 나타낸다.
  Eo dormitum/lusum. 자러/놀러 간다.
  Venit rogatum. 부탁하러 간다(갔다).
  Cubitum discessimus. (Cic.) 우리는 자러 갔다.

- 사실 어미 −um 형태를 가지는 목적분사는 라틴 원문에서 약간의 이동 동사와 함께 사용되었으며, 관용어적 표현으로 사용되었다.
  ire(venire) rogatum, petitum, flagitatum 청하러 가다
  ire salutatum 인사하러 가다                     ire dormitum 자러 가다
  senem sessum recipere (Cic. Cato. 63) 노인에게 자리를 양보하다
  mittere consultum 상의하러 보내다          nuptum filiam dare 딸을 시집보내다

- 군사 용어로 사용된 약간의 관용어가 있다.
  ire aquatum, pabulatum, oppugnatum 물, 식량을 보급하러 가다/포위하러 가다

- 목적분사는 목적 보어 또는 목적 부사구로 "~하기 위하여, ~하러"라는 뜻을 가진다.

Aedui legatos mittunt rogatum auxilium. (Caes. *B. G.* 1, 11, 2)

갈리아 사람들은 도움을 청하기 위해 사절들을 보낸다.

Bocchus legatos Romam miserat amicitiam petitum.[82] (Sall.)

보쿠스는 동맹을 청하러 로마에 사절들을 파견했었다.


## 2) 수동형 목적분사 -u

• 어미 -u 형태를 갖는 수동형 목적분사는 주로 facilis(쉬운), difficilis(어려운), horribilis(끔찍한), incredibilis(믿을 수 없는), mirabilis(이상한), iucundus(유쾌한), turpis(추잡한) 등의 형용사 다음에서 한정 탈격의 의미를 가진다. 수동형 목적분사는 우리말로 "~함을 받기에, ~하기에"로 옮길 수 있다.

**facile** dictu 말하기 쉬운　　　　　　**mirabile** visu 보기에 이상한


Iucundum auditu est. 듣기에 유쾌한 일이다.

Multae res faciles sunt dictu, difficiles sunt factu.

많은 일들이 말하기는 쉬워도 행하기는 어렵다.


• 수동형 목적분사는 몇 개의 타동사에만 사용된다.

**dictu(dico)** 말하기에　　　　　　　　**factu(facio)** 행하기에

**auditu(audio)** 듣기에　　　　　　　　**visu(video)** 보기에

**cognitu(cognosco)** 알아보기에　　　　**intellectu(intellego)** 알아듣기에, 이해하기에

**inventu(invenio)** 알기에　　　　　　　**scitu(scio)** 알기에

**memoratu(memoro)** 기억하기에


Nihil est dictu facilius. (Ter. *Phorm.* 300) 말하기보다 더 쉬운 것은 없다.

O rem non modo visu foedam sed etiam auditu.[83] (Cic. *Phil.* 2, 63)

보기에 추할 뿐 아니라 듣기에도 민망한 일.

| | |
|---|---|
| non modo ~ sed etiam ~뿐 아니라 ~도 | foedus, -a, -um, adj. 더러운, 추한, 흉한 |

• 수동형 목적분사절은 부정사문, 전치사 ad + 동명사의 대격과 그 의미가 같다.

이해하기 힘들다.

---

82) miserat는 mitto 동사의 직설법 과거완료 단수 3인칭.

83) foedam은 rem을 수식하는 형용사.

Difficile est intellectu. (수동형 목적분사)
Difficile est intellegere. (부정사문)
Difficile est ad intellegendum. (ad+동명사의 대격)

• 형용사 dignus(합당한, 자격 있는, ~을 받을 만한)와 indignus(부당한, 자격 없는), fas est(정당하다, 가하다), nefas est(불가하다), opus est(필요하다) 등의 관용어 다음에 수동형 목적분사를 쓸 수 있다.
Multa sunt cognitu digna. (Plin. *Nat.* 8, 40, 142) 많은 것은 배울 만한 가치가 있다.
Si hoc fas est dictu. (Cic. *Tusc.* 5, 38)
만일 이것이 말해지는 것이(이를 말하는 것이) 허락된다면.

 Exercitatio  (해답은 부록 122쪽 참조)

1. 다음 동명사의 뜻을 쓰시오.
   1) certando               2) ad studendum

   3) legendo                4) servandi

2. 다음 수동태 문장을 수동태 용장활용문으로 전환하고, 우리말로 옮기시오.
   1) Oppidum debet servari.

   2) Veritas quaereri debet.

   3) Discipuli debent oboedire magistris.

3. 다음 문장을 우리말로 옮기시오.
   1) Tempus non est vestrum pugnandi.

   2) Ars amandi.

   3) Liberos suos educendi studiosus est.

4) Hostibus spes potiendi oppidi discessit. (Caes. *B. G.* 2, 7, 2)

5) Venit rogatum.

6) Aedui legatos mittunt rogatum auxilium. (Caes. *B. G.* 1, 11, 2)

7) Veni ad veniendum audiendumque.

# Verba Anomala

---

## 불규칙동사

- 유형(제1활용~제4활용, 탈형동사)에 따라 규칙적인 어미변화를 하는 동사와는 달리 불규칙 동사는 어미변화가 불규칙하다.
- 불규칙동사는 동사의 현재 어근과 과거 어근의 형태가 완전히 다르다.

| 규칙동사 | amo, amas, amavi, amatum, amare | 사랑하다 |
|---|---|---|
| 불규칙동사 | fero, fers, tuli, latum, ferre | 운반하다, 참다, 투표하다 |

동사의 현재 어근(현재, 미완료, 미래 시제): fer-

과거 어근(단순과거, 과거완료, 미래완료 시제): tul-

목적분사의 어근: lat-

- 규칙동사의 경우 직설법과 접속법의 현재 어근이 모두 같았다면, 불규칙동사의 경우 직설법 과 접속법 현재 어근의 모음이 바뀌기도 한다.

| 규칙동사 | | 불규칙동사 | |
|---|---|---|---|
| 직설법 현재 | 접속법 현재 | 직설법 현재 | 접속법 현재 |
| mon-eo | mon-eam | volo | velim |
| mon-es | mon-eas | vis | velis |
| mon-et | mon-eat | vult | velit |
| mon-emus | mon-eamus | volumus | velimus |
| mon-etis | mon-eatis | vultis | velitis |
| mon-ent | mon-eant | volunt | velint |

- sum, volo, nolo, malo 불규칙동사에는 목적분사가 없다.
- sum, volo, nolo, malo 불규칙동사의 접속법 현재의 어미변화는 -im, -is, -it, -imus, -itis, -int이다. sum 동사의 접속법 현재도 sim, sis, sit, simus, sitis, sint가 된다.
- 불규칙동사에는 다음과 같은 동사들이 있으며, 활용도가 매우 높으니 주의 깊게 학습하여야 한다.

sum, es, fui, esse 있다, 이다        possum, potes, potui, posse 할 수 있다

fero, fers, tuli, latum, ferre 운반하다, 참다, 투표하다, 공표하다

eo, is, ii(ivi), itum, ire 가다

fio, fis, factus sum, fieri 되다, 이루어지다, 일어나다

volo, vis, volui, velle 원하다        nolo, non vis, nolui, nolle 원하지 않다

malo, mavis, malui, malle 더 좋아하다, 더 원하다

edo, edis, edi, esum, edere 먹다

## I. fero 동사

fero, fers, tuli, latum, ferre 운반하다, 참다, 투표하다, 공표하다

fero 동사의 경우 세 개의 시제 어근이 다르다.
- 동사의 현재 어근(현재, 미완료, 미래 시제): fer-
- 과거 어근(단순과거, 과거완료, 미래완료 시제): tul-
- 목적분사의 어근: lat-

## 1. fero 동사의 어미변화

| 직설법 | | 능동형 | |
|---|---|---|---|
| | | sg. | pl. |
| 현재 | 1p | fer-o | fer-imus |
| | 2p | fer-s | fer-tis |
| | 3p | fer-t | fer-unt |
| 미완료 | 1p | fer-ebam | fer-ebamus |
| | 2p | fer-ebas | fer-ebatis |
| | 3p | fer-ebat | fer-ebant |
| 미래 | 1p | fer-am | fer-emus |
| | 2p | fer-es | fer-etis |
| | 3p | fer-et | fer-ent |
| 단순과거 | 1p | tul-i | tul-imus |
| | 2p | tul-isti | tul-istis |
| | 3p | tul-it | tul-erunt(-ere) |

| | | | |
|---|---|---|---|
| **과거완료** | **1p** | tul-eram | tul-eramus |
| | **2p** | tul-eras | tul-eratis |
| | **3p** | tul-erat | tul-erant |
| **미래완료** | **1p** | tul-ero | tul-erimus |
| | **2p** | tul-eris | tul-eritis |
| | **3p** | tul-erit | tul-erint |

N.B. fero 동사의 동사 활용을 모두 보려면 부록 참조.

## 2. fero의 합성동사: 접두사(전치사, 부사)＋fero

전치사, 부사＋fero, fers, tuli, latum, ferre

영어의 *confer, differ, infer, offer, prefer, refer, suffer, transfer* 동사는 모두 fero 동사의 합성어에서 유래한 것이다.

| fero의 합성동사 | 의미 |
|---|---|
| affero, affers, attuli, allatum, afferre(ad＋ferre) | 가져오다, 끼치다 |
| antefero, antefers, antetuli, antelatum, anteferre | 더 낮게 여기다, 더 중히 여기다 |
| aufero, aufers, abstuli, ablatum, auferre (a/ab＋ferre) | 가져가다, 뺏어 가다, 탈취하다 |
| circumfero, circumfers, circumtuli, circumlatum, circumferre | 가지고 돌아다니다, 유포하다 |
| confero, confers, contuli, conlatum, conferre (cum＋ferre) | 기여하다, 참조하다, 비교하다 |
| defero, defers, detuli, delatum, deferre | 가져가다, 넘겨주다, 전하다 |
| differo, differs, distuli, dilatum, differe (dis＋ferre) | 미루다, 연기하다 |
| effero, effers, extuli, elatum, efferre (ex＋ferre) | 가지고 나가다, 끌어내다, (값을) 올리다 |
| infero, infers, intuli, illatum, inferre | 가지고 들어오다, 끌어들이다 |
| offero, offers, obtuli, oblatum, offere (ob＋ferre) | 앞에 갖다 바치다, 봉헌하다, 제공하다 |
| perfero, perfers, pertuli, perlatum, perferre | 운반하다, 전달하다, 견디다 |
| praefero, praefers, praetuli, praelatum, praeferre | 앞에 놓다, 드러내다, 더 좋아하다 |
| profero, profers, protuli, prolatum, proferre | 내놓다, 나타나다, 발표하다, 인용하다 |
| refero, refers, rettuli, relatum, reffere | 가지고 돌아오다, 보고하다, 알리다 |
| suffero, suffers, -, -, suffere (sub＋ferre) | 지탱하다, 견디다, 참다 |
| transfero, transfers, transtuli, translatum, transferre | 운송하다, 이동하다, 번역하다 |

## 3. fero 동사의 용례

|직설법|

(현재) Senex grave onus fert.[84] 노인이 무거운 짐을 운반한다.

(미완료) Puer dolorem ferebat. 소년은 고통을 참고 있었다.

(단순과거) Multa tulit et fecit. (그는) 많은 일을 겪었고 해냈다.

|명령법|

Quae mutare non potestis, aequo animo ferte!

여러분이 바꿀 수 없는 것들은, 불평 없이 참아라!

N.B. 선행사 ea(n. pl.) 지시대명사가 생략된 문장이다. "(Ea) quae mutare non potestis, aequo animo ferte." 관계대명사 quae는 ea가 중성 복수이므로 quod의 중성 복수를 사용한 것이다. "aequo animo fero 불평 없이 참다"라는 관용어.

## 4. fero 합성동사의 용례

|직설법|

(현재) Quis pacem bello non praefert? 누가 전쟁보다 평화를 더 좋아하지 않겠는가?

N.B. "pecuniam praeferre amicitiae, 돈을 친구보다 더 좋아한다." 이 관용어에서 알 수 있듯이 praefero 동사는 "A(acc.) praefero B(abl.), A를 B보다 더 좋아한다."라는 선호를 나타내는 표현이 된다.

(현재) Tu iram semper effers, id ego moleste fero.

당신은 늘 화를 내고, 나는 그것을 마지못해 참는다.

(과거) Pater discessum distuli. 아버지는 출발을 연기했다.

(미래) Non sum mentitus. Itaque testes certos proferam.

나는 거짓말하지 않았다. 따라서 확실한 증인들을 내놓을 것이다.

---

discessus, -us, m. 출발, 떠남, 분리, 귀양

moleste, adv. 귀찮게, 성가시게, 못마땅히; moleste ferre 마지못해 참다

mentior, dep. 거짓말하다, 속이다

---

84) onus가 중성명사이므로 형용사도 중성 대격(grave)을 사용한다.

## II. eo 동사

 eo, is, ii(ivi), itum, ire 가다

"eo, 가다" 동사는 원래 "ei-" 어근에서 유래한다.

• 현재 어근: 모음 앞에서는 e-, 자음 앞에서는 i-(e-o 나는 간다, i-s 너는 간다).

• 과거 어근: iv- 또는 더 축소된 i- 형태를 사용함(iv-i 나는 갔다 → ii)

• 목적분사 어근: i-, 목적분사 itum과 현재분사 주격 iens에서 축약.

미래 시제 접미사는 제1·2 활용 동사와 마찬가지로 -bo/-bi를 사용함(ibo, ibis, etc.)

### 1. eo 동사의 어미변화

| 직설법 | | 능동형 | |
|---|---|---|---|
| | | sg. | pl. |
| 현재 | 1p | e-o | i-mus |
| | 2p | i-s | i-tis |
| | 3p | i-t | e-unt |
| 미완료 | 1p | i-bam | i-bamus |
| | 2p | i-bas | i-batis |
| | 3p | i-bat | i-bant |
| 미래 | 1p | i-bo | i-bimus |
| | 2p | i-bis | i-bitis |
| | 3p | i-bit | i-bunt |
| 단순과거 | 1p | i-i(i-vi) | i-imus(ivimus) |
| | 2p | i-sti(i-visti) | i-stis(ivistis) |
| | 3p | i-it(i-vit) | i-erunt(iverunt) |
| 과거완료 | 1p | i-eram(iveram) | i-eramus |
| | 2p | i-eras(iveras) | i-eratis |
| | 3p | i-erat(iverat) | i-erant |
| 미래완료 | 1p | i-ero(ivero) | i-erimus |
| | 2p | i-eris(iveris) | i-eritis |
| | 3p | i-erit(iverit) | i-erint |

N.B. eo 동사의 동사 활용을 모두 보려면 부록 참조.

## 2. eo 동사의 용법

• eo 동사는 자동사이지만, 타동사처럼 대격을 요구하기도 한다.

ire longam viam 먼 길을 가다                suppetias ire 도우러 가다

---

suppetiae, —arum, f. pl. (주격과 대격으로만 사용) 도움, 증원, 원군, 원조; E.g. Milites suppetias mittere 증원군을 보내다

---

• eo 동사는 자동사, 비인칭으로 사용될 때만 수동태가 허락된다.

itur 간다(수동태 직설 단수 3인칭)                eatur 가야 한다(수동태 접속 단수 3인칭)

ibatur 가고 있었다(수동태 직설 미완료 단수 3인칭)

itum est 갔다(수동태 직설 단순과거 단수 3인칭)

eundum est 가야 한다(수동형 당위분사 비인칭 문장)

• 수동태 비인칭 부정법 현재 iri는 제1~4 활용 동사의 수동태 부정법 미래를 표현하는 데 사용한다.

amatum iri, monitum iri, lectum iri, auditum iri.

## 3. eo 동사의 관용어

pedibus ire 걸어서 가다                ire viro 남편에게 가다

ire ad iudicem 심판관(재판관)에게 가다, 법정에 출두하다

it rumor per oppida 소문이 도시(들)에 퍼지다

it fama per urbes 소문이 도시에 퍼지다

gratior it dies 하루가 좀 더 기분 좋게 지나가다, 하루를 더 즐겁게 보내다

ire in lacrimas 눈물을 흘리다

Incipit res melius ire.[85] 일(들)이 더 잘되기 시작한다.

I in malam rem(=crucem). 지옥에나 가라.

---

gratior는 gratus의 비교급                gratus, —a, —um, adj. 기분 좋은, 즐겁게

incipio 시작되다

---

85) res는 복수 대격, ire는 eo 동사의 현재 부정사.

## 4. eo 동사의 합성동사

영어의 *adit, exit, initial, obit, perish, preterit, subitize, transit* 등의 어휘는 모두 eo 동사의 합성어에서 유래한 것이다.

| eo의 합성동사 | 의미 |
|---|---|
| **abeo**, **is**, abii, abitum, abire (ab+eo) | 가 버리다, 없어지다 (a+abl.) |
| **adeo**, is, adii, aditum, adire (ad+eo) | ~로 가다, 찾아가다 (ad, in+acc., acc.) |
| **anteeo**, is, anteii, anteitum, anteire | 앞서가다, 미리 하다 |
| **circumeo**, is, circumii, circumitum, circumire | 두루 다니다, 포위하다 |
| **coeo**, is, coii, coitum, coire | 함께 가다, 결합하다, 결혼하다 |
| **exeo**, is, exii, exitum, exire | 나가다 (ex+abl.) |
| **ineo**, is, inii, initum, inire | 들어가다, 시작하다 (in+acc., acc.) |
| **intereo**, is, interii, interitum, interire | 없어지다, 죽다, 망하다 |
| **obeo**, is, obii, obitum, obire | 향해서 가다, 맞닥뜨리다, 완수하다, (사람에 대해서만) 죽다 |
| **pereo**, is, perii, (periturus), perire | 죽다, 없어지다, 멸망하다 (abl.) |
| **praeeo**, is, praeii, praeitum, praeire | 먼저 가다, 앞서가다 |
| **praetereo**, is, praeterii, praeteritum, praeterire | 지나가다, 묵과하다 |
| **prodeo**, is, prodii, proditum, prodire | 나가다, 나오다, 나서다 |
| **redeo**, is, redii, reditum, redire | 돌아가다, 돌아오다 (ab, ex+abl.) |
| **subeo**, is, subii, subitum, subire | 아래로 들어가다, 감당하다, 생각이 떠오르다 (acc.) |
| **transeo**, is, transii, transitum, transire | 통과하다, 넘어가다, 지나가다 |
| **veneo**, is, venii, -, venire | 팔리다, 공매되다 (gen.) |

## 5. eo 동사의 합성동사 queo와 nequeo

queo, quis, (quivi), quire 할 수 있다
nequeo, nequis, nequivi, nequire 할 수 없다

- queo와 nequeo 동사는 모두 eo 동사의 합성동사이나, 이들 동사의 형성과 기원에 대해서는 정확히 아는 바가 없다. possum 동사가 "할 능력이 있다"라는 적극적 의미라면 queo 동사는 어쩔 수 없이 "발생할 수도 있다"는 소극적 의미로 본다. queo와 nequeo의 용법은 possum, non possum과 같으며, 우리말로 옮길 때도 "~할 수 있다", "~할 수 없다"로 옮긴다.
- queo와 nequeo는 시제와 인칭이 다 있지 않은 결여동사이며 명령, 목적분사, 미래분사, 동명사, 동형사가 없다.

•queo와 nequeo 동사는 주로 queo, queunt; nequit, nequeunt; queam, nequirem이 사용된다.

## 1) queo 동사의 어미변화

| 직설법 | | sg. | pl. |
|---|---|---|---|
| 현재 | 1p | queo | (quimus) |
| | 2p | (quis) | (quitis) |
| | 3p | quit | queunt |
| 미완료 | 1p | (quibam) | - |
| | 2p | - | - |
| | 3p | (quibat) | - |
| 미래 | 1p | quibo | - |
| | 2p | - | - |
| | 3p | - | quibunt |
| 단순과거 | 1p | quii, quivi | - |
| | 2p | - | - |
| | 3p | quiit, quivit | quiverunt(quiere) |
| 과거완료 | 1p | - | - |
| | 2p | - | - |
| | 3p | - | - |
| 미래완료 | 1p | quivero | - |
| | 2p | - | - |
| | 3p | | |

## 2) nequeo 동사의 어미변화

| 직설법 | | sg. | pl. |
|---|---|---|---|
| 현재 | 1p | nequeo(non queo) | (nequimus) |
| | 2p | (nequis) | nequitis |
| | 3p | nequit | nequeunt |
| 미완료 | 1p | (nequibam) | - |
| | 2p | - | - |
| | 3p | nequibat | nequibant |
| 미래 | 1p | - | - |
| | 2p | - | - |
| | 3p | (nequibit) | (nequibunt) |
| 단순과거 | 1p | nequii, nequivi | - |
| | 2p | nequisti, nequivisti | - |
| | 3p | nequiit, nequivit | nequiverunt(nequiere) |

| | | | |
|---|---|---|---|
| **과거완료** | **1p** | - | - |
| | **2p** | - | - |
| | **3p** | nequiverat | nequiverant |
| **미래완료** | **1p** | - | - |
| | **2p** | nequiveris | - |
| | **3p** | - | nequiverint |

### 3) queo, nequeo 동사의 용례

Nihil iam queo dicere. 앞으로 나는 아무것도 말할 수 없다. (직설법 현재 단수 1인칭)

Nummum nusquam reperire queo. 나는 한 푼도 찾을 수 없다.

Haec nequeunt taceri.[86] 이것들은 묵과할 수 없다. (직설법 현재 복수 3인칭)

Lacrimas retinere nequivi. 나는 눈물을 참을 수 없었다. (직설법 단순과거 단수 1인칭)

---

nihil(non, etc.) iam 앞으로는(이제부터는) ~아니

nummus, −i, m. 로마의 동화, 푼돈(로마의 화폐는 금화, 은화, 동화로 통용되었는데, 이 가운데 동화가 가장 가치가 떨어지는 돈이었기에 "푼돈"이라는 말이 유래함)

nusquam, adv. 아무것도 아니          reperio 찾다

lacrima, −ae, f. 눈물

retineo 붙잡다, 가두다, 못하게 막다; retineo lacrimas 눈물을 참다

---

## III. fio 동사

fio, fis, factus sum, fieri 이루어지다, 되다; 발생하다, 일어나다

## 1. fio 동사의 의미

반탈형동사 형태인 fio 동사는 두 가지 의미가 있다.

• 되다, 이루어지다

이 의미는 facio 동사의 수동형으로 자동사의 의미이다.

• 발생하다, 일어나다

(1) 이 의미는 비인칭 용법으로 특히 3인칭 단수로만 사용된다.

---

86) Haec은 "hic, haec, hoc 이, 이것" 지시대명사의 중성 복수.

fit ut... (~하는 것이 일어나다), factum est ut... (~하는 일이 일어났다).
(2) 인칭적 용법으로 사용될 때는 오직 3인칭 복수로만 표현된다.
multa fiunt. 많은 일들이 발생한다.

## 2. fio 동사의 시제 어근

- 현재 어근(현재, 미완료, 미래 시제): fi-
- 과거 어근(단순과거, 과거완료, 미래완료 시제): facio 동사의 과거분사 factus+sum 형태 차용
- 동형사: faciendus, -a, -um

## 3. "되다"라는 자동사의 의미일 경우 "sum" 동사에서 차용

- 미래분사: futurus, -a, -um
- 부정법 미래: futurum, -am, -um esse

## 4. fio 동사의 어미변화

| 직설법 | | sg. | pl. |
|---|---|---|---|
| 현재 | 1p | fi-o | fi-mus |
| | 2p | fi-s | fi-tis |
| | 3p | fi-t | fi-unt |
| 미완료 | 1p | fi-ebam | fi-ebamus |
| | 2p | fi-ebas | fi-ebatis |
| | 3p | fi-ebat | fi-ebant |
| 미래 | 1p | fi-am | fi-emus |
| | 2p | fi-es | fi-etis |
| | 3p | fi-et | fi-ent |
| 단순과거 | 1p | factus, -a, -um sum | facti, -ae, -a sumus |
| | 2p | factus, -a, -um es | facti, -ae, -a estis |
| | 3p | factus, -a, -um est | facti, -ae, -a sunt |
| 과거완료 | 1p | factus, -a, -um eram | facti, -ae, -a eramus |
| | 2p | factus, -a, -um eras | facti, -ae, -a eratis |
| | 3p | factus, -a, -um erat | facti, -ae, -a erant |

## 1. volo, nolo, malo 동사의 어미변화

| 직설법 | | 능동형 | | | | | |
|---|---|---|---|---|---|---|---|
| | | volo | | nolo | | malo | |
| | | sg. | pl. | sg. | pl. | sg. | pl. |
| 현재 | 1p | volo | volumus | nolo | nolumus | malo | malumus |
| | 2p | vis | vultis | non vis | non vultis | mavis | mavultis |
| | 3p | vult | volunt | non vult | nolunt | mavult | malunt |
| 미완료 | 1p | volebam | volebamus | nolebam | nolebamus | malebam | malebamus |
| | 2p | volebas | volebatis | nolebas | nolebatis | malebas | malebatis |
| | 3p | volebat | volebant | nolebat | nolebant | malebat | malebant |
| 미래 | 1p | volam | volemus | nolam | nolemus | malam | malemus |
| | 2p | voles | voletis | noles | noletis | males | maletis |
| | 3p | volet | volent | nolet | nolent | malet | malent |
| 단순과거 | 1p | volui | voluimus | nolui | noluimus | malui | maluimus |
| | 2p | voluisti | voluistis | noluisti | noluistis | maluisti | maluistis |
| | 3p | voluit | voluerunt | noluit | noluerunt | maluit | maluerunt |
| 과거완료 | 1p | volueram | volueramu | nolueram | nolueramus | malueram | malueramus |
| | 2p | volueras | volueratis | nolueras | nolueratis | malueras | malueratis |
| | 3p | voluerat | voluerant | noluerat | noluerant | maluerat | maluerant |
| 미래완료 | 1p | voluero | voluerimus | noluerao | noluerimus | maluerao | maluerimus |
| | 2p | volueris | volueritis | nolueris | nolueritis | malueris | malueritis |
| | 3p | voluerit | voluerint | noluerit | noluerint | maluerit | maluerint |

## 2. volo, nolo, malo 동사의 용법

1) volo, nolo, malo 동사는 보조동사로서 다른 동사의 현재 부정법과 함께 쓰며, 이를 대격 부정사문이라 부른다. 이에 대해서는 "Lectio II. 부정법" 편에서 이미 살펴보았다.

Volo redire. 나는 돌아가고 싶다.

Volo tecum ludere. 나는 너하고 놀고 싶다.

Si vis amari, ama! 네가 사랑받고 싶다면 사랑하라! (Sen.)

Si vis pacem, para bellum! 평화를 원한다면, 전쟁을 준비하라!

Te videre vult. 그는 너를 보고 싶어 한다.

Nolo te obiurgare. 나는 너를 나무라고 싶지 않다.

Ire nolunt. 그들은 가고 싶어 하지 않는다.

Malo mori quam peccare. 나는 죄짓기보다는 차라리 죽기를 더 원한다.

Malo emere quam rogare. 애걸하느니 차라리 (물건을) 사고 말겠다.

| | |
|---|---|
| obiurgo 책망하다, 나무라다 | morior 죽다 |
| pecco 죄짓다, 범죄하다 | emo (물건을) 사다 |
| rogo 묻다, 청하다, 애걸하다, 빌다 | paro 준비하다 |

2) volo 동사는 접속사 ut, ne를 쓴 접속법 종속절을 요구하기도 한다.[91]

Volo, ut studeas. 나는 네가 공부하기를 원한다.

Volo ut respondeas. 나는 네가 대답하기를 바란다.

Volo (ut) me vestri misereat.[92] 나는 너희를 불쌍히 여기려고 한다.

3) nolo 동사의 명령법과 다른 동사의 부정법 현재를 쓰면 "~하지 마라"라는 금지 명령문이 된다.

Noli hoc dicere. (너는) 이것을 말하지 마라.

Nolite timere. (너희는) 두려워하지 마라(루카 12, 7).

Nolite existimare. (너희는) 판단하지 마라.

| |
|---|
| existimo 판단하다 |

4) malo(magis volo) 동사의 유래 자체가 비교급의 뜻을 갖고 있다.

•"부정법+quam+부정법" 형식으로 비교문을 구성한다. "A quam B"는 "B보다 A"라는 의미이다.

Malo me vinci quam vincere.[93] 나는 이기기보다 차라리 지는 것을 택한다.

Malo mori quam dedecus pati. 수치를 당하느니 차라리 나는 죽겠다.

| |
|---|
| dedecus, dedecoris, n. 망신, 수치 |

---

91) ut 이하 접속법 종속절은 접속법 동사(studeas, respondeas, misereat)를 사용한 것이다.

92) miserat는 감정 표현 비인칭동사이다. 이에 대해서는 "VIII. 비인칭동사" 참조.

93) vincere는 능동태 부정법. vinci는 수동태 부정법. 수동태의 의미는 "지다, 패배하다."

## V. edo 동사

edo, edis, edi, esum, edere 먹다

edo 동사는 규칙적 활용을 하는 제3활용 동사이다. 그러나 직설법 현재, 접속법 미완료, 명령법, 부정법 현재의 형태가 sum 동사와 같으므로 혼동하지 않도록 주의하자.

|  | **sg.** | **pl.** |
|---|---|---|
| **직설법 현재** | 2인칭 edis 또는 es<br>3인칭 edit 또는 est | 2인칭 editis 또는 estis |
| **접속법 미완료** | 1인칭 ederem 또는 essem<br>2인칭 ederes 또는 esses<br>3인칭 ederet 또는 esset | 1인칭 ederemus 또는 essemus<br>2인칭 ederetis 또는 essetis<br>3인칭 ederent 또는 essent |
| **명령법 현재** | 2인칭 ede 또는 es | 2인칭 edite 또는 este |
| **명령법 미래** | 2인칭 edito 또는 esto<br>3인칭 edito 또는 esto | 2인칭 editote 또는 estote |
| **부정법 현재** | edere 또는 esse | |

•edo 동사의 수동태는 제3활용 동사의 수동태 어미변화와 일치한다. edo 동사는 능동태와 마찬가지로 수동태의 일부 동사도 sum 동사와 일치한다.
직설법 현재 단수 3인칭 editur 또는 estur
접속법 미완료 단수 3인칭 ederetur 또는 essetur
N.B. "edo, edis(es), edi, esum, edere(esse) 먹다, 소비하다, 좀먹어 들어가다"를 "edo, edis, edidi, editum, edere 낳다, 출판하다" 동사와 혼동하지 말 것.

•edo 동사의 합성동사

| edo의 합성동사 | 의미 |
|---|---|
| com-edo, is, comedi, comesum (comestum), comedere<br>Ubi **comedisti**? 어디서 식사했습니까? | 먹다, 먹어 치우다, 소비하다 |
| ex-edo, is, exedi, exesum, exedere | 먹다, 소모하다 |

## 1. edo 동사의 어미변화

| 직설법 | | sg. | pl. |
|---|---|---|---|
| 현재 | 1p | ed-o | ed-imus |
| | 2p | ed-is(es) | ed-itis(estis) |
| | 3p | ed-it(est) | ed-unt |
| 미완료 | 1p | ed-ebam | ed-ebamus |
| | 2p | ed-ebas | ed-ebatis |
| | 3p | ed-ebat | ed-ebant |
| 미래 | 1p | ed-am | ed-emus |
| | 2p | ed-es | ed-etis |
| | 3p | ed-et | ed-ent |
| 단순과거 | 1p | ed-i | ed-imus |
| | 2p | ed-isti | ed-istis |
| | 3p | ed-it | ed-erunt (-ere) |
| 과거완료 | 1p | ed-eram | ed-eramus |
| | 2p | ed-eras | ed-eratis |
| | 3p | ed-erat | ed-erant |
| 미래완료 | 1p | ed-ero | ed-erimus |
| | 2p | ed-eris | ed-eritis |
| | 3p | ed-erit | ed-erint |

## 2. edo 동사의 용례

Aliquid est(edit) animum. 무언가 영혼을 좀먹고 있다.

Mater tua mala est(edit). 너의 어머니가 사과를 먹는다.

Aegritudo est(edit) animum. 근심(병)이 영혼을 좀먹는다.

Volo esse(edere) ut vivam, non vivere ut edam.

나는 먹기 위해 사는 것이 아니라, 살기 위해 먹고 싶다.

---

aegritudo, -dinis, f. 병, 질환, 근심, 걱정    animus, -i, m. 정신, 영혼, 마음

---

 Exercitatio    (해답은 부록 122쪽 참조)

1. 다음 문장을 우리말로 옮기시오.

1) Quod fortuna fert, fer!

2) Sine dolore est vulnus quod ferendum est cum victoria.

3) Puer dolorem ferre non potuit.

4) Homo pecuniam praefert amicitiae.

5) Virtutem praefer divitiis!

6) Quo is?

7) Cras in Sardiniam ire debeo trans mare.

8) Horae cedunt et dies et menses et anni, nec tempus quod praeterit unquam redit.

9) Contemnuntur ii qui nec sibi nec aliter consulere queunt.

10) Sepulchrum locus sanctus fit Romanis.

11) Dolore et lacrimis conficior: nihil iam queo dicere.

12) Numquam res publica labefiet vigilia civium.

13) Hi homines pecuniam non habent, sed laborare nolunt.

14) Pacem dixit se velle, sed bellum maluit.

15) Nolite iudicare, et non iudicabimini; et nolite condemnare et non condemnabimini. Dimittite et dimittemini. (불가타본 성경, 루카 6, 37)

16) Id optimum putamus, quod erit rectissimum: speremus quae volumus, sed quod accesserit feramus.

17) Quid igitur vis? Esse (volo).

18) Est dulce esse et bibere.

19) Animus eius cupiditatibus comeditur.

| | |
|---|---|
| vulnus, vulneris, n. 상처, 고통 | aequo animo fero 기꺼이 받아들이다 |
| praefero 더 좋아하다(acc.+praeferre+dat.); pecuniam praeferre amicitiae 우정보다 돈을 더 좋아하다 | |
| Sardinia, −ae, f. 사르데냐 섬 | cedo 지나가 버리다 |
| praetereo 지나가다, 통과하다 | contemno 멸시하다 |
| consulo 돌보다, 보살피다 | sepulchrum, −i, n. 무덤, 묘지 |
| lacrima, −ae, f. 눈물 | conficio 지치게 하다 |
| labefio 흔들리다 | vigilia, −ae, f. 깨어 있음, 보초 |
| accedo 일어나다, 생기다 | comedo 먹다, 소비하다 |

# Verba Defectiva

## 결여동사

라틴어의 결여동사란 시제와 인칭에 따른 어미변화를 다 갖추지 못한 동사를 말한다. 이를 문법서에 따라 불비동사, 불구동사라고 부르기도 한다.

예외적인 동사들이므로 하나하나의 용례와 문법을 암기하는 수밖에 없지만, 라틴어의 결여동사는 불규칙동사와 마찬가지로 사용 빈도가 매우 높으므로 주의 깊게 학습하길 바란다.

결여동사는 크게 세 부류로 구분된다.

1) 현재 시제가 결여된 동사, 즉 과거 시제로만 사용하는 동사
  coepi, coepisse ~하기 시작하였다          memini, meminisse 기억하고 있다, 회상하다
  novi, novisse (과거에 얻은 지식으로) 알고 있다, 잘 알다
  odi, odisse 미워하다, 싫어하다

2) 다수의 시제와 인칭이 결여된 동사
  aio 말하다                    inquam 말하다
  fari 입에 올리다, 말하다

3) 특정 의미로 제한된 동사
  quaeso, quaesumus 제발, 청컨대, 부탁하건대   ave 안녕하세요
  salve 안녕하세요


I. 현재 시제가 결여된 동사

## 1. coepi 동사

  coepi, coepisti, coeptum, coepisse 시작하였다

- coepio 동사의 단순과거 "coepi 시작하였다"는 "cum+apio"의 합성어이다.
- coepio 동사의 현재 시제는 사용되지 않지만 동사 기본형은 다음과 같다.
  coepio, is, coepi, coeptum, ere 시작하다
- coepi 동사의 부족한 현재 시제와 인칭은 "incipio, incipis, incepi, inceptum, incipere 시작하다" 동사로 대체한다.
- 수동태는 과거분사 coeptus, -a, -um에 sum 동사를 시제와 인칭에 따라 규칙적으로 붙이면 된다.

### 1) coepi 동사의 어미변화

| 직설법 | | sg. | pl. |
|---|---|---|---|
| 단순과거 | 1p | coep-i | coep-imus |
| | 2p | coep-isti | coep-istis |
| | 3p | coep-it | coep-erunt |
| 과거완료 | 1p | coep-eram | coep-eramus |
| | 2p | coep-eras | coep-eratis |
| | 3p | coep-erat | coep-erant |
| 미래완료 | 1p | coep-ero | coep-erimus |
| | 2p | coep-eris | coep-eritis |
| | 3p | coep-erit | coep-erint |

N.B. coepi 동사의 동사 활용을 모두 보려면 부록 참조.

### 2) coepi 동사의 용법

- 자동사 역할

Ubi silentium coepit, Iugurtha verba facit. (Sall.)
정숙이 시작하였을 때(조용해졌을 때), 유구르타는 말을 한다.

- 가능과 수동의 의미를 담은 타동사 역할

Romanos coepturos bellum. (Liv.)
전쟁을 시작하려는(가능, 미래분사) 로마인들.
N.B. "Lectio IV. 분사와 독립분사구문"을 참조하라.

Fuga a Samnitibus coepta (est). (Liv.)
삼니움족들로부터 도망이 시작되었다.
N.B. Samnites, -ium, m. pl. 삼니움족. 오늘날 이탈리아 캄파니아(Campania) 지역에 거주하던

부족이다. 초기 로마제국이 라틴동맹을 확장해 가는 과정에서 특별히 삼니움 부족과 많은 갈등과
전쟁이 있었기에 로마사에 자주 등장한다.

> ubi, adv. 어디에; conj. ~하는 때에          silentium, −ii, n. 조용함
> fuga, −ae, f. 도망

• coepi 동사는 조동사로서 다른 동사의 현재 부정법과 함께 쓴다.
Antecellere omnibus ingenii gloria coepit. (Cic.)
재능의 명성으로 모든 사람들에게 두각을 나타내기 시작하였다.

• coepi 동사가 수동태 동사와 문장을 구성할 때, coepi 동사도 수동태를 사용한다.
Capua a consulibus obsideri coepta est. (Liv.)
카푸아는 집정관들에게 포위되기 시작하였다.

> antecello 두각을 나타내다; antecello ~+[사람] 여격, ~+[사물] 탈격
> ingenium, −ii, n. 재능
> obsideo, es, sedi, sessum, ere, intr. (우두커니) 앉아 있다; tr. 포위하다, 꼼짝 못하게 하다
> obsideri는 obsideo 동사의 수동태 부정사 현재

|예외| coepi 동사가 수동태 동사와 문장을 구성하더라도, 다음의 동사들인 경우 coepi 동
사는 능동태를 사용한다.

haberi, putari, duci, aestimari 생각되다, 사료되다

videri 보이다                          moveri 움직이다

fieri 되다                            lavari 목욕하다

augeri 증가되다

Diligens fieri coepit. 그는 부지런해지기 시작하였다.
Coepit moveri. 움직이기 시작하였다.

## 2. memini, odi, novi 동사

memini, meministi, meminisse (+gen.) 기억하다
odi, odisse 미워하다

• memini, odi 동사의 현재완료는 현재 시제로 옮긴다. 그러나 원뜻은 과거 시제였다.

memini: 기억에 다시 불러왔다, 상기하였다 → 기억하다
odi: 증오(미움)를 품었다 → 미워하다

• memini, odi 동사의 과거완료 시제는 미완료 시제로, 미래완료 시제는 미래로 옮긴다.
memineram 기억하고 있었다      meminero 기억할 것이다
oderam 미워하고 있었다      odero 미워할 것이다

• memini, odi 동사의 부족한 시제와 인칭은 다음의 동사들로 보충한다.
memini는 recordor, aris, recordatus sum, recordari (탈형동사) 기억하다, 회상하다
odi는 detestor, aris, detestatus sum, detestari (탈형동사) 증오하다, 미워하다

• odi 동사를 보충하는 관용어적 표현
odium habeo in aliquem ~를 미워하다
=odio habeo aliquem
=odio persequi aliquem

novi, novisse 알고 있다
• novi 동사는 원래 nosco 동사(nosco, is, novi, notum, noscere 알다)의 단순과거이지만 자주 따로 분리해서 다룬다. 따라서 novi 동사는 엄밀히 말해 결여동사는 아니지만, 과거 시제만을 가지므로 논리적으로 memini, odi 동사와 유사하다고 볼 수 있다.

• 각 결여동사를 보충하기 위한 동사들이 고전 시대 이후 파생되었다.
coepi → incipio      memini → recordor
odi → detestor      novi → cognosco

## 1) memini, odi 동사의 어미변화

| 직설법 | | memini | |
| --- | --- | --- | --- |
| | | sg. | pl. |
| 단순과거 | 1p | memin-i | memin-imus |
| | 2p | memin-isti | memin-istis |
| | 3p | memin-it | memin-erunt(-ere) |
| 과거완료 | 1p | memin-eram | memin-eramus |
| | 2p | memin-eras | memin-eratis |
| | 3p | memin-erat | memin-erant |

| 미래완료 | 1p | memin-ero | memin-erimus |
|---|---|---|---|
| | 2p | memin-eris | memin-eritis |
| | 3p | memin-erit | memin-erint |

| 접속법 | | memini | |
|---|---|---|---|
| | | sg. | pl. |
| 단순과거 | 1p | memin-erim | memin-erimus |
| | 2p | memin-eris | memin-eritis |
| | 3p | memin-erit | memin-erint |
| 과거완료 | 1p | memin-issem | memin-issemus |
| | 2p | memin-isses | memin-issetis |
| | 3p | memin-isset | memin-issent |

| 명령법 | | memini | |
|---|---|---|---|
| | | sg. | pl. |
| 현재 | 2p | | |
| 미래 | 2p | memento | mementote |
| | 3p | | |

| 부정법 | memini |
|---|---|
| 현재 | |
| 과거 | memin-isse |
| 미래 | |

| 직설법 | | odi | |
|---|---|---|---|
| | | sg. | pl. |
| 단순과거 | 1p | odi | odimus |
| | 2p | odisti | odistis |
| | 3p | odit | oderunt (-ere) |
| 과거완료 | 1p | oderam | oderamus |
| | 2p | oderas | oderatis |
| | 3p | oderat | oderant |
| 미래완료 | 1p | odero | oderimus |
| | 2p | oderis | oderitis |
| | 3p | oderit | oderint |

| 접속법 | | odi | |
|---|---|---|---|
| | | sg. | pl. |
| 단순과거 | 1p | oderim | oderimus |
| | 2p | oderis | oderitis |
| | 3p | oderit | oderint |
| 과거완료 | 1p | odissem | odissemus |

| | | odi | | | |
|---|---|---|---|---|---|
| **2p** | odisses | | odissetis | | |
| **3p** | odisset | | odissent | | |

| 명령법 | 부정법 | 분사 | 동명사 | 수동형 당위분사 | 목적분사 |
|---|---|---|---|---|---|
| - | 과거: **od**-isse | 과거: osus, -a, -um<br>미래: osurus, -a, -um | - | - | - |

### 2) memini, odi, novi 동사의 다양한 용례

|직설법|

Memini, memini, neque unquam obliviscar noctis illius.[94]

기억하지, 기억하다마다, 나는 그 밤을 결코 잊지 못할 거야! (단순과거 단수 1인칭)

Meminit puella nullius rei.[95]

소녀는 아무 일도 기억하지 못한다. (단순과거 단수 3인칭)

Uno animo omnes socrus oderunt nurus.[96]

모든 시어머니들은 같은 마음으로(한결같이) 며느리들을 미워한다. (단순과거 복수 3인칭)

Hunc hominem odi et odero. 나는 이 사람을 미워하고 또 미워할 것이다.

N.B. odi는 직설법 단순과거 단수 1인칭, odero는 직설법 미래완료 단수 1인칭. 이 문장은 현재도 미워하고 있고 앞으로도 두고두고 미워할 것이라는 의미이다.

|명령법 단순과거|

I, et memento omnia referre![97]

가라, 그리고 모든 사실을 전하는 것을 잊지 마라! (명령법 미래 단수 2인칭)

|부정법 현재|

Scelus est odisse parentes. 부모를 미워하는 것은 죄악이다.

---

unquam(um-), adv. (부정사 ne 뒤) 한 번도 ~않다

obliviscor 잊어버리다　　　　　　　　　　unus, -a, -um, adj. 하나, 한, 같은

socrus, -us, f. 시어머니　　　　　　　　　nurus, -us, f. 며느리

refero, 전하다　　　　　　　　　　　　　scelus, sceleris, n. 죄악

---

94) obliviscor +gen.(인물, 사물), +acc.(사물인 경우 가능). illius는 ille, -a, -ud의 속격.

95) memini 동사가 속격을 요구하기 때문에 nullius rei를 씀.

96) socrus와 nurus는 제4변화 명사(제4변화 명사 어미변화표 참조).

97) i는 eo 동사의 명령법 현재 단수 2인칭.

## II. 다수의 시제와 인칭이 결여된 동사
### (aio 말하다, inquam 말하다, fari 입에 올리다, 말하다)

### 1. aio 동사

aio 동사는 "nego '아니'라고 말하다, 부인하다"라는 동사의 반의어이다. 따라서 aio 동사는 "'예'라고 말하다, 긍정하다"라는 의미이다.

Diogenes ait, Antipater negat.
디오게네스는 긍정하는데, 안티파테르는 부인한다.
Modo ait, modo negat. 그는 금방 시인했다가, 금방 부인한다.

• 삽입 어구로 사용: "ut ait 말한 바와 같이, ~라는 말이 있듯이"
Haec omnia mundus quoque, ut ait Plato, habet. (Sen.)
플라톤이 말한 바와 같이, 이 모든 일은 세상에도 또한 있다.

• 간접화법으로 사용된다.
Universos pares esse aiebat.[98] 그는 만인이 평등하다고 말하곤 하였다.

| | |
|---|---|
| modo, adv. (시간부사) 금방 | quoque, adv. (역설하는 말 뒤에) ~도 또한 |
| universus, -a, -um, adj. 모든 | par, paris, adj. 동등한 |

• 구어에서는 일반적으로 "aisne(ais+의문사 ne)?"를 축약한 "ain? 그게 정말이야?"라는 표현을 쓰며 그에 대해서는 "aio. 그래."라고 대답한다.

• aio 동사의 어미변화

| | | 직설법 | | | 접속법 | 분사 |
|---|---|---|---|---|---|---|
| | | 현재 | 미완료 | 단순과거 | 현재 | 현재 |
| sg. | 1p | aio | aiebam | | | aiens, aientis |
| | 2p | ais | aiebas | | | |
| | 3p | ait | aiebat | ait | aiat | |
| pl. | 1p | | aiebamus | | | |
| | 2p | | aiebatis | | | |
| | 3p | aiunt | aiebant | | | |

---

98) 부정법 현재 문장. aiebat 대격(universos)+부정법 현재(esse). pares는 universos에 일치.

## 2. inquam 동사

• "inquam 말하다" 동사는 직접화법에 사용되며, 첫마디 다음에 넣는 삽입구이다.

Est igitur – inquit Africanus – res publica res populi. (Cic.)

아프리카누스 장군은 "한마디로 공화국(국가)은 백성의 것"이라고 말했다.

Nihil – inquit – prosunt divitiae. 그는 "재산은 아무 소용이 없다."고 말했다.

• 직접화법의 삽입구인 inquit는 비인칭 용법으로 가상의 대화 상대를 가리키기 위해 빈번히 사용되었다.

Laedere gaudes, inquit. (Hor. *Sat.* 1, 4, 78)

"너는 마음 아프게 하는 것을 좋아한다."고 말했다.

---

prosum (여격 요구) 쓸모가 있다          divitiae, -arum, f. pl. 재산

laedo 가슴 아프게 하다

---

• inquam 동사의 어미변화

| | | 직설법 | | | | 접속법 |
|---|---|---|---|---|---|---|
| | | 현재 | 미완료 | 미래 | 단순과거 | 현재 |
| sg. | 1p | inquam | | | inquii | |
| | 2p | inquis | | inquies | inquisti | |
| | 3p | **inquit** | inquiebat | inquiet | **inquit** | inquiat |
| pl. | 1p | inquimus | | | | |
| | 2p | inquitis | | | | |
| | 3p | inquiunt | | | | |

## 3. fari 동사

• fari 동사는 종교의식과 시어(詩語)에서 주로 사용한 동사이며, 그 의미는 "장엄하게 말하다" 라는 뜻으로 고대 탈형동사이다.

• 직설법 현재 1인칭은 명시되지 않았지만, 탈형동사의 기본형을 유추하면 다음과 같다.

for, faris, fatus sum, fari

• fari 동사는 앞에서 말한 바와 같이 아주 드물게 시어에서만 발견되며, affari, effari, praefari, profari 등의 합성동사가 더 널리 사용되었다.

| affari | ad(~ 향하여) + fari | 친절히 말을 걸다, ~을 향하여 말하다 |
|---|---|---|
| effari | ex(밖으로/완벽히) + fari | 발음하다, 격식을 갖추어 말하다, 이야기하다 |
| praefari | prae(미리, 앞서) + fari | 미리 말하다, 서두에서 말하다, 예언하다 |
| profari | pro (앞으로) + fari | 입 밖에 내다, 말하다, 솔직히 말하다, 예언하다 |

• 현재분사 fans, 동형사 fandus는 부정 접두사 in-과 결합하여 자주 사용되었다.
infans, infantis, adj. 말 못하는; 여기에서 "아기, 유아"라는 명사가 파생한다.
infandus, -a, -um, adj. 이루 말할 수 없는, 언어도단의

• fari 동사의 어미변화

| | | 직설법 | | 접속법 | 명령법 |
|---|---|---|---|---|---|
| | | 현재 | 미래 | 미완료 | |
| sg. | 1p | | fabor | farer | 현재 단수 2인칭: fare |
| | 2p | | | | |
| | 3p | fatur | fabitur | | 부정법 |
| pl. | 1p | famur | fabimur | | |
| | 2p | | | | 현재: fari |
| | 3p | fantur | | farentur | |
| | 동명사 | | 동형사 | | 분사 |
| gen. | fandi | | fandus, -a, -um | | 현재: fans, fantis |
| dat./abl. | fando | | 목적분사 | | 과거: fatus, -a, -um |
| | | | fatu 말하기에 | | |

## III. 특정 의미로 제한된 동사

### 1. quaeso, quaesumus 제발, 청컨대, 부탁하건대

• 상고 라틴어 quaero(묻다) 동사의 잔존 형태이다.

• 대화 중에 정중한 부탁이나 요청을 나타내는 "제발, 청컨대"라는 의미의 부사로 직접화법의
삽입구로 사용되었다.
Dic, quaeso, mihi quid faciant isti.[99]

---

99) dic은 dico 동사의 명령법 현재; faciant는 facio 동사의 접속법 현재 복수 3인칭.

그들이 무엇을 하고 있는지, 제발 제게 말해 주시오.

Si tibi quid venit in mentem, scribe, quaeso.[100] (Cic.)

만일 당신한테 무슨 생각이 떠오르면, 제발 (저한테) 써 보내 주시오.

Da mihi, quaeso, panem. 제발 저에게 빵을 주십시오.

## 2. ave, salve, vale 안녕하세요

• ave, avete, aveto는 동사 aveo의 명령법으로, 만났을 때 하는 인사말로 쓰인다. aveo 동사는 나머지 용법은 모두 사라지고, 명령법과 부정법으로만 사용되었다.

• salve, salveto, salvete는 동사 salveo의 명령법으로, 만났을 때 하는 인사말로 쓰인다.

Salve, vera Iovis proles. (Verg.)[101] 유피테르의 참 자손, 안녕하십니까!

| Iuppiter, Iovis, m. 유피테르 | proles, −lis, f. 자손, 자녀 |
|---|---|

• vale, valeto, valete는 valeo 동사에서 유래한 것으로, 편지의 마지막 인사말이나 작별 인사로 쓰인다.

In perpetuum, frater, ave atque vale. (Catull.)

형제여, 영원히 안녕히 잘 있으시오.

## 3. cedo 제발 다오, 이리 줘, 말해 봐

• 라틴어 회화에서 빈번히 사용되는 표현이다.

Cedo manum. 악수합시다.

Cedo argentum. 돈을 다오.

| argentum, −i, n. 은, 은화, 화폐, 돈 |
|---|

 Exercitatio　(해답은 부록 123쪽 참조)

1. 다음의 문장을 우리말로 옮기시오.

---

100) mihi(tibi, etc.) in mentem venit 나에게(너에게, 등) 생각이 떠오르다, 기억나다; scribe는 scribo 동사의 명령법 현재.

101) "vera Iovis proles"에서 vera는 proles 명사를 수식하는 형용사. proles는 제3변화 명사.

1) Ōderīnt dum metuant. (Caesar)

2) Dimidium facti, qui coepit, habet; sapere aude; incipe! (Horatius)

3) Discit enim citius meminitque libentius illud quod quis deridet, quam quod probat et veneratur. (Horatius)

4) Odit populus Romanus privatam luxuriam, publicam magnificentiam deligit. (Cicero)

5) Quae fuit durum pati, meminisse dulce est. (Seneca)

6) Plurimum iuvat totas diligenter novisse causas.

7) Meminerimus autem etiam adversus infimos iustitiam esse servandam. (Cicero)

8) Quis id ait? Quis vidit?

9) "Factum hoc est, Dave?" "Factum (est)." "Hem, quid ais?"

10) Hodie uxorem ducis? Aiunt.

---

metuo 두려워하다

dimidium, -ii, n. 절반, 반

incipio 시작하다

libens, -entis, adj. 기꺼이

probo 인정하다, 칭찬하다

magnificentia, -ae, f. 웅장함

plurimum, adv. 가장 많이, 대단히

adversus, praep. (대격 요구) 대하여, 대항하여   infimus, -a, -um, adj. (신분) 최하층의, 천민의

David, Davidis, m. 이스라엘의 임금 다윗   hem, (감탄사) 아아, 이런

uxor, -oris, f. 아내; uxorem ducere (남자가) 결혼하다

aio 동사는 "남들이 그렇게 말한다"는 뜻도 있음

dum, conj. 하는 동안, ~하는 한

sapio 맛보다, 알다

citius, adv. 더 빨리

derideo 비웃다, 코웃음 치다

veneror 존경하다, 경의를 표하다

diligo (amo보다 약한 의미의) 사랑하다, 좋아하다

iuvo 도움이 되다, 유익하다, 기쁘다

# Verba Impersonalia

# 비인칭동사

비인칭동사란 일반적으로 주어가 없이 3인칭 단수로만 사용되는 동사를 말한다. 라틴어 문장에서 주어가 없는 문장은 3인칭 단수로만 사용되는 비인칭동사와 부정사문만이 가능하다. 비인칭동사에는 날씨(기상)에 관한 동사, 감정 표현 동사, 필요나 적합성을 나타내는 동사, 사건의 발생을 나타내는 동사들이 있다.

비인칭동사는 절대적 비인칭동사와 상대적 비인칭동사로 구분되는데, 절대적 비인칭동사는 기상과 감정을 표현하는 동사들로서 오로지 비인칭적 용법으로만 사용된다. 이에 반해, 상대적 비인칭동사는 필요, 적합성, 사건의 발생을 나타내며 비인칭적 용법 외에 일반적인 인칭 용법으로도 쓰인다.

## I. 절대적 비인칭동사

절대적 비인칭동사란 주어 없이 3인칭 단수로만 사용되는 동사를 말한다. 즉 행위를 나타내기 위해 주어가 필요하지 않은 동사이다. 절대적 비인칭동사에는 날씨와 감정 표현 동사들이 있다.

### 1. 날씨(기상)를 나타내는 동사

fulget, fulsit, fulgere 번쩍이다, 번개 치다
fulminat, fulminavit, are 벼락 치다, 천둥치다
lucescit, luxit, lucescere 동트다, 날이 밝다
ningit, ninxit, ningere 눈이 내리다(오다)
pluit, pluit, pluere 비가 내리(오)다
tonat, tonuit, tonare 천둥 치다

fulgurat, fulguravit, are 번개 치다, 번쩍이다
grandinat, -, grandinare 우박이 내리다(오다)
illucescit, illuxit, illucescere 동터 오다, 날이 새다
nubilat, -, nubilare (하늘이) 흐리다
rorat, roravit, rorare 이슬 내리다

vesperascit, vesperavit, vesperascere 저녁이 되다

advesperascit, advesperavit, advesperascere 저녁이 되다, 날이 저물다

invesperascit, -, invesperascere 저녁이 되다

• 고대에는 신(神)이 날씨와 관련된 현상의 기원이라고 생각하였기 때문에 날씨를 나타내는 동사들도 가끔 주어를 가지는 경우가 있다.

Iupputer tonat. 유피테르가 천둥을 친다.

• 날씨 동사 예문

Fundae saxa pluunt. 투석기들이 큰 돌들을 비처럼 쏟아지게 한다.

Sereno quoque caelo aliquando tonat. 때로는 맑은 하늘에도 천둥이 친다.

| | |
|---|---|
| funda, −ae, f. 투석기 | saxum, −i, n. 큰 돌 |
| quoque, adv. ~도 또한 | aliquando, adv. 마침내, 때때로, 가끔 |

## 2. 감정 표현 동사

### 1) 라틴어의 감정 표현 비인칭동사는 모두 다섯 개이다.

(1) miseret, miseritum est(miseruit), miserere 불쌍히 여기다

(2) paenitet, paenituit, paenitere 후회하다, 유감으로 여기다

(3) piget, piguit, pigere 싫다, 싫증을 느끼다

(4) pudet, puditum est(puduit), pudere 부끄럽다, 부끄러워하다, 창피하다

(5) taedet, taesum est(taeduit), taedere 싫증나다, 권태를 느끼다

### 2) 감정 표현 비인칭동사의 문장 구조

> 감정 표현 동사의 주어는 대격(acc.)으로 나타낸다.
> 감정 표현의 대상은 속격(gen.), 단순 부정사문, 대격 부정사문으로 표현한다.

(1) 감정 표현 동사의 주어

• 감정 표현의 주어는 대격으로 한다.

Me paenitet. 나는 후회한다.

Discipulos paenitet. 학생들은 후회한다.

Marcum paenitet. 마르코는 후회한다.

• 주어가 3인칭 대명사일 경우 eum, eam, eos, eas로 표현한다.
Eam paenitet. 그녀는 후회한다.
Credo eos paenitere. 나는 그들이 후회한다고 생각한다.

• "dico, aio 말하다" 등과 같은 동사의 주어가 감정을 나타내는 주체와 일치할 때, 3인칭
대명사의 대격 주어 se로 표현한다.
N.B. "Lectio II. 부정법, III. 부정사문, 1. 주어의 표현" 참조.

Ille dicit se paenitere. 그는 (그 자신이) 후회한다고 말한다.

• 비인칭동사인 감정 표현 동사는 명령법이 없기 때문에 접속법 3인칭으로 대체한다.
Te paeniteat! 후회해라!
Vos pudeat! 여러분은 부끄러워하시오!

(2) 감정 표현의 대상
• 명사일 경우는 속격으로 표현한다.
Taedet omnino eos vitae. (Cic. Att. 5, 16, 2) 그들은 완전히 삶에 권태를 느낀다.
Me taedet tuorum sermonum. 나는 너희의 이야기에 싫증난다.

• 중성대명사일 경우에는 주격으로 표현한다.
Id me pudet. (Plaut. Ps. 281) 나는 그것을 부끄러워한다.

• 어떤 행위가 감정의 대상일 경우, 단순 부정사문 또는 대격 부정사문으로 쓴다.
Pudet me sic tecum loqui. (Sen.) 나는 이렇게 너와 함께 말하는 것이 부끄럽다.
Numquam me paenitebit maxima pericula pro patria subire.[102] (Cic. Fam. 10, 12, 1)
나는 조국을 위해 아주 큰 위험을 무릅쓰는 것을 단 한 번도 후회하지 않았다.

| | |
|---|---|
| omnino, adv. 모두, 온전히, 완전히, 전적으로 | sermo, -onis, m. 말, 이야기, 설교, 강론 |
| sic, adv. 이렇게, 그렇게 | numquam, adv. 한 번도 (아니) |
| periculum, -i, n. 위험 | subeo 무릅쓰다 |

---

102) paenitebit는 paenitet 동사의 직설법 단순과거.

(3) 감정 표현 비인칭동사가 조동사와 결합할 때

•soleo(습관적으로 ~하다), possum(~을 할 수 있다), incipio(시작하다), desino(그만두다) 등의 조동사는 3인칭 단수 형태를 취하고, 감정 표현 비인칭동사는 부정사(동사 원형)를 쓴다.

Solet eum, cum aliquid furiose fecit, paenitere. (Cic.)
그는 무언가 무분별하게 하고 난 후에, 늘 후회한다.
Potest me paenitere. 나는 후회할 수 있다.

cum+ind. perf. ~한 이래, ~한 후에          aliquis, aliquid, pron. 무언가
furiose, adv. 무분별하게

•volo, nolo, malo 등의 의사를 나타내는 조동사와 감정 표현 동사를 함께 쓸 때에는, 조동사는 일반 인칭동사로 쓰고, 감정 표현 비인칭동사는 부정법 또는 −ut를 생략한 접속법 동사를 쓴다.

Malo me meae fortunae paeniteat quam victoriae pudeat. (Curt.)
나는 승리에 대해 부끄러워하기보다 나의 운명에 대해 후회하는 것을 더 좋아한다.

(4) 감정 표현 비인칭동사도 수동태 용장활용(수동형 당위분사절)을 쓸 수 있다.
Mihi paenitendum est. 나는 후회해야 한다.

## II. 상대적 비인칭동사

### 1. 상대적 비인칭동사

| 비인칭적 용법 | 인칭적 용법 |
|---|---|
| accedit, accessit<br>(감정이) 생기다, 닥치다, 증가되다 | accedo, is, cessi, cessum, ere<br>접근하다 |
| accidit, accidit<br>(일이) 생기다, 일어나다, 되다 | accido, is, accidi, ere<br>떨어지다, 닥치다 |
| contingit, contigit<br>(일이) 생기다, 일어나다, 되다 | contingo, is, contigi, contactum, ere<br>접촉하다 |
| evenit, evenit<br>(일이) 생기다, 일어나다, 되다 | evenio, is, eveni, eventum, ire<br>나오다, 이루어지다 |

| fit<br>(일이) 생기다, 일어나다, 되다 | fio, fis, factus sum, fieri<br>이루어지다, 되다 |
|---|---|
| apparet<br>분명(명백)하다, ~하는 것이 확실하다 | appareo, es, parui, pariturus, ere<br>나타나다, 드러나다 |
| patet<br>분명(명백)하다, 드러나다 | pateo, es, patui, ere<br>열려 있다, 접근할 수 있다 |
| attinet, attinuit<br>~에 관계되다, 상관되다 | attineo, es, attinui, attentum, ere<br>붙잡아 두다, 보존하다 |
| pertinet, pertinuit<br>~에 관계되다, 상관되다 | pertineo, es, pertinui, pertentum, ere<br>~까지 미치다 |
| interest<br>중요하다, 관계가 있다 | intersum, interes, interfui, interesse<br>사이에 있다, 참석하다 |
| refert, retulit<br>중요하다, 관계하다 | refero, fers, retuli, relatum, referre<br>보고하다 |
| convenit, convenit<br>동의하다 | convenio, is, veni, ventum, ire<br>같이 오다, 잘 맞다, 일치하다 |
| expedit, expedivit<br>동의하다 | expedio, is, ivi(ii), itum, ire<br>풀어 주다, 해방하다, 준비하다 |
| libet (mihi), libuit, libere<br>좋아하다, 마음에 들다 | |
| placet, placuit<br>좋아하다, 마음에 들다 | placeo, es, placui, placitum, ere<br>좋아하다, 마음에 들다 |
| constat<br>알려진(주지의) 사실이다, 분명히 하다 | consto, as, constiti, constare<br>구성되다 |
| licet (mihi), licuit(licitum est), licere<br>가하다, 해도 좋다 | |
| oportet (me), oportuit, oportere<br>해야 한다, 필요가 있다 | |
| restat<br>남아 있다 | resto, as, restiti, are<br>머물다, 멈추다 |
| sufficit<br>충분하다 | sufficio, is, suffeci, suffectum, ere<br>세우다, 제공하다 |

## 1) 비인칭 문장의 구성

위에 열거한 상대적 비인칭동사는 학술적 글의 전개, 변론서나 판결문, 로마법 등에서 아주 빈번히 사용하는 동사들이므로 주의 깊게 공부해야 한다.

•이 동사들은 사건의 발생, 적합성, 필요성 등을 표현하며, 인칭에 따른 어미변화를 한다.

그러나 같은 동사라도 인칭적 용법으로 사용될 때와 비인칭적 용법으로 사용될 때 종종 그 뜻이 달라지기도 한다.

E.g. refero (인칭적) 보고하다 ⇒ refert (비인칭적) 중요하다, 관계하다

• 이들 동사는 부정법 현재(동사 원형)와 함께 복문을 구성하거나, ut 또는 quod를 쓴 평서문의 형태를 취하며, 중성대명사나 중성 형용사를 주어로 쓸 수 있다.

Constat virum esse reum. 남자가 피고라는 것은 주지의 사실이다.

Nemo sciebat quid facere oporteret in illa re.

아무도 그 상황 속에서 무엇을 해야 하는지 모르고 있었다.

N.B. 이 문장에서 quid는 간접 의문문이다. 간접 의문문 다음에는 접속법 동사를 쓴다. 이 문장을 달리 표현하면 다음과 같다.

Nemo sciebat quid facere necesse esset in illa re.

Nemo sciebat quid facendum esset in illa re.

> reus, -i, m. 피고

• 3인칭 단수뿐 아니라 3인칭 복수도 비인칭 문장의 주어로 중성대명사나 중성 형용사를 쓸 수 있다.

Accedit pretium agris. 땅(의) 값이 오른다.

Dolor accessit bonis. 고통이 착한 사람들에게 닥쳐왔다.

Hoc accidit.[103] 이 일이 일어났다.

Haec accidunt. 이 일들이 일어난다.

Mala eveniebant. 나쁜 일들이 일어나고 있었다(일어나곤 하였다).

• accidit ut + 접속법 동사, accidit quod + 직설법 동사: ~하는 일이 생기다, ~하게 되는 때가 있다.

Accidit ut nemo respondeat. 아무도 대답하지 않게 되는 때가 있다.

Accidit ut puella fugiat(fugisset). 소녀가 도망하는 일이 생겼다.

Saepe accidit ut homines, pulsi ira, faciant res quas nolunt facere.[104]

---

103) 상대적 비인칭동사 accidit의 단수 3인칭은 현재와 단순과거의 형태가 같으므로 문맥에 따라 시제를 파악하여야 한다.

104) pulsi는 pello 동사의 과거분사. pulsi는 주격 복수로 homines와 관계하며, ira는 수동태 동사(과거분사는 수동태임) 다음에 올 때 원인을 나타내는 탈격임.

분노에 이끌려, 인간(들)은 때때로 원하지 않는 일을 하는 일이 생긴다.

> pello ~하도록 시키다

### 2) interest, refert 동사의 문장 구성

•"관계하다, 중요하다"라는 의미의 interest, refert 동사는 다른 비인칭동사와는 다른 문장구조를 가진다. refert 동사보다 interest를 더 빈번히 사용한다.

interest/refert + "명사 속격": ~에게 중요하다/관계된다

Civium interest. 시민들에게 중요하다.

Interest omnium recte facere. (Cic. *Fin.* 2, 72) 올바르게 행동하는 것은 모든 사람들에게 중요하다.

•"나/너/우리/너희에게(1·2인칭 대명사)"를 표현할 경우에는 소유대명사의 여성 단수 탈격 형태를 쓴다: interest/refert + mea/tua/nostra/vestra

Mea/Tua/Nostra/Vestra interest. 나/너/우리/너희에게 중요하다.

Omnium nostrum/Omnium vestrum interest. 우리 모두에게/너희 모두에게 중요하다.

Magni mea interest hoc tuos omnes scire. (Cic. *Fam.* 6, 10, 3)
너희 모두가 이것을 아는 것이 나에게 매우 중요하다.

> magni, adv. 매우

•3인칭 대명사의 경우 eius, eorum, earum을 사용한다.

Eius/Eorum/Earum interest. 그/그들/그녀들에게 중요하다.

•주절의 주어가 자기 자신에게 중요하거나 관계된다고 말할 때에는 부정법 현재와 함께 sua를 사용한다.

Dicit sua interesse. (그는) 그 자신에게 중요하다고 말한다.

•중요한 것이 중성대명사일 경우 주격으로 표현한다.

Id mea minime refert. (Ter.) 그것은 나에게 전혀 중요하지 않다.

Id tua nihil referebat. (Cic.) 그것은 너에게 조금도 중요하지 않았다.

•대격 부정사문이나 "ut/ne + 접속법 동사, 간접 의문문" 형태를 취할 수 있다.[105]

---

105) 라틴어에는 간접 의문문을 요구하는 부사들이 있다. 이에 대해서는 제1권 "Pars 5, Lectio I. 부사"를

Multum interest rei familiaris tuae te quam primum venire. (Cic.)
네가 가능한 빨리 오는 것이 너의 가산에 매우 중요하다. (대격 부정사문)
Vestra, commilitiones, interest ne imperatorem pessimi faciant. (Tac.)
동지들이여, 가장 나쁜 사람이 황제로 선출되지 않는 것이 그대들에게 중요하다.

| familiaris, −e, adj. 가족의; res familiaris 가산 | primum, adv. 첫째로; quam primum 즉시 |
|---|---|
| commilitio, −onis, m. 전우, 동료 | pessimus, −a, −um, superl. adj. 최악의 |

• ~을 위해 중요하다: "ad + 대격" 형태

Magni ad honorem nostrum interest quam primum ad urbem me venire. (Cic.)
내가 최대한 빨리 도시에 도착하는 것이 우리의 명예를 위해 매우 중요하다.

• 중요성을 강조하기 위해 정도부사를 사용하여 표현할 수 있다.

| 중성 형태의 수량부사 | multum 많이, tantum 그만큼 많이, plus 더 많이, plurimum 대단히, minimum 조금 |
|---|---|
| 속격 형태의 정도부사 | magni 매우, permagni 매우, parvi 조금, tanti 그만큼 더, quanti 얼마나 중히 |
| 그 밖의 부사 | magis 더, magnopere 대단히, maxime 매우, minime 아주 조금, 전혀 ~ 않다… |

Permagni nostra interest te esse Romae. (Cic.)
당신이 로마에 있는 것이 우리에게 매우 중요합니다.

• interest는 intersum 동사의 3인칭 단수로 그 의미는 원래 "사이에 있다, 차이가 있다"라는 뜻이다. 따라서 intersum 동사가 인칭적 용법으로 사용될 때에는 "사이에 있다, 차이가 있다"라는 의미로 옮겨야 한다.
Fluvius inter eas civitates interest. 그 도시들 사이에는 강이 있다.
Vide quid intersit te et avum tuum.[106] (Cic. *Phil.* 1, 21)
너와 네 할아버지 사이에 무슨 차이가 있는지 봐라.

| fluvius, −i, m. 강 | inter (+acc.) ~ 사이에 |
|---|---|
| avus, −i, m. 할아버지 | |

참조하라.
106) vide는 video 동사의 명령법 현재 단수 2인칭.

## 2. 대격을 주어로 가지는 상대적 비인칭동사

| 비인칭적 용법 | 인칭적 용법 |
|---|---|
| me fallit 나는 피한다 | fallo, is, fefelli, fallere 속이다 |
| me fugit 나는 피한다 | fugio, is, fugi, (fugiturus), fugere 도망하다 |
| me latet 나는 피한다 | lateo, es, latui, latere 숨어 있다 |
| me iuvat 나는 좋아한다(기쁘다) | iuvo, as, iuvi, iutum, iuvare 유익하다 |
| me decet 나는 적합하다(어울리다) | deceo, es decui, decere 적합하다, 어울리다 |
| me dedecet 나는 적합하지 않다(어울리지 않다) | dedeceo, es, dedecui, dedecere 적합하지 않다 |

이들 동사의 주어로는 동사의 부정사 현재(동사 원형)나 대격 부정사문 형태가 가능하며, 중성대명사, 중성 형용사, 3인칭 복수를 주어로 쓸 수 있다.

|부정사 현재|

Confidere(=confidentia) decet, timere(=timor) non decet. (Cic.)
신뢰하는 것은 타당하고, 두려워하는 것은 합당하지 않다.

Oratorem dedecet irasci. 연설가는 화를 내서는 안 된다. (직역: 화내는 것은 연설가에게 어울리지 않는다.)

|중성대명사|

Puerum haec non decent. 이 일들은 소년에게 적합하지 않다.

Omnia me fallunt. 나는 모든 일을 피한다.

|중성 형용사|

Multos castra iuvant. 많은 사람들이 진지를 좋아한다.

Parvum parva decent. 소인(小人)은 작은 일이 어울린다.

|3인칭 복수|

Hoc omnes fugit. 모든 사람이 이 일을 피한다.

 Exercitatio    (해답은 부록 124쪽 참조)

1. 다음 문장을 우리말로 옮기시오.

1) Iam vesperascit, domum properamus.

2) Dicitur hoc anno in montibus multum pluisse, parum ninxisse.

3) Grandinat et fulgurat.

4) Sereno quoque caelo aliquando tona.

5) Illa oculis fulgurat.

6) Me non solum piget stultitiae meae, sed etiam pudet.

7) Te aliorum miseret, tui nec miseret nec pudet.

8) Eorum magis nos miseret quam nostri.

9) Nihil mea refert.

10) Mea plurimum interest te valere.

---

| vesperascit 저녁이 되다 | propero 급히(서둘러) 가다 |
|---|---|

**Loqui Latine!** 라틴어로 말하기

### 날씨

Q: Quae tempestas est hodie? 오늘 날씨가 어떤가요?

R: Tempestas est nubila, Caelum est nubilum. 흐린 날이에요.

Tempestas est bona/idonea. 좋은 날씨입니다.

Tempestas est serena/clara. 날씨가 맑다.

Tempestas est nebulosa. 안개 낀(흐린) 날씨이다.

Tempestas est frigida. 날씨가 춥다.

Tantum pluit. 비가 많이 온다.

Q: Habesne umb(r)ella? 너 우산 있니?

R: Habeo. 있어.

Quid nuntius meteorologicus praedixit? 일기예보에서 뭐라고 말했니?

📖 **날씨 관련 형용사**

| | |
|---|---|
| calidus, -a, -um 더운, 뜨거운 | frigidus, -a, -um 추운 |
| humidus, -a, -um 습한, 축축한 | siccus, -a, -um 건조한 |
| nubilus, -a, -um 구름 낀 | nebulosus, -a, -um 안개 낀 |
| splendidus, -a, -um 맑은, 화사한 | lucidus, -a, -um 밝은, 맑은 |

 숨은 라틴어 찾기

**로마 속 숨은 라틴어 찾기 (3)**
"Ave, imperator, morituri te salutant(amus)."

Ave, imperator, morituri te salutant(amus). (Svet. *Cl.* 21)
"안녕하신지요. 황제 폐하! 죽어야 할 운명에 처한 자들이 당신께 인사 올립니다."

많은 사람들이 로마의 검투사에 대해 알게 된 데에는 아마도 '글래디에이터'(2000)라는 영화의 역할이 컸을 것이다. 물론 영화 속 검투사들의 이야기는 사실 그대로라기보다는 아무래도 극의 재미를 위해 각색되고 변형된 부분이 있겠지만, 그들의 인사말에서 그려지는 장렬한 전사의 모습에는 무언가 사람의 마음을 매료시키는 강한 힘이 있는 듯하다.

오늘날 콜로세움 속에는 그 옛날 온 도시의 사람들 앞에서 결전에 임했던 검투사들의 흔적이 남아 있다. 당시에는 화려하고 웅장한 로마의 문명과 콜로세움의 위엄에 가렸던 노예의 삶이었지만, 목숨을 걸고 싸웠던 용맹함은 지금까지 많은 사람들에게 감동을 선사한다. 콜로세움 건물은 세월이 흘러 무너지고 말았지만, 그 속에서 가장 치열한 삶을 살았던 검투사들의 이야기는 더욱 새로워지고 있는 것이다.

Pars 3

# Conspectus circa Usum Casuum

격의 용법

라틴어 격(casus)은 명사의 어미변화에 따른 구문론적인 기능을 담당한다. 라틴어의 명사(형용사와 대명사 포함)는 격에 따라 주격(주어), 대격(목적어), 속격(소유격), 여격(간접보어), 탈격 등의 다른 기능을 한다. 따라서 격의 용법 때문에 라틴어에는 관사가 없고, 전치사가 필요하지 않다. 즉 문장의 요소에 따라 명사의 어미를 그에 맞게 적절히 변화시키면 된다.

명사

주격    속격    여격    대격    탈격

'격(格)'을 의미하는 casus는 '떨어지다'를 뜻하는 'cado' 동사에서 유래한 것이다. 전통적으로 라틴어 격의 용법은 '주격과 대격'을 '직접격(casus recti, 정격)'이라 하였고, '속격, 여격, 탈격'은 '간접격(casus obliqui, 사격)'이라 하였다. 사실 처음에는 주격만을 직접격으로 하고, 나머지 격은 모두 간접격이었다. 하지만 나중에 대격도 타동사의 직접목적어를 표현하기 때문에 직접격으로 간주하였다.

그렇다면 호격은 어떻게 되는 건가? 호격은 정식 격으로 간주되지 않았고, 나중에 삽입된 것이다.

# Nominativus Casus

---

# 주격

라틴어 문법에서 주격 'nominativus casus'는 그리스어 'ὀνομαστική πτῶσις(오노마스티케 프토시스)'를 옮긴 것으로, 그 뜻은 '명사의 격'을 의미한다. 주격을 'nominativus'라고 부르는 이유는 명사에 이름을 붙이는 것, 즉 구문론적인 기능과 독립해서 명사에 이름을 부여하기 위해 필요하기 때문이다. 가령 책 제목, 감탄문, "무엇은 무엇이다."라는 명사문을 들 수 있다.

• 책 제목
Cato Maior 연장자 카토, Orator 연설가, Aeneis 애(아이)네이스
N.B. 책 제목은 '전치사 de+탈격' 형태로 표현하여 본문의 내용을 나타내기도 하였다.
E.g. De oratore 연설가에 대하여, De viris illustribus 유명인들에 대하여
N.B. 간혹 치체로의 몇몇 작품에서는 두 가지 형태가 공존하기도 한다.
E.g. Cato Maior de senectute 노년에 관하여 연장자 카토, Laelius de amicitia 우정에 관하여 랠리우스(로마의 명문가), Brutus de claris oratoribus 유명 연설가들에 관한 브루투스
이 경우 Cato, Laelius, Brutus 등의 주격은 작품의 주인공을, 'de+탈격'은 작품의 내용을 나타낸다.

• 감탄문
Indigna homine dubitatio! (Cic. *Amic.* 67) 인간의 쓸데없는 의심!

• 명사문
Quot homines, tot sententiae (Ter. *Phorm.* 454) 사람의 수만큼 그만큼 많은 의견, 십인십색

• 구문론과 상관없이 단어 자체를 가리킬 때
Resonent mihi «Cynthia» silvae. (Prop. 1, 18, 31) "친티아" 숲들이여, 나에게 메아리쳐 다오!

주격의 명사는 문장의 모든 구성 성분과 관계하는데, 여기에는 한정, 동격, 서술 명사, 주어의 서술 보어가 있다. 서술 명사란 형용사나 명사가 sum 동사나 연계 동사와 함께

의미를 완성시키는 명사를 말한다. 반면 동사가 연계 동사가 아니라 명사나 형용사 없이 의미가 통하는 동사를 가지면, 이 경우 주격은 서술 보어라고 한다.

|서술 명사| Pueri laeti videntur. 소년들은 즐거워 보인다.

|서술 보어| Pueri laeti ludunt. 소년들이 즐겁게 논다.

---

indignus, -a, -um, adj. (탈격 요구) 자격이 없는, ~에 부당한, 쓸모없는

dubitatio, -onis, f. 의심, 의혹               quot ~, tot ~ ~의 수만큼, 그만큼 많은 ~

laetus, -a, -um, adj. 기쁜, 즐거운, 기뻐하는, 즐거워하는

resono, as, sonavi vel sonui, are, 1 intr. et tr. 울리다, 반향하다, 메아리치다

videor, eris, visus sum, eri, 2 보이다, ~처럼 보이다, ~인 것 같다

ludo, is, lusi, lusum, ere, 3 intr. et tr. 놀다, 경기하다, (무엇으로) 시간을 보내다

illustris, -e, adj. 밝은, 저명한               sententia, -ae, f. 생각, 의견, 판결

---

## I. 이중(두 개의) 주격

라틴어에서 연계 동사는 이중 주격, 즉 두 개의 주격을 가진다. 이중 주격이란 문장 안에서 주어와 서술 명사 또는 주어와 주어의 서술 보어를 주격의 형태로 표현하기 때문에 붙여진 이름이다. 즉 한 문장 안에서 주격이 두 개인 것을 의미한다. 라틴어에서 대표적인 연계 동사로는 sum 동사가 있고, sum 동사 이외에도 자동사와 수동형 타동사가 있다.

### 1. 자동사

• 이중 주격을 가지는 자동사(능동, 탈형)로 존재의 양태, 상태의 변화를 가리키는 동사들이 있다. 이러한 동사들로는 sum ~이다; fio 되다, 이루어지다; existo(=exsisto) 존재하다, ~이다; evado 실현되다; videor 보이다, ~처럼 보이다; appareo 나타나다, 드러나다; maneo 머무르다, 남아 있다; permaneo 지속하다, 영속하다 등이 있다.

Haec tibi ridicula videntur. (Cic. *Fam.* 7, 30) 이 일들이 네게 우스울 것 같다.

Mihi humanitas tua admirabilis visa est. (Cic.) 나에게 너의 친절은 감탄할 만하게 보였다.

N.B. visa est는 videor 동사의 단순과거 단수 3인칭.

Nemo immortalis ignavia factus est. (Sall.) 아무도 게으름으로 행복하게 될 수 없었다.

N.B. factus est는 fio 동사의 단순과거 단수 3인칭.

•연계 동사가 아닌 많은 동사 가운데 서술 보어의 역할을 주격 형태로 취하는 동사가 있다.
이러한 동사들로는 nascor 태어나다; vivo 살다; morior 죽다; pereo 망하다; discedo 헤어지
다 등이 있다.

Nemo nascitur dives. (Sen.) 아무도 부자로 태어나지 않는다.

Araxes placidus labitur. (Mela.) 아라스 강은 조용히 흐른다.

---

ridiculus, -a, -um, adj. 웃기는, 우스운, 익살스러운

humanitas, -atis, f. 인간 본성, 인류애, 인간미, 인정, 친절, 인문과학

admirabilis, -e, adj. 놀라운, 훌륭한, 감탄할 만한

immortalis, -e, adj. 불멸의, 불사의, 영원한, 행복한

ignavia, -ae, f. 게으름, 빈둥거림, 나태　　　dives, divitis, adj. 부유한, 부자의

placidus, -a, -um, adj. 온화한, 친절한, 고요한, 조용한

Araxes, -is, m. 아라스 강(터키 북동부에서 발원하여 Armenia를 거쳐 카스피 해로 흐르는 강)

labor, eris, lapsus sum, labi, 3 intr. dep. 미끄러지다, (강물, 시간) 흐르다, 타락하다, 망해 가다

---

## 2. 수동형 타동사

호칭, 선택, 평가의 범주에 속하는 수동형 타동사는 두 개의 주격을 가진다.

•호칭 동사: vocor, dicor, appellor, nominor 불리다, 전해지다; praedicor 칭송되다;
feror, perhibeor ~라고 한다, ~라고 전해 내려온다; inscribor ~라고 이름 붙여지다,
불리다; salutor ~라고 부르며 인사받다, 문안받다 등.

Aristides iustus appellatus est. (Nep.) 아리스티데스는 의인이라고 불렸다.

Iuppiter a poetis pater divumque hominumque dicitur. (Cic.)
유피테르는 시인들로부터 신들과 인간들의 아버지라고 불린다.

•선택 동사: creor 선출되다; eligor 뽑히다; declaror ~로 선포되다; designor 선출되
다; constituor 임명되다 등.

Numa Pompilius rex creatus est. (Eutr.) 누마 폼필리우스는 왕으로 선출되었다.

•평가 동사: iudicor, aestimor, existimor, putor 평가되다, 판단되다, 사료되다; habeor,
ducor 생각되다, 간주되다; invenior, cognoscor, reperior 발견되다, 알게 되다 등.

Considius rei militaris peritissimus habebatur. (Caes.)

콘시디우스는 병법에 가장 능숙하다고(직역: 병법의 최고 전문가로) 평가되었다.
Ancum Marcium[1]) regem[2]) populus creavit. (Liv.)
백성들은 안쿠스 마르치우스를 왕으로 뽑았다.
N.B. 능동형 호칭, 선택, 평가 동사들은 문장 안에서 두 가지 대격, 직접목적어와 간접목적
어를 가진다. 여기서 Marcium은 직접목적어, regem은 간접목적어이다.

---

Aristides, -is, m. 아리스티데스(B.C. 530?~468?, 아테네의 정치가)

iustus, -a, -um, adj. 공정한, 정의로운, 정당한; m. 의인

divus, -a, -um, adj. 신(神)의, 신성한

Iuppiter, Iovis, m. 유피테르(로마인들에게 있어서 모든 신들의 왕), 그리스신화의 제우스

Numa, -ae, m. 누마(로마의 제2대 왕)　　　　res militaris 군사, 전술, 병법

peritus, -a -um, adj. 경험 많은, 숙련된; m. 전문가

Ancus, -i, m. (B.C. 640~616) 안쿠스 마르키우스(로마의 제4대 왕)

---

## 3. 조동사에 의존하는 연계 동사

• 조동사는 그 자체로는 완전한 의미를 표현하지 못하고 다른 동사의 부정사와 함께 어떤
보조적 의미를 첨가하게 된 동사를 말한다. 라틴어에서 가장 일반적인 조동사로는 possum,
queo 할 수 있다; nequeo 할 수 없다; debeo 해야 한다; soleo, consuesco 습관적으로 ~하다,
익숙해지게 하다; incipio ~하기 시작하다; audeo 감히 ~하다; conor 시험해 보다, ~하려
하다; statuo, constituo, decerno ~하는 것을 결정하다 등이 있다.

• 의사를 나타내는 조동사로는 volo 원하다, nolo 원하지 않다, malo 더 좋아하다, cupio 원하
다, studeo 전념하다, 공부하다; gestio 몹시 원하다, 열망하다 등이 있다.

• 연계 동사가 조동사에 의존하는 부정사일 때도 두 개의 주격을 가진다. 이 경우 조동사의
주어와 연계 동사의 주어가 같다.
Sermo incipit obscurus fieri. 이야기가 모호해지기 시작한다.
Cato malebat esse quam videri bonus. (Sall.)
카토는 좋아 보이는 것보다 (실제로) 좋게 있기를 더 좋아하였다.

---

1) 직접목적어.
2) 간접목적어.

> sermo, −onis, m. 이야기, 연설, 강연
> obscurus, −a, −um, adj. 어두운, 분명하지 않은, 모호한
> videor, eris, visus sum, videri, 2 1) video 동사의 수동: 보이다; 2) 탈형동사: ~인 것 같다, ~처럼 보이다; 3) 비인칭: 적당히, 잘 생각되다

• 의사를 나타내는 조동사(volo, nolo, malo, cupio, studeo 등)는 주격과 함께 부정사를 쓰거나, 대격과 함께 부정사를 쓴다.

Cupio esse bonus. (주격)

＝Cupio me esse bonum. (대격) 나는 잘되길(있길) 바란다.

• 대격 부정사문은 의사를 나타내는 동사와 연계 동사 사이에 주어가 다를 수 있다.

Cupio te beatum esse. 나는 네가 행복하길 바란다.


## II. videor 동사

videor 동사는 video 동사의 수동형으로 "보이다, ~ 것 같다"라는 의미로 인칭 구문과 비인칭 구문을 가진다. 활용 빈도가 높으므로 주의 깊게 학습하길 바란다.

### 1. videor 동사의 인칭 구문

#### 1) 인칭 구문
videor 동사의 인칭 구문은 다음과 같은 전형적인 형태로 제시된다.

Tu mihi videris non studere. 너는 나에게 공부하지 않은 것처럼 보인다.

Vos mihi videmini non studere. 너희는 나에게 공부하지 않은 것처럼 보인다.

Illi mihi videntur non studere. 그들은 나에게 공부하지 않은 것처럼 보인다.

• 인칭 구문에서 videor 동사는 주어와 일치하고, 부정사문의 주어 또한 videor 동사와 같다. 종속절인 부정사문의 동사는 부정사로 나타낸다.

tu → videris, vos → videmini, illi → videntur

• '~에게'에 해당하는 사람은 여격으로 표시한다: mihi

### 2) 주격을 수반하는 부정사

videor 동사의 종속절은 서술 명사를 주격 형태로 표시하고, 계사(서술격 조사) 역할을 하는 sum 동사는 부정사로 나타낸다.

Mihi videris esse beatus. 너는 내게 행복해 보인다.

Vitae miserae mors finis esse videtur. (Cic.) 죽음은 불행한 인생의 종말처럼 보인다.

A natura mihi videtur orta esse amicitia. (Cic.) 나에게 우정은 본성에서 기인한 것처럼 보인다.

---

beatus, −a, −um, adj. 복된, 행복한, 은혜 받은

finis, −is, m./f. 경계, 한계; 끝, 종말; 목표; pl. 영토, 영역

orior, oreris, ortus sum, part. fut. oriturus, oriri, 3 et 4 dep. intr. (해, 달, 별이) 뜨다, (날이) 밝다, 발생하다, 기인하다, 생기다

---

## 2. videor 동사의 비인칭 구문(특수 구조)

특정한 경우 videor 동사를 3인칭 단수로 표현하고, 종속절로 부정사문을 가지며 부정사문의 주어는 중성이다. 이러한 구문을 전통적으로 videor 동사의 비인칭 구문이라고 부른다. videor 동사의 비인칭 구문은 다음과 같은 형태를 가진다.

• aequum 평등한; iustum 공정한; turpe 부끄러운; utile 유익한; verisimile 그럴듯한; facile 쉬운; difficile 어려운 등의 중성 형용사+videor 형태이다.
  Turpe mihi videbatur in urbem reverti. (Cic.)
  나에게 도시로 돌아가는 것은 부끄럽게 보였다.
  Mihi arduum videtur res gestas scribere. (Sall. *Cat.* 3, 2)
  나에게 역사를 기술하는 것은 어려운 일처럼 보인다.

• videor 동사가 "좋게/옳게 여기다, 좋다고 생각되다" 등의 결정 또는 심사숙고의 의미가 있을 때.
  Nunc mihi est visum de senectute aliquid ad te scribere. (Cic. *Sen.* 1)
  이제 나는 너한테 노년에 대해 무언가 쓰는 것이 옳다고 생각되었다.

• 종속절의 부정사문에서 piget 싫다; pudet 부끄러워하다; taedet 싫증나다; miseret 불쌍히 여기다; paenitet 후회하다 등의 비인칭동사 가운데 하나가 부정사로 사용될 때.
  Mihi videtur te paenitere. (Cic.) 내가 보기에 너는 후회하는 것 같다.

Mihi videbatur te huius vitae taedere. 내가 보기에 너는 이 인생에 대해 싫증내는 것 같았다.

•videor 동사의 종속절이 목적분사가 없는 동사의 미래 부정사문일 때, "fore 또는 futurum esse ut + 접속법 동사" 형태의 완곡어법을 사용한다.
Mihi videtur fore ut (tu) numquam Latine loqui dicas.
내가 보기에 너는 결코 라틴어로 말하기를 배우지 않을 것이다. (너는 결코 라틴어로 대화하는 것을 배우지 않을 거라고 나는 생각한다.)

•토론이나 언쟁에서 videor 동사는 "좋게 여기다, 좋다고 생각되다" 등의 결정 또는 "보이다, ~라고 생각하다" 등의 의견의 이중적인 의미를 가질 수 있다.
Responde, si tibi videtur. (Cic.) 만일 네가 좋다고 생각되면, 대답해라.
Sed, ut mihi videris, non recte iudicas de Catone. (Cic.)
그러나, 내가 보기에, 너는 카토에 대해 제대로 평가하지 않는다.

•videor 동사는 삽입어에서 "ut videtur 보이는 바와 같이, 생각대로; ut videbatur 생각했던 것처럼" 형식의 비인칭 구문으로 사용된다.
Britanni se abdiderunt in locum munitum quem, ut videbatur, iam ante praeparaverant. (Caes. B. G. 5, 9, 4)
생각했던 대로, 영국인들은 방비가 되어 있는 장소에 숨었는데, 전에 이미 준비했었다.
Hoc a te peto, ut, si tibi videtur, disputes de hoc genere. (Cic.)
나는 당신에게 이것을 묻는데, 즉 괜찮으시다면, 이 종류에 대해 검토할 수 있나요?

| | |
|---|---|
| res gestae, f. pl. 역사 | arduus, −a, −um, adj. 어려운, 힘든 |
| recte, adv. 옳게, 바로, 제대로 | Britanni, −orum, m. pl. 영국인들 |
| munitus, −a, −um, adj. 방어진을 친, 방비가 되어 있는 | |
| genus, generis, n. 태생, 민족, 종류, 방식 | |
| revertor, eris, versus sum, verti, 3 dep. intr. 돌아가다 | |
| respondeo, es, spondi, sponsum, ere, 2 tr. et intr. 약속하다, 보증하다; 대답하다, 응수하다 | |
| iudico, as, avi, atum, are, 1 tr. 재판하다, 심판하다, 판단하다, 여기다, 평가하다 | |
| abdo, is, abdidi, abditum, abdere, 3 tr. 숨겨 놓다, 치우다; 숨다 | |
| praeparo, as, avi, atum, are, 1 tr. 준비하다, 태세를 갖추다 | |
| disputo, as, avi, atum, are, 1 tr. 검토하다, 논쟁하다, 논하다 | |

## III. 인칭 구문을 요구하는 그 밖의 동사

•dicor, feror, trador, perhibeor ~라고 말하다, 전해지다; putor, credor, existimor ~라고 생각되다, 여기다; invenior 있다, ~이다; audior 듣게 되다, ~라는 칭호를 듣다, ~라고 불리다; nuntior 알려지다, 보고되다 등의 수동형 동사는 videor 동사와 마찬가지로 주격 부정사문과 함께 인칭 구문이 허락된다.

Caesar venturus esse[3] dicitur. (Cic.) 캐사르가 올 거라고들 말한다.

Litterae a Phoenicibus repertae esse[4] dicuntur. (Plin.)
철자는 페니키아인들에 의해 발견되었다고 전해진다.

Cleopatra perisse[5] morsu aspidis putabatur. (Svet.)
클레오파트라는 살무사에게 물려 죽은 것으로 여겨졌다. (직역: 클레오파트라는 살무사의 물린 상처로 죽은 것이라고 생각되었다.)

N.B. 수동형 인칭 구문 외에도 dicunt, tradunt, ferunt 등의 동사는 대격 부정사문과 함께 3인칭 복수 능동형 비인칭 구문으로도 사용된다. 그러나 우리말로 옮길 때는 차이가 없다.

Dicunt litteras a Phoenicibus repertas esse. 철자는 페니키아인들에 의해 발견되었다고 전해진다.
Latinum pacem cum Aenea iunxisse tradunt. (Liv.)
라티움 사람은 애(아이)네아와 평화를 맺었다고 전해진다.

---

littera, –ae, f. 글자, 문자; pl. 편지, 서류, 문서, 문학
Punicus(=Poenicus), –a, –um, adj. 페니키아인의, 카르타고 사람의(오늘날 레바논)
morsus, –us, m. 물어뜯음, 교상(독사나 짐승 등에 물린 상처)
aspis, aspidis, f. 살무사
Latinus, –a, –um, adj. Latium의, Latium 사람의, 라틴어의
Aenea(Aenia), –ae, f. 애(아이)네아(오늘날 그리스 Calcidica 반도에 있는 도시명)
venio, is, veni, ventum, ire, 4 intr. 오다, (시간) 도착하다, 생기다
reperio, is, repperi vel reperi, repertum, ire, 4 tr. 발견하다
pereo, is, perii(드물게 perivi), periturus, ire, intr. 망하다, 소멸하다, 없어지다, 죽다(per+eo 동사의 합성어)
iungo, is, iunxi, iunctum, ere, 3 tr. (마소에게) 멍에를 메우다, 결합시키다, 맺다, 결혼하다, 동맹하다

---

3) 수동형 부정법 미래.
4) 수동형 부정법 과거.
5) 능동형 부정법 과거.

•videor 동사와 달리 앞에 열거한 인칭 구분을 요구하는 동사들은 수동형 3인칭 단수의 비인칭 구문으로도 사용될 수 있다. 이 경우 대격을 이용한 주격 부정사문을 수반한다.

Traditum est Homerum caecum fuisse. (Cic. *Tusc.* 5, 114)
호메로스는 장님이었다고 전해졌다.

Adesse Romanos nuntiatur. (Caes. *B. G.* 6, 4) 로마인들이 와 있다고 알려졌다.

•"iubeor ~의 명령을 받다; vetor, prohibeor 금지되다; sinor 허락되다; cogor 강제되다, 강요되다"라는 의미의 동사들은 모든 시제에서 인칭 구문을 가진다. 이 경우 주격으로 표시된 주어는 명령, 금지, 허락, 강제를 받는 사람이 된다.

Antiochus Tauro tenus regnare iussus est. (Cic.)
안티오코스는 타우루스까지 통치하는 것을 명령받았다.

Otacilius cum classe proficisci iussus est. (Liv.)
오타칠리우스는 함대와 함께 출발하는 것을 명령받았다.

Exercitus in oppidis hibernare vetiti erant. (Liv.)
군대는 (성곽)도시에서 겨울나는 것이 금지되었다.

Prohibiti estis in provincia vestra pedem ponere. (Cic.)
너희는 너희 주(州)에 발을 들여놓는 것이 금지되었다.

---

Homerus, −i, m. 호메로스(그리스 최고의 서사시인)

caecus, −a, −um, adj. 눈먼; m. 장님    Taurus, −i, m. 타우루스(소아시아에 있는 Licia 산맥)

tenus, praep. ~까지, ~만, ~뿐    classis, −is, f. 계급, 부류, 범주, 학급, 반, 함대

exercitus, −us, m. 군대, 무리    oppidum, −i, n. 성곽도시, 도시

provincia, −ae, f. (로마 통치하에 있던) 주(州), 지방, (수도회의) 관구

vester, vestra, vestrum, adj. pron. poss. 너희의

pedes, peditis, m. 도보, 보병; (관용어) pedem pono 발을 들여놓다

adsum(assum), ades, adfui et affui, part. fut. adfuturus et affuturus, adesse, intr. 있다, 출석하다, 와 있다, 오다

proficiscor, eris, fectus sum, ficisci, 3 dep. intr. 출발하다, 떠나다, 시작하다, 나오다

hiberno, as, avi, atum, are, 1 intr. 겨울나다, 동면하다

---

## IV. 호격(Vocativus Casus)

라틴어 문법의 vocativus casus란 표현은 그리스어 κλητική πτῶσις(kletikè ptòsis)를 옮긴

것이다. 호격이란 글자 그대로 '부르는 말에 대한 격'으로 직접 불린 사람을 나타낸다. 호격은 문법적으로 독립된 특징 때문에 처음에는 라틴어 명사의 '격(casus) 체계'에 포함되지 않다가, 나중에 삽입되었다.

- 호격은 앞에 감탄사가 생략되거나, 감정적 어조나 특별한 강조를 위해 부르거나 외치는 격이다. 따라서 호격은 다른 단어와의 연관성을 갖지 않고, 구문론적 체계에도 영향을 주지 않는다.

  Homo amentissime, quid putavisti? (Cic.) 가장 정신 나간 인간이여, 무슨 생각을 하였는가?

  Ergo age, care pater, cervici imponere nostrae. (Verg.)

  자, 사랑스러운 아버지, 우리의 어깨에 짊어지우세요.

- 형태론적인 측면에서 호격은 대부분 주격과 일치한다. 단 제2변화 명사 -us 형태만 호격이 -e로 된다.

  E.g. 주격 natus → 호격 nate

  Nate, meae vires, mea magna potentia solus. (Verg. *Aen.* 1, 664)

  아들아, 나의 힘, 오직 너만이 나의 큰 가능성!

---

amens, amentis, adj. 미친, 정신 나간, 얼빠진, 몰상식한

age(=agendum), interi. 자, 그래!　　　　carus, -a -um, adj. 귀한, 사랑스러운

cervix, cervicis, f. 목, 어깨　　　　　　natus, -i, m. 아들, 자식

vires, virium, f. pl. 힘, 기력　　　　　potentia, -ae, f. 힘, 잠재력, 능력, 가능성

solus, sola, solum, adj. 혼자만의, 오직 하나뿐인, 유일한, 오직 ~만인

impono, is, posui, positum, ere, 3 intr. et raram. tr. 얹다, 올려놓다, 짊어지우다, 떠맡기다

# Casus Accusativus

## 대격

라틴어 문법에서 대격은 술어의 직접적 원인이 되는 표현을 나타내는 격이다. 즉 동사의 직접 목적어를 말한다. '대격(accusativus)'이라는 이름의 기원은 그리스어 문법 용어인 'αίτιατική πτῶσις(aitiatikè ptòsis)'에 대한 오역의 결과다. 라틴어 문법은 실수로 'accusare(탓을 돌리다, 비난하다, 고소하다)'라는 동사로 옮겼는데, 그리스어의 원 의미는 '원인이 되는 격'이라는 의미였다. 그리스어는 동사가 표현하는 행위에 대한 목적의 '원인'이 된다는 의미였다. 나중에 라틴어 문법가 Prisciano(4~5세기경)가 'casus causativus'로 대체할 것을 제안하였지만, 받아들여지지 않았다.

대격은 사람과 사물에 대한 움직임의 관념을 묶은 다양한 구문론적 기능으로 분류된다. 즉 대격 형태의 명사는 직접목적어로 동사가 표현하는 행위의 경과를 표현하거나, 동사가 표현하는 행위와 표현한 단어 사이의 관계를 설정하고, 공간과 시간에서의 실질적·비유적 움직임을 표현한다.

이에 따라 대격 형태의 명사의 역할은 다음과 같이 분류된다.

- 직접목적어 대격: 직접목적어 대격은 통상 하나의 대격만을 가지기 때문에 문법적으로 '단일 대격(simplex accusativus)'이라고 부른다.
- 비인칭동사의 대격
- 관계 대격
- 공간과 시간에서 범위 대격

## I. 단일 대격(직접목적어 대격, Simplex Accusativus)

대격은 직접목적어를 나타내는 격으로 부가 형용사, 동격, 목적어의 서술 보어와도 관련한다. 대격은 능동형 타동사와 탈형동사의 직접목적어이다. 단일 대격이란 하나의 문장에 하나의 대격 형태의 명사가 있는 경우를 말한다.

|타동사| Maiores nostri agros suos studiose colebant. (Cic.)
우리의 선조들은 자신들의 땅을 부지런히 가꾸었다.

|탈형동사| Multae res eum hortabantur. (Caes.) 많은 상황들이 그를 자극했다.

---

maior, adj. comp. (magnus의 비교급) 더 큰, 연장의; m. 선조

ager, agri, m. 밭, 땅                     studiose, adv. 부지런히, 근면히, 힘써

colo, is, colui, cultum, ere, 3 tr. (밭을) 갈다, 경작하다, 가꾸다, 보살피다, 연마하다, 공경하다

hortor, aris, atus sum, ari, 1 dep. tr. 권고(권유)하다, 격려하다, 자극하다

---

## 1. 라틴어의 타동사

일반적으로 라틴어의 동사들은 같은 동사가 타동사이면서 자동사의 의미도 함께 내포한다.

| 동사 | 타동사 | 자동사 |
|---|---|---|
| iuvo, adiuvo | 원조하다 | 도움이 되다 |
| fugio, effugio | 피하다, 모면하다, 벗어나다 | 도망하다 |
| deficio | 떠나다 | 부족하다 |
| despero | 절망하다 | 희망을 잃다 |
| ulciscor | (누구의, 무엇의) 원수를 갚다, 복수하다 | (누구에게) 원수 갚다, 앙갚음하다 |
| delecto | 즐겁게 하다, 기쁨을 주다 | 즐거워하다, 기뻐하다 |
| abdico | 거부하다, 부인하다 | 끊어 버리다, 사퇴하다 |

Iuvit facundia causam. (Ov.) 언변(말재주)은 소송에 도움이 된다.

Animus sensum effugit oculorum. (Cic.)
영혼은 눈들의 감각 기능을 피한다. (영혼은 신체의 감각 기능에 의해 인지될 수 없다는 의미)

Pacem desperavi. (Cic.) 나는 평화에 대한 희망을 잃어버렸다.

Caesaris mortem ulcisci volebant. (Cic.) 그들은 캐사르의 죽음에 대해 복수하기를 원하고 있었다.

---

facundia, -ae, f. 언변, 말재주, 말솜씨

sensus, -us, m. 감각, 느낌, 감각 기능, 개념, 지각, 인식, 의미

mors, mortis, f. 죽음

---

N.B. 어떤 동사들은 같은 단어가 타동사와 자동사의 의미 외에도 여러 다른 용법으로 사용된다. 동사의 용법은 문맥에 따라 다르므로 사전을 확인하기 바란다.

deficio: deficio 동사는 다양한 구문으로 사용된다.

• 능동 타동사

Prudentia numquam deficit oratorem. (Cic.)

연설가는 신중함을 결코 내버리지 않는다. (직역: 신중함은 연설가를 결코 떠나지 않는다.)

• "deficior viribus 힘이 없다(모자라다)" 표현과 같은 수동형 타동사

• "deficere animo 용기를 잃다, 실망하다" 표현과 같은 자동사

• "sol, luna deficit 해, 달이 지다"라는 절대적 의미

• "deficere ab aliquo ad aliquem 누구에게서 누구로 옮기다, ~에게 떨어져 ~편을 들다"라는 표현

despero: 이 동사는 대격 외에도 "de + 탈격" 형태의 구문을 가질 수 있다.

Galli de omni salute desperant. (Caes.) 갈리아 사람들은 모든 구조에 대한 희망을 잃어버린다.

abdico: 대격이 아니라 단순 탈격으로도 문장을 만들 수 있다.

Caesar dictatura se abdicavit. (Caes.) 캐사르는 독재를 거부했다.

ulciscor: "복수하다"라는 의미 외에 "벌하다"라는 의미도 있다.

Mortem amici ulciscor. 나는 친구의 죽음을 복수한다.

Ulciscentur illum mores sui. (Cic.) 자신들의 관습들이 그들을 벌한다.

effugio: "effugere e manibus hostium 적들의 손에서 피하다; effugere e vinculis 탈옥하다"라는 관용적 표현은 "e, ex + 탈격" 형태의 구문을 가진다. 전치사 "a/ab"의 경우와 마찬가지로 e 다음에는 자음으로, ex 다음에는 모음으로 시작하는 단어 앞에 쓴다.

---

numquam, adv. 한 번도 아니, 언제든지 아니, 결코 아니

salus, salutis, f. 건강, 안전, 구원, 구조, 안부, 인사

dictatura, −ae, f. 독재; abdicare se dictatura (관용어) 독재를 거부하다

vinculum, −i, n. 끈, 사슬, 유대, 속박; pl. 감옥

---

## 2. 대격을 가지는 그 밖의 동사들

많은 자동사들은 특정 표현에서 대격을 가지는 타동사적 구문을 가질 수 있다. 그러나 이 경우 대격은 일반적 의미의 목적어가 아니라 관계 대격을 의미한다.

1) 마음의 상태를 표현하는 감정 동사들(verba affectuum)

doleo, es, ui, part. fut. doliturus, ere, 2 intr. et tr. 마음 아프다

maereo, es, ere, 2 intr. et tr. 애도하다

fleo, es, flevi, fletum, ere, 2 intr. et tr.; lugeo, es, luxi, luctum, ere, 2 intr. et tr. 울다

queror(conqueror), eris, questus sum, queri, 3 dep. tr. et intr.; lamentor, aris, atus sum, ari, 1 dep. intr. et tr. 원망하다, 불평하다

horreo, es, ui, ere, 2 intr. et. tr. 두려워하다

fastidio, is, ivi(ii), itum, ire, 4 tr. et intr. 싫증내다

miror, aris, atus sum, ari, 1 tr. et intr. dep. 경탄하다, 놀라다

rideo, es, risi, risum, ere, 2 intr. et tr. 웃다


Ariovisti crudelitatem horrebant Sequani. (Caes.)
세콰니 사람들은 아리오비스투스의 잔인함을 두려워하였다.

Noli dolere, mater, eventum meum. (*Carm.*) 어머니, 나의 운명 때문에 마음 아파하지 마세요.

Ego meas queror fortunas. (Plaut.) 나는 나의 운명을 원망한다.

> Sequani, -orum, m. pl. 세콰니 사람들[프랑스와 스위스 사이의 Rhine 강에서 Rhone 강에 이르는 산맥에 위치한 프랑슈콩테(Franche-Comté)와 부르고뉴 지역에 사는 프랑스 민족]
> Ariovistus, -i, m. 아리오비스투스(캐사르에게 승리한 독일의 왕)
> eventus, -us, m. 일, 사건, 결과, 운명
> fortuna, -ae, f. 운, 운명, 행운, 행복; pl. 재물, 부(富)


2) 실제나 은유적 의미로 감각을 가리키는 동사들

oleo, es, ui, ere, 2 intr. et tr. 냄새를 풍기다, 냄새나다

sapio, is, sapii(sapivi et sapui), ere, 3 intr. et tr.; resipio, is, ere, 3 tr. et intr. 맛이 있다, 맛이 나다; 냄새가 나다

sitio, is, sitivi vel sitii, ire, 4 intr. et tr. 목마르다


Nec sitio honores nec desidero gloriam. (Cic.)
나는 명예를 목말라 하지도 영예를 바라지도 않는다.

Mella herbam eam sapiunt. (Plin.) 꿀물은 그 풀 냄새가 난다.


3) 목적어의 의미를 내포하는 동사들(목적어를 내재한 대격)

그 자체로 완성된 의미를 가지는 몇몇 자동사는 그 동사에서 유래하는 비슷한 의미의 명사

대격을 수반한다. 이를 '목적어를 내재한 대격(l'accusativo dell'oggetto interno)'이라고 한다. 목적어의 의미를 내포하는 동사는 일반적으로 명사 뒤에 형용사가 뒤따르기도 한다. 이에 대해서는 23쪽을 참조하라.

vivere vitam (aetatem) 영원한 삶(영생)을 살다

pugnare pugnam (proelium) 싸우다 (전쟁하다)

currere cursum 달리다                       iurare iusiurandum 맹세하다

somniare somnium 꿈꾸다                   cenare cenam 저녁 식사하다

목적어의 의미를 내포하는 동사들, 즉 목적어를 내재한 대격은 비슷한 단어를 열거하는 그리스어의 시어적 표현에서 영향을 받은 것이다.

Omnes volunt vitam beatam vivere. (Quint.) 모든 사람은 행복한 인생을 살기를 바란다.

Mirum atque inscitum somniavi somnium. (Plaut.) 나는 놀랍고도 이상한 꿈을 꾸었다.

4) 이동(移動) 동사

일반적으로 자동사인 이동 동사(eo 가다; curro 달리다; fluo 흐르다; vado 가다; gradior 걷다; venio 오다 등) 앞에 ad-, in-, ob-, trans-, ante-, circum-, praeter- 등의 전치사가 결합하면 타동사 구문을 형성한다. 이동 동사 앞에 붙는 전치사는 원래 "전치사＋대격" 형태로 이동의 방향을 가리켰는데, 나중에 직접목적어를 가지는 타동사(transeo 건너다; obeo 만나다; adeo 찾아가다 등)로 이해되었다. 타동사가 되면 수동문도 허락된다.

E.g. ire trans flumen → transire flumen 강을 건너다

Caesar tribunos plebis convenit. (Caes.) 캐사르는 평민 호민관들을 만났다.

Tu ingredi illam domum ausus es? (Cic.) 너 감히 그 집에 들어가는 것을 원했니?

Iugurtha Auli castra circumvenit. (Sall.) 유구르타는 아울리우스의 진지를 포위했다.

mella, -ae, f. 꿀물                         herba, -ae, f. 풀, 약초

mirus, -a, -um, adj. 이상한, 기묘한, 희한한, 경탄할 만한

inscitus, -a, -um, adj. 모르는, 이상한, 기괴한

tribunus, -i, m. 호민관                     plebs, plebis, f. 평민, 대중

convenio, is, veni, ventum, ire, 4 intr. et tr. 같이 오다, 만나다, 모여들다, 일치되다, 합의되다

ingredior, eris, gressus sum, gredi, 3 dep. intr. et tr. 들어가다, 착수하다

audeo, es, ausus sum, ere, 2 semidep. tr. 감히 ~하다, 원하다

circumvenio, is, veni, ventum, ire, 4 tr. 주위로 몰려오다, 에워싸다, 포위하다

## II. 대격을 가지는 비인칭동사문

대격을 가지는 비인칭동사문은 두 가지로 구분할 수 있다. 절대적 비인칭동사는 3인칭 단수만이 허락되고 명시적 주어를 갖지 않는다. 상대적 비인칭동사는 3인칭 복수의 사용도 허락되며, 주어를 위한 명사나 명사에 준한 표현을 가질 수 있는데 사람이 아닐 수도 있다.

### 1. 절대적 비인칭동사

대격을 가지는 절대적 비인칭동사는 모두 감정 표현을 나타내는 다섯 개의 동사이다.

piget, piguit (pigitum est), pigere 싫다, 싫증을 느끼다

pudet, puduit (puditum est), pudere 부끄럽다, 부끄러워하다, 창피하다

paenitet, paenitut, paenitere 후회하다, 유감으로 여기다

taedet, taesum est, taedere 싫증나다, 권태를 느끼다

miseret, miseruit (miseritum est), miserere 불쌍히 여기다

N.B. 이에 대해서는 "Pars 2, Lectio VIII. 비인칭동사"를 참조하라.

### 2. 상대적 비인칭동사

• 대격을 주어로 가지는 상대적 비인칭동사는 다음과 같다.

Me fallit, fugit, latet, praeterit 나는 피한다, 모른다

Me decet 나는 적합하다, 어울리다           Me dedecet 나는 적합하지 않다, 어울리지 않다

Me iuvat 나는 좋아한다, 기쁘다

• 이들 동사의 주어로 동사의 부정사 현재나 대격 부정사문 형태에서 중성대명사, 중성 형용사, 3인칭 복수를 주어로 쓸 수 있다.

|부정사 현재|

Confidere(=confidentia) decet, timere(=timor) non decet. (Cic.)

신뢰하는 것은 타당하고, 두려워하는 것은 합당하지 않다.

Oratorem dedecet irasci. 화내는 것은 연설가에게 어울리지 않는다.

|중성대명사|

Puerum haec non decent. 이 일들은 소년에게 적합하지 않다.

Omnia me fallunt. 나는 모든 일을 피한다.

|중성 형용사|

Multos castra iuvant. 신지는 많은 사람들을 돕는다.

Parvum parva decent. 소인배는 작은 일이 어울린다.

|3인칭 복수|

Hoc omnes fugit. 모든 사람이 이 일을 피한다.

N.B. "spectat, attinet, pertinet＋ad＋대격" 형태는 "~에 관련하다"라는 관용적 표현이다. 이 관용어는 사용 빈도가 매우 높으므로 암기하면 유용하다.

E.g. Haec ad custodiam religionis attinet. 이것들은 종교의 보호와 관련한다.

---

custodia, －ae, f. 지킴, 보관, 수호, 보호, 경비, 감금

religio, －onis, f. 경외, 종교, 수도회

irascor, irasceris, iratus sum, irasci, dep. intr. 분노하다, 화내다

---

## III. 이중 대격(Duplex Accusativus)

이중 대격이란 하나의 문장에 두 개의 대격 형태의 명사가 있는 경우를 말한다. 이 경우 두 개의 대격은 같은 동사의 지배를 받지만, 구문론상 서로 다른 역할을 한다. 라틴어의 이중 대격은 크게 세 가지로 구분된다.

• 직접목적어와 목적어의 서술 보어(간접목적어) 대격
• 직접목적어와 이동 장소 대격
• 사람과 사물의 대격

### 1. 직접목적어와 목적어의 서술 보어(간접목적어) 대격

1) 수동형에서 두 개의 주격(이중 주격)을 가지는 호칭(appello, nomino 부르다 등), 선택(eligo, creo 뽑다, 선택하다 등), 평가(duco, existimo 여기다, 평가하다 등) 등의 동사들은 능동형에서 직접목적어와 목적어의 서술 보어를 대격으로 표현하는 이중 대격(두 개의 대격)을 가진다.

Plato escam malorum appellat voluptatem. (Cic.) 플라톤은 정욕(情慾)을 악의 미끼라고 부른다.

Albani Mettium Fufetium dictatorem creant. (Liv.)
알바니 사람들은 메티우스 푸페티우스를 독재 집정관으로 뽑는다.

Te sapientem et appellant et existimant. (Cic.) 그들은 너를 현자라고 부르고 현자로 여긴다.

---

esca, －ae, f. 먹을 것, 먹이, 미끼　　　　　　　　　malum, －i, n. 악(惡), 불행, 악습, 결점

dictator, –oris, m. 독재자, 독재 집정관
creo, as, avi, atum, are, 1 tr. 창조하다, 낳다, 창작하다, 선출하다, 뽑다
sapiens, –entis, adj. 지혜로운, 슬기로운; m. 현자, 지혜로운 사람

2) 이중 대격을 가지는 그 밖의 많은 동사들은 특별한 의미를 완성시켜 주는 서술 역할의 형용사나 명사를 수반한다. 그러한 동사들은 다음과 같다.

| | |
|---|---|
| do 주다 | trado 넘겨주다 |
| pono 두다(놓다) | appono 붙여 놓다(곁에 두다) |
| accipio 받다 | habeo 가지다 등의 동사 |

Custodem me Tullio apponite. (Cic.) 너희는 나를 수호자로서 툴리오 곁에 두어라.

| | |
|---|---|
| invenio 발견하다 | aspicio 보다 |
| animadverto 알아차리다(주의, 관찰하다) | retineo 붙잡다(보존, 유지하다) |
| dimitto 돌려보내다(면직시키다, 해고하다) 등의 동사 | |

Caesar naves paratas invenit. (Caes.) 캐사르는 준비된 배들을 발견했다.
Caesar dimisit omnes incolumes. (Caes.) 캐사르는 모두를 무사히 돌려보냈다.

| | |
|---|---|
| facio 하다 | reddo 돌려보내다(주다) |
| efficio 만들다 | ostendo 보이다(드러내다) |
| praesto 보여 주다 | praebeo 보이다(행동하다) 등의 동사 |

Dionysius superbum se praebuit. (Cic.) 디오니시오는 교만하게 보였다(행동했다).

• 관용어적 표현
|능동형, 이중 대격|
"certiorem facere aliquem de aliqua re ~에게 ~에 대해(~을) 알려 주다"
Pauci, ex proelio elapsi, Labienum de rebus gestis certiorem faciunt. (Caes.)
전쟁에서 도망친 소수의 사람들이 라비에누스에게 벌어진 일들에 대해 알려 준다.
|수동형, 이중 주격|
"(ego) certior fio de aliqua re ~에 대해 알리다"
Caesar de Crassi adventu certior est factus. (Caes.) 캐사르는 크라수스의 도착에 대해 알렸다.

|중성대명사|

Hoc me certiorem faciunt. 그들은 나에게 이것을 알려 준다.

Hoc certior fio. 나는 이것을 알린다.

•duco 동사는 "ducere uxorem 아내를 맞다, 장가가다"라는 관용어에서 이중 대격을 가진다.

Octaviam Antonius duxit uxorem. (Vell.) 안토니우스는 옥타비아를 아내로 맞았다.

N.B. 남성은 "ducere uxorem 아내를 맞다, 장가가다"라는 관용어를 쓰고, 여성은 오직
"nubere alicui, nubere cum aliquo 시집가다, ~와 결혼하다"라는 관용어를 사용한다. 유
사 관용어는 "filiam alicui collocare ~에게 딸을 주다, 시집보내다"이다.

Nero uxorem duxit Iuliam. 네로는 율리아를 아내로 맞았다.

Iulia Neroni nupsit. 율리아는 네로에게 시집갔다.

---

custos, −odis, m./f. 수호자, 경비병        paratus, −a, −um, adj. 준비된

incolumis, −e, adj. 손상되지 않은, 무사한, 안전한

praebeo se superbum 교만하게 행동하다      proelium, −ii, n. 전투, 전쟁

elapsus, −a, −um, elabor(도망치다) 동사의 과거분사

gestus, −a, −um, gero(지니다, 낳다, 실행하다, 대표하다) 동사의 과거분사

Labienus, −i, m. 라비에누스(갈리아 전투에서 캐사르의 부관)

Crassus, −i, m. 크라수스(리치니아 종족의 성) adventus, −us, m. 도착, 가까워짐

uxor, uxoris, f. 아내           Nero, Neronis, m. 네로(Claudia 씨족의 성)

---

## 2. 직접목적어와 이동 장소 대격

traduco 지나가게 하다(인도하다); traicio 건너가다; circumduco 끌고 돌아다니다(에워싸다);
transmitto 저쪽으로 보내다(옮기다); transporto 운송하다(이전하다) 등과 같이 전치사
와 결합한 타동사는 직접목적어 외에도, 전치사에 종속되어 장소를 언급하는 제2의 대격
을 가진다. 제2의 대격은 수동문에서도 유지된다.

Caesar omnem equitatum pontem traducit. (Caes.) 캐사르는 모든 기병을 다리로 지나가게 한다.

Pompeius Allobroges omnia sua praesidia circumduxit. (Caes.)
폼페이우스는 자신의 모든 호위병으로 알로브로제스를 에워쌌다.

Traductus est silvam Ciminiam exercitus. (Liv.) 군대가 치미니아 숲 너머로 지나가게 되었다.
(이 문장은 원래 다음과 같다. Exercitus ductus est trans silvam Ciminiam.)

> equitatus, -us, m. 승마, 기병대                    pons, pontis, m. 다리
> Allobroges, -um, m. 알로브로제스(론 강과 제네바 호수 사이에 위치한 갈리아 종족의 골 사람)
> praesidium, -ii, n. 보호, 호위병, 수비대, 요새, 참호, 도움, 조력
> Ciminia, -ae, f. 치미니아

## 3. 사람과 사물의 대격

몇몇 동사들은 직접목적어 외에도, 동사의 행위에 필요한 사물과의 관계를 명확히 하는 대격을 요구한다. 이러한 대격을 관계 대격이라고 한다.

### 1) doceo, edoceo, dedoceo 동사

• "doceo 가르치다; edoceo 철저히 가르치다; dedoceo ~하지 못하도록 가르치다" 동사의 경우, 가르칠 것과 가르침을 받는 사람을 대격으로 표현한다. "docere aliquem aliquid ~에게 ~을 가르치다"라고 옮긴다.

Magister discipulos Linguam Latinam docet. 선생님이 학생들에게 라틴어를 가르친다.

Catilina iuventutem[6] mala facinora[7] edocebat. (Sall.)
카틸리나는 젊은이들에게 악행을 가르치고 있었다.

Quid te, asine, litteras doceam? (Cic. *Pis.* 63)
바보야, 내가 왜 너한테 글자(학문)를 가르쳐야 하니?

• doceo 동사의 특수 용법

doceo 동사가 '알려 주다'라는 의미로 사용될 때는 대격이 아니라 "de+사물의 탈격"을 쓸 수 있다. "docere aliquem de aliqua re ~에게 ~에 대해(~을) 알려 주다(통고하다, 전하다)"라고 옮긴다.

Doceo te de morte patris mei. 나는 네게 내 부친의 부고를 전한다.

• doceo 동사의 수동문

doceo 동사의 수동형 용례는 매우 드물며, 예외적으로 doctus와 edoctus 과거분사는 사물의 탈격(한정 탈격)과 결합한 형용사 역할로 사용된다.

Vir doctus litteris Graecis 그리스 문학에 박학한 사람

Litteris Graecis et Latinis docta (Sall.) 그리스어와 라틴 문학에 해박한

---

6) 가르침을 받는 사람.
7) 가르칠 대상.

doceo 동사의 수동문은 비슷한 의미의 다른 동사들로 대체된다. 대체되는 수동형 동사로는 institutor, erudior, imbuor가 있다. 이때 가르칠 대상은 탈격으로, 가르치는 사람은 "a/ab+탈격"으로 표시한다.

Cicero philosophia a Philone institutus est. 치체로는 필로에게 철학을 배웠다.

doceo 동사의 수동문은 능동인 'disco 배우다' 동사를 이용하여, 배우는 대상을 대격으로, 가르치는 사람을 "a/ab+탈격"으로 표시할 수도 있다.

Cicero philosophiam a Philone didicit. 치체로는 필로에게 철학을 배웠다.

---

iuventus, iuventutis, f. (20~40세 사이의) 젊은이들, 청춘

facinus, facinoris, n. (이목을 끄는) 행동          quid, n., pron. 무엇; adv. 왜

asinus, −i, m. 당나귀, 바보

Philo(Philon), −onis, m. 필로(Larissa의 철학자, 치체로의 스승)

---

## 2) celo 동사

• celo '숨기다, 감추다' 동사는 숨겨야 할 사람과 숨길 대상을 대격으로 나타낸다. "celare aliquem aliquid ~에게 ~을 숨기다"라고 옮긴다.

Non te celavi sermonem Ampi. (Cic.) 나는 너에게 암피오의 이야기를 숨기지 않았다.

• celo 동사는 "de+탈격" 형태로도 쓰인다. "celare aliquem de aliqua re ~에게 ~에 대해(~을) 숨기다"라고 옮긴다.

Bassus me de hoc libro celavit. (Cic.) 바수스는 나에게 이 책에 대해(이 책을) 숨겼다.

• celo 동사는 수동 인칭 구문을 가진다. 이 경우 숨기는 사람은 주격으로, 숨기는 대상은 "de+탈격"으로 나타낸다. 숨기는 대상이 중성대명사로 제시되면, 그것은 문법상 대격이 된다.

|수동 인칭 구문|

Populus[8] celatus est de morte regis. 백성은 왕의 죽음에 대해 숨겼다.

|중성대명사|

Id Alcibiades[9] diutius celari non potuit. (Nep.) 알치비아데스는 그것을 더 오래 숨길 수 없었다.

---

diutius, adv. (diu의 비교급 부사) 더 오래

---

8) 주격.
9) 주격.

### 3) posco, reposco, flagito 동사

• posco 요구하다; reposco 돌려 달라고(반환) 요구하다; flagito 집요하게 요구하다(간청하다) 등의 동사는 요구를 받는 사람과 요구의 대상을 대격으로 표현한다. "poscere aliquid aliquem ~에게 ~을 요구하다"라고 옮긴다.

Cotidie Caesar Haeduos frumentum flagitabat. (Caes.)
캐사르는 매일 해두이들에게 곡식을 간청하였다.

• posco, reposco, flagito 동사의 경우, 요구를 받는 대상은 대격으로, 요구받는 사람은 "a/ab+탈격"으로 나타낼 수 있다. "poscere aliquid ab aliquo ~에게 ~을 요구하다"라고 옮긴다.
A te promissa flagitabam. (Cic.) 나는 네게 약속을 집요하게 청하고 있었다.

---

Haedui(Aedui), −orum, m. pl. 해두이(손 강과 루아르 강 사이에 거주한 갈리아 종족)
frumentum, −i, n. 곡식                    promissum, −i, n. 약속

---

### 4) oro, rogo, interrogo 동사

• oro 청하다(기도하다); rogo 청하다(빌다); interrogo 묻다(심문하다) 등의 동사는 통상 사물이나 사람 가운데 하나의 대격만을 가진다. 그러나 중성대명사(관계 대격)가 제시되면, 이들 동사들은 사람과 사물에 대해 두 개의 대격을 가질 수 있다. 이와 달리 사물을 전치사 ut나 ne를 삽입하여 접속사문으로 표현하거나, rogo와 interrogo 동사는 사물을 "de+탈격" 형태로 표현하기도 한다.

|중성대명사|
Hoc te vehementer rogo. 나는 네게 이것을 강력하게 청한다.
|ut/ne 접속사문|
Te rogo, ut mihi subvenias. 저를 도와주시기를 당신에게 청합니다.
|de+탈격|
Consul transfugas de hostium numero interrogavit.
집정관은 투항자들에게 적들의 수에 대해 물었다.

• 주로 원로원 등에서 정형화된 문구로 사용되는 "rogare aliquem sententiam ~에게 자신의 의견을 묻다"라는 관용어는 이 규칙에서 예외이다. 아울러 사물의 대격 형태는 수동문에서도 유지된다.
Racilius me primum sententiam rogavit. (Cic.) 라칠리우스가 내게 처음 견해를 물었다.
Caesar, rogatus sententiam, huiuscemodi verba locutus est. (Sall.)

개사르는 자신의 선해를 실분받고, 이 같은 말들을 이야기했다.

---

vehementer, adv. 강하게, 활기차게

subvenio, is, veni, ventum, ire, 4 intr. (여격 요구) 도우러 오다, 돕다, 구조하다, 치료하다

transfuga, -ae, f. 투항자, 탈주병

huiuscemodi(huiusmodi), gen., qualit. 이러한, 이 같은, 이 모양의

loquor, eris, locutus (loquutus sum), loqui, 3 intr. et tr. dep. 말하다, 이야기하다

---

### 5) peto, quaero 동사

• "peto (얻기 위해) 청하다, quaero (알기 위해) 묻다"

'묻다'라는 의미를 표현할 때 일반적으로 이 두 동사가 사용된다. 이때, 질문의 대상을 대격으로, 질문을 받는 사람은 "a/ab(quaero 동사는 전치사 ex를 선호)+탈격" 형태로 표시한다.

Coriolanus auxilium petiit a Volscis. (Cic.)

코리올라누스는 볼스키에게 도움을 (얻기 위해) 청했다.

Caesar quaerit ex Lisco ea, quae in conventu dixerat. (Caes.)

캐사르는 의회에서 말한 것을 리스쿠스에게 물었다. (직역: 캐사르는 리스쿠스가 의회에서 말했던 그것들을 알기 위해 리스쿠스에게 물었다.)

• '묻다'라는 의미의 다른 동사들로는 postulo, imploro, sciscitor(호기심에 묻다) 등이 있으며, 이들 동사들도 peto와 quaero 동사와 같은 문장 구조를 가진다.

• peto와 quaero 동사는 모두 '묻다'라는 뜻이지만 그 의미상의 차이를 구분해야 한다. peto는 '얻기 위해 청하다(묻다)', quaero는 '알기 위해 묻다'라는 의미이다.

• petere 동사의 원 의미는 "어떤 것을 찾아(얻으러) 가다"라는 뜻이며, 그 밖의 다른 뜻도 있다.

petere Romam, castra 진지를 향해, 로마로 가다

petere hostem 적에게 가다, 적을 공격하다

petere consulatum 집정관 직을 갈망하다, 집정관 직에 입후보하다

petere aliquid ab aliquo ~에게 ~을 청하다

---

Coriolanus, -i, m. 코리올라누스(라티움에 병합된 고대 볼스키의 정복자)

Volsci, -orum, m. pl. 볼스키(볼쉬)(라티움의 한 종족)

---

conventus, ─us, m. 모임, 심의회, 협정, 계약    consulatus, ─us, m. 집정관 직

## IV. 대격 형태의 보어

라틴어에서는 목적 보어 외에도 범위, 거리, 나이 등과 같은 측량이나 계산에 대해서 대격으로 표현한다. 각각의 보어들은 공간(범위와 거리)과 시간(나이)에 대한 계산과 관련되지만, 라틴어에서는 전통적으로 대격으로 표현한다.

## 1. 공간에서의 측량 보어

측량 보어는 공간적 치수, 즉 길이, 높이, 넓이, 깊이와 폭을 표현하는 데 필요하다. 정도를 표현하는 수는 대격이나 속격으로 옮긴다.

• longus 긴, latus 넓은, altus 높은 등의 형용사가 삽입되면 대격으로 나타낸다.
  Caesar duas fossas quindecim pedes latas perduxit. (Caes.)
  캐사르는 두 도랑을 15보 넓이로 연장했다.

• 정도를 표현하는 수가 하나의 명사와 연결되면 속격으로 나타낸다.
  Caesar aggerem et vallum duodecim pedum exstruxit. (Caes.)
  캐사르는 12보마다 보루와 성벽을 쌓았다.

• "patere, extendi/diffundi in longitudinem/in latitudinem 길이로/넓이로 확장하다/널리 퍼지다"라는 표현은 정도를 표시하는 수(數)를 대격으로 나타낸다.
  Helvetiorum fines in longitudinem milia passuum centum quadraginta, in latitudinem centum octoginta patebant. (Caes.)
  스위스 사람의 영토는 길이로 14만, 넓이로 18만으로 뻗쳐 있었다(펼쳐져 있었다).
  N.B. 라틴어는 "천, 2천, 3천"이라는 표현에 'passus'라는 명사를 첨가하여 "mille passus, duo milia passuum, tria milia passuum"이라고 말한다.

• 계속적 시간 보어와 일치하는 시간의 측정은 대격으로 표현한다.
  De te dies noctesque cogito. (Cic.) 나는 밤낮으로 너에 대해 생각한다.

> fossa, −ae, f. 도랑, (성벽 주위에 도랑처럼 파서 물을 괴게 한) 호, 운하
>
> pes, pedis, m. 발, (상, 걸상, 침대 등의) 다리
>
> agger, aggeris, m. 축대, 제방, 보루, 방축, 성벽
>
> vallum, −i, n. 울타리, 방어책, 성벽 　　　　　 Helvetii, −orum, m. pl. 스위스 사람
>
> finis, finis, m./f. 경계(선), 끝, 목표; pl. 영토, 영역, 국토
>
> perduco, is, duxi, ductum, ere, 3 tr. 안내하다, 인도하다, 연장하다, 길게 끌다, 계속하다
>
> exstruo(extruo), is, struxi, structum, ere, 3 tr. 쌓다, 쌓아 올리다, 건축(건립)하다, 확대하다
>
> pateo, es, patui, ere, 2 intr. 열려 있다, 길이 나 있다, 펼쳐지다, 뻗쳐 있다, (비인칭) 명백(분명)하다
>
> extendo, is, tendi, tensum(tentum), ere, 3 tr. 펼치다, 늘리다, 연장하다, 확장하다
>
> diffundo, is, fudi, fusum, ere, 3 tr. 쏟다, 흘러 퍼지게 하다, 널리 퍼지다

## 2. 거리 보어

라틴어에서 거리는 "absum, disto 거리가 있다, 떨어져 있다"라는 동사로 표현된다. 라틴어에서 거리를 표현하는 방식은 크게 두 가지이다.

• 거리를 정하는 수(數)는 대격과 탈격 구별 없이 표현된다. 때론 탈격 "spatio 공간, intervallo 간격"에 종속하는 속격 형태의 표현도 찾아볼 수 있다.

• 거리 계산과 관련한 장소나 도시명은 전치사 "a/ab + 탈격" 형태로 표시한다.
Hadrumetum abest a Zama circiter milia passuum trecenta. (Nep.)
하드루메툼은 자마에서 30만 보 정도 거리에 있다.
Insula abest a mari ducentis[1] stadiis. (Plin.) 섬은 바다에서 2백 스타디움 떨어져 있다.
Iugurtha duum(=duorum) milium[2] (passuum) intervallo consedit. (Sall.)
유구르타는 2천 보 간격으로 주둔했다.

• 거리를 정하는 장소가 명시되지 않으면, 수(數)는 "a/ab + 탈격"으로 나타낸다. 하지만 이는 absum이나 disto 동사가 없을 때이다.
Hostes a milibus passuum duobus castra posuerunt. (Caes.) 적들이 2천 보 거리에 진을 쳤다.

• 거리는 로마 시의 성벽을 기점으로 1,000보(대략 1.5km)마다 길에 이정표석(lapides)을 세웠

---

1) 탈격.
2) 속격.

는데, 이를 통해 거리를 계산할 수 있었다.

Avus meus ad quintum lapidem ab urbe sepultus est.

나의 할아버지는 도시에서 5천 보 떨어진 곳에 매장되었다.

•거리를 가리키는 또 다른 방법으로 여행일, 즉 가는 데 걸리는 시간을 언급하기도 하였다.

Aberat iter duorum dierum (bidui), iter trium dierum. (tridui)

이틀 거리, 사흘 거리에 떨어져 있었다.

Zama quinque dierum iter a Carthagine abest. (Liv.)

자마는 카르타고에서 5일 거리에 떨어져 있다.

---

spatium, −ii, n. 공간, 간격, 사이, 거리, 동안　intervallum, −i, n. 간격, 거리

Hadrumetum(Adrumetum), −i, n. 하드루메툼(아프리카 해안에 위치한 도시)

Zama, −ae, f. 자마(한니발과의 전쟁으로 유명한 Numidia의 도시)

stadium, −ii, n. 경기장, 투기장; (그리스의 측량으로 125보) 185m의 거리

consido, is, sedi, sessum, ere, 3 intr. 함께 앉다, 정주하다, 활동을 쉬다, (군대) 포진하다, 주둔하다

pono, is, posui, positum, ere, 3 tr. 두다, (군) 배치하다, (진을) 치다

---

## 3. 나이 보어

1) 라틴어에서 나이를 표현하는 방법은 크게 세 가지로 구분된다.

•과거분사 natus는 언급하는 명사와 성을 일치시키고, 숫자는 기수 대격을 쓴다.

Alcibiades annos circiter quadraginta natus diem obiit supremum. (Nep.)

알치비아데스는 대략 40세에 죽었다.

•현재분사 agens와 결합하면 서수 대격으로 표시한다.

Annum agens sextum decimum patrem amisit. (Svet.) 그는 15세에 아버지를 여의었다.

(직역: 그는 16세를 살고 있는 동안 아버지를 여의었다. 즉 아직 16세에 도달하지 않았기 때문에 15세를 의미한다.)

•연령대를 가리키는 명사 puer 소년(17세까지), adulescens 청소년(20세까지), iuvenis 젊은이 (45세까지), vir 남자(60세까지), senex 노인 등의 명사를 동반할 경우 나이는 속격으로 나타낸다.

Hamilcar in Hispaniam secum duxit filium Hannibalem annorum novem. (Nep.)

하닐가르드는 스페인에 자신과 더불어 9살 된 아들 한니발을 데리고 왔다.

N.B. "나이와 출생"에 대해서는 제1권 "Pars 2, Lectio II. 수사와 대명사적 형용사"를 참조하라.

E.g. 1. 캐사르는 15살에 아버지를 여의었다.

Caesar, quindecim annos natus, patrem amisit. (기수 대격)

Caesar, annum agens sextum decimum, patrem amisit. (서수 대격)

Caesar, adulescens quindecim annorum, patrem amisit.

E.g. 2. 카토는 85세에 죽었다.

Cato cum mortuus est octoginta quinque annos natus erat.

　　　　　　　　　octogesimum sextum annum agebat.

　　　　　　　　　senex octoginta quinque annorum erat.


2) 두 사람 사이에서 출생과 나이의 연장, 연하를 다룰 경우 "maior, minor natu"를 쓰고, 둘 이상의 사람일 경우 "maximus, minimus natu 가장 연장자, 연하"라고 쓴다.

Ita maximus natu in concilio respondit. (Cic.)

(모든 사람 가운데서) 가장 연장자가 의회에서 그렇게 말했다.


3) "4살 이상 적은(많은) 나이"라는 표현은 다음과 같이 쓸 수 있다.

minus (plus) quam quattuor annos natus (quam을 생략할 수 있음)

minor (maior) quam quattuor annos natus (quam을 생략할 수 있음)

minor (maior) quattuor annis natus

---

| | |
|---|---|
| Hispania, −ae, f. 스페인 | ita, adv. 이렇게, 그렇게 |

concilium, −ii, n. 의회, 평의회, 국민회의, (로마 가톨릭) 공의회

obeo, is, ii (드물게 ivi), itum, ire, intr. et tr. 향해서 가다, (해, 달, 별이) 지다, (사람) 죽다

"obeo diem(Svet.)/suum(Pl.)/supremum(Nep.), obeo mortem(Cic.) 죽다"라는 관용어

amitto, is, amisi, amissum, ere, 3 tr. 가게 하다, 떠나가게 하다, 버리다, 잃다

duco, is, duxi, ductum, ducere, 3 tr. 데리고 가다, 인솔하다, ~게 하다, 생각하다

---

## V. 이동 장소, 방향 "전치사+대격" 형태의 표현

in, ad, per 등과 같은 전치사 뒤에 오는 대격 형태의 명사는 이동 장소나 이동 방향을 나타낸다. 이동 방향은 apud, prope, propter, sub, subter, cis 등의 다른 전치사로도 표현될 수 있다.

이에 대해서는 제1권 "Pars 5, Lectio II. 전치사"를 참조하라.

## 1. 이동 장소 대격

• 전치사 in, ad 뒤에 오는 대격은 이동 방향이나 도착 지점을 가리킨다. 전치사 in은 일반적으로 장소 내부를 향한 이동을 가리키고, ad는 특정 장소로 접근하는 것을 가리킨다.

in urbem **ingredi** 도시로 들어가다　　　　　ad flumen **contendere** 강으로 향하다

**in potestatem alicuius esse** ~에게 속해(달려) 있다

(Helvetii) in Haeduorum fines pervenerant. (Caes.)
스위스 사람들은 해두이 사람들의 영토에 도달했다.
Hostes ad flumen contenderunt. (Caes.) 적들이 강으로 향했다.
(Romani) in hostes impetum fecerunt. (Caes.) 로마인들은 적들에 대항해서 공격을 했다.
N.B. 전치사 ad는 문장 안에서 때론 행위의 목적을 가리키고, ob와 propter는 행위의 원인을 가리킨다.

Non ad ludum et iocum facti sumus. 우리는 놀이와 농담을 위해 만들어지지 않았다.
N.B. "전치사 in + 대격"이 이동을 표현하지 않고 관용적 표현으로 사용될 때도 있다.

---

Helvetii, -orum, m. pl. 스위스 사람
Haedui(Aedui), -orum, m. pl. 해두이(손 강과 루아르 강 사이에 거주한 갈리아 종족)
finis, -is, m./f. 경계, 한계; 끝, 종말; 목표; pl. 영토, 영역
impetus, -us, m. 공격　　　　　　　　　ludus, -i, m. 장난, 유희, 놀이, 농담
iocus, -i, m. 농담
pervenio, is, veni, ventum, ire, 4 intr. 다다르다, 도착하다, 도달하다, (무슨 일을) 당하다
contendo, is, tendi, tentum, ere, 3 tr. 잡아당기다, 향해 가게 하다; intr. 향해 빨리 가다, 힘쓰다
facio, is, feci, factum, ere, 3 tr. et intr. 하다, 만들다, 얻다, 선출하다, 평가하다

---

• 도시명이나 작은 섬 이름, domus와 rus(시골) 명사는 전치사 없이 대격으로 이동 장소를 나타낸다. 이들 명사들은 소유격이나 속격과 함께 표현되기도 한다.
eo domum meam/domum Caesaris 나는 나의 집에/캐사르의 집에 간다
(Caesar) Ariminum proficiscitur. (Caes.) 캐사르는 리미니로 출발한다.
Quae causa fuit cur cuncta civitas domum tuam concurreret? (Cic.)
무슨 이유가 있어서 왜 모든 시민이 네 집으로 모여들었는가?

N.B. 때때로 domus, 도시명, 작은 섬 이름 앞에 전치사가 붙기도 한다. 건물 안이나 도시의 성 안으로 이동하는 것을 표현할 때, 물리적 접근(ad)이나 입장 (in) 개념을 강조하기 위함이다.

Omnes fiduciae pleni ad Alesiam proficiscuntur. (Caes.)
신념으로 충만한 모든 사람들이 알레시아로 떠난다.
Umbrenus eos in domum Bruti perducit. (Sall.)
움브레누스는 그들을 브루투스의 집으로 데리고 간다.

---

Ariminum, −i, n. 리미니(이탈리아 북부, 에밀리아로마냐의 도시)

cunctus, −a, −um, adj. 온, 전(全), 모든          plenus, −a, −um, adj. 가득한, 충만한

Alesia, −ae, f. 알레시아(갈리아의 도시)          Umbrenus, −i, m. 움브레누스(Catilina의 공범)

proficiscor, eris, fectus sum, ficisci, 3 dep. intr. 출발하다

concurro, is, curri, cursum, ere, 3 intr. 모여들다, 경쟁하다, 겹치다

perduco, is, duxi, ductum, ere, 3 tr. 안내하다, 데리고 가다, 이끌고 가다

---

## 2. 이동 방향 대격

• 전치사 "per+대격" 형태는 여정의 도착지를 향해 가는 실제나 비유적 장소를 가리킨다.
Erant omnino itinera duo unum per Sequanos, alterum per provinciam nostram. (Caes.)
모두 두 개의 길이 있었는데, 하나는 세콰니 방향이고, 다른 하나는 우리 속주 방향이었다.
Serpit per omnium vitas amicitia. (Cic.) 우정은 전 생애를 향해 뻗어 나간다.

• 왕래가 어떤 장소를 향해 가는 것이 아니라 제한된 장소 안일 경우, 전치사 "in+탈격" 형태로 사용된다. 여기에는 "terra marique 육지와 바다에서"라는 관용적 표현도 있는데, 전치사 없이 장소부사어로 쓰인다.
**ambulare in foro, in hortis, in litore** 광장을, 정원을, 해안을 산책하다

In foro cum filio inambulavit. (Liv.) 그는 아들과 함께 광장을 산책했다.
Principio aestatis in Hispania terra marique coeptum bellum est. (Liv.)
초여름 스페인에서는 육지와 바다에서 전쟁이 시작되었다.

• 이동 장소나 수단을 가리키는 명사(pons 다리, via 길, porta 문 등)는 일반적으로 탈격을

쓴다.

Pompeius decumana porta se ex castris eiecit. (Caes.)
폼페이우스는 진지 밖 제10군단의 문으로 내동댕이쳐졌다.

---

iter, itineris, n. 여행, 길, 방법
Sequani, −orum, m. pl. 세콰니 사람들[프랑스와 스위스 사이의 Rhine 강에서 Rhone 강에 이르는
산맥에 위치한 프랑슈콩테(Franche−Comté)와 부르고뉴 지역에 사는 프랑스 민족]
decumanus, −a, −um, adj. 십일조의, 제10군단의, 제10보병대의
serpo, is, serpsi, serptum, ere, 3 intr. 기다, 뻗어 나가다, 감기어 올라가다, 만연하다
inambulo, as, avi, atum, are 1 intr. 이리저리 거닐다, 산책하다
eicio, is, eieci, eiectum, ere, 3 tr. 내던지다, 내쫓다, 추방하다

---

## VI. 그 밖의 대격 용법

대격은 목적어 역할을 하는 하나의 대격(단일 대격), 두 개의 대격(이중 대격), 보어 대격 외에도, 그리스어에서 유래하는 관계 대격, 부사어 대격, 감탄 대격으로도 사용될 수 있다.

### 1. 관계 대격(그리스어에서 유래하는 대격)

라틴어에서 대격은 단지 능동형 타동사와 탈형동사만이 가진다. 그럼에도 종종 시, 드물게 산문 등에서 "indutus 입은, ictus 얻어맞은, cinctus 띠를 두른" 등과 같은 과거분사, "nudus 벗은, saucius 상처 입은, similis 비슷한" 등과 같은 형용사와 연결된 대격을 발견하기도 한다. 이 대격은 특히 신체 부위와 관련하는데, 아마도 그 기원은 고대 중간태 동사 때문에 목적 대격을 갖는 것 같다. 가령 "loricam induitur 그는 갑옷을 입는다"라는 Vergilius의 표현 유형은 그리스어의 표현과 유사하다. 따라서 이러한 언어적 특징 때문에 관계 대격을 그리스어에서 유래하는 대격이라고도 부른다. 관계 대격이라고 부르는 이유는 형용사나 자동사가 언급하는 사물과의 관계를 가리키기 때문이며, 관계 대격은 제한과 방법의 보어 자리에 위치한다.

Notus evolat terribilem picea tectus caligine vultum. (Ov.)
남풍은 새까만 구름에 의해 끔찍한 표정으로 날아간다.
Puer nudus pedes umerosque apparuit. 소년은 맨발과 맨 어깨 차림으로 나타났다.

---

notus(notos), −i, m. 남풍 (바람 이름)          terribilis, −e, adj. 무시무시한, 무서운

piceus, -a, -um, adj. 억칭같이 새까만

tectus, -a, -um, adj. 가려진, 덮인, 땅속에 있는, 숨은, 애매한

caligo, -ginis, f. 짙은 안개, 구름, 연무, (눈앞이) 희미함, 우울

vultus, -us, m. 얼굴 표정, 안색, 얼굴, 초상, 외양

umerus(humerus), -i, m. 어깨

evolo, as, avi, atum, are, 1 intr. 날아가다, 날아서 달아나다, 급히 달아나다

appareo(adp-), es, parui, pariturus, ere, 2 intr. 나타나다, 드러나다, 보이다

## 2. 부사어 대격

동사와 전치사가 연결되지 않은 대격을 부사어 대격이라고 한다.

### 1) 양을 나타내는 몇몇 중성대명사와 형용사

| | |
|---|---|
| aliquid 약간 | nihil 전혀 |
| minimum 조금(아주 적게) | maximum 가장 큰 |
| nimium 너무 | plerumque 대부분 |
| multum 많이 | paucum 조금 |
| summum 마지막으로(최대) | |

Nihil me clamor iste commovet. (Cic.) 그러한 함성은 전혀 나를 감동시키지 않는다.
Bis terve summum (Cic.) 최대 두 번 또는 세 번

### 2) 상관관계 표현 "partim ~ partim 부분적으로(일부는) ~ 부분적으로(일부는)" 또는 그 밖의 다른 표현들

magnam, maiorem, maximam partem 대부분
id aetatis(=ea aetate) 그 나이에        id temporis(=eo tempore) 그 시절에
id genus(=eius generis) 그 종류의

Gylippus fugientes partim capit, partim caedit. (Iust.)
질리푸스는 도망자들을 일부는 체포하고, 일부는 죽인다.
Amici isti magnam partem cessatores sunt. (Gell.) 그 친구들은 대부분 게으름뱅이이다.
Saepe id temporis anni oriuntur nimbi. (Varr.)
가끔 그 계절에 소나기가 생긴다. (직역: 가끔 계절의 그때에 소나기들이 발생한다.)

clamor, -oris, m. 고함소리, 함성, 부르짖음

iste, -a, -ud, pron. 저 사람, 저것, (경멸의 뜻) 그까짓, 이러한, 그러한

cessator, -oris, m. 게으름뱅이                    nimbus, -i, m. 소나기

commoveo, es, movi, motum, ere, 2 tr. 움직이게 하다, 격동시키다, 감동시키다

capio, is, cepi, captum, ere, 3 tr. 잡다, 체포하다, 점령하다, 이해하다

caedo, is, cecidi, caesum, caedere, 3 tr. 베다, 자르다, 죽이다

orior, oreris, ortus sum, part. fut. oriturus, oriri, 3 et 4 dep. intr. (해, 달, 별이) 뜨다, (날이) 밝다, 발생하다, 출생하다, 생기다

## 3. 감탄 대격

문장의 첫머리에 "o, heu" 등의 감탄사를 두거나 감탄사 없이 대격을 사용한다. 경이, 아픔, 분노를 가리키는 감탄은 생략문을 구성한다.

Heu me miserum! (Cic.) 아이고, 불쌍한 내 신세야!

O virum, o civem! (Cic.) 아, 사람아, 오, 시민이여!

Me infelicem! 아, 불쌍한 내 신세!

감탄은 다음과 같은 방법으로도 표현될 수 있다.

ecce + 주격: Ecce lupus. 여기 늑대가 있다!

vae, ehi + 여격: Vae victis! 패자들에게 앙화로다! 패자는 비참하도다!

pro, io + 호격: Pro curia inversique mores! 오 원로원이여, 오 바뀐 관습들이여!

pro + 대격: Pro deum hominumque fidem! (Cic.) 아~ 신들과 인간들의 성실함이여!

bene + 대격: Bene consulem! 집정관 만세! Bene milites victores! 승리한 군인들 만세!

# Casus Genitivus

## 속격

라틴어 문법에서 '속격(casus genitivus)'은 그리스어 'γενική πτῶσις(ghenikè ptòsis)'의 번역으로, 그 의미는 "종류의 격, 범수의 격"이라는 뜻이다. 속격의 문법적 주요 기능은 명사의 상세 설명(명사의 소유격)이며, 형용사나 동사도 상세하게 설명할 수 있다. 따라서 속격의 문법적 역할은 크게 세 가지로 나눌 수 있다.

- 명사의 속격(domus patris 아버지의 집)
- 형용사나 분사의 속격, 즉 속격 요구 형용사와 분사(memor beneficii 잊히지 않는 호의, amans veritatis 진리를 사랑하는)
- 동사에 의한 속격, 즉 속격 요구 동사(miserere nostri 우리를 불쌍히 여기소서)
  N.B. miserere는 수동형 명령 단수 2인칭이다.

## I. 명사의 속격

### 1. 주어와 목적어 기능의 속격

속격은 주어와 목적어로서 기능한다. 속격 명사의 기능을 구분하기 위해 주어와 목적어 기능의 속격이라고 정의하는데, 이 명사들은 행위나 존재의 상태를 표현하는 동사에서 유래한 것이다.

| | |
|---|---|
| amor 사랑 | labor 일/성가심 |
| fletus 울음 | iniuria 모욕 |

- 주어 기능의 속격은 명사가 나타내는 행위의 주체, 즉 주어를 표현한다.
  flectus puerorum 소년들의 울음=Pueri flent. 소년들이 운다.

sensus animi 영혼의 느낌＝Animus sentit. 영혼이 느낀다.

adventus hostium 적들의 도래＝Hostes adveniunt. 적들이 도래한다(온다).

• 목적어 기능의 속격은 명사가 나타내는 행위의 대상을 가리킨다.

amor libertatis 자유에 대한 사랑＝Amare libertatem. 자유를 사랑하다.

cupiditas honorum 명예에 대한 갈망＝Cupere honores. 명예를 갈망하다.

timor mortis 죽음에 대한 두려움＝Timere mortem. 죽음을 두려워하다.

|주어 기능의 속격|

Auctoritas principum cecidit. (Cic.) 군주들의 권위가 떨어졌다.

|목적어 기능의 속격|

Metus est opinio magni mali impendentis. (Cic.) 공포는 가까이 있는 큰 악에 대한 생각이다.

• 목적어 기능의 속격은 우리말로 "~에 대한, ~에 대하여, ~에 관한, ~에 대항하여"라고 옮길 수 있다.

pietas parentum 부모님에 대한 효심, Cicero는 "pietas erga parentes"라고 표현하기도 함; cupiditas pecuniae 재화에 대한 욕망; ira hostium 적들에 반대한 분노(적들에 대한 분노); opinio deorum 신들에 대한 견해, Cicero는 "opinio de diis"라고 표현하기도 함.

• 인칭대명사의 속격 "mei 나에 대한, tui 너에 대한, sui 자기에 대한, nostri 우리에 대한, vestri 너희에 대한"이라는 의미의 목적어 기능의 속격이다. 주어 기능의 속격은 소유형용사 "meus 나의, tuus 너의, noster 우리의, vester 너희의" 등을 사용한다.

|소유형용사|

timor noster 우리의 두려움(우리가 갖는 두려움을 의미한다.)

|인칭대명사의 속격|

timor nostri 우리에 대한 두려움(타인이 우리에 대해 갖는 두려움을 의미한다.)

Grata est mihi tua[3] memoria nostri.[4] (Cic.) 나에게 우리에 대한 너의 기억은 즐겁다.

Curam nobis nostri natura mandavit. (Sen.) 자연은 우리에게 우리에 대한 보호를 맡겼다.

• 대명사 nos와 vos는 두 가지 형태의 속격을 가진다.

|목적 속격| nostri 우리에 대한, |분할 속격| nostrum 우리 가운데

|목적 속격| vestri 너희에 대한, |분할 속격| vestrum 너희 가운데

---

3) 주어.

4) 목적어.

Magna est admiratio vestri. 너희에 대한 감탄은 크다.

Quis vestrum hoc non audivit? 너희 가운데 누가 이것을 듣지 않았니?

• "nostrum omnium 우리 모두에 대해, vestrum omnium 너희 모두에 대해"라는 표현은 분할 속격의 의미가 없다.

---

princeps, principis, m. 군주, 임금                    metus, -us, m. 공포, 두려움

opinio, -onis, f. 견해, 생각, 명망                    admiratio, -onis, f. 감탄, 찬탄

impendeo, es, ere, 2. intr. et tr. 가까이 있다, 위협하다

mando, as, avi, atum, are, 1 tr. 맡기다, 위임하다, (마음에) 새기다

cado, is, cecidi, part. fut. casurus, cadere, 3 intr. 떨어지다, 죽다, 실패하다, 빠지다, 되다

---

## 2. 소유 속격(Genitivus Possessivus)

• 소유 속격은 특정 사물에 대한 소유, 속성, 적합성을 가리킨다.

Naves hostium celerrimae erant. 적들의 배들은 아주 빨랐다.

Carmina Vergilii suavissima sunt. 베르질리우스의 시들은 아주 감미롭다.

• filius 아들, filia 딸, uxor 아내 등의 친인척; templum, aedes 신전 등의 명사는 소유 속격 다음에 생략되곤 한다.

Terentia Ciceronis (uxor) 치체로의 (아내) 테렌티아

Hannibal Hamilcaris (filius) 하밀카르의 (아들) 한니발

Ad Vestae (templum) consedimus. (Liv.) 우리는 베스타 (신전) 근처에 정착하였다.

---

celer, celeris, celere, adj. (비교급 celerior, 최상급 celerrimus) 빠른

carmen, carminis, n. 노래, 시                    suavis, -e, adj. 단, 맛있는, 부드러운

consido, is, sedi, sessum, ere, 3 intr. 함께 앉다, 정착하다, 주저앉다

---

## 3. 규정 속격

• 규정 속격은 일반 개념의 명사를 상술하는 것이다.

Arbor palmae (Plin.) 종려나무 (arbor는 나무의 일반 개념을 나타내고, 속격 palmae는 나무의 종류를 결정한다.)

virtus temperantiae 절제의 덕, stella Mercurii 수성, nomen sapientis 지혜의 이름

•urbs 도시, insula 섬, mons 산, flumen 강, provincia 속주 등과 같은 지리적 명사는 절대 속격을 수반하지 않고, 동격 고유명사가 뒤따른다.
Urbs Roma 로마 시, insula Sicilia 시칠리아 섬

## 4. 의무(본분) 속격

•의무 속격은 특정 행위나 역할을 해야 하는 의무나 본분이 있는 사람을 가리킨다. 의무 속격은 우리말로 "~해야 하는 의무(본분)가 있다, ~의 의무다"라고 옮긴다. 일반적으로 라틴어는 '의무, 본분'을 의미하는 명사 "officium, munus"나 형용사 "proprium"을 생략하고 속격 하나로 표현한다.
Est adulescentis maiores natu vereri. (Cic.) 연장자를 공경하는 것은 젊은이의 본분이다.
Militum est parere, ducis imperare.
복종하는 것(복종)은 군인들의 의무이고, 명령하는 것(명령)은 장군의 본분이다.

•"meum, tuum, nostrum, vestrum (officium) est 나의, 너의, 우리의, 너희의 본분이다", 3인칭 은 "eius, eorum(=illius, illorum) (officium) est 그의, 그들의 본분이다"라고 표현한다. suum 은 주절의 주어와 같은 부정사문에서만 사용된다.
Est tuum videre quid agatur. (Cic.) 무엇을 해야 될지 보는 것은 너의 본분이다.
Eius est saluti nostrae consulere. 우리의 안녕을 보살피는 것이 그의 본분이다.
Dux ait suum esse militum saluti consulere.
지휘관은 병사들의 안전을 돌보는 것이 자신의 본분이라고 말했다.

---

adulescens, -entis, adj. 젊은; m. (20살까지의) 젊은이, 청소년
maior natu 연장자                              miles, militis, m. 군인
dux, ducis, m./f. 길잡이, 지휘자, 장군, 군주    salus, salutis, f. 건강, 안녕, 복지, 구원
vereor, eris, veritus sum, eri, 2 dep. tr. et intr. 존경하다, 두려워하다, 주저하다
pareo, es, parui, paritum, ere, 2 intr. 나타나다, 복종하다; (비인칭) paret 분명하다
consulo, is, consului, consultum, ere, 3 intr. (+dat.) 보살피다, 돌보다; tr. 문의하다

## 5. 성질 속격

성질 속격은 사람과 사물의 성질, 특성을 가리킨다. 라틴어는 성질을 속격이나 탈격으로 표현한다.

1) 속격(때때로 탈격으로도 표현)
•성질 속격은 도덕적 성격(재능, 소질, 분별 등)이나 특성을 표현하기 위한 격이다. 성질을 가리키는 명사는 늘 성질 형용사 "magnus 뛰어난, maximus 최대의, praeclarus 비범한" 등을 수반한다.

Vir magni ingenii(=magno ingenio) 뛰어난 재능의 사람

Vir summae auctoritatis(=summa auctoritate) 최고 권위자(최고권자)

Pedites levis armaturae 경무장한 보병들

•무게, 도량, 시간, 나이, 수에 대한 측정은 항상 속격을 사용한다.

|도량|

Caesar aggerem et vallum duodecim pedum exstruxit. (Caes.)
캐사르는 12보마다 보루와 성벽을 쌓았다.

Hostium classis undenonaginta navium fuit. (Liv.) 적들의 함대는 89척이었다.

|나이|

연령대를 가리키는 명사 puer 소년(17세까지), adulescens 청소년(20세까지), iuvenis 젊은이(45세까지), vir 남자(60세까지), senex 노인 등의 명사가 동반할 경우 나이는 속격으로 나타낸다.

Hamilcar in Hispaniam secum duxit filium Hannibalem annorum novem. (Nep.)
하밀카르는 스페인에 자신과 더불어 9살 된 아들 한니발을 데리고 왔다.

|시간|

pridie eius diei(그날의 하루 전) 전날, 하루 전; post diem tertium eius diei 3일 후

•성질 속격의 관용적 표현
huius (eius) modi 이러한(그러한) 방식에 대해서는
huius (eius) generis 이러한(그러한) 종류에 대해서는

Sunt innumerabilia generis eiusdem. (Cic.) 이러한 종류에 대해서는 헤아릴 수 없다.

---

ingenium, -ii, n. 성질, 성격, 성품, 재주          pedes, peditis, m. 보행자, 보병

levis, −e, adj. 가벼운, 민첩한                    armatura, −ae, f. 무장

agger, aggeris, m. 축대, 제방, 보루, 방축, 성벽

vallum, −i, n. 울타리, 방어책, 성벽              genus, generis, n. 종류, 민족, 혈통, 종족

innumerabilis, −e, adj. 헤아릴 수 없는, 무수한

exstruo(extruo), is, struxi, structum, ere, 3 tr. 쌓다, 쌓아 올리다, 건축(건립)하다, 확대하다

2) 신체적 특성(신장, 색)을 표현할 때는 항상 탈격을 사용한다.

Agesilaus et statura fuit humili et corpore exiguo. (Nep.)
아제실라우스는 작은 키에 왜소한 몸이었다.

Catilina fuit magna vi et animi et corporis. (Sall.)
카틸리나는 정신적으로나 육체적으로 대단한 힘이 있었다. (직역: 카틸리나는 정신과 육체의 대단
한 힘이 있었다.)

statura, −ae, f. 신장, 키                    humilis, −e, adj. 낮은, 작은, 비천한, 겸손한

corpus, corporis, n. 몸, 신체, 주요부, 본문     exiguus, −a, −um, adj. 작은, 빈약한

vis, (acc. vim, abl. vi; pl. vires, virium, viribus) f. 힘, 효력; pl. 능력, 재능

## 6. 분할 속격

분할 기능으로 사용되는 명사의 속격은 전체의 한 부분을 가리키기 위한 표현이다. 분할
속격은 크게 수(數)와 양(量)에 관한 분할 속격을 가진다.

### 1) 수(數)에 의한 분할 속격
• 수를 표현하는 명사
numerus 수(數)                    pars 부분
multitudo 다수(많음, 군중)        turba 무리

Militum pars incolumis in castra pervenit. (Caes.)
군인들 가운데 무사한 일부가 진지에 도착했다.

• 비교급과 최상급
maior 더 큰                       prior 더 나은(뛰어난)
maximus 최상의                    primus 제일의

Prior horum in proelio cecidit. (Nep.) 이들 가운데 더 나은 사람이 전쟁에서 전사했다.
Excellentissimi fuerunt Persarum Cyrus et Darius. (Nep.)
페르시아인들 가운데 가장 뛰어난 사람은 치루스와 다리우스였다.


• 미한정 대명사와 수사

nemo 아무도 아니                    nullus 아무도 아니

aliquis 어떤                        quis 아무(누가)

unus 하나                          duo 둘

viginti 스물


• 장소부사

ubi 어디에(어느 곳에)              ubinam 어디에(어느 곳에)

ubicumque 어디에든지(도처에)       eo 그곳으로(그리로)


Exspectabam aliquem meorum. (Cic.) 나는 내 안의 어떤 것들을 기다리고 있었다.
Ubinam gentium sumus? (Cic.) 우리는 사람들 가운데 어디에 있는가?

---

incolumis, −e, adj. 손상되지 않은, 안전한, 무사한, 상처 없는

proelium, −ii, n. 전쟁, 전투                    excellens, −entis, adj. 우수한, 훌륭한, 고귀한

Perses(Persa), −ae, m. 페르시아인; Persae, −arum, m. pl. 페르시아인들

pervenio, is, veni, ventum, ire, 4 intr. 다다르다, 도착하다, (누구의 손에) 들어가다, (무슨 일을)
당하다

cado, is, cecidi, part. fut. casurus, cadere, 3 intr. 떨어지다, 죽다, 전사하다, 되다, 실패하다

---

2) 양(量)에 의한 분할 속격

• 양을 가리키는 명사

acervus 더미                        modius 말(약 8.75 ℓ)

amphora (액체 용량: 약 20 ℓ) 항아리    vis 다량(多量)


Amphora vini (Plin.) 포도주 한 항아리(포도주 20L), modius tritici (Cic.) 곡식 한 말
Gentes vim argenti dederant nostro imperatori. (Cic.)
사람들은 엄청난 양의 돈을 우리 황제에게 주었다.


• 중성대명사와 명사화된 형용사

nihil 아무것도 아니                    aliquid 약간(일부)

quid 얼마나 많은                       hoc 이와 같은

quod 얼마나                            multum 많음(다수)

plus 더 많음                           minus 매우 적음

tantum 그만큼 많은                     quantum 얼마나 큰 것


• 명사 기능으로 사용되는 부사

satis 충분한                           parum 조금

nimis 너무


Multum verae gloriae Persius meruit. (Quint.) 페르시우스는 많은 참된 영광을 받을
만했다. (직역: 페르시우스는 참된 영광의 많음을 받을 만했다.)

Iustitia nihil expetit praemii. (Cic.) 정의는 아무런 보상을 바라지 않는다.

Silanus studii habuit non multum, sed acuminis satis. (Cic.)
실라누스는 많은 열정을 갖지 않았지만, 풍부하고 날카로운 관찰력을 가졌다.

---

triticum, -i, n. 곡식                              argentum, -i, n. 은, 은화, 돈, 화폐

pracmium, -ii, n. 노획물, 보수, 상급, 상금         studium, -ii, n. 공부, 정열, 열망, 애착, 학문

acumen, acuminis, m. 날카로움, 예민함, 명민함

do, das, dedi, datum; dare, 1 tr. 주다

mereo, es, ui, itum, ere, 2 tr. et intr. 받을 만하다, ~할 자격이 있다.

expeto, is, petivi(petii), petitum, ere, 3 tr. et intr. 간절히 바라다, 요구하다, 얻으려고 노력하다

---

## 3) 분할 속격의 특수 용법

• 비교급이나 최상급 다음에도 "e/ex, de + 탈격" 형태를 가질 수 있다. 한편, 수사나 미한정
대명사 다음에 속격 형태의 문장을 선호한다.

Ad legiones profectus, Domitius unam ex tribus educit. (Caes.)
군단에 간 도미티우스는 셋 중에 하나를 이끌고 나온다.

Mitte ad nos de tuis aliquem tabellarium. (Cic.) 너의 가운데 누구를 우리에게 보내라!


• uter, uterque, neuter 다음에 대명사가 오면 일반적으로 분할 속격을 갖고, 단수 명사가
오면 uter, uterque, neuter는 형용사의 의미를 갖는다.

|대명사|

Uter nostrum? 우리 가운데 누가?

N.D. "넷 이닝의 사람 가운데 누가?"라는 표현은 "Quis nostrum? 우리 가운데 누가?"라고 한다.
Neuter eorum? 그들 가운데 아무도 (아니)?

|단수 명사|
Uter consul? 둘 중에 어느 집정관?
Utra puella? 둘 중에 어느 소녀?
Utrum praemium? 두 상 중에 어느 것?

•"plerique, pleraeque, pleraque 대부분의" 다음에 대명사가 따르면 항상 분할 속격을 갖고,
명사가 오면 형용사의 의미가 된다.

|대명사|
plerique nostrum 우리 가운데 대부분
plerique eorum 그들 가운데 대부분

|명사|
plerique homines(=hominum) 대부분의 사람들
Humanarum rerum fortuna pleraque regit. (Sall.) 행운이 인간사의 대부분을 지배한다.

•중성대명사 "aliquid 어떤 것; nihil 아무것도 아니" 다음에 형용사가 올 때에는 형용사
의 유형에 따라 달라진다.

|형용사 제1형|
aliquid, nihil 다음에 형용사 제1형이 오면, 분할 속격을 가지거나, 중성대명사에 일치한 중성 형용
사를 사용할 수 있다.
aliquid novi(분할 속격), aliquid novum(중성대명사에 일치) 새로운 어떤 것

|형용사 제2형|
aliquid, nihil 다음에 형용사 제2형이 오면, aliquid와 nihil이 중성대명사이므로 중성 형용사로
일치시킨다.
aliquid utile 유용한 어떤 것, nihil memorabile 기억할 만한 것이 아닌 것
N.B. 형태가 다른 두 개의 형용사일 경우, 형용사의 형태를 일치시킨다.

aliquid triste[5] et novum[6] (Cic.) 우울하고 새로운 어떤 것(중성 형용사로 일치)
aliquid novi[7] et tristis[8] (분할 속격으로 일치)

---

5) 형용사 제2형.
6) 형용사 제1형.
7) 형용사 제1형.
8) 형용사 제2형.

> legio, legionis, f. 군단, 군대
> profectus, -a, -um, proficiscor(출발하다)의 과거분사
> tabellarius, -ii, m. 통보관, 집배원
> educo, is, duxi, ductum, ere, 3 tr. 이끌고 나오다, 교육하다
> mitto, is, misi, missum, ere, 3 tr. 보내다, 파견하다, 그만두다, 석방하다, 해임하다
> rego, is, rexi, rectum, ere, 3 tr. 다스리다, 지배하다

## II. 속격 요구 형용사와 분사

라틴어의 특정 형용사나 형용사 역할을 하는 분사는 명사의 속격을 목적어처럼 수반한다.

## 1. 속격 요구 형용사

• 열망, 반감 등의 의미를 담은 형용사

| | |
|---|---|
| cupidus 갈망(열망)하는 | studiosus 골몰(전념)하는 |
| avidus 몹시 하고 싶어 하는 | fastidiosus 싫어하는(귀찮아하는) |

Plebs, cupida rerum novarum, nimis bello favebat. (Sall.)
변혁(새로운 일들)을 갈망하는 평민은 지나치게 전쟁을 좋아하였다.
Litterarum Latinarum fastidiosus (Cic.) 진저리(넌더리)나는 라틴 문학
Laudis avidi erant. (Sall.) 그들은 칭찬을 갈망하였다.

N.B. fastidiosus는 고전 후기 여격을 요구하기도 하였다.
Adulescentia est fastidiosa monitoribus. 청소년기는 충고자들을 싫어한다. (Ambr.)

• 기억, 경험, 실천, 앎 등의 의미를 담은 형용사와 이의 반의어 형용사

| | |
|---|---|
| memor 기억하는(잊지 않는) | immemor 잊어버린(기억하지 않는) |
| peritus 경험 많은(숙련된, 전문가인) | consultus 깊이 생각한(검토한) |
| prudens 미리 아는(노련한, 신중한) | imperitus 미숙한(경험 없는) |
| rudis 손질하지 않은(미숙한) | imprudens 무지한(미숙한) |
| conscius 의식하고 있는 | gnarus 정통한 |
| ignarus 모르는(무식한) | insolens 이례적인 |

insuetus 경험 없는(숙달되지 않은)

In theatro imperiti homines rerum omnium rudes ignarique consederant. (Cic.)
극장에 매사에 미숙하고 경험 없는 무지한 사람들이 앉아 있었다.
Nostri erant huius generis pugnae imperiti. (Caes.)
우리는 이러한 종류의 전쟁에 대해서는 경험이 없었다.

• 참여, 용서, 특성, 풍부 등의 의미를 담은 형용사와 이의 반의어 형용사

| | |
|---|---|
| particeps 참여(관계)하는 | consors 같이 참여하는(공동의) |
| expers 참여(관여)하지 않는(관계없는) | compos 갖고 있는(얻은) |
| communis 공동의 | proprius 고유한(특수한) |
| alienus 관계없는(다른 사람의, 적의를 품은) | sacer 거룩한 |
| plenus 충만한(풍부한) | refertus 가득한(풍부한) 등. |

Praedae et praemiorum participes esse volumus. (Caes.)
우리는 노획물과 전리품에 참여하길(한몫 끼길) 원한다.
Terra sacra deorum omnium est. (Cic.) 대지는 모든 신들에게 성스럽다.

---

plebs, plebis, f. 평민, 백성, 하층민      nimis, adv. 너무, 지나치게

laus, laudis, f. 찬미, 칭찬, 예찬      praeda, -ae, f. 노획물, 전리품, 이득

praemium, -ii, n. 노획물, 전리품, 보수, 상금

faveo, es, favi, fautum, ere, 2 intr. (여격 요구) 호의를 보이다, 좋아하다; (종교 예식에서) 침묵시키다

consedeo, es, ere, 2 intr. 같이 앉아 있다

---

## 2. 속격 요구 분사

형용사 의미로 사용되는 타동사의 현재분사 중에 속격을 요구하는 현재분사도 있다. 이들 현재분사는 형용사처럼 비교급과 최상급도 허용된다.

• amans 사랑(좋아)하는; appetens 욕심 많은(탐하는); patiens 인내하는; impatiens 참지(견디지) 못하는; observans 준수하는; fugiens 회피(거절)하는 등.

Miles(=exercitus) impatiens solis, pulveris, tempestatum. (Tac.)
태양과 먼지, 폭풍우를 견디지 못하는 군인.
Vir optimus nostrique amantissimus. (Cic.) 우리 가운데 가장 선량하고 사랑스러운 인간.

## 3. 속격 요구 형용사의 특수 용례

• 'plenus 충만한, 가득한' 형용사는 거의 항상 속격을 요구하며, 드물게 탈격을 취한다.
'refertus 가득 찬, 풍부한' 형용사는 일반적으로 사람에 대해서는 속격, 사물에 대해서는
탈격을 가진다.
Referta Gallia est negotiatorum, plena civium. (Cic.)
갈리아는 풍부한 사업과 넘치는 시민들이 있다.

• 'alienus 관계없는(타인의)' 형용사는 "전치사 ab+탈격" 또는 전치사 없이 탈격으로만 쓸
수 있다.
Homo non alienus a litteris. (Cic.) 학문과 관계하는 인간.

• 'similis 비슷한, dissimilis 비슷하지 않은, amicus 친근한, inimicus 친근하지 않은' 등의
형용사는 여격 요구 형용사이다. 그러나 similis 형용사는 다음과 같은 표현에서 속격을
쓴다.
veri similis(=verisimilis) 사실 같은, 그럴듯한; mei, tui, sui, nostri similis 나와, 너와,
자기 자신과, 우리와 비슷한

| | |
|---|---|
| miles, militis, m. 군인 | sol, solis, m. 태양, 해 |
| pulvis, pulveris, m. (드물게 여성) 먼지 | tempestas, -atis, f. 폭풍우, 나쁜 날씨 |
| negotium, -ii, n. 일, 사업, 사무 | |

## III. 속격 요구 동사

라틴어의 동사 가운데 평가, 판단, 기억의 의미를 가지는 동사와 그 밖의 몇몇 동사는 목적어
로 대격이 아닌 속격을 요구한다. 이를 속격 요구 동사라고 한다. 일부 문법책에서는 '속격
지배', '2격 지배'라고 쓰기도 한다.

## 1. 평가 동사

우리말로 "평가하다, 판단하다, 생각하다, 여기다"라는 의미의 aestimo, duco, facio, puto,
habeo, sum 의미(가치) 있다, fio 평가되다(여겨지다) 등의 평가 동사는 정신적, 물질적

기치에 대한 평가를 속격으로 표현한다.

• 윤리적 평가와 같이 미한정적인 평가일 경우 속격을 쓴다. 이 경우 평가 동사는 일반적으로 속격 어미의 형태를 취한 정도부사를 수반한다.

| | |
|---|---|
| tanti 매우, 대단히 | pluris 더 |
| plurimi 대단히 | minoris 덜 |
| magni(non multi) 매우 | permagni, maximi 최대한 |
| parvi(non pauci) 조금 | minimi 아주 조금, 최소한 |
| nihil 전혀 ~아닌 | quanti 얼마나 중히, (의문부사) 얼마나? |

Sextilius magni aestimabat pecuniam. (Cic.) 섹스틸리우스는 돈을 중히 여기고 있었다.
Mea mihi conscientia pluris est quam omnium sermo. (Cic.)
나에게 나의 양심은 모든 대화보다 더 가치가 있다.

• 상업적 평가와 같이 한정적인 평가일 경우 탈격을 쓴다.
Domus mea centum talentis aestimata est. 나의 집은 100탈렌트로 평가되었다.

• 라틴어는 사람과 사물의 평가에 대해 능동문은 항상 대격으로, 수동문은 항상 주격으로 표현한다.
|능동문|
Virtutem tuam ego maximi facio. 나는 너의 가치를 가장 크게 평가한다.
|수동문|
Virtus tua maximi aestimabatur. 너의 가치는 가장 크게 평가된다.

• 관용적 표현
aestimare multo pluris, multo minoris 최고가로, 최저가로 평가하다
aliquanto pluris, aliquanto minoris 어느 정도 더, 어느 정도 덜
pro nihilo habere, ducere 무시하다
N.B. nihili habere, ducere라는 표현보다 pro nihilo habere, ducere가 더 좋은 표현이다.
pro nihilo esse 아무것도 아니다
parvi, magni, nullius, ponderis (momenti) esse 적다, 많다, 무가치하다, 중요하다, 무겁다
tanti est, tanti non est 가치가 있다, 무가치하다
nihil pensi habere, putare 대수롭지 않게 여기다, 염려하지 않다

flocci, pili, assis, nauci aestimare, facere 대수롭지 않게 여기다

Omnis voluptas praeterita pro nihilo est. (Cic.)
지나간 모든 쾌락은 아무런 의미가 없다(아무것도 아니다). (지나간 모든 쾌락은 공허하다는 의미)
Tuae litterae maximi sunt apud me ponderis. (Cic.) 너희 편지들은 나에게 대단히 중요하다.
Non habeo nauci interpretes somniorum. (Cic.) 나는 꿈에 대한 해석을 대수롭지 않게 여긴다.

---

magni aestimare 중히 여기다, 크게 평가하다
virtus, virtutis, f. 덕, 용기, 품성, 재능, 가치
praeteritus, -a, -um, (praetereo 동사의 과거분사) 지나간, 과거의, 이전의
interpres, interpretis, m./f. 중재자, 해설자, 해석자, 통역, 주해자, 해석
somnium, somnii, n. 꿈

---

## 2. 가격 속격

emo 사다; vendo 팔다; veneo 팔리다; redimo 되사다; loco 세주다(놓다); conduco 세내다(임차하다); sto/consto 값이 얼마이다; liceo (경매에서) 팔리게 되다; liceor (경매에서) 값을 매기다 등의 동사는 탈격이나 속격 정도부사를 가진다.

• 탈격 정도부사
magno, parvo stare 비싸다, 싸다
magno, plurimo emere, vendere 비싸게, 아주 비싸게 사다, 팔다

Caelius conduxit in Palatio non magno domum. (Cic.)
캘리우스는 팔라티움에 싸게(비싸지 않게) 집을 임차했다.
Viginti talentis unam orationem Isocrates vendidit. (Plin.)
이소크라테스는 단 한 번의 강연을 20탈렌트에 팔았다.

• 속격 정도부사

| | |
|---|---|
| tanti ~한 만큼 | quanti 얼마의 값으로, (의문부사) 얼마에? |
| pluris 더 | minoris 더 적게(덜) |

Dic quanti cupias cenare. (Mart.) 저녁 식사를 하는 데 얼마를 원하는지 말해!

Ēmit tanti quanti Pytius voluit. (Cic.) 피티우스는 구입한 만큼의 값을 원했다.


• 관용적 표현

Quanti habitas? 세를 얼마 내니? (직역: 너는 얼마에 사니?)

Quanti doces? 가르치는 데 얼마 받니? (직역: 너는 얼마에 가르치니?)


Palatium, -ii, n. 1. 팔라티움 언덕(로마의 일곱 언덕 중 하나) 2. (캐사르의) 궁전, 왕궁

oratio, orationis, f. 말, 연설, 강연, 변론, 기도

Isocrates, -is, m. 이소크라테스(아테네의 유명 연설가, 강연가)

sermo, sermonis, m. 말, 이야기, 연설, 대화, 강연, 설교

talentum, -i, n. 그리스의 무게 단위(22.68kg), 금화(60Mina, 약 33kg), 재주, 재능

tanti quanti ~한 만큼 그만큼의 값

cupio, is, ivi(cupii) itum, ere, 3 tr. 원하다, 탐하다


## 3. 과실 책임 속격

"accuso, insimulo, arguo, reum facio 고소/고발/기소하다; postulo, arcesso 소환/소송하다; damno, condemno 처벌하다, 형을 선고하다; absolvo 사면하다" 등의 법률 용어 동사들은 어떤 사람이 기소되어 처벌받는 범죄나 위법행위의 내용에 대해 명사의 속격 형태로 표현한다. 이를 과실 책임 속격이라고 한다. 이 경우 범죄를 의미하는 탈격 crimine, scelere를 속격 앞에 붙이거나 생략할 수 있는데, 과실 책임 속격만 있는 경우는 crimine/scelere가 생략된 형태이다.

insimulare, accusare maiestatis 대역죄로 고소하다

insimulare, accusare repetundarum (관리의) 직무상 부당 취득(재물 강요) 죄로 기소하다

insimulare, accusare furti 절도죄로 기소하다

insimulare, accusare peculatus 공금 횡령 죄로 기소하다

insimulare, accusare parricidii 존속살해죄로 기소하다

insimulare, accusare veneficii 독살죄로 기소하다

insimulare, accusare capitis 중죄(重罪)로 기소하다


N.B. 법률 용어의 표현에서는 속격 대신에 "de + 탈격" 형태로 표현하기도 한다.

postulare, accusare de repetundis, de ambitu, de maiestate, de parricidio

직무상 부당 취득죄로, 부정선거 죄로, 대역죄로, 존속살해죄로 소환/기소하다

accusare de vi 폭력죄로 고발하다(이 표현은 속격을 쓰지 않고 항상 "de + 탈격" 형태로 쓴다.)

Vercingetorix proditionis insimulatus est. (Caes.) 베르친제토릭스는 반역죄로 기소되었다.

Verres furti insimulatus(accusatus) est. 베레스는 절도죄로 기소되었다.

Nicomedes furti damnatus est. (Cic.) 니코메데스는 절도죄로 처벌받았다.

maiestas, maiestatis, f. 위대, 권위, 위엄; crimen maiestatis 대역죄

repetundae, –arum, f. pl. 직무상 부당 취득   furtum, –i, n. 절도, 도둑질

peculatus, –us, m. 공금 횡령                parricidium, –ii, n. 존속살해, 친족 살해, 반란

veneficium, –ii, n. 독약 제조, 독살죄        capital, capitalis, n. 중죄, 사형에 처할 만한 죄

ambitus, –us, m. 회전운동, 우회, 부정선거, 영예욕, 야망

proditio, –onis, f. 누설, 반역, 배신

## 4. 형벌 속격

"damno, condemno 처벌하다, 형을 선고하다; libero 석방하다; absolvo 사면하다" 등의 형벌 동사들은 과실 책임 속격과 구분하여 형벌 속격이라고 한다. 구치, 유배, 사형, 벌금형은 항상 탈격을 쓴다. 벌금형 가운데 미한정 벌금형은 예외적으로 "tanti, quanti ~한 만큼; dupli 두 배, tripli 세 배"와 같은 속격을 쓴다.

|탈격|

Aristides exilio decem annorum multatus est. (Nep.)
아리스티데스는 10년 유배형으로 처벌받았다.

|속격|

Fur dupli condemnabatur, fenerator quadrupli.
도둑은 2배로, 고리대금업자는 4배로 처벌받는다.

●관용적 표현

damnare, multare aliquem exilio, vinculis ~를 유배에, 구금에 처(벌)하다

capitis(capite) damnare 사형에 처하다

●후기 라틴어의 관용적 표현

damnare ad metalla(＝in metallum) 광산 노동형에 처하다

damnare ad bestias 맹수형에 처하다

N.B. 로마제국에서 가장 참혹한 사형 방법은 십자가형(crucifixio), 화형(crematio), 맹수형(damnatio ad bestias)이다.

fur, furis, m./f. 도둑, 도둑놈                duplum, -i, n. 갑절, 2배
fenerator, -oris, m. 돈놀이꾼, 고리대금업자      quadruplum, -i, n. 4배

## 5. 상관 동사 interest와 refert

"관계하다, 중요하다"라는 의미의 interest, refert 동사는 다른 비인칭동사와는 다른 문장구조를 가진다. 간단히 설명하면, 중요한 것이 사람이면 속격으로 쓰고, 사물이면 중성대명사 주격으로 쓴다.

자세한 내용에 대해서는 "Pars 2, Lectio VIII. 비인칭동사"를 참조하라.

## 6. 기억 동사

"기억하다, 잊어버리다"라는 의미의 몇몇 동사들은 분할 속격의 의미를 가질 수 있다. 이는 기억이란 것 자체가 기억하는 사람의 한 부분을 차지하기 때문이다.

1) memini, reminiscor 기억하다; obliviscor 잊어버리다
• 기억하는 대상이 사람이면 속격으로 나타낸다.
• 기억하는 대상이 사물이면 속격 또는 대격으로 나타낸다. 그러나 그 사물이 중성대명사나 중성 형용사(hoc 이것, id 그것, quod 어떤, multa 많은 것들, omnia 모든 것)로 표현되면, 항상 대격을 쓴다.
  Vivorum memini nec tamen Epicuri licet oblivisci. (Cic.)
  나는 산 사람들을 기억하지만, (그 가운데) 에피쿠루스는 잊을 수 없다.
  Totam causam(=totius causae) oblitus sum. (Cic.) 나는 모든 이유를 잊어버렸다.
  Oblitus sum omnia. (Plaut.) 나는 모든 것을 잊어버렸다.

2) recordor, recordaris, recordatus sum, recordari, 1 dep. 기억/상기/회상/푸념/생각하다
• 기억하는 대상이 사람이나 대명사일 경우 "de+탈격"으로 표현한다.
• 기억하는 대상이 사물이면 대격(드물게 속격)으로 표현하고, 중성대명사와 형용사도 대격으로 표현한다.
  Non sine magno dolore de vobis recordor. 나는 큰 아픔 없이 여러분을 기억하지 못한다.
  Recordabantur Galli priorem libertatem. (Tac.)
  갈리아 사람들은 지난날의 자유를 기억하고 있었다.

3) moneo, admoneo, commoneo, commonefacio 생각나게 하다, 상기시키다

"누구에게 무엇을 생각나게 하다", "누구의 기억을 상기시키다"라는 의미의 moneo, admoneo, commoneo, commonefacio 등의 동사는 기억해야 하는 사람에 대해서는 대격으로, 기억의 대상에 대해서는 "de＋탈격" 또는 속격으로 표현한다.

Catilina admonebat alium egestatis, alium cupiditatis suae. (Sall.)
카틸리나는 한편으로 자신의 빈곤에 대해, 다른 한편으로 자신의 욕망을 상기시키곤 하였다.
De eo proelio vos admonui. (Cic.) 나는 여러분에게 그 전쟁에 대한 주의를 환기시켰다.

4) "venit mihi, tibi, nobis in mentem 나의, 너의, 우리의 기억(머리)에 떠오르다(생각나다)"라는 표현은 기억의 대상은 주격 또는 속격으로 표현한다. 그러나 중성대명사일 경우 항상 주격으로 표현한다.

Venit mihi fani, loci, religionis illius in mentem. (Cic.)
그 신전, 그 동네, 그 경건함이 내 기억에 떠오른다.
Illius pugnae(＝illa pugna) mihi veniebat in mentem.
그 전쟁에 대한 기억이 내 머릿속에 떠오르곤 하였다. (그 전쟁이 내 머릿속에 떠오르곤 하였다.)
Haec mihi veniebat in mentem. (Cic.) 이것들이 내 머릿속에 떠오르곤 하였다.
Tibi tum in illo rei publicae naufragio omnia in mentem venire potuerunt. (Cic.)
그때에 국가의 그 폐허에서 모든 것이 네 기억 속에 떠오를 수 있었다.

---

vivus, −a, −um, adj. 산, 생명 있는, 신선한　nec, conj. 아니
tamen, conj. 그러나, 그렇지만　Epicurus, −i, m. 에피쿠루스(그리스의 철학자)
prior, prius, adj. 먼저의, 지난날의, 앞의; 더 나은, 더 뛰어난, 우선적인
egestas, egestatis, f. 빈곤, 결핍　cupiditas, −atis, f. 욕망, 탐욕, 갈망
proelium, −ii, n. 전쟁, 전투　fanum, −i, n. 성역, 신전
locus, −i, m. 장소, 마을, 처지, 경우　religio, −onis, f. 경건, 숙연, 종교
tum, adv. 그때에, 그래서, 그다음에
naufragium, −ii, n. 파선, 난파(難破), 낭패, 불행, 폐허
memini, meministi, meminisse, intr. et tr. difett. 기억하다
reminiscor, reminisceris, reminisci, 3 dep. intr. et tr. 기억하다
obliviscor, oblivisceris, oblitus sum, oblivisci, 3 dep. intr. et tr. 잊어버리다
licet, licuit(licitum est), ere, 2 intr. imper. 허락(허가)되다, 가하다, 할 수 있다
admoneo aliquem de aliqua re ~에게 ~에 대한 주의를 환기시키다

## Casus Dativus

# 여격

라틴어 문장에서 여격이란 간접목적어(~에게)의 격이며 동사가 표현하는 행위에 직접적으로 향하는 사람이나 사물을 가리킨다. 그렇다면 왜 여격(與格)이라고 부른 것일까? 여격의 여(與), dativus는 어원론적으로 dare(주다) 동사와 관련된 것으로 "~에게" 주는 동사의 방향에 대한 목적지를 가리킨다. 라틴어 문법에서 여격 'casus dativus'는 그리스어 'δοτική πτῶσις(dotikè ptòsis)'의 번역으로, 라틴어 dativus와 그리스어 δοτικός (dotikòs), 모두 '주다'를 의미하는 동사 dare와 δίδωμι(dìdomi)에서 유래한 것이다.

여격의 문법적 용도는 크게 여격의 특수한 형태, 여격 요구 형용사, 여격 요구 동사로 구분할 수 있다. 여격의 특수한 형태로는 이해, 관심, 소유, 목적, 행위자, 관계 여격 등이 있다.

## I. 여격의 특수 용례

### 1. 이해 여격

• 이해 여격은 특정 행위를 완수함으로써 발생되는 이익(dativus commodi)을 주거나 손해(dativus incommodi)를 끼치는 사람이나 사물을 가리키기 위해 사용된다. 이해 여격은 우리말로 "~위해서"라고 옮긴다.

|이익 여격|

Epaminondas imperium non sibi, sed patriae semper quaesivit.
에파미논다스는 자기 자신을 위해서가 아니라, 늘 조국을 위해서 권력을 찾았다.
Non scholae, sed vitae discimus. (Sen.) 우리는 학교를 위해서가 아니라, 인생을 위해서 배운다. [이 문장은 목적 여격(~을 위해)으로 이해할 수도 있다.]

|손해 여격|

Nos causa belli, nos volnerum ac caedium viris ac parentibus sumus. (Liv.)

우리가 전쟁의 원인이고, 우리가 사람들과 부모들의(직역: 부모를 위한) 부상과 대학살의 (원인)이다.

• 방어나 옹호를 위해 "pugnare 싸우다, decertare 결전하다, mori 죽다, loqui 말하다" 동사는 "pro+탈격" 형태로 표현한다.

Dulce et decorum est pro patria mori. (Hor.) 조국을 위해 죽는 것은 즐겁고 아름답다.

Principes pro victoria pugnant, comites pro principe. (Tac.)

임금들은 승리를 위해 싸우고, 신하들은 임금을 위해 (싸운다).

---

Epaminondas, -ae, m. 에파미논다스(테베의 장군, 치체로는 그를 그리스 제일의 사람이라고 칭함)

imperium, -ii, n. 명령, 칙령, 국가 권력, 제국, 통수권

volnus(vulnus), volneris, n. 상처, 부상, 상해

caedes(caedis), -is, f. 살육, 살해, 학살          vir, viri, m. 남자, 사나이, 인간, 사람

parens, parentis, m./f. 부모, 어버이

dulcis, -e, adj. 달콤한, 감미로운, 즐거운, 기분 좋은

decorus, -a, -um, adj. 알맞은, 합당한, 아름다운, 꾸며진, 장식된, 예쁜

princeps, principis, m. 군주, 임금, 장(長), 으뜸

comes, comitis, m./f. 동반자, 반려자, 짝, 수행원, 추종자, 신하

quaeso, is, quaesivi(quaesii), ere, 3 tr. 찾다, 구하다, 청하다

disco, is, didici, ere, 3 tr. 배우다

---

## 2. 관심 여격

관심 여격은 이해 여격과 밀접한 관계가 있어서 어떤 문법서들은 이를 이해 여격의 범주에 묶기도 한다. 관심 여격은 동사가 표현하는 행위에 대해 화자나 필자의 관심을 나타내기 위해 여격 인칭대명사(mihi, tibi, nobis 등)와 함께 사용되는데, 이때 사용된 여격 인칭대명사를 관심 여격이라고 한다. 이러한 표현들은 주로 일상 회화에서 사용되었는데, "몸 건강해.", "너 나한테 뭐 한 거야?" 등을 예로 들 수 있다.

Quid mihi Celsus agit? (Hor.) 첼수스가 나한테 무엇을 한 거야?

At tibi, repente venit ad me Caninius. (Cic.)

카니니우스가 갑자기 나한테 왔는데, 그런데 너에게도?

Quid tibi vis? 너 무슨 의도야? (널 위해 무엇을 원하느냐는 질문)

---

at, conj. (앞에 나온 것에 반대) 그러나; (이야기의 전개, 청중의 관심) 그런데, 한편

repente, adv. 갑자기, 돌연, 불쑥
ago, agis, egi, actum, agere, 3 tr. 하다, 행하다; 시간을 보내다, 몇 살이다; 변론하다, 다루다

## 3. 소유 여격

sum 동사와 결합하여 표현한 소유 여격은 사물의 소유주를 가리킨다. 이때의 사물은 통상 "locus 장소, mos 풍습, consuetudo 관습, fortuna 행운(재산), res 일" 등과 같은 추상명사이다. 가령 "너는 많은 재산을 가지고 있다."라는 문장을 라틴어로 옮기면 "Amplissimae tibi fortunae sunt."(Cic.)가 된다. 이 문장에서 소유물 fortunae가 주어가 되고, '가지다'라는 동사는 habeo가 아니라 sum 동사로 표현하며, 소유주는 여격으로 표시한다. 이때 여격으로 표현한 소유주를 소유 여격이라 한다. 우리나라에 소개된 대부분의 문법서나 사전조차 소유 여격에 대해 잘못 번역한 것이 많으니 아래의 원칙을 주의해서 학습하기를 바란다.

1) 소유 여격이 사용된 라틴어 문장을 우리말로 옮길 때 다음과 같이 해야 한다.
Mihi parva pecunia est. 나는 돈을 조금 가지고 있다. (직역: 나에게 돈이 조금 있다.)
N.B. 소유 여격(mihi)은 주어가 되어 소유주를 가리킨다. sum 동사는 '있다'라는 의미가 아니라 'habeo 가지다'라는 의미로 옮긴다. 문장의 주어 pecunia는 '가지다'라는 의미의 sum 동사의 목적어로 옮긴다.

Est homini cum Deo similitudo. (Cic.)
인간은 신(神)의 모상을 가진다. [직역: 사람에게는 신(神)을 닮은 데가 있다.]
N.B. 소유 여격(homini)은 주어가 되어 소유주를 가리키고, 주어(pecunia)는 '가지다'라는 의미의 sum 동사의 목적어로 옮긴다.

Lacedaemoniis duo erant reges. (Nep.)
스파르타인들은 두 명의 왕을 가졌다. (직역: 스파르타인들에게는 왕이 두 명 있었다.)

2) 윤리나 지적 성질을 표현할 때에는 소유 여격보다는 insum(안에 있다, 내재하다)이나 sum 동사와 함께 "in+탈격, 성질 탈격"을 선호한다.
In Cicerone summa eloquentia, in Caesare magna clementia erat(inerat).
치체로는 최고의 언변을 가졌고, 캐사르는 큰 관대함을 가졌다. (직역: 최고의 언변이 치체로에게 있었고, 큰 관대함이 캐사르에게 있었다.)
Cato in omnibus rebus singulari fuit industria. (Nep.)

카토는 매사에 엄청난 활동성을 가졌다. (직역: 카토는 매사에 엄청난 활동성이 있었다.)

3) 라틴어는 물질적 소유(땅, 집 등)를 가리키는 것은 "habeo 가지다, possideo 소유하다/가지다" 동사를 선호한다.

Crassus magnam domum et innumera praedia possidet(habet).
크라수스는 큰 집과 헤아릴 수 없는 부동산을 가지고 있다.

4) 주의가 요구되는 표현
Liber est Cornelii. 코르넬리우스의 책이다.
Liber est Cornelio(소유 여격). 코르넬리우스는 책을 가지고 있다.
Liber est meus. 나의 책이다.
Liber est mihi(소유 여격). 나는 책을 가지고 있다.

5) Mihi nomen est ~. 나는 ~라는 이름을 가진다. (직역: 나에게 ~라는 이름이 있다.)
"mihi est nomen, cognomen 나는 ~라는 이름, 성을 가진다."라는 표현도 소유 여격과 관계한 표현이다. 이 경우 자기 이름은 mihi와 일치하여 여격을 쓰거나, nomen과 같은 격으로 쓸 수 있다. "mihi nomen dederunt, mihi nomen inditum est 나는 ~라는 이름을 붙였다(지어 주었다)."라는 표현도 같은 문장구조를 가진다. 제1권 "Pars 1, Lectio IV의 이름 묻고 말하기"를 참조하라.
Mihi nomen est Aulus(Aulo).
나의 이름은 아울루스이다. (직역: 나는 아울루스라는 이름을 가진다.)
Amphictyon primus nomen civitati Athenas dedit.
암픽티온이 처음 도시국가에 아테네라는 이름을 붙였다.

---

similitudo, similitudinis, f. 비슷함, 닮음, 유사(類似), 유추, 모습, 모상
Lacedaemonius, -ii, m. 스파르타인        rex, regis, m. 왕
eloquentia, -ae, f. 웅변, 언변, 말솜씨      clementia, -ae, f. 어짊, 관대, 인자(仁慈)
singularis, -e, adj. 단 하나의, 개별적인, 혼자의; 뛰어난, 훌륭한, 지독한, 엄청난
industria, -ae, f. 근면, 노력, 열심, 재능, 활동성
innumerus, -a, -um, adj. 무수한, 헤아릴 수 없는
praedium, -ii, n. 토지, 농장, 전답, 부동산
Amphictyon, -onis, m. 암픽티온(그리스신화, 아테네의 왕)
nomen, nominis, n. 이름, 씨족명, 명목(주격과 대격 모두 nomen)
Athenae, -arum, f. pl. 아테네

do, das, dedı, datum, dare, 1 tr. 수다, (이름을) 붙이다

indo, is, didi, ditum, ere, 3 tr. 안에 넣다, 이름을 붙이다, (어떤 감정을) 불어넣다

## 4. 목적 여격

라틴어는 특정 행위를 완수하기 위한 목적(~을 위해)을 "여격, ad+대격, 속격+gratia/causa" 등 다양한 방법으로 표현한다. 이 표현은 라틴 문장에서 빈번히 찾아볼 수 있기 때문에 주의 깊은 학습이 요구된다. 이에 대해서는 98, 291쪽을 참조하라.

•여격(목적 여격)

Dies colloquio dictus est. (Caes.) 회담을 위한 날짜가 정해졌다.

Legiones Faliscorum auxilio venerunt. (Liv.) 팔리쉬의 군대들이 돕기 위해 왔다.

•ad+대격: 이 방법이 더 일반적인 표현법이다.

Romulus trecentos armatos ad custodiam corporis habuit. (Caes.)

로물루스는 (자신의) 신변 보호를 위해 300명의 무장 군인을 가지고 있었다.

Ad maiorem Dei gloriam(AMDG) 하느님의 더 큰 영광을 위하여 (예수회 모토)

•속격+gratia/causa

Quicquid feci, causa(=gratia) virginis feci. (Ter.)

내가 한 것은 그것이 무엇이든지, 소녀를 위해서 했다.

•자주 쓰는 관용적 표현: "mea, tua, sua ~ gratia/causa 나를, 너를, 자신을 위해"

Istud faciam non tua causa, sed mea. (Nep.) 나는 너를 위해서가 아니라, 나를 위해서 그것을 할 것이다.

---

dies, diei, m./f. 날, 하루, 날짜　　　　colloquium, −ii, n. 회담, 대화

Falisci, Faliscorum, m. pl. 팔리쉬(에트루스키 종족)

legio, legionis, f. 군대, 군단　　　　auxilium, −ii, n. 도움, 원조; pl. 증원군, 군대

armatus, −a, −um, adj. 무장한; m. pl. 군대, 무장 군인

custodia, −ae, f. 지킴, 보호, 경비, 감금　　corpus, corporis, n. 몸, 주요부, 본문

quicquid(quidquid), n. pron. indef. 그것이 무엇이든지

virgo, virginis, f. 처녀, 동정녀, 소녀

dico, is, dixi, dictum, ere, 3 tr. 말하다, 이야기하다, 부르다, (날을) 정하다

## 5. 행위자 여격

행위자 여격은 일반적으로 수동태 용장활용(coniugatio periphrastica passiva)에서 "a/ab+탈격"의 대용으로 사용된다. 이에 대해서는 "수동태 용장활용" 107~110쪽을 참조하라.

> Mihi legendus est liber. 책이 나에게 읽혀야 한다.
> → |능동문| Ego librum legere debeo. 나는 책을 읽어야 한다.
> Gloria non est bonis viris repudianda. (Cic.) 착한 사람들에게 영광은 거부돼서는 안 된다.
> → |능동문| Boni viri non debent repudiare gloriam. 선인들은 영광을 거부해서는 안 된다.
> Omnibus virtus amanda est. 덕은 모든 사람들에게 사랑받아야 한다.
> → |능동문| Omnes virtutem amare debent. 모든 사람은 덕을 사랑해야 한다.

• "audior 듣게 되다, cognoscor 알게 되다, sumor 소비되다, quaeror 찾게 되다, probor 승인되다" 등의 수동형 동사에 행위자 여격을 쓰는 저자들을 찾아볼 수 있다. 행위자 여격은 행위를 완수해야 하는 사람을 가리키고자 할 때 사용된다.
  Mihi consilium captum est iamdiu. (Cic.)
  (직역) 나에게 이미 결심이 되었다. ("나는 이미 결심하였다."라는 의미)
  Ille nobis consumptus est dies. (Cic.)
  (직역) 우리에게 그날이 소비됐다. ("우리는 그날을 다 썼다."라는 의미)

• 두 개의 여격을 사용할 때 발생되는 의미의 모호성을 피하기 위하여 수동태 용장활용에서 행위자 중의 하나는 행위자 여격을, 다른 하나는 "a+탈격"을 쓴다.
  Mihi providendum est tibi.
  → A me providendum est tibi. 너는 나에게 조심해야 한다.
  → A te providendum est mihi. 나는 너에게 조심해야 한다.

## 6. 관계 여격

관계 여격은 특별히 명사화된 현재분사에서 주로 사용되며, 주절에서 인정할 만큼의 가치가 있는 관계에 있는 사람을 가리킨다. 이러한 이유에서 관계 여격은 관점 여격 또는 판단 여격(dativus iudicantis)이라고 부른다.

> Huius insania ridicula est multis, mihi molesta. (Cic.)
> 이 사람의 광기는 많은 사람들에게는 웃음을 자아내고, 나한테는 불쾌하다.

Oppidum primum Thessaliae venientibus ab Epiro. (Caes.)
에피루스에서 온 자들을 위한 테살리아의 제일가는 도시.

---

insania, −ae, f. 미침, 광기, 정신착란　　　　　　　ridiculus, −a, −um, adj. 웃음을 자아내는, 웃기는

molestus, −a, −um, adj. 성가신, 귀찮은, 불쾌한

Epirus(Epiros), −i, f. 에피루스(이오니아 해에 위치한 그리스 서부 지역)

repudio, as, avi, atum, are, 1 tr. 거절(거부)하다, 물리치다, 이혼하다

capio, is, cepi, captum, ere, 3 tr. 잡다, (계획을) 세우다, 받아들이다

provideo, es, vidi, visum, ere, 2 tr. et intr. 예측(예견)하다, 조심하다, 준비(장만)하다

---

## II. 여격 요구 형용사

상당수의 형용사는 사람이나 사물에 대한 이해 여격 또는 목적 여격을 요구한다. 주로 호의와
적의, 유용성과 유사성을 담은 형용사들이며, 이때 호의와 적의의 대상을 여격으로 나타낸다.

### 1. 여격 요구 형용사의 유형

• 유익과 무익

| | |
|---|---|
| utilis 유익한 | inutilis 무익한 |
| salutaris 건강에 좋은 | noxius 해로운 |
| perniciosus 위험한 | |

Palmae non utiles sunt stomacho. (Plin.) 종려나무는 위에 좋지 않다.

• 비슷함과 다름

| | |
|---|---|
| similis 비슷한 | dissimilis 비슷하지 않은 |
| aequalis 같은 | contrarius 상반된 |
| par 동등한 | impar 상응하지 않는 |

Mors somno similis est. (Cic.) 죽음은 잠과 비슷하다.

• 호의와 적의

| | |
|---|---|
| amicus 친한 | familiaris 친밀한 |

benevolus 호의적인

gratus 마음에 드는

infestus 적의가 있는

malevolus 질투하는

acceptus 환영받는

inimicus 원수진

invisus 미움 받는

adversus 대립해 있는

Tribuni plebis sunt nobis amici. (Cic.) 평민 호민관들은 우리와 친하다.

Voluptas rationi inimica est. (Cic.) 쾌락은 이성과 원수이다.

• 가까움과 친족 관계

vicinus 인근의

propinquus 가까운(친척 되는)

communis 누구나 가까이할 수 있는

proximus 제일 가까운(친족의)

affinis 인척 관계에 있는

Belgae proximi sunt Germanis. (Caes.)

벨기에 사람들은 독일 사람들과 제일 가깝다. (벨기에 사람들은 독일 사람들과 혈육 관계에 있다.)

• 적합성과 경향

aptus 적합한

necessarius 필요한

propensus 마음이 향하는

idoneus 합당한

accommodatus 알맞은

proclivis 경향이 있는(기우는)

Defensores oppido idonei deliguntur. (Caes.) 도시에 적합한 수호자들이 선택된다.

Necessarius nostris erat egressus. (Caes.) 우리에게 출구가 필요하였다.

---

palma, -ae, f. 손, 손바닥; 종려나무

tribunus, -i, m. 호민관

defensor, -oris, m. 방어자, 수호자

deligo, is, legi, lectum, ere, 3 tr. 고르다, 선출/선발/선택하다

somnus, -i, m. 잠, 수면

Belgae, -arum, m. pl. 벨기에 사람

egressus, -us, m. 출구

---

## 2. 여격 요구 형용사의 특수 용례

• 적합성과 경향을 의미하는 형용사가 특별히 목적을 강조하면, "ad + 대격" 형태의 표현을 선호한다.

Loca sunt ad castrorum munitiones parum idonea. (Caes.)
진지의 방어를 위해 장소가 부적합하다.
Natura aptus est aër ad vocem. (Sen.) 공기는 자연적으로 소리를 만들기 위해 적합하다.

• 위에 언급한 많은 형용사들, 가령 amicus, inimicus, adversarius, aequalis, familiaris
  등은 명사의 의미로 사용되며, 이 경우 속격을 가질 수 있다. 이를 문법적으로 명사화된
  형용사라고 한다.
Est temperantia libidinum inimica. (Cic.) 절제는 (생리적) 욕구들의 원수이다.

• similis, dissimilis, proprius, communis 형용사는 여격뿐 아니라 속격을 요구하기도 한다.
  similis와 dissimilis는 다음과 같은 관용적 표현에서 항상 속격을 사용한다.
  veri similis(=verisimilis) 사실 같은, 그럴듯한
  mei, tui, sui, nostri similis 나와, 너와, 자기와, 우리와 닮은

• 완전히 빼닮은 것이나 판박이를 강조할 때, similis는 속격을 선호한다.
Memoria communis est omnium artium. (Cic.) 기억은 모든 학문에 공통된다.
Filius similis est patris. 아들은 아버지를 빼닮는다. 부전자전.
Phidias sui similem speciem inclusit in clypeo Minervae. (Cic.)
피디아스는 미네르바의 방패에 자기를 닮은 모습을 새겨 넣었다.

• prope(가까이)에서 유래한 "propior 좀 더 가까운, proximus 제일 가까운"은 대격이나
  여격, "a/ab+탈격" 형태 가운데 하나를 쓸 수 있다.
Ubii proximi Rhenum(=Rheno, a Rheno) sunt. (Caes.)
우비 종족은 라인 강 가장 인근에 거주한다.

---

munitio, -onis, f. 방어, 요새          parum, adv. 적게, 조금, 불충분하게
aër, aeris, m. 공기                    vox, vocis, f. 소리, 목소리
temperantia, -ae, f. 절제, 극기        libido, libidinis, f. 욕구, 욕망
species, speciei, f. (겉)모습, 형상, 외관; 종류  clypeus(=clipeus), -i, m. 둥근 방패
Ubii, -orum, m. pl. 우비 종족(라인 강변에 살았던 독일 종족)
Rhenum, -i, m. 라인 강
includo, is, clusi, clusum, ere, 3 tr. 가두다, 새겨 넣다, 동봉하다, 포함하다

## III. 여격 요구 동사

라틴어에서 여격은 타동사의 간접목적어(~에게)와 자동사의 목적어로 사용된다.

|타동사의 간접목적어|

Misi tibi epistulam.[9] 나는 너에게 편지를 보냈다.

|자동사의 목적어|

Nefas est nocere patriae. (Sen.) 국가에 해를 끼치는 것은 범죄이다(불가하다).

### 1. 여격 요구 타동사: 타동사의 간접목적어

대다수의 타동사는 직접목적어(대격, ~을) 외에도, 동사의 행위가 전개되는 사람이나 사물을 가리키기 위해 간접목적어(여격, ~에게)를 요구한다. 여격을 요구하는 이러한 종류의 타동사는 "do 주다, tribuo 분배하다, mitto 보내다, scribo 쓰다, dico 말하다, praebeo 제공하다, concedo 허락/양보/인정하다" 등의 의미를 가진 동사이다.

Magister discipulis libros dedit. 선생님이 학생들에게 책들을 주었다.

Iis Caesar libertatem concessit. (Caes.) 캐사르는 그들에게 자유를 허락하였다.

### 2. 여격 요구 자동사: 자동사의 목적어

라틴어에서 여격 요구 자동사는 다음과 같이 세분된다.

1) sum 동사의 합성동사

absum(탈격과 함께 '떨어져 있다'라는 의미로 사용될 때)과 possum 동사를 제외하고, sum 동사의 합성동사는 대개 조동사의 기능을 하며, 호의와 적의, 이익과 손해의 대상을 여격으로 표현한다. sum 동사의 합성동사들에 대해서는 제1권을 참조하라.

Volui prodesse rei publicae. (Cic.) 나는 국가에 이롭기를 바랐다.

Desunt mihi libri. 나한테는 책들이 없다.

Heres superest patri. 부친에게는 상속자가 생존하고 있다.

2) 호의와 적의, 타인에 대한 태도를 표현하는 자동사들은 그 호의와 적의, 태도의 대상을 여격으로 나타낸다.

---

9) 직접목적어.

•호의와 직의

auxilior, subvenio, succurro, opitulor 도와주다, 도와주러 가다

faveo 호의를 베풀다                    prosum, bene facio, proficio 이롭다, 도움이 되다

noceo, obsum, male facio 해롭다, 손해가 되다

placeo/displaceo ~의 마음에 들다, 좋아하다/~의 마음에 들지 않다

benedico/maledico 축복하다/저주하다         gratulor 축하하다

blandior, adulor 아첨하다                invideo 시기하다

insidior 음모를 꾸미다

Ipse etiam sibi displicebat. (Cic.) 그는 자기 자신 또한 좋아하지 않았다.

Non debebas optimo viro maledicere. (Cic.) 너는 (그) 선량한 사람에게 악담해서는 안 되었다.

Tibi gratulor. (Cic.) 축하합니다. (직역: 나는 당신을 축하합니다.)

Probus invidet nemini. (Cic.) 올곧은(정직한) 사람은 아무도 시기하지 않는다.

•타인에 대한 태도

oboedio, obtempero, obsequor, pareo 순종하다

parco 용서하다, 절약하다                ignosco 용서하다

indulgeo/impero ~의 요구에 응하다/명령하다    irascor 분노하다

minor, minitor 협박하다                satisfacio 만족하다

tempero 절제하다, 조심하다              fido, confido 신뢰하다

diffido 불신하다                      provideo, consulo, caveo 보살피다

studeo 전념(몰두)하다                  medeor 치료하다

suadeo, persuadeo 설득하다            assentio, assentior, consentio 동의(찬성)하다

resisto, obsto, obsisto, officio, repugno 저항(반대)하다

Mundus deo paret. (Cic.) 세상은 신에게 순종한다.

Imperare animo nequivi. (Liv.) 나는 영혼에 명령(하는 것을)할 수 없었다.

Omnes Parmenioni assentiebant. 모든 사람이 파르메니오누스에게 찬동하고 있었다.

Nero nec populo nec moenibus patriae pepercit.
네로는 백성도 조국의 성벽도 잘 보존하지 않았다.

Huic legioni Caesar confidebat maxime. (Caes.) 캐사르는 이 군단을 제일 신뢰하고 있었다.

Vercingetorix in primis equitatui studet. (Caes.) 베르친제토릭스는 특히 기병대에 열중한다.

Quaedam aquae medentur ulceribus. (Sen.) 어떤 물들은 궤양(들)을 치유한다.

Ambiorix facile hac oratione Nerviis persuadet. (Caes.)
암비오릭스는 이 연설로 쉽게 네르비인들을 설득한다.

moenia, moenium, n. pl. 성(城), 성벽, 담   maxime, adv. 매우, 최고로, 제일로

in primis 특히                              equitatus, -us, m. 승마, 기병대

quidam, quaedam, quoddam, pron. indef. 어떤, 일종의

ulcus(hulcus), ulceris, n. 상처, 종기, 궤양   Nervii, -orum, m. pl. 네르비(벨기에의 한 종족)

nequeo, is, ivi(nequii), itum, ire, intr. 할 수 없다

parco, is, peperci(parsi), parsum(parcitum), ere, 3 intr. 용서하다, 절약하다, 잘 보존하다

## 3) 특수 용례

•fido, confido 동사는 사람(fidere alicui 누구를 신뢰하다)에 대해서는 여격을, 사물(fidere aliqua re 무엇을 신뢰하다)에 대해서는 통상 탈격을 쓴다. diffido 동사는 일반적으로 사람이나 사물 모두 여격으로 표현한다.

|사람| Milites maxime duci fidebant. 군인들은 장군을 최고로 신뢰하고 있었다.

|사물| Dux virtute militum fidebat. 장군은 군인들의 용기를 신뢰하고 있었다.

summae rei diffidens (Caes.) 총체적인 상황을 불신하면서

•'irascor 분노하다' 동사의 과거분사 iratus는 '화가 난'이라는 형용사의 의미가 있기 때문에 과거 시제는 'succenseo 화나다' 동사로 대체된다.

(O) Vobis succensui. 나는 여러분에게 화가 났다.

(X) Iratus sum vobis.

•'gratulor 축하하다' 동사는 사람은 여격, 사물은 "de(생략 가능)+탈격 또는 대격"을 쓴다.

Gratulor tibi (de) victoria(=victoriam). 나는 승리에 대해 당신을 축하합니다.

•'minor, minitor 협박하다' 동사는 사람은 여격, 사물은 대격을 쓴다.

Tyrannus omnibus bonis cruces et tormenta minabatur. (Cic.)
폭군은 모든 선량한 사람들을 십자가 형벌(십자가와 고문으)로 협박하곤 하였다.

•관용적 표현

hoc unum studeo 나는 이것만을 바란다

hoc tibi suadeo 나는 너한테 이것을 충고한다

studeo, suadeo 동사는 자동사로서 내격 중성대명사, 대격 명사를 가진다.

Vobis pacem suadeo. 나는 여러분에게 평화를 권고합니다.

• 'parco 용서하다, 절약하다' 동사는 목적분사가 없으므로 유의어인 tempero 동사로 대체된다.

Templis deorum temperatum est. (Cic.) 그는 신들의 신전에서 용서받았다.

> succenseo(suscenseo), es, censui, censum, ere, 2 intr. 화나다, 신경질 나다
> tormentum, -i, n. 대포, 투석기, 형벌, 고문

## 3. 명사의 격이 바뀌어도 의미가 같은 동사

여격 외의 다른 격을 쓰더라도 의미가 바뀌지 않는 동사들이 있다. 이러한 동사로 "dono 선물로 주다; circumdo 둘러싸다; induo (옷을) 입다/~에게 입히다; exuo 벗다; aspergo 뿌리다; macto 제물을 바치다; intercludo 방해하다" 등은 사람을 여격, 사물을 대격으로 표현하거나, 반대로 사람을 대격, 사물을 여격으로 표현하여도 그 의미는 같다. 문장에서 격이 바뀌는 것은 수동문에도 적용된다.

파피루스가 나에게 책(들)을 선물했다.

|능동문|

Papirus mihi libros donavit.

Papirus me libris donavit.

|수동문|

Libri mihi donati sunt a Papirio.

Ego a Papirio libris donatus sum.

장군이 진영에 울타리를 에워싼다.

|능동문|

Dux castris vallum circumdat.

Dux castra vallo circumdat.

|수동문|

A duce vallum castris circumdatur.

A duce castra vallo circumdantur.

## 4. 명사의 격이 바뀌면 의미가 달라지는 동사

여격 외에 다른 격을 허용하는 동사들은 격이 바뀌면 의미가 달라진다. 이 용법은 중요하니 주의해서 학습하길 바란다.

• caveo + 여격: 걱정하다, 염려하다; caveo + 대격: 피하다, 조심하다(a/ab)

Caveo saluti tuae. 나는 당신의 건강을 걱정한다.

Caveo venenum(a veneno). 나는 독을 피한다. (나는 독약을 조심한다.)

• metuo/timeo + 여격: 걱정하다, 염려하다; metuo, timeo + 대격: 두려워하다

Metuo/timeo patriae(liberis). 나는 조국을(자식들을) 걱정한다.

Metuo/timeo hostem(mortem). 나는 적을(죽음을) 두려워한다.

• consulo + 여격: 돌보다, 보살피다; consulo + 대격: 물어보다; consulo in + 대격: ~에 대한 대책(수단)을 강구하다

Consulo saluti tuae. 나는 당신의 건강을 돌본다.

Consulo oraculum. 나는 신탁(점)을 물어본다.

Consulo in transfugas. 나는 탈주병들에 대한 대책을 강구한다.

• provideo/prospicio + 여격: 보살피다, 예방하다; provideo/prospicio + 대격: 미리 알다, 예측하다

Provideo/prospicio saluti meae. 나는 나의 건강을 보살핀다.

Provideo/prospicio grave bellum. 나는 잔혹한 전쟁을 예견한다.

• incumbo + 여격: 자결하다, 습격하다; incumbo in + 대격: ~에 열중하다, 몰두하다

Incumbo gladio. 나는 칼로 자결한다.

Incumbo in studium. 나는 공부에 열중한다. (나는 열심히 공부한다.)

• vaco + 여격: 힘쓰다, 종사하다; vaco + (a) 탈격: 없다, 비다, 쉬다, 자유롭다

Vaco agriculturae. 나는 농업에 종사한다.

Vaco (a) muneribus publicis. 나는 공직에서 쉬고 있다.

• tempero/moderor + 여격: 억제하다, 참다; tempero/moderor + 대격: 조절하다, 다스리다; tempero/moderor a + 탈격: ~하는 것을 참다

Tempero(moderor) irae. 나는 분노를 참는다.

Tempero(moderor) rem publicam. 나는 나라를 다스린다.

Tempero(moderor) a lacrimis. 나는 눈물이 나는 것을 참는다.

| vallus, −i, m. 말뚝, 울타리, 성벽 | venenum, −i, n. 독, 독약 |
| transfuga, −ae, f. 탈주병, 투항자 | gladius, −ii, m. 칼 |
| munus, muneris, n. 직분(職分), 직무 | lacrima, −ae, f. 눈물 |

## 5. 합성동사

전치사(ad, ante, cum, in, ob, post, prae, sub 등)와의 합성동사들, 가령 "infero ~로 가져가다, 초래하다; confero 접근하다, 생기다; impono 떠맡기다, 부과하다; adiungo 결합하다, 맺다; inicio 던져 넣다, 일으키다; accedo 접근하다, 일으키다; addo 더하다" 등은 여격으로 문장을 구성하거나, 전치사를 반복하여 전치사가 요구하는 격으로 표현할 수 있다.

후자의 경우 전치사 cum과의 합성동사는 늘 전치사 cum을 사용하며, 다른 전치사와의 합성동사도 장소나 실제 움직임을 다룰 때는 전치사의 반복을 선호한다.

formidinem alicui inicere ~에게 공포심을 일으키다

tela in elephantos inicere 창들을 코끼리 안으로 던지다, 창들을 코끼리에게 던져 넣다

Cassio animus accessit. (Cic.) 카시우스에게 용기가 생겼다.

Caesar ad castra hostium accessit. (Caes.) 캐사르는 적들의 진지에 가까이 갔다.

Graeci cum Romanis conferendi non sunt. 그리스인들은 로마인들과 비교해서는 안 된다.

N.B. conferendi sunt는 confero 동사의 수동태 용장활용문이다.

| formido, formidinis, f. 공포, 전율, 무서움     telum, −i, n. 창, 칼 |
| elephantus, −i, m. 코끼리 |
| accedo, is, cessi, cessum, accedere, 3 intr. 가까이 가다, (감정이) 생기다 |
| confero, fers, contuli, collatum, conferre, anom. tr. 기여(공헌)하다, 비교(대조, 참조)하다 |

## 6. 우월(우위) 동사

우월 동사는 윤리적이나 물질적인 면에서 우위에 있는 것을 가리키기 위한 합성동사이다. 이들 동사는 "더 낫다, 우위에 있다"라는 의미로, 우위에 있는 사람은 여격 또는 대격으로(alicui 또는 aliquem), 우위에 있는 사물은 탈격(aliqua re)으로 나타낸다.

• "antecello 돌출하다, excello 두드러지다, praesto 앞에 서다, anteeo 앞서 가다, antecedo 앞서 가다, antisto 앞에 서다"라는 의미에서 "더 낫다, 뛰어나다, 우위에 있다, 탁월(출중)하다"라는 의미를 나타내는 동사들의 경우, 우위에 있는 사람을 여격 또는 대격으로 나타낸다.

•praesto는 일반적으로 사람은 여격으로, excello는 여격 또는 "inter + 대격", 즉 "excellere ceteris 또는 excellere inter ceteros 다른 사람들보다 뛰어나다"로 표현한다.

Virtute regi Agathocli[10] antecesseris. (Plaut.)
너는 덕에 있어서 아가토클리우스 왕을 능가하였을 것이다(미래완료).
Veneti scientia atque usu rerum nauticarum ceteros antecedunt. (Caes.)
베네치아 사람들은 항해술에 대한 이론과 실천에서 다른 사람들을 능가한다.
N.B. 'scientia, usu'는 사물 탈격이며, 'ceteros'는 사람 대격이다.

•"praecedo 앞서가다, praecurro 앞질러 뛰다, supero 더 높이 있다, vinco 이기다"라는 의미에서 "선행하다, 앞서다, 우월하다"라는 의미를 나타내는 동사는 우위에 있는 사람은 항상 대격, 우위에 있는 사물은 탈격(aliquem aliqua re)으로 나타낸다.

Helvetii reliquos Gallos[11] virtute[12] praecedunt. (Caes.)
스위스 사람들은 용기에 있어서 다른 모든 갈리아 사람들보다 뛰어나다.

•다른 비교 대상보다 우위에 있는 것에 대한 우위의 정도는 부사에 어미 '-o'를 붙여 탈격으로 나타낸다.

Sensus hominum multo antecedit sensibus bestiarum. (Cic.)
인간들의 감각은 동물들의 감각들보다 훨씬 뛰어나다.

---

atque, conj. 그리고
usus, -us, m. (dat. usui, acc. usum, abl. usu) 사용, 실천, 유익
Helvetii, -orum, m. pl. 스위스 사람
reliquus, -a, -um, adj. 남아 있는, 나머지의, 그 밖의, 다른

---

## 7. 비인칭동사

라틴어에서 의미상의 주어를 여격으로 사용하는 경우는 오직 비인칭 수동 구문을 이룬다. 즉 의미상의 주어는 여격으로, 동사는 3인칭 단수 비인칭 수동이다. 이러한 용법은 우리말을 라틴어로 옮기면 이해가 쉬울 것이다.

---

10) 사람 여격.
11) 사람.
12) 사물.

부사들은 가난한 사람들로부터 시기받는다.

→ Divitibus a pauperibus invidetur.

승리한 군인들은 시민들로부터 박수(갈채)를 받았다.

→ Militibus victoribus plausum est a civibus.

평민들은 메네니우스 아그리파에게 설득당했다.

→ Plebi persuasum est a Menenio Agrippa.

• 이러한 동사들이 "조동사＋부정사" 형태로 결합하면, 다음과 같은 비인칭 수동 구문이 된다.

Mihi invidetur. 나는 질투 받는다.

Mihi incipit invideri. 나는 질투 받기 시작한다.

---

plebs, plebis, f. 평민, 하층민, 일반 대중

incipio, is, cepi, ceptum, ere, 3 intr. 시작되다, 일어나다; tr. 시작하다

---

## 8. 이중 여격(Duplex Dativus)을 가지는 동사들

몇몇 동사들은 행위에 의해 이익이나 손해가 되는 사람을 여격으로, 동사가 표현하는 행위의 효과나 목적을 가리키는 사물도 여격으로 나타낸다. 이와 같이 두 개의 여격으로 문장을 구성하는 동사들을 이중 여격을 가지는 동사라고 한다.

• "~에게 돌아가다, ~이 되다"라는 의미의 sum, fio 동사

alicui laudi(curae, saluti, auxilio, usui, gaudio, dolori) esse: ~에게 칭찬(걱정/관심, 구원/유익, 도움, 유용/유익, 기쁨, 고통)이 되다

Res est mihi laudi. 일이 나에게 칭찬이 된다.

Res est mihi dedecori. 일이 나에게 망신이 된다.

Res est mihi usui. 일이 나에게 유용하게 돌아간다.

Res est mihi saluti. 일이 나에게 유익하게 돌아간다.

Res est mihi damno. 일이 나에게 손해가 된다.

Res est mihi curae(cordi). 일이 나에게 관심이 된다.

Res tuae mihi maximae curae sunt. (Cic.) 너의 일이 나에게 가장 큰 관심이 되고 있다.

Apollonius mihi magno usui fuit. (Cic.) 아폴로니우스는 나에게 큰 유익이 되었다.

Petronius pugnans concidit et suis saluti fuit. (Caes.)
페트로니우스는 전쟁 중에 전사하였고 자신에게 구원이 되었다.

• "전가하다, 돌리다"라는 의미의 do, habeo, tribuo, verto 동사
tribuere(vertere, dare) alicui crimini, laudi, ignaviae ~에게 죄를 전가하다, 칭찬을 돌리다, 게으름을 탓하다

Alteri crimini dabis quod tu ipse fecisti? (Cic.)
너 자신이 저지른 범죄를 다른 사람에게 전가할 것인가?

• "venio 가다, mitto 보내다, relinquo 떠나다/헤어지다, eo 가다, arcesso 불러오다, do 주다" 등의 관용적 표현
venire, ire, mittere, arcessere alicui auxilio ~를 도와주러 가다, 보내다, 불러오다
mittere, relinquere praesidio alicui ~를 요새에 보내다, 남기다
mittere, dare alicui muneri ~에게 직무를 맡기다

Pausanias venit Atticis auxilio. (Nep.) 파우사니아스는 아테네 사람들을 도와주러 왔다.
Caesar sagittarios subsidio oppidanis mittit. (Caes.)
캐사르는 궁사들을 지방 도시민에게 구원병으로 보냈다.

dedecor, dedecoris, adj. 불명예스러운, 망신스러운
ignavia, -ae, f. 게으름, 빈둥거림　　　　　　　　Attici, -orum, m. pl. 아테네 사람들
sagittarius, -a, -um, adj. 화살의; m. 궁수　　subsidium, -ii, n. 구원병, 도움
oppidani, -orum, m. (로마 이외의) 지방 도시민
concido, is, cidi, cisum, ere, 3 tr. 무너지다, 전사하다, 붕괴하다

# Casus Ablativus

## 탈격

탈격은 동사의 흐름에 대한 출발점을 가리키는 격이다. 어원적으로 탈격을 의미하는 ablativus는 aufero(운반해 가다) 동사의 목적분사 ablatum에서 유래하는 것으로, 탈격의 기본적 기능 가운데 하나인 분리(멀어짐)의 개념을 나타낸다. 탈격은 문법적으로 많은 의미와 구문론적 기능을 가지는데 크게 고유 탈격, 도구(수단) 탈격, 처소 탈격 세 가지로 나눌 수 있다.

고유 탈격은 분리에 대한 기본적 개념을 언급하는 것으로, 기원과 유래, 범위, 박탈, 행위자, 재료, 비교 등의 기능으로 구분된다.

이 밖에도 탈격은 고대 인도유럽어의 격(casus) 용법에서 상실한 두 가지 기능으로도 사용된다. 여기에는 도구 탈격과 처소 탈격이 있다.

도구 탈격은 누군가의 행위를 완수하는 수단(도구)과 도움을 나타내는데, 대체로 동반, 방법, 풍부, 원인, 제한, 측정, 양(量), 가격, 평가, 형벌, 주제 등을 표현한다.

처소 탈격은 행위가 전개되는 장소와 시간을 표현한다.

## I. 고유 탈격

### 1. 멀어짐 또는 분리 탈격

멀어짐 또는 분리 탈격은 어떤 것에서 분리되는 사람이나 무생물의 사물을 가리킨다. 멀어짐 또는 분리 탈격은 다음과 같은 동사에서 발견된다.

- "내쫓다, 몰아내다, 멀리하다"라는 의미의 동사들

| | |
|---|---|
| pello 내쫓다 | depello 몰아내다/추방하다 |
| eicio 내쫓다 | deicio 내던지다/박탈하다 |
| deturbo 몰아내다/박탈하다 | amoveo 멀리하다/제거하다 |

avoco 물러나게(멀어지게) 하다　　　　arceo 가까이 오지 못하게 하다

contineo 억제하다　　　　　　　　　　prohibeo 가까이 가지 못하게 하다

abstineo 멀리하다

이 동사들은 멀어짐의 대상이 사람이면 "a/ab＋탈격"으로 표현하고, 사물이면 "a/ab, e/ex, de＋탈격"이나 그냥 탈격으로 표현한다.

Nec ab obsidibus quidem iram hostis abstinuit. (Liv.)

적군은 포위와 분노를 물리치지 못했다. (직역: 적군은 포위에서도 분노도 멀리하지 못했다.)

Timoleon Dionysium tota Sicilia depulit. (Cic.)

티몰레온은 시칠리아 전역에서 디오니시우스를 추방했다.

•"해방하다, (부담, 고통, 짐을) 가볍게 하다"라는 의미의 동사들

libero 해방하다/풀어 주다　　　　　　solvo 해방하다

absolvo 사면하다/풀어 주다　　　　　　levo 덜어 주다

이 동사들은 사람에 대해서는 "a/ab＋탈격"으로 표현하고, 사물에 대해서는 대개 명사의 탈격으로 표현한다.

Thrasibulus Athenas a triginta tyrannis liberavit.

트라시불루스는 아테네를 30인의 폭군들로부터 구했다.

Timotheus Cyzicum obsidione liberavit. (Nep.) 티모테우스는 치지쿠스를 포위에서 구했다.

•"분리하다, 나누다, 구별하다"라는 의미의 동사들

separo, seiungo, divido, secerno, distinguo, dissentio

이 동사들은 사람이나 사물 모두 "a/ab＋탈격"으로 표현한다.

Rhenus agrum Helvetium a Germanis dividit. (Caes.)

라인 강은 스위스인들의 영토를 독일 사람들로부터 구분한다.

Beluae secernunt pestifera a salutaribus. (Cic.) 맹수들은 건강에 해로운 것들을 추려 낸다.

•libero, purgo, distinguo, removeo 동사에서 유래하는 형용사 liber 자유로운, purus 깨끗한, distinctus 구별된, remotus 먼; 명사 liberatio 해방, distinctio 구분 등은 원래의 동사와 같은 구조를 가진다.

|사물: 탈격| Liber omni metu 모든 공포로부터 자유로운

|사람: a/ab+탈격| Liber a tyrannis 폭군들로부터 해방된

•'interdicere 금지하다' 동사는 "~에게 ~을 금지하다"라는 관용적 표현을 "interdicere alicui aliquid" 또는 "interdicere alicui(aliquem) aliqua re"로 표현할 수 있다.

Feminis purpurae usum interdicemus. (Liv.) 우리는 여성들에게 자색의 사용을 금지한다.

N.B. 리비우스는 기원전 215년 '오피아법(Lex Oppia)'에 따르면 로마인 중년 부인은 장식이 없는 간단한 드레스를 입도록 한 반면, 외국인 여성은 보라와 금색으로 된 옷을 입고 로마 거리를 활보할 수 있다고 기록하였다. 다시 말해 로마 귀족에게 검소한 삶과 더 높은 도덕적 품위를 요구한 것이다.

---

obsidium, -ii, n. 포위, 매복; obsidio, obsidionis, f. 포위, 감금, 점령

nec ~ quidem ~도 ~도 아니

hostis, -is, m. (때때로 f.) (원뜻) 이방인, 외국인; (일반적) 적, 적군

Rhenus, -i, m. 라인 강                         ager, agri, m. 밭, 땅

bellua(belua), -ae, f. 짐승, 야수, 맹수      pestifera, -orum, n. pl. 해로운 것들

purpura, -ae, f. 자색, 자색 옷, (황제, 고관, 고위 성직자의) 표시

---

## 2. 기원, 유래 탈격

기원이나 유래 탈격은 "nascor, orior 나다, 태어나다; gigno, procreo 낳다, 산출하다, 생산하다"라는 의미의 동사나 이들 동사에서 파생한 과거분사 natus, ortus, genitus, satus, prognatus 등에서 사용된다. satus와 prognatus는 시어에서 사용되는 과거분사이다.

•가족의 이름, 사회적 신분(familia equestri natus 기사 계급 가문에서 태어난; nobili genere (loco) natus 귀족 가문에서 태어난), 일반적으로 자기 부모의 이름이나 별칭은 탈격으로 표현한다.

Catilina, nobili genere natus, fuit magna vi et animi et corporis. (Sall.)
귀족 가문에서 태어난 카틸리나는 영혼과 육체의 엄청난 힘이 있었다.

Mercurius Iove natus et Maia est. (Cic.) 메르쿠리우스는 요베와 마이아에게서 태어났다.

•강의 발원이나 비유적 의미를 나타내는 대명사나 공통 명사는 항상 "e/ex, de+탈격"으로 표현한다.

Ferunt ex serva natum Servium. (Cic.)

세르비우스는 노예 신분으로 태어났다고 전해진다. (부정사문)

Rhenus oritur ex Lepontiis. (Caes.) 라인 강은 레폰티에서 발원한다.

Ex ira multa mala gignuntur. 분노에서 많은 악들이 파생된다. (비유적 의미)

•먼 조상을 가리키기 위한 표현은 "a/ab+탈격"으로 한다.

Caesar reperiebat plerosque Belgas ortos esse a Germanis. (Caes.)

캐사르는 대다수의 벨기에 사람들이 독일에서 기원한다는 것을 알고 있었다. (부정사문)

•사람의 출신지는 일반적으로 동격의 형용사로 표현한다.

Democritus Abderites Abdera 학파 출신의 (유명 철학자) 데모크리투스

Lysander Hispanus (natione Hispanus) 스페인 출신의 리산데르

•아주 드물게 "e/ex+도시명+자기 이름", "자기 이름+탈격 도시명"으로 표현하기도 한다.

Ex Hispania quidam 히스파니아 출신의 누구

Quidam Gadibus 가데스 출신의 누구

---

fero, fers, tuli, latum, ferre, 3 tr. 운반하다, 끼치다, 당하다; 말하다, 전해지다

Lepontii,  orum, m. pl. 레폰티(스위스와 북부 이탈리아에 거주한 종족)

plerique, pleraeque, pleraque, adj. pl. 대부분의, 대다수의

Belgae, -arum, m. pl. 벨기에 사람

Abderites, -ae, m. Abdera 학파(소크라테스 이전의 그리스 철학자)

Lysander, dri, m. 리산데르(B.C. 405년 아테네와의 전쟁에서 승리한 스파르타의 장군)

Gades, -ium, f. pl. 가데스(스페인에 있었던 페니키아 식민지)

reperio, is, repperi(reperi), repertum, ire, 4 tr. 발견하다, (배워서) 알다

---

## 3. 박탈 탈격

•"없다, 부족하다, 필요하다"라는 의미의 "careo, egeo, indigeo(필요하다); orbo, privo(빼앗다, 박탈하다); nudo(벗기다, 빼앗다); spolio(약탈하다); exuo(빼앗다, 박탈하다)" 등의 동사들과 이 동사들에서 유래한 vacuus(vaco), orbus(orbo), nudus(nudo), indigens(indigeo) 형용사들은 박탈 탈격을 사용한다.

|동사|

Ligarius omni culpa vacat. (Cic.) 리가리우스는 모든 잘못이 없다.

Senectutem carere dicunt voluptatibus. (Cic.) 노인은 즐거움이 없다고들 말한다. (부정사문)

|형용사|

gladius vagina vacuus (Cic.) 칼집에 없는 칼

• egeo, indigeo 동사는 종종 속격을 더 많이 사용한다.

Indigeo tui consilii. (Cic.) 나는 너의 충고가 필요하다.

• "nudus, vacuus" 앞에 사람을 가리키는 명사는 일반적으로 "a/ab + 탈격"을 쓴다.

Oppidum a defensoribus vacuum (Caes.) 방어하는 사람들이 없는 도시

| | |
|---|---|
| senectus, senectutis, f. 노년기, 노인 | voluptas, −atis, f. 쾌락, 즐거움, 만족 |
| gladius, −ii, m. 칼 | vagina, −ae, f. 칼집, 자궁, 질(의학) |

## 4. opus est 구문

"opus est 필요하다, ~할 필요가 있다"라는 표현은 박탈 탈격과 연결된 것으로 인칭과 비인칭 구문을 가진다. 빈번히 사용하는 표현이므로 주의 깊게 학습하기를 바란다.

### 인칭 구문

• 인칭 구문은 필요한 사람은 여격, 필요한 사물은 탈격, sum 동사는 3인칭 단수를 사용한다. 이 구문은 아주 빈번히 사용되며, 주로 부정적 의미의 표현에서 nihil, quid와 함께 수사학적 의문문으로 사용된다. 수사학직 의문문에 대해서는 347쪽을 참조하라.

Tuo adventu nobis opus est. (Cic.) 우리는 당신의 도착이 필요합니다.

N.B. adventu는 필요한 사물, nobis는 필요한 사람, est는 단수 3인칭이다.

Nihil opus fuit tam multis verbis. (Cic.) 이처럼 많은 말들이 필요하지 않았다.

Quid opus fuit armatis hominibus? (Cic.)

무엇 때문에 무장한 사람들이 필요하였는가? (무장한 사람들이 필요 없다는 수사학적 의문문)

### 비인칭 구문

• 필요한 사람은 여격, 필요한 사물은 주어가 되어 주격이 되고, sum 동사는 주어의 인칭과 일치시킨다. 비인칭 구문은 그리 빈번하지는 않지만, 통상 사물이 중성대명사나 형용사일 때 사용된다.

Nobis exempla permulta opus sunt. (Cic.) 우리에게는 대단히 많은 본보기들이 필요하다.
N.B. nobis는 필요한 사람, exempla는 필요한 사물이다.

Quae ad bellum opus sunt, senatus decrevit. (Liv.)
원로원은 전쟁을 하기 위해 필요한 것들을 얻어 냈다.

• 간혹 필요한 사물은 과거분사, 부정사나 부정사문으로 나타낼 수 있다.
Priusquam incipias consulto, ubi consulueris mature facto opus est. (Sall.)
당신이 궁리한 것을 시작하기에 앞서, 곰곰이 생각하고 나서 신속히 일을 할 필요가 있다.
Opus est dare te operam ne moleste scribas et loquaris. (Svet.)
당신이 쓰거나 말하기에 귀찮지 않은 일을 당신에게 줄 필요가 있다.

• "필요한 사람 여격 opus est 필요한 사물 탈격" 구문은 "indigeo 속격"으로 대체할 수 있다.
Viro opus erat pecunia. = Vir indigebat pecuniae. 사람은 돈이 필요하였다.

---

adventus, -us, m. 다가옴, 도착, 도래, 재림   tam, adv. 이렇게, 이와 같이, 이처럼

quid, n. pron. 무엇?; adv. 무엇 때문에       exemplum, -i, n. 보기, 예, 본보기, 모범

permultus, -a, -um, adj. 대단히 많은        priusquam, conj. ~하기 전에

ubi, adv. 어디에, ~한 곳; conj. ~하고 나서, 하자마자

mature, adv. 제때에, 때마침, 신속히          moleste, adv. 귀찮게, 성가시게

decerno, is, crevi, cretum, ere, 3 tr. 따내다, 얻어 내다

incipio, is, cepi, ceptum, ere, 3 tr. 시작하다; intr. 시작되다

consulo, is, sului, sultum, ere, 3 intr. 곰곰이 생각하다, 궁리하다, 돌보다; tr. 문의하다

---

## 5. 행위자/작용인 탈격

행위자 탈격은 수동문에서 행위를 일으킨 주어를 나타내기 위해 사용된다. 행위자가 사람이
나 동물 등의 생물이면 "a/ab＋탈격"을 쓰고, 무생물 명사면 그냥 탈격을 쓴다. 이 경우 무생물
명사는 '작용인 탈격'이라고 한다. 행위자 탈격에 대해서는 제1권 241쪽을, 행위자 여격에 대해
서는 이 책(제2권) 214쪽을 참조하라.

Pompeius a Catone aspere accusatus est. (Cic.) 폼페이우스는 카토에 의해 호되게 문책 당했다.
Ventorum flatu nimii temperantur calores. (Cic.)
과도한 열(들)은 공기(들)의 돌풍에 의해 조절된다.

•natura, fortuna, voluptas 등과 같은 무생물 명사도 작가에 따라 의인화하여 "a/ab＋탈격"으로 표현하기도 한다.

Virtutum amicitia adiutrix a natura data est. (Cic.)

우정은 덕들의 조력자로서 자연에 의해 주어졌다.

N.B. adiutrix는 명사의 서술 용법이다. 명사의 서술 용법은 문맥에 따라 "~으로서, ~에 의해, ~의 자격으로"라고 옮긴다. 이에 대해서는 16쪽을 참조하라.

Maritimi cursus a ventis deriguntur. (Cic.) 바다의 방향은 바람에 따르게 된다.

| | |
|---|---|
| Cato, Catonis, m. 카토 | aspere, adv. 거칠게, 호되게 |
| ventus, −i, m. 바람, 공기 | flatus, −us, m. 호흡, 바람, 돌풍 |
| nimius, −a, −um, adj. 지나친, 과도한, 너무 많은 | |
| adiutrix, adiutricis, f. 여성 조력자 | maritimus, −a, −um, adj. 바다의 |
| cursus, −us, m. 뜀, 궤도, (위치, 이동의) 방향 | |
| accuso, as, avi, atum, are, 1 tr. 나무라다, 비난하다, 고소하다 | |
| tempero, as, avi, atum, are, 1 tr. 배합하다, 다스리다, 조절하다; intr. 절제하다, 조심하다 | |
| derigo(dirigo), is, rexi, rectum, 3 tr. 향해 가게 하다, 지도하다, 따르게 하다 | |

## 6. 재료 탈격

•특정 물건을 만든 재료를 나타내기 위해서는 "e/ex, de＋탈격"으로 표현한다. 이를 재료 탈격이라고 한다.

pocula ex auro, ex argento 금잔(금으로 만든 잔), 은잔(은으로 만든 잔)

Naves totae factae ex robore (Caes.) 전부 참나무로 만들어진 배들

Curio theatra fecit duo amplissima e ligno. (Plin.)

쿠리오는 나무로 만든 두 개의 가장 큰 극장을 만들었다.

•저자에 따라 재료 탈격보다는 수식하는 명사에 일치하는 형용사를 더 빈번히 사용하였다.

| | |
|---|---|
| **patera** aurea (Plaut.) 금 술잔 | **signum** aënĕum (Cic.) 청동상 |
| marmorĕae **columnae** (Cic.) 대리석 기둥 | **triclinium** argentĕum (Plin.) 은으로 만든 식탁 |

| | |
|---|---|
| poculum, −i, n. 잔, 술잔 | robor(robur), roboris, n. 참나무, 힘 |
| navis, navis, f. 배 | theatrum, −i, n. 극장 |
| lignum, −i, n. 목재, 나무 | patera, −ae, f. (제구용) 술잔 |

signum, -i, n. 표지, 신호, 신상(神像), 군기    aēnĕus, -a, -um, adj. 구리로 만든, 구리색의, 청동의
marmorĕus, -a, -um, adj. 대리석으로 만든, 대리석의
columna, -ae, f. 돌기둥
triclinium, -ii, n. (고대 로마의) 3면에 눕는 안락의자가 붙은 식탁, 식당

## 7. 비교 탈격

비교 탈격은 비교 표현에서 비교의 대상이 되는 두 번째 단어를 탈격으로 나타낸 것을 말한다. 비교의 대상이 되는 단어는 두 가지 방식으로 표현할 수 있다.

- 비교의 대상이 되는 명사나 대명사가 주격 또는 대격일 경우, 비교부사 quam을 생략하고 비교의 대상이 되는 명사나 대명사를 탈격으로 쓴다. 이렇게 사용된 탈격을 비교 탈격이라고 하며, quam이 없더라도 "~보다"라는 의미로 옮겨야 한다.
- 비교의 대상이 되는 두 번째 단어는 "quam ~보다"라는 부사를 사용하고, 비교의 기준이 되는 첫 번째 단어와 같은 격을 쓴다.
- 비교 탈격에 대해서는 제1권 "Pars 2, Lectio III. 형용사의 비교급과 최상급"을 참조하라.

## II. 도구 탈격

도구 탈격은 고대 인도유럽어에서 사용되다 사라진 도구격의 유산으로, 행위가 완성되는 데 필요한 수단이나 사람의 도움을 표현하기 위해 사용되었다. 이후 도구 탈격은 "~으로, ~와 함께"라는 두 가지 의미가 혼용되어 사용된다.

### 1. 수단 탈격

- 수단 탈격은 도구 탈격 고유의 기능을 전개하는 것으로, 특정 행위를 완수하기 위한 수단으로서의 사람·동물·사물을 나타낸다. 동물이나 사물이 제시되면 탈격으로, 사람이 제시되면 "per+대격"으로 표시한다. opera(도움, 보살핌, 노력), beneficio(호의), auxilio(도움) 등의 명사에 함께 표현하는 사람은 속격으로 나타낸다.
  Cornibus tauri, apri dentibus, morsu leones se tutantur. (Cic.)
  황소들은 뿔로, 멧돼지들은 이빨로, 사자들은 물어뜯음으로 자기 자신을 방어한다.
  Augustus per legatos Aegyptum administravit. (Svet.)
  아우구스투스는 지방 총독들을 통해 이집트를 관리했다.

Caesaris opera Gallia subacta est. 갈리아는 캐사르의 노력으로 정복되었다.

• 다음의 동사들과 결합하는 명사는 도구 탈격의 의미를 가진다.

circumdo, cingo, saepio 둘러싸다, 둘러막다, 보호하다

induo, vestio, operio, obruo, involvo, sterno 입다, 덮다

orno, exorno 꾸미다, 장식하다

vivo 살다; alo, pasco, nutrio 기르다, 양육하다

Homines urbes moenibus saepserunt. (Cic.) 사람들은 도시들을 성벽으로 에워쌌다.
Britanni lacte et carne vivunt. (Caes.) 브리타니아(오늘날 영국) 사람들은 우유와 고기로 산다.

• 도구 탈격의 의미를 가지는 관용적 표현

fidibus canere 현악기를 타다

memoria tenere 기억하다

pila, alea ludere 공을 가지고 놀다, 주사위 놀이를 하다

proelio lacessere 전쟁을 일으키다

pedibus ire 걸어서(도보로) 가다

lapidibus, sanguine pluere 돌이, 피가 비오듯 쏟아지다

sudore manare 땀을 흘리다

tecto accipere, invitare 집에서 영접하다, 집으로 초대하다

silvis, castris se tenere, occultare, abdere 숲에, 진지에 머물다, 숨다

lectica, curru, nave, equo vehi 가마로, 마차로, 배로, 말로 나르다

• afficere 동사의 관용적 표현

|능동|

afficere aliquem beneficio ~에게 선행(은혜)을 하다 → ~를 도와주다

afficere aliquem laude ~에게 칭찬을 하다 → ~를 칭찬하다

afficere aliquem praemio ~에게 상을 주다 → ~를 상주다

afficere aliquem poena ~에게 벌을 주다 → ~를 벌주다

afficere aliquem ignominia ~에게 망신을 주다 → ~를 망신 주다

afficere aliquem exilio ~에게 유배를 보내다 → ~를 유배 보내다

|수동|

afficior beneficio, praemio 도움을, 상을 받다

cornu, cornus, n. 뿔, 신호나팔 　　　　　　taurus, -i, m. 황소

aper, apri, m. 멧돼지 　　　　　　　　　　dens, dentis, m. 이, 치아

morsus, -us, m. 물어뜯음, 깨문 상처, 헐뜯음　leo, leonis, m. 사자

legatus, -i, m. 파견된 사람, 사신, 지방 총독　moenia, moenium, n. pl. 성벽, 담

lac, lactis, n. 우유 　　　　　　　　　　　caro, carnis, f. 고기

administro, as, avi, atum, are, 1 tr. 시중들다, (군대) 지휘하다, 관리하다; intr. 협조하다

subigo, is, egi, actum, ere, 3 tr. 정복하다

tutor, tutaris, atus sum, ari, 1 dep. 보호하다, 방어하다

## 2. utor, fruor, fungor, vescor, potior + 탈격

• utor 사용하다, 필요하다; fruor 누리다, 이용하다; fungor 이행/완수하다; vescor 먹고 살다; potior 차지/소유하다 등의 동사는 목적어를 항상 탈격으로 표현한다. 이 동사들을 이용한 표현법은 자주 사용되니 주의 깊게 학습하길 바란다.

Utar tuo consilio. (Cic.) 나는 당신의 충고가 필요합니다.

Equites magna praeda potiuntur. (Caes.) 기병대는 많은 전리품을 차지한다.

• utor 동사는 다음의 관용어에서 두 개의 탈격을 가진다.

utor aliquo magistro, duce, teste ~를 선생님으로, 장군으로, 증인으로 쓰다

• utor의 다른 관용적 표현으로는 "uti aliquo familiariter/familiarissime ~와 친밀한 관계에 있다, ~와 매우 친하다"가 있다.

• "potiri rerum 주권(절대권력)을 잡다"라는 관용적 표현에서 potior 동사는 항상 속격 rerum 을 쓴다.

Caius Caesar rerum potitus est. (Caes.) 카이우스 캐사르가 절대 권력을 잡았다.

## 3. 동반/일치 탈격

• 동반 탈격은 행위를 하거나 받는 사람이나 사물을 "cum + 탈격"으로 표현한다. 사물일 경우 일치 탈격이라고 부른다.

Vagamur cum coniugibus et liberis. (Cic.) 우리는 아내와 자식들과 함께 방랑한다.

Quis in funere familiari cenavit cum toga pulla? (Cic.)

누가 가족의 상례식에서 상복을 입고 저녁을 먹었는가?

•legio 군단, exercitus 군대(보병대), manus 군대, copiae 군대(무장 병력), comitatus 수행원, agmen 행군, navis 군함 등의 군사 용어는 "cum+탈격"이나 cum 없이 탈격만 쓸 수 있다. 전치사 cum 없이 탈격만 표현할 때는 동반 개념보다는 수단 개념이 더 우세하다.

|수단|

Albani ingenti exercitu impetum fecere(=fecerunt). (Liv.)
알바니 사람들은 거대한 군대로 공격했다.

|동반|

Ambiorix cum equitatu proficiscitur. (Caes.) 암비오릭스는 기병대와 함께 출발한다.

•상호적 의미를 가지는 동사도 "cum+탈격"을 가진다.

pugnare cum ~와 싸우다                    disserere cum ~와 토론하다

communicare cum ~와 연락하다              miscere cum ~와 결합하다

---

funus, funeris, m. 장례식                        familiaris, -e, adj. 가정의, 가족의
toga, -ae, f. (고대 로마 시민이 입던) 겉옷; toga pulla 상복
pullus, -a, -um, adj. 어두운, 거무스름한    ingens, ingentis, adj. 거대한, 막대한
impetus, -us, m. 공격; facere impetum 공격하다
equitatus, -us, m. 기병대
vagor, aris, atus sum, ari, 1 dep. intr. 떠돌아다니다, 방황하다
proficiscor, eris, fectus sum, proficisci, 3 dep. intr. 출발하다, 떠나다

---

## 4. 방법 탈격

방법 탈격은 특정 행위를 완수하기 위한 방법으로 부대 상황을 표현한다. 방법 탈격은 "cum+탈격"이나 탈격만으로 표현하는 형태를 가질 수 있다.

•cum+탈격: 명사 하나만으로 구성될 때

Fictas fabulas cum voluptate legimus. (Cic.) 우리는 꾸며 낸 이야기를 즐겁게 읽는다.

N.B. cum+탈격의 표현은 상응하는 부사로 대체할 수 있다. 라틴 저술가들은 이 방법을 더 선호하였다.

cum diligentia＝diligenter 성실하게          cum fortitudine＝fortiter 용감하게

cum ardore＝acriter 격렬하게

•탈격 하나만으로 구성될 때: 형용사가 수반되는 명사. 이 경우 "형용사＋cum＋탈격"으로 cum이 삽입될 수 있다.

Verum summa cura studioque conquirimus. (Cic.)

우리는 최고의 관심과 열정으로 진리를 찾는다.

Cassivellanus magno cum periculo nostrorum equitum confligebat. (Caes.)

카시벨라누스는 우리의 기병대들 가운데서 큰 위험과 더불어 싸우고 있었다.

•cum 없이 명사 자체로 방법을 나타내거나, 또는 "형용사 nullus＋명사"로 부대 상황을 나타낼 수 있다.

hac mente, hoc consilio 이 지향으로, 이 충고로

aequo animo 평온한 마음으로, 기꺼이          nullo ordine 아무런 순서 없이

nulla disciplina 아무런 규율도 없이          nullo labore 아무런 수고 없이

nulla difficultate 아무런 어려움도 없이

Nullo pacto id fieri potest. (Cic.) 그것은 절대로 될 수 없다.

•cum이 생략되고 방법 부사가 된 명사들: 법률 용어로 자주 사용됨.

iure 법대로, 정당하게                         iniuria 부당하게

vi 폭력(힘)으로                               fraude, dolo 사기로, 속임수로

more maiorum 조상들의 관습에 따라           ritu pecudum 짐승 모양으로, 짐승들처럼

•방법을 표현하는 관용적 표현: 사용 빈도가 높으니 주의 깊게 학습하길 바란다.

per vim 강제로, 힘으로                         per fraudem, dolum 사기로, 속임수로

per insidias 함정으로, 속임수로                per iocum 농담으로

per speciem 외견상, 겉으로는                   mirum in modum 기묘한 방법으로

ad hunc modum 이 모양으로

---

fictus, -a, -um, adj. 가장된, 꾸며진          fabula, -ae, f. 설화, 옛이야기

cura, -ae, f. 조심, 관심, 배려, 보살핌, 걱정    studium, -ii, n. 공부, 열정, 노력

conquiro, is, quisivi, quisitum, ere, 3 tr. 두루 찾다, 열심히 구하다

confligo, ɪs, flɪxɪ, flɪctum, ere, 3 tr. 대조(비교)하다; intr. 싸우다

## 5. 풍부 탈격

• "풍부하다, 채우다, 보충하다"라는 의미의 impleo, compleo, repleo, onero, cumulo, augeo, affluo, locupleto, refercio 동사와 "plenus, refertus 풍부한", "repletus, oppletus 가득 찬", "onustus 짐 실은(가득 찬)", "praeditus 구비한" 등의 형용사는 도구 탈격의 의미를 가진다. 이를 풍부 탈격이라고 한다.

Domitius naves colonis pastoribusque complet. (Caes.)
도미디우스는 농부들과 목동들로 배를 채운다.
Homo et honoribus populi ornatus et summa virtute praeditus (Cic.)
백성의 존경과 최상의 덕을 구비한 인간

• plenus는 속격을 선호하고, refertus는 탈격과 함께 사용된다.
plena domus caelati argenti (Cic.) 은장식으로 가득한 집
domus omnibus rebus referta (Cic.) 모든 재산으로 그득한 집

colonus, −i, m. 농부       pastor, −oris, m. 목동, 목자
compleo, es, plevi, pletum, ere, 2 tr. 채우다
caelatus, −a, −um, (caelo 동사의 과거분사) 새겨진, 장식한

## 6. 원인(이유) 탈격

도구 탈격의 용법 가운데 하나인 원인 탈격은 행위를 하는 이유와 동기를 나타낸다. 원인은 크게 세 가지 방법으로 표현한다. 아울러 감정 동사도 감정 표현의 대상을 탈격으로 나타내는데, 이것 또한 원인 탈격의 한 범주로 분류한다.

1) 하나의 탈격: 탈격이 내적 원인과 관계될 때, 즉 탈격이 주어의 마음이나 심리적 상태를 나타낸다.
Sunt in culpa qui animi mollitia officia deserunt. (Cic.)
마음의 의지박약 때문에 의무를 포기하는 사람들은 잘못을 저지르는 것이다.

2) ob/propter + 대격: 주어에 대한 외적 원인을 나타낼 때 주로 사용되는 방법이다.

Aegrotus propter morbum exire et fugere non potuit. (Cic.)
애그로투스는 병 때문에 나와서 피신할 수 없었다.

3) prae+탈격: 부정적 표현으로, 특정 행위를 하는 데 장애가 되는 이유를 나타낸다.
Prae lacrimis scribere non possum. (Cic.) 나는 눈물 때문에 글을 쓸 수 없다.
• 내적 원인에 있어서 "ira 분노, amor 사랑, odium 미움, misericordia 자비" 등과 같이 마음의 감정을 나타내는 명사들은 대개 탈격에 감정을 나타내는 과거분사 "motus 동요케 한, inductus 이끌어 들인, impulsus 충동적인"을 덧붙여 의미를 강조하기도 한다.
Haec feci ira et odio impulsus. 나는 충동적인 분노와 미움 때문에 이것들을 했다.

• 원인 탈격의 의미를 가지는 단어들
iussu, iniussu consulis 집정관의 명령으로, 집정관의 명령 없이
hortatu, impulsu, rogatu praetoris 법무관의 권고로, 압력으로, 요구로

Phoebidas arcem Thebarum occupavit impulsu paucorum. (Nep.)
페(포이)비다스는 소수의 선동으로 테베의 요새를 점령했다.

4) 감정 동사(verba affectuum)
"laetor 기뻐하다; gaudeo 향유하다(즐거워하다); delector 즐거워하다; doleo 아프다; maereo 슬퍼하다; queror 한탄하다; glorior 자랑하다(영광으로 생각하다)" 등의 감정 동사와 "laetus 기쁜; contentus 만족한; maestus 슬픈; sollicitus 걱정하는; anxius 불안한; fessus 피곤한" 등의 형용사는 감정 표현의 대상을 탈격으로 나타낸다.
그러나 감정 동사는 탈격 대신 대격을 가지기도 한다. 이에 대해서는 172쪽을 참조하라.
Militares viri gloriantur vulneribus. (Sen.) 군인들은 상처를 영광으로 생각한다.
Romani laeti victoria erant. (Sall.) 로마인들은 승리로(승리 때문에) 기뻐하고 있었다.

• "laborare (정신적 아픔보다 신체적 아픔) 고생하다, 아프다" 동사는, 병명은 탈격으로 표시하고, 아픈 곳은 "ex+탈격"으로 표시한다.
|병명|
laboro morbo gravi, febri(febre), avaritia 중병을 앓다, 열병을 앓다, 탐욕을 앓다
|아픈 곳|
laborare ex capite, ex intestinis, ex oculis, ex dentibus
머리가, 장(腸)이, 눈이, 이가 아프다

|관용어|

laborare ex aere alieno 빚에 시달리다

laborare a re frumentaria 식량 사정으로 고생하다

---

in culpa esse 잘못을 저지르고 있다      mollitia, −ae, f. 무름, 의지박약, 무기력

lacrima, −ae, f. 눈물          arx, arcis, f. 요새, 성채, 아성

Thebae, −arum, f. pl. 고대 이집트의 수도 테베, 그리스 테살리아 지방에 있는 도시명, 사람

vulnus, vulneris, n. 부상, 상처

desero, is, serui, sertum, ere, 3 tr. 버리다, 포기하다

exeo, is, ii(ivi), itum, ire, anom. intr. 나가다; tr. 지나가다

fugio, is, fugi, fugitum, ere, intr. 도망하다, 피신하다; tr. 피하다

---

## 7. 제한 탈격

• 제한 탈격은 한도 내에서 가리키고자 하는 것 또는 동사, 명사, 형용사가 표현하고자 하는 관점을 표현한다. 제한 탈격은 우리말로 "~에 관해서는, ~라는 점에 있어서"라고 옮긴다.

Excellebat Aristides abstinentia. (Nep.) 아리스티데스는 금욕에 관해서는 뛰어났었다.

Barbari et Romani erant virtute pares. (Cic.)

야만인들과 로마인들은 용기라는 점에서 같았다.

• natu는 제한 탈격의 의미를 가진다.

maior(maximus) natu 손위인, 연장자인(최고령)

minor(minimus) natu 손아래인(최연소)

• 제한 탈격의 관용적 표현

meo consilio, mea sententia 내 판단(생각)에    re 사실은

nomine 이름(명목)으로                specie 외관상

Sunt quidam homines non re, sed nomine. (Cic.)

어떤 사람들은 사실이 아니라 이름으로 사람들을 평가한다.

---

abstinentia, −ae, f. 절제, 금욕, 단식      par, paris, adj. 같은, 동등한

quidam, quaedam, quoddam, pron. indef. 어떤 사람

## 8. 차이 탈격

차이 탈격은 다른 사람, 동물, 사물보다 월등하거나 열등한 것을 나타내는 탈격이다.

• 비교 탈격에서도 발견되는 표현이다. 비교 탈격에 대해서는 234쪽을 참조하라.
Est sol multis partibus maior quam terra universa. (Cic.) 태양은 지구 전체보다 훨씬 더 크다.
Hibernia dimidio minor existimatur quam Britannia. (Caes.)
아일랜드는 영국의 절반보다 더 작은 것으로 평가된다.

• 우월, 열등, 차이를 표현하는 동사 "supero 능가하다; excello 뛰어나다; vinco 능가하다; praecedo 우월하다(선행하다); praesto 뛰어나다; differo 다르다" 등은 입증하고자 하는 상황을 구체화한다.
Doctrina Graecia nos et omni litterarum genere superabat. (Cic.)
그리스는 학문과 모든 문학의 종류에서 우리를 능가하고 있었다.

• 그 자체로 비교의 개념을 갖는 전치사와 부사 "ante 이상으로, post 다음으로, supra 넘치는, citra 이내에, infra 보다 못한; secus 다르게, aliter 달리, 그렇지 않으면" 등도 차이 탈격을 가진다. 이에 대해서는 제1권 "Pars 5, Lectio II. 전치사"를 참조하라.

• "많은, 작은, 전혀" 등과 같이 정도가 부사를 통해 표현될 때, 이러한 부사들은 대부분 탈격의 어미를 가진다.
multo, paulo ante 훨씬 오래전에, 조금 전에　quanto magis, melius 훨씬 더, 훨씬 더 좋은
nihilo minus 그럼에도 불구하고

Paulo ante mediam noctem flumen transire coeperunt. (Caes.)
한밤중 조금 전에 그들은 강을 건너기 시작했다.
Patria mihi vita mea multo est carior. (Cic.) 나에게 조국은 내 인생보다 훨씬 더 귀중하다.

---

multis partibus 훨씬
universus, -a, -um, adj. 전체적인, 온, 보편적인, 모든
Hibernia, -ae, f. 아일랜드　　　　　　　dimidium, -ii, n. 반, 절반
doctrina, -ae, f. 교육, 가르침, 학문　　　genus, generis, n. 혈통, 민족, 종류
carior, (carus, -a, -um, adj. 귀중한, 귀여운) 비교급, 더 귀중한

coepio, is, coepi, coeptum, ere, 3 tr. et intr. 시작하다

## 9. 주제 탈격

•사람이나 사물에 관해 말하거나 쓰는 주제에 대해 라틴어는 "de+탈격"으로 표현한다.
De agricultura Cato et Varro scripserunt. 카토와 바로는 농업에 관하여 저술하였다.
De tuis rebus locuti sumus. (Cic.) 우리는 너의 상황에 대해 이야기하였다.

•책, 연설, 단편소설 등의 제목은 "de+탈격" 외에 주격으로도 표현하였다.
Lupus et agnus 늑대와 양(이솝 우화)
Cato maior (de senectute) 연장자 카토(의 노년에 대하여)

## 10. 탈격 요구 형용사 dignus와 indignus

•형용사 "dignus 받을 만한, 합당한; indignus 자격 없는, 부당한"이 탈격 요구 형용사이다.
합당하거나 부당한 사물을 탈격으로 나타낸다.
Gere animum laude dignum.[13] (Cic.) 칭찬받을 만한 마음을 보여라.
Nulla vox audita est indigna populi Romani maiestate. (Caes.)
로마 백성의 권위에 합당하지 않은 어떠한 말도 듣지 않게 되었다.

•합당하거나 부당한 사물을 명사가 아니라 동사로도 표현할 수 있는데, 라틴어는 동사
를 그에 상응하는 명사로 대체하지 않고 qui, quae, quod 관계사절로 표현하고 접속법
동사의 현재나 미완료를 쓴다. qui, quae, quod는 그것이 언급하는 선행사의 명사와
성(性)과 수(數)를 일치시켜야 하고, 격은 역할에 따라 결정된다.
Indignum te esse arbitror, qui exercitum ducas.[14]
나는 당신이 군대를 지휘하는 것은 부당하다고 생각한다.
Hominem cognosces dignum, qui a te diligatur.[15] (Cic.)
당신에게 사랑받기 합당한 사람을 알게 될 것입니다.
Digna res visa est, quae hostiis expiaretur.[16]

---

13) gere는 gero 동사의 명령법 현재 단수 2인칭.
14) duco 동사의 접속법 현재 단수 2인칭.
15) diligo 동사의 접속법 수동 현재 단수 3인칭.
16) expio 동사의 접속법 미완료 수동 단수 3인칭.

희생 제물로 죄를 갚는 것은 합당한 일 같았다.

Publius indignus erat, cui[17] oboediretur.[18]

푸블리우스가 그에게 복종하였던 것은 부당하였다.

---

vox, vocis, f. 소리, 말                              maiestas, maiestatis, f. 존엄, 권위

hostia, -ae, f. 희생 제물, 희생물

gero, is, gessi, gestum, ere, 3 tr. 지니다, 보이다, 실행(수행)하다, 다스리다

arbitror, aris, atus sum, ari, 1 dep. tr. 생각하다, 여기다

diligo, is, lexi, lectum, ere, 3 tr. 사랑하다, 좋아하다

expio, as, avi, atum, are, 1 tr. 속죄하다, 죄를 갚다

oboedio, is, ivi(ii), itum, ire, 4 intr. (여격) ~에 순종하다, 경청하다

---

## III. 처소 탈격

처소 탈격은 행위가 전개되는 장소와 시간을 표현한다. 이에 대해서는 "Lectio VI. 시공간의 표현"에서 좀 더 자세하게 다루도록 한다.

---

17) oboedio 동사가 여격 요구.
18) oboedio 동사의 접속법 미완료 수동 단수 3인칭.

# Significatio Temporis Locique

## 시공간의 표현

### I. 시간의 표현

시간 보어는 동사가 전개하는 시간적 상황을 가리키거나 동사가 표현하는 상태를 나타낸다. 행위는 두 가지 관점의 시간으로 고려될 수 있는데, 하나는 완료된 시간과 날짜(언제?), 다른 하나는 진행의 계속 또는 지속(얼마 동안?)이다. 라틴어는 시간을 명시하기 위해서는 탈격을, 지속을 명시하기 위해서는 대격을 사용한다.

### 1. 특정(한정된) 시간

#### 1) 언제? quando?

• 사실이 완료되거나 발생한 특정 시간을 가리키는 명사는 전치사 없이 탈격을 쓴다.

| | |
|---|---|
| nocte 밤에 | vere 봄에 |
| hieme 겨울에 | occasu solis 해 질 녘에 |

adventu Caesaris 캐사르가 왔을 때에(직역: 캐사르의 도착 시에)

ludis Circensibus 원형경기장에서 경기할 때에

Abeunt hirundines hibernis mensibus. (Plin.) 제비들은 겨울철에 이주한다(가 버린다).
Proximo die Caesar e castris copias eduxit. (Caes.)
다음 날 캐사르는 진지에서 군대를 이끌고 나왔다.

• 인간 생애의 한 시기(pueritia 소년 시절, adulescentia 청소년기, iuventus 청춘, senectus 노년기), 공직(公職, consulatus 집정관 직, praetura 법무관 직, aedilitas 토목건축 감독관 직), 어떤 사건에 날짜를 기재하는 데 필요한 상황을 가리키는 명사들(bellum 전쟁, pugna 싸움, proelium 전투, adventus 도착, discessus 출발)에 형용사가 수반되

면 "형용사+탈격"으로, 명사 단독으로 쓰이면 "in+탈격"으로 표현한다. "형용사+탈격"의 표현은 시간 개념을 강조한 것이고, "in+탈격"은 공간과 시간 개념을 강조한 것이다.

summa senectute 고령에      prima adulescentia 청소년기 초기에

bello Punico secundo 제2차 포에니 전쟁에    pugna Cannensi 칸나에 전쟁에

in senectute 노년기에      in pueritia 소년 시절에

in bello 전시에      in pugna 싸움에

Multi Cannensi pugna ceciderunt. (Cic.) 많은 사람들이 칸나에 전쟁에서 전사했다.
Ferunt M. Catonem Graecas litteras in senectute didicisse.[19] (Cic.)
카토는 노년기에 그리스어를 배웠다고 전해진다. (부정사문)

• 저자에 따라 시간 개념보다 성질이나 특별 정황을 강조하고자 할 경우, "in+탈격"에 형용사가 따르기도 한다.

illo tempore → in illo tempore 그때에, 그 상황에

prima pueritia → in prima pueritia 소년 시절 초기에

• 대략적인 사건 시간을 나타내기 위해서는 "ad, circa, circiter, sub+대격"을 사용한다.

sub noctem 밤중에          sub lucem 새벽녘에

circa (ad) meridiem 정오 즈음에

---

occasus, -us, m. (해, 달, 별이) 짐      ludus, -i, m. 장난, 놀이; pl. 경기, 축제
Circenses, -ium, m. pl. (고대 로마의) 원형경기장에서의 경기
hirundo, hirundinis, f. 제비
abeo, is, abii, abitum, abire, 4 intr. 가 버리다, 되어 가다
cado, is, cecidi, (part. fut. casurus), cadere, 3 intr. 떨어지다, 죽다, 전사하다
disco, is, didici, ere, 3 tr. 배우다

---

2) 얼마 안에(이내에)? quo temporis spatio?

사건이 "얼마 안에(이내에)" 발생할 수 있는 기한은 탈격 하나만으로 또는 "intra+대격"으로 표현한다.

Saturni stella triginta fere annis cursum suum conficit. (Cic.)
토성은 자신의 천체 운행을 거의 30년 안에 마친다.

---

19) disco 동사의 부정법 과거.

Urbs intra paucos dies capta et direpta est. (Liv.) 노시는 수일 이내에 섬령뇌어 약탈낭했나.

---

Saturnus, -i, m. 토성(Saturnia stella)     cursus, -us, m. 뜀, 천체의 운행
conficio, is, feci, fectum, ere, 3 tr. 만들다, 작성하다, 마치다
capio, is, cepi, captum, ere, 3 tr. 잡다, 점령하다, 체포하다, 받아들이다
diripio, is, diripui, eptum, ere, 3 tr. 약탈하다, 노략질하다

---

## 3) 얼마마다? quo temporis intervallo?

•특정 사건이 얼마마다 발생되거나 발생됐는지를 표현하기 위해서는 탈격 하나만을 사용한
다. 표현 방법은 "서수+quisque 대명사의 탈격인 quoque, quaque, quoque+명사의 탈격"
순으로 한다. 우리말로 옮길 때는 서수가 가리키는 숫자에서 하나를 뺀다.

| 서수 | quisque 대명사의 탈격 | 명사의 탈격 | |
|------|----------------------|-------------|---|
| quarto | quoque | anno | 넷째 해마다(3년마다) |
| tertia | quaque | hora | 두 시간마다 |

Vota suscipi[20] quinto quoque anno senatus decrevit. (Aug.)
원로원은 서약을 4년마다 받아들이는 것으로 결정했다.

•주의해야 할 표현들
quotannis 해마다                          cotidie(singulis diebus) 날마다
singulis horis 매시간                      singulis mensibus 매달
alternis diebus 하루걸러(격일)
alternis mensibus 한 달 걸러(격월) (≠altero quoque die, altero quoque mense)

---

votum, -i, n. 서원, 서약, 맹세
suscipio, is, cepi, ceptum, ere, 3 tr. 환영하다, 받다, 인정하다, (의식을) 행하다

---

## 4) 주어진 시간에 몇 번? quotiens in temporis spatio?

주어진 시간에 몇 번 발생한 사건인지를 가리키기 위해서는 "숫자부사+in+시간을 지시하
는 명사의 탈격(아주 드물게 대격)"으로 표현한다.

Semel in anno licet insanire. (속담) 일 년에 한 번 미쳐 날뛸 수 있다.

---

20) suscipio 동사의 수동 부정법 현재.

Augustus sanxit, ne plus quam bis in mense (in mensem) senatus ageretur. (Svet.)
아우구스투스는 원로원이 한 달에 두 번 이상 모일 수 없도록 결정했다.

---

ne, adv. 아니; conj. ~하지 않도록

licet, licuit(licitum est), ere, 2 intr. impers. ~해도 좋다, 할 수 있다

insanio, is, ivi(ii), itum, ire, 4 intr. 미치다, 미쳐 날뛰다

sancio, is, sanxi(sancii), sanctum(sancitum), sancire, 4 tr. 제정하다, (법으로) 결정하다

---

### 5) 얼마 전에? quanto ante?; 얼마 뒤에? quanto post?

• 발생하거나 발생되었던 어떤 사건의 전후 시간을 가리키는 시간 표현은 "수사＋탈격
＋ante/post; 수사＋ante/post＋탈격", "ante/post＋수사＋대격; 수사＋ante/post＋대
격"의 순서를 취한다. 예문을 보면 전후 시간의 표현 방법을 이해할 수 있을 것이다.
테미스토클레스는 20년 전에 코리올라누스가 했었던 것과 같은 것을 했다.

Themistocles fecit idem quod viginti annis ante fecerat Coriolanus. (Cic.)

                         viginti ante annis fecerat Coriolanus.

                         ante viginti annos fecerat Coriolanus.

                         viginti ante annos fecerat Coriolanus.

N.B. 네 가지 표현 방법에서 수사는 서수로도 표현할 수 있다.

Themistocles fecit idem quod uno et vicesimo ante anno fecerat Coriolanus.

• 관용적 표현

| | |
|---|---|
| ante quam(antequam) ~하기 전에 | post quam ~한 후에 |
| multo post(ante) 훨씬 뒤에(전에) | paulo post(ante) 조금 뒤에(전에) |
| alquanto post(ante) 얼마 후에(전에) | |

## 2. 진행 시간

### 1) 얼마 동안? quamdiu?

• 전개되는 특정 행위가 얼마 동안 지속, 계속되는가를 나타내는 표현은 대격 하나만,
"(per)＋대격"을 쓴다.

Atticus annos triginta medicina non indiguit. (Nep.) 아티쿠스는 30년 동안 약이 필요 없었다.
Per anno quattuor et viginti certatum est. (Liv.) 24년 동안 싸우게 되었다.

•드물게 캐사르와 치체로, 종종 리비우스와 후내의 나른 서사믈은 날격 하나노 표현하기노 하였다.

Mithridates regnavit annis sexaginta, vixit septuaginta duobus. (Eutr.)
미트리다테스는 60년 동안 통치하고, 72년 동안 살았다.

> indigeo, es, ui, ere, 2 intr. (abl.) 없다, 부족하다; (gen.) 필요하다; medicina non indigere 약이 필요 없다
>
> certo, as, avi, atum, are, 1 tr. 싸우다, 전쟁(논쟁)하다

## 2) 언제부터? ex quo tempore?

"언제부터, 언제 전부터?"라는 질문에 대답하기 위한 시간 표현은 각각 구분할 필요가 있다.

•행위가 모두 과거이고 현재와 아무런 관계가 없을 경우, "abhinc(~전에)+대격+기수"를 사용한다.

Quaestor fuisti abhinc annos quattuordecim. (Cic.) 너는 14년 전에 검찰관이었다.
　　　　　　　　ante hos quattuordecim annos.
　　　　　　　　his quattuordecim annis.
　　　　　　　　quattuordecim anni sunt ex quo (tempore).
　　　　　　　　quattuordecim anni sunt cum.

•행위가 현재에도 여전히 지속되거나 또는 누군가에게 말하고 있는 순간에도 지속되고 있다면, "iam+대격"을 쓴다. 만일 수사가 있다면, "서수+iam(이미)+대격"으로 표현 하고 우리말로 옮길 때는 서수가 가리키는 숫자에서 하나를 뺀다.

Octavum iam annum Saguntum sub hostium potestate erat. (Liv.)
이미 7년 전부터 사군툼은 적들의 지배 아래 있었다.

> quaestor, -oris, m. 검찰관　　　　　　　　　　abhinc, adv. 지금으로부터, ~전에
> Saguntum, -i, n. 사군툼(스페인 Tarragonese의 도시, 오늘날 스페인 중북부 지방)
> potestas, -tatis, f. 능력, 권한, 지배

## 3) 언제까지? 얼마 동안? in quod tempus?

행위가 언제까지 지속하거나 지속돼야 하는지, 특정 사건이 얼마 동안 행해져야 하는지 를 표현하기 위해서는 "in+대격"을 쓴다.

Lacedaemonii in annos triginta pepigerunt pacem. 스파르타인들은 30년 동안 평화를 체결했다.
Amicum ad cenam invitavi in posterum diem. 그는 다음 날에 친구를 저녁에 초대했다.


### 4) 얼마 뒤에? post quod tempus?

• "얼마 뒤에"라는 질문에 대답하는 시간 표현은 "post/ad+대격"을 쓴다.
Post(ad) tres dies Romam revertar.[21] 나는 3일 뒤에 로마로 돌아갈 것이다.


• 관용적 표현
in (singulos) dies 나날이                          in (singulos) menses 다달이
in (singulas) horas 시시각각으로


Crescit in singulos dies numerus hostium. (Cic.) 적들의 수가 나날이 늘어나고 있다.

---

Lacedaemonius, −ii, m. 스파르타인

pango, is, panxi(pepigi), panctum(pactum), ere, 3 tr. 박다, (나무를) 심다, 협정하다

reverto, is, verti, versum, ere(revertor, eris, versus sum, verti, 3 dep.) intr. 돌아가다

cresco, is, crevi, cretum, ere, 3 intr. 발생하다, 늘어나다, 성장하다

---


## II. 장소의 표현

라틴어의 장소 표현은 크게 네 가지로 나타난다.
• 어디에? (ubi?): 장소에 있는 상태, 소재지
• 어디로? (quo?): 장소로 이동, 목적지
• 어디에서부터? (unde?): 어느 장소에서부터 이동, 출발지
• 어디를 지나서? (qua?): 어느 장소를 통해 이동, 통과나 경유지


### 1. 어디에? ubi?

정지(停止)를 가리키는 동사나 명사는 장소에 있는 상태를 나타낸다. 그러한 동사로는
sum 있다, maneo 머무르다, habito 살다, moror 머무르다; 명사로는 commoratio 체류,

---

21) revertor의 탈형 미래 단수 1인칭.

sedes 집(거점), domicilium 수소 능이 있다. 또한 장소에 있는 상태는 특정 장소(제한된 공간) 안에서의 이동을 가리키는 동사나 명사를 가진다. 그러한 동사로는 ambulo 산책하다, deambulo 거닐다, vagor 배회하다; 명사로는 deambulatio 산보, ambulatio 산책 등이 있다.

## 1) 일반 원칙

주어가 있는 곳이나 행위가 완료되는 곳의 장소 명사는 "in + 탈격"으로 표현한다.

Vivimus in agris, in silvis, in urbe, in Italia, in Africa, in Sicilia...
우리는 대지에서, 숲에서, 도시에서, 이탈리아에서, 아프리카에서, 시칠리아에서 살고 있다.
In agris homines bestiarum more vagabantur.[22] (Cic.)
인간들이 대지에서 동물들의 방식대로 배회하고 있었다.
In porticu ambulamus. (Cic.) 우리는 회랑에서 산책하고 있다.

## 2) 장소가 도시명, 마을명, 작은 섬 이름(도청 소재지의 명칭도 섬 이름과 같은 명칭을 가진다.)일 경우 명사는 처소격 또는 탈격으로 표현한다.

N.B. "Chersonesus 반도, Peloponnesus (그리스 남부의 반도, 오늘날 Morea) 펠로폰네수스, Aegyptus 이집트" 등은 간혹 도시명 범주에 포함되지만, 대개 일반 규칙을 따른다.

• 제1·2변화 명사나 수사 하나일 때 처소격으로 표현한다. 이때 처소격의 어미로 속격을 취하지만, 그렇다고 '처소 속격'이라고 부르지는 않는다. 그 이유는 처소격의 어미 −i가 속격의 고대 격과 다르기 때문이다. 처소격 ruri(시골에서)를 보면 그 이유가 잘 나타나는데, rus(시골) 명사의 속격은 ruris이다. 로마의 처소격인 Romae도 고대 처소격 형태인 Roma−i에서 유래한다. 고대 격에서 어미 −ae, −i는 장소에 있는 상태 (ubi?)와 시간적 범위(quando?)를 표현하였다. 처소격 형태의 명사들로는 "domi 집에, 조국에; ruri 시골에; belli, militiae 전시에; animi 마음에, 마음으로; vesperi 저녁에, humi 땅에, 대지에" 등이 있다.

Viximus Romae, Corinthi, Rhodi, Albae, Brundisii, etc.
우리는 로마에서, 코린토에서, 로도스에서, 알바에서, 브룬디시에서 살았다.

• 제1·2변화 명사 외의 다른 명사 또는 제1·2변화 명사라도 복수만 가지는 명사는 전치사 없이 탈격으로 표현한다.

Viximus Athenis, Syracusis, Delphis, Babylone, Carthagine, etc.
우리는 아테네에서, 시라쿠사에서, 델피에서, 바빌로니아에서, 카르타고에서 살았다.

---

22) vagor 탈형동사의 미완료 복수 3인칭.

3) 특수 용례

• "colloco 배치하다; pono 두다; loco 자리 잡다; statuo (주소를) 정하다; consido 정주(정착)하다; consisto 체류(정착)하다" 동사들은 이동이 따르는 상태를 의미한다.

Caesar quattuor legiones in Belgio collocavit. 캐사르는 4개 군단을 벨기에에 배치했다.

• 명사 locus가 성질 또는 지시형용사와 결합하거나, "상황, 조건" 등의 의미로 사용되면 대개 전치사를 생략한다.

Domitius loco idoneo et occulto omnem exercitum equitatumque collocavit. (Caes.) 도미티우스는 모든 군대와 기병대를 적당하게 숨겨진 장소에 배치했다.

Consederat rex loco natura munito. (Caes.) 왕은 자연적으로 방비가 되어 있는 장소에 주둔하였었다.

Meliore[23] loco sunt res nostrae. (Cic.) 우리의 사정(들)이 더 나은 상황이다.

• 'totus 온, 전부의(cunctus, universus)' 형용사는 전치사 없는 탈격을 선호한다. 그러나 "in+탈격"도 사용한다.

Toto mari dispersi vagabantur. (Cic.) 그들은 온 바다로 흩어져서 떠돌아다니고 있었다.

in tota sicilia, tota in provincia (Cic.) 전 시칠리아에, 전 속주에

• 명사 "liber 책"이 작품 내용 전체를 언급할 경우 탈격 하나를(도구 탈격의 의미), 작품 내에서 다룬 한 주제를 가리킬 때는 "in+탈격"을 쓴다.

De amicitia alio libro dictum est. (Cic.)

우정에 대해 다른 책에서 설명되었다. (작품 전체가 우정에 대해 다룸)

Agricultura laudatur in eo libro, qui est de tuenda re familiari. (Cic.)

그 책에서 농업이 칭송되는데, 가산(家産, 한 집안의 재산)에 대해 다룬 것이다. ("가산에 대해 다룬 그 책에서 농업이 칭송된다."는 의미. 즉 전 작품이 가산에 대해 다룬 가운데, 일부분이 농업에 대해 다룸)

---

mos, moris, m. 관습, 풍습, 방식                    porticus, -us, f. 회랑, 성당 입구
Rhodos(us), -i, f. 로도스(Egeo 섬에 있는 도시)
Alba, -ae, f. 알바(이탈리아 Lazio의 도시명)
Brundisium, -ii, n. 브룬디시(이탈리아 Calabria의 고대 항구도시명, 오늘날 브룬디시)
Athenae, -arum, f. pl. 아테네

---

23) bonus의 비교급 탈격.

Syracusae, -arum, f. pl. 시라쿠사(시질리아에 있는 노시명)

Delphi, -orum, m. pl. 델피                Babylon, -onis, (acc. Babylona), f. 바빌로니아

Carthago, -inis, f. 카르타고(북아프리카에 있는 도시명)

Belgium, -ii, n. 벨기에(갈리아의 벨기에 부분)

consido, is, sedi, sessum, ere, 3 intr. 정착하다, (군사) 주둔(포진)하다

munitus, -a, -um, adj. 방어진을 친, 방비가 되어 있는

dispersi(m), adv. 뿔뿔이, 흩어져서                alius, -a, -um, adj. pronom. 다른, 별개의

tueor, eris, tuitus sum, eri, 2 dep. tr. 관찰하다, 주시하다

## 2. 어디로? quo?: 장소로 이동, 목적지

어떤 장소를 향해 접근하거나 이동하는 것을 가리키는 동사와 명사를 말한다. 그 예로는 "venio 가다, pervenio 도착하다, convenio 만나다, eo 가다, vado 가다, proficiscor 떠나다, curro 달리다, colligo 모으다; adventus 도착, introitus 들어감" 등이 있다.

### 1) 일반 원칙
어떤 장소를 향해 가는 것을 가리키거나, 행위의 목적이 될 경우 "in+대격", "ad+대격"으로 표현한다. "in+대격"은 입장(入場)을, "ad+대격"은 접근을 나타낸다.

Imus in agros, in urbem, ad montes, in Italiam, in Africam, in Siciliam.
우리는 평야로, 도시로, 산으로, 이탈리아로, 아프리카로, 시칠리아로 간다.
N.B. 사람에게 가는 것은 항상 "ad+대격"을 사용한다.
Ad te veniam. 나는 너한테 갈 것이다.
Ad Caesarem ivi. 나는 캐사르한테 갔다.

### 2) 장소가 도시명, 마을명, 섬 이름 등의 명사일 경우에는 대격 하나로 표현한다.
Ivimus Romam, Athenas, Delphos, Carthaginem, Rhodum...
우리는 로마로, 아테네로, 델피로, 카르타고로, 로도스로 갔다.

### 3) 특수 용례
• "이탈리아를 향해, 로마를 향해"라는 표현은 "in Italiam versus, Romam versus"라고 쓴다.

• "peto (어디를) 가다, 향하다" 동사는 어떠한 명사와 결합하더라도, 결합되는 그 명사는 대격으로 표현한다.

Peto silvas, agros, Romam, Graeciam... 나는 숲으로, 밭으로, 로마로, 그리스로 간다.

• "scribo 쓰다, mitto 보내다" 동사와 같이 어떤 것이 향하는 사람은 "ad + 대격"보다 여격으로 표현된다.
Antea tibi(ad te) scripsi. (Cic.) 나는 전에 너한테 편지를 썼다.

## 3. 어디에서부터? unde?

어떤 장소로부터 멀어짐, 출발 등을 가리키는 동사나 명사를 말한다. 그 예로는 "abeo 가버리다, exeo 나가다, egredior 상륙하다(지나가다), proficiscor ~에서 출발하다; discessus 출발(軍. 철수), profectio 출발(여행), reversio 복귀" 등이 있다.

### 1) 일반 원칙
출발이나 기원하는 장소의 이름은 "e/ex, de, a/ab + 탈격"으로 표현한다.
Venimus ex agris, ex urbe, ex Italia, de montibus, ex Africa, e Sicilia...
우리는 들에서, 도시에서, 이탈리아에서, 산에서, 아프리카에서, 시칠리아에서 온다.

### 2) 장소가 도시명, 마을명, 섬 이름이면 탈격 하나로 표현한다.
Venimus Roma, Athenis, Carthagine, Delphis, Rhodo, etc.
우리는 로마에서, 아테네에서, 카르타고에서, 델피에서, 로도스에서 온다.

## 4. 어디를 지나서? qua?

경유를 가리키는 동사나 명사는 어느 장소를 통해 이동하는지를 나타낸다. 그 예로는 "transeo 건너(넘어, 지나)가다, traduco 지나가게 하다, transmitto 파견하다; transitus 통과, iter 여행, 통행" 등이 있다.

### 1) 일반 원칙
지나가는 통과 장소의 명사는 일반명사나 도시명이나 모두 "per + 대격"으로 표현한다.
Transeo per agros, per montes, per Alpes, per Italiam, per Africam, per Siciliam, per Romam, per Thebas, etc.
나는 밭을, 산을, 알프스를, 이탈리아를, 아프리카를, 시칠리아를, 로마를, 테베를 통과한다(지나간다).

2) 이동을 위한 통과 수단을 나타내는 명사 "pons 다리, via 길, porta 문, trames 지름길, iter 도로, fretum 해협, terra 땅, flumen 강" 등은 거의 항상 탈격 하나로 표현한다.

Transeo via Salaria, ponte sublicio, tramite angusto, porta Capuana, etc.

나는 살라리아 거리를, 각목으로 된 다리를, 좁은 지름길을, 카푸아 문을 통과한다.

N.B. 관용적 표현: terra marique 육지와 바다에서

sublicius, −a, −um, adj. 각목(말뚝)으로 된(이루어진)
angustus, −a, −um, adj. 좁은                Capua, −ae, f. 카푸아(Campania의 도시)

## 5. 동격 명사가 수반되는 고유명사

1) 도시, 마을, 섬 등의 고유명사가 "urbs 도시, oppidum 성곽도시, vicus 마을, insula 섬" 등의 동격 명사와 함께 쓰이면, 보통명사의 규칙을 따른다.

Sumus in urbe Roma. 우리는 로마 시에 있다.

Properamus ad urbem Neapolim. 우리는 나폴리 시를 향해 서둘러 가고 있다.

Venimus ex urbe Syracusis. 우리는 시라쿠사 시에서 온다.

Transimus per urbem Capuam. 우리는 카푸아 시를 경유(통과)한다.

2) 도시, 마을, 섬 등의 고유명사에 "동격 명사+형용사"가 동시에 오면, 동격 명사와 형용사는 보통명사의 규칙을 따르고 도시명 뒤에 둔다. 또한 "동격 명사(urbs, oppidum)+종류의 상세 보어"가 따르면, 이것 또한 도시명 뒤에 둔다.

Sum Romae, in clarissima urbe. 나는 가장 유명한 도시 로마에 있다.

Eo Ariciam, in parvam urbem. 나는 소도시 아리치아에 간다.

Venio Alexandria, ex urbe magna. 나는 대도시 알렉산드리아에서 온다.

Diu fui Neapoli, in urbe Campaniae. 나는 오랫동안 캄파니아의 도시 나폴리에서 살았다.

Transeo per Massiliam, urbem maritimam. 나는 해안 도시 마르세유를 경유한다.

Neapolis, −is, f. 나폴리                Aricia, −ae, f. 아리치아(Lazio에 있는 도시)
Massilia, −ae, f. 마르세유(프랑스 지중해 해안 도시)
maritimus, −a, −um, adj. 바다의, 해안의
propero, as, avi, atum, are, 1 tr. et intr. 급히(서둘러) 하다(가다)

## 6. domus와 rus 명사

1) "domus, -us, f. 집, 가정"과 "rus, ruris, n. 시골"이라는 의미의 명사는 도시명 고유명사의 규칙을 따른다.

• 장소에 있는 상태를 가리킬 경우에는 처소격을 쓴다.

domi 집에, 조국에　　　　　　　　　　ruri 시골에

Aegyptii mortuos servant domi. (Cic.) 이집트 사람들은 죽은 사람들을 집에 보관한다.

• 장소로 이동하는 것을 가리킬 경우는 대격만으로 표기한다.

domum 집으로, 조국으로　　　　　　　rus 시골로, 시골을 향해

Multi domum discesserunt. (Caes.) 많은 사람들이 조국으로(집으로) 돌아왔다.

• 장소로부터 이동하는 것을 가리킬 경우는 탈격만으로 표기한다.

domo 집에서(부터), 조국에서(부터)　　　rure 시골에서(부터)

Domo exire nolebant. (Cic.) 그들은 집에서 나가고 싶어 하지 않았다.

2) domus 명사가 소유형용사(meus, tuus, etc.)와 결합하거나 소유주의 이름이 수반되면, 일반 규칙이나 예외를 따를 수 있다. 그러나 다른 형용사(성질, 지시 형용사)와 결합하면 보통명사의 규칙을 따른다.

Domum Antonii 또는 in domum Antonii 안토니우스의 집으로
in amplam domum 큰 집에
Domo Numitoris 또는 a domo Numitoris 누미토르의 집에서
ex illa domo 그 집에서

Domi vestrae estis. (Cic.) (너희는) 너희 집에 있다.
Testamentum Caesaris aperitur in Antonii domo. (Svet.)
캐사르의 유언은 안토니우스의 집에서 개봉된다.
Luculli Archiam domum suam receperunt. (Cic.)
루쿨루스 사람들은 자기 집에서 아르키아스를 영접(환영)하였다.

Verres ex illa domo emigrabat. (Caes.) 베레스는 그 집에서 이사하고 있었다.

N.B. 처소격의 관용적 표현

domi militiaeque, domi bellique 평화 시나 전시에

---

Aegyptii, −orum, m. 이집트 사람들          Numitor, −oris, m. 누미토르(Alba의 왕)

amplus, −a, −um, adj. 드넓은, 큰            testamentum(testamen), −i, n. 유언, 증언

Lucullus, −i, m. 루쿨루스(Licinius 종족의 한 가문)

Archias, −ae, m. 아르키아스(그리스의 시인)

Verres, −is, m. 베레스(로마의 성, 치체로를 반대한 시칠리아의 법무관)

servo, as, avi, atum, are, 1 tr. 보관하다, 준수하다

discedo, is, cessi, cessum, ere, 3 intr. 헤어지다, 떠나다, (싸움, 재판에서) 돌아오다

exeo, is, ii(exivi), exitum, exire, anom. intr. 나가다

nolo, non vis, nolui, nolle, anom. tr. 원하지 않다

aperio, is, perui, pertum, ire, 4 tr. 개봉(개방)하다, 드러내다

recipio, is, cepi, ceptum, ere, 3 tr. 받아들이다, 맞아들이다

emigro, as, avi, atum, are, 1 intr. 옮겨 가다, 이사하다, 떠나다

---

## 7. 장소에 있는 상태나 접근하기 위해 이동

•도시에 있는 상태나 접근하기 위해 이동하는 것은 "apud, ad, ab＋도시명"을 쓰기도 한다.

Ad (apud) Cannas infeliciter pugnatum est.

칸나에 근처(부근)에서 불행하게 싸우게 되었다. (장소에 있는 상태)

Caesar ad Massiliam pervenit. 캐사르는 마르세유 근처에 도착했다. (장소에 이동)

Dux a Brundisio movit. 장군은 브룬디시에서 이동하였다. (장소에서 이동)

•usque ad ~까지; usque ab ~에서부터

Usque ad castra insecuti sunt. (Caes.) 그들은 진지까지 추격당했다.

도시명 앞에 전치사 ad, ab는 생략된다.

Usque Ennam profecti sunt.24) (Cic.) 그들은 엔나에서 출발했다.

---

Cannae, −arum, f. pl. 칸나에          infeliciter, adv. 불행하게

Enna(Henna), −ae, f. 엔나(시칠리아의 도시)

pervenio, is, veni, ventum, ire, 4 intr. 다다르다, 도착하다

---

24) proficiscor의 3인칭 복수 과거.

moveo, es, movi, motum, ere, 2 tr. et 드물게 intr. 움직이다, 이동하다
insequor, eris, secutus sum, sequi, 3 dep. tr. 잇따르다, 추적하다
proficiscor, eris, fectus sum, ficisci, 3 dep. intr. 출발하다, 떠나다

## 8. 장소부사

장소부사에 대해서는 제1권 "Pars 5, Lectio I. 부사"를 참조하라.

 숨은 라틴어 찾기

### 로마 속 숨은 라틴어 찾기 (4)
**"Senatus Populusque Romanus(S.P.Q.R.)"**

모두들 한 번쯤은 꿈꾸는 유럽 배낭여행, 그중에서도 로마는 수많은 역사적 건물들과 '로마의 휴일'과 같은 명작 영화 속 아름다운 관광 명소들로 가득해 가히 유럽 여행의 필수 코스라 해도 과언이 아니다. 스페인 광장과 사랑을 이루어 준다는 분수도 물론 좋지만, 라틴어를 공부하는 학생이라면 로마 곳곳에 숨겨져 있는 라틴어의 흔적에도 관심을 기울여 보는 것이 어떨까.

현대 속에 어우러진 전통의 아름다움을 뽐내는 로마는 지금도 도시 곳곳에 고대 로마 공화정의 흔적과 함께 그 속에 담긴 라틴어의 역사를 담고 있다.
그중 가장 대표적인 것이 "Senatus Populusque Romanus(로마의 원로원과 백성, 이는 백성과 원로원으로 이루어져 있다.)"라는 글귀이다. 이 말은 고대 로마 공화정의 공식 표어로서 주화, 기념 비문의 마지막, 로마 군단의 군기, 치체로의 연설문, 리비우스의 역사서를 포함해 여러 문헌과 장소에 등장한다.
이 글귀는 로마 여행을 하다 보면 길거리와 시내 수많은 공공 시설물 등 일상의 모습에서 쉽게 찾아볼 수 있다. 얼핏 보면 너무 흔해서 대수롭게 지나칠 수도 있지만, 원로원보다 백성을 강조했던 고대 로마 공화정의 정신을 떠올려 본다면 길거리 곳곳에 새겨져 있는 이 글귀가 한층 새롭게 보일 것이다.

# Propositio Composita et Propositio Incidens

## 복문과 종속절

제1권 품사론에서는 단문의 구조, 특히 독립절에 대한 서법과 시제 중심으로 살펴보았다. 단문이란 주술 구성이 하나로 이루어진 문장을 말한다. 단문은 성질상 긍정문(propositio affir─mativa)과 부정부사가 이끄는 부정문(propositio negativa)으로, 의미상 서술문(propositio enun─tiativa), 의욕문(propositio affectiva), 의문문(propositio interrogativa)으로 구분된다.

• 서술문은 단순 시인이나 판단, 있는 그대로의 사실을 표현한 문장이다. 서술문의 경우, 직접화법에는 직설법 동사를, 간접화법에는 부정사문을 쓴다.

• 의욕문은 권고, 명령, 소원, 바람을 표현한 문장이다. 의욕문의 경우, 직접화법에는 명령법과 접속법의 권고, 소원, 양보 등의 독립절이 있고, 간접화법에서는 시제 일치에 관한 규칙을 지킨 접속법 동사를 쓴다.

• 의문문은 순수 의문문과 수사학적 의문문으로 구성된다. 순수 의문문이란 어떤 사실에 대해서 실제로 몰라서 질문하는 것을 말하고, 수사학적 의문문이란 의문문의 형식을 쓰지만 질문에 이미 답이 내포된 것을 말한다.

이 장에서는 문장에 관한 구문론을 살피되, 특히 복문(propositio composita)의 구조를 연구한다. 복문이란 두 개의 절이나 그 이상의 절로 구성된 문장을 말한다. 이렇게 둘 이상으로 구성된 복문을 지탱하기 위해서는 기초 명제, 즉 구문론상의 독립절을 함유해야 한다. 복문의 구조는 둘 이상의 단문으로 구성되어 서로 동등하게 이어지거나(등위), 한 문장이 종속절(propositio dependens/incidens)을 포함하는 형태의 문장이다. 후자의 경우 문장은 주절과 종속절로 구분된다.

|등위|

Odi et amo. (Catull.) 나는 미워하고 사랑한다.

|종속절|

<u>Quare id faciam</u> (종속절) <u>fortasse requiris.</u> (주절) (Catull.)

내가 그것을 하는 것은 아마 네가 요구하기 때문이다.

---

quare, adv. 1. 왜, 무엇 때문에? 2. (이유, 원인, 동기, 방법, 목적 등) ~하는

fortasse(fortassis), adv. 아마, 어쩌면

odi, odisti, odisse, (part. fut.) osurus, tr. difett. (형태는 과거이지만 현재의 의미) 미워하다, 싫어하다

requiro, is, quisivi, quisitum, ere, 3 tr. 찾다, 요구하다

# Propositio Composta

## 문장의 결합

라틴어의 문장론에서 문장의 종류는 단문(propositio simplex)과 복문(propositio composita)으로 구분된다. 복문이란 두 개 이상의 단문이 결합된 문장을 말하며, 복합문이라고도 한다. 라틴어의 복문은 등위 문장과 주종 복합문으로 나눌 수 있다.


## I. 등위 문장

라틴어 문장은 등위접속사나 종속접속사를 통해 결합된다. 등위는 같은 종류의 둘 또는 그 이상의 문장, 또는 같은 등급의 모든 주절 또는 종속절을 연결한다. 라틴어의 등위 'coordinatio'는 'cum+ordinatione'의 합성어로 "동등한 위치에 놓음"이란 뜻이다. 등위접속사는 연계, 선택, 반대, 이유, 결론 접속사로 구분된다.

이에 대해서는 제1권 "Pars 5, Lectio III. 접속사와 감탄사"를 참조하라.


## II. 주절과 종속절(Propositio Principalis et Propositio Incidens)

구문론적인 관점에서 하나의 문장은 주절(독립절)과 종속절로 구분될 수 있다.

주절은 문장의 주 의미를 포함한 것으로서 논리적 이유나 형식적 이유 때문에 문장에서 쉽게 분리될 수 있다. 즉 주절은 구문론적으로 독립된 문장이다. 이러한 이유에서 주절을 독립절이라고도 부른다. 다시 말해서 주절은 다른 문장의 지배를 받지 않는다. 주절의 동사는 통상 직설법 동사를 가지며, 그 외에 명령법 동사와 종속절과 관계하지 않은 접속법 동사를 가진다. 이 경우 접속법 동사는 권고, 소원, 가능, 의혹을 표현하는 것이다. 이에 대해서는 63~68쪽을 참조하라.

반면 종속절은 둘 또는 그 이상의 문장에서 다른 문장에 의존한 문장을 말한다. 종속절은 직설법, 부정법, 접속법 동사를 가질 수 있다. 이처럼 주절과 종속절이 합하여 복문이 될 경우, 주절의 시제와 종속절의 시제가 논리적으로 일치해야 한다. 이를 '시제의 일치(consecutio temporum)'라고 한다.

다음 문장을 보면 주절과 종속절의 관계를 쉽게 이해할 수 있을 것이다.
　Legati ad Caesarem venerunt (주절) ut peterent pacem. (종속절)
　사신들이 화친을 청하기 위해 캐사르에게 왔다.
　이 문장에서 "Legati ad Caesarem venerunt(사신들이 캐사르에게 왔다)."는 주절로서, 주요 문장이며, 단독으로도 문장의 의미가 성립된다. 그러나 뒤의 "ut peterent pacem(화친을 청하기 위해)"는 앞 문장 없이 문장의 의미가 성립되지 않는다. 이러한 문장을 종속절이라 한다.

종속절에는 1차 종속절과 2차 종속절이 있는데, 주절에 직접적으로 의존할 경우 1차 종속절이라고 부르며, 1차 종속절에 의존할 경우 2차 종속절이라 부른다. 이에 대해서는 269, 317쪽을 참조하라.


## III. 종속절의 분류

종속절은 문장 안에서 전개하는 기능에 따라 크게 세 가지 범주로 분류된다.

### 직접목적어 종속절
소위 명사절이라고도 부르는 직접목적어 종속절은 문장 안에서 주절 동사의 주어 또는 목적어가 된다. 직접목적어 종속절의 종류는 다음과 같다.
- 부정사문
- quod(~한다는 것, ~한다는 사실)가 이끄는 명사절
- "ut(부정문 ut non), quin, quominus(~하는 것을), ne(~하지 못하게)＋접속법 동사" 가 이끄는 직접목적어절
- 간접 의문문

### 간접목적어 종속절
소위 부사절이라고도 불리는 간접목적어 종속절은 주절의 간접목적어나 부사의 기능을

전개한다. 간접복적어 송속절에는 복적, 결과, 이유, 시간, 가성, 양보, 반대, 비교 등의 기능이 있다. 이러한 이유에서 간접목적어 종속절을 상황절이라고도 부른다.

### 관계사절 또는 부가어절

형용사절이라고도 불리는 부가어절은 주절 어느 단어의 형용사나 동격의 기능을 한다. 부가어절은 그 형태상 관계사절에서 잘 나타나며, 따라서 부가어절을 통상 관계사절이라고 한다.

# Consecutio Temporum

## 시제의 일치

종속절의 시제는 그 자체로 시제를 명시하지 않고 대개 상대적 의미로 사용되며, 주절의 동사와 비교하여 선행, 동시성, 후행의 시간 관계를 나타낸다. 종속절에서 시제의 사용은 "consecutio temporum"에 의해 규정되는데, "consecutio temporum", 즉 "시제의 상관관계"에서 주절과 종속절 사이의 시간적 관계를 정한다.

### I. 직설법 시제의 상관관계

직설법 시제에서 주절과 종속절 동사 사이의 시간적 관계는 동시성, 선행, 후행으로 구분된다.

### 1. 동시성

종속절의 행위와 주절의 행위가 동시에 이루어질 때, 이를 동시성이라고 한다.

|현재| Si hoc dicis, erras. 만일 네가 이것을 말한다면, 너는 실수한다.
|과거| Si hoc dixisti, erravisti. 만일 네가 이것을 말했다면, 너는 실수했다.
|미래| Faciam ut potero. 나는 할 수 있는 대로 할 것이다.

### 2. 선행

종속절의 행위가 주절의 행위보다 앞설 때, 이를 선행이라고 한다. 이 규칙은 라틴어에서 엄격히 지켜지는 것으로 현재, 미완료, 미래와 비교하여 선행을 표현하기 위해서는 각각 과거, 과거완료, 미래완료를 사용한다.

|현재-과거|

Puer memoria tenet omnia quae didicit.[1] 소년은 배웠던 것을 모두 기억한다.

|미완료-과거완료|

Puer memoria tenebat omnia quae didicerat.[2] 소년은 배웠었던 것을 모두 기억하고 있었다.

|미래-미래완료|

Puer memoria tenebit omnia quae didicerit.[3] 소년은 배웠을 것을 모두 기억할 것이다.

## 3. 후행

종속절의 행위가 주절의 행위를 뒤따를 때, 이를 후행이라고 한다. 후행 관계를 표현하기 위해서는 주절이 현재, 과거, 미래일 때 종속절은 능동태 용장활용에 각각 sum, eram, ero를 사용한다. 능동태 용장활용에 대해서는 80쪽을 참조하라.

|능동태 용장활용 현재|

Quia id quod neque est, neque fuit, neque futurum est mihi praedicas. (Plaut.)
절대로 존재하지도 않고, 존재하지도 않았고, 존재하지도 않을 그것을 너는 왜 내게 말하니.

|능동태 용장활용 미완료|

Rex, quia non interfuturus navali certamini erat, Magnesiam concessit. (Liv.)
해전에 가담할 생각이 없기 때문에 왕은 마(그)네시아를 양보했다.

|능동태 용장활용 미래|

Ubi sementem facturus eris, ibi oves delectato.[4] (Cat.)
네가 씨를 뿌리는 곳에서, 그곳에서 양들은 기뻐할 것이다.

N.B. 명령법 미래는 우리말로 정확히 옮기기가 어렵다. 통상 미래로 옮긴다.

---

Magnesia, -ae, f. 마(그)네시아(테살리아 지방) ovis, -is, m. 양, 양털
intersum, interes, interfui, interesse, anom. intr. 사이에 있다, 참가하다
concedo, is, cessi, cessum, ere, 3 intr. et tr. 양보하다, 허락하다
sementis, -is, f. (acc. sementim 또는 sementem) 씨 뿌림, 파종
delecto, as, avi, atum, are, 1 tr. 부추기다, 즐겁게 하다; oves delectare 양을 먹이다

---

1) tenet는 현재, didicit는 과거.
2) tenebat는 미완료, didicerat는 과거완료.
3) tenebit는 미래, didicerit는 미래완료.
4) 명령법 미래.

## 4. 직설법 시제의 상관관계 도표

| 주절 | 동시성 | 선행 | 후행 |
|------|--------|------|------|
| 현재 | 현재 | 과거 | 능동태 용장활용 sum, etc. |
| 과거 | 미완료 | 과거완료 | 능동태 용장활용 eram, etc. |
| 미래 | 미래 | 미래완료 | 능동태 용장활용 ero, etc. |

## II. 주절에 직접적으로 의존하는 문장의 시제 일치

## 1. 직설법 동사에 의존하는 접속법 동사

주절이 직설법 동사일 경우, 종속절의 접속법 동사는 주절의 동사에 지배된다. 그 방법은
다음과 같다.

1) 주절에 주 시제(직설법 현재, 미래, 논리적 과거; 접속법 현재, 능동태 용장활용 +
sim)가 있는 경우
 • 주절에 주 시세가 있고 종속절에 접속법 현재가 있으면, 종속질의 행위는 주질의 행위
   와 동시에 일어난 것을 말한다.
 • 주절에 주 시제가 있고 종속절에 접속법 과거가 있으면, 종속절의 행위는 주절의 행위
   보다 과거이다. (선행)
 • 주절에 주 시제가 있고 종속절에 "능동태 용장활용 + sim, sis, sit"가 있으면, 종속절의
   행위는 주절의 행위보다 미래이다. (후행)
   Ignoro(ignorabo, etc.) quid agas. (Cic.) 나는 네가 무엇을 하는지 모른다.
   Ignoro(ignorabo, etc.) quid egeris. 나는 네가 무엇을 했는지 모른다.
   Ignoro(ignorabo, etc.) quid acturus sis. 나는 네가 무엇을 하려고 하는지 모른다.

2) 주절에 역사 시제(직설법 미완료, 과거, 과거완료, 역사 부정사문; 접속법 미완료,
과거, 과거완료, 능동태 용장활용 + essem)가 있는 경우
 • 종속절에 접속법 미완료가 있으면, 종속절의 행위는 주절의 행위와 동시에 일어난
   것을 말한다.
 • 종속절에 접속법 과거완료가 있으면, 종속절의 행위는 주절의 행위보다 과거이다.

•종속절에 "능동태 봉장활봉+essem, esses, esset"가 있으면, 종속절의 행위는 주절의 행위보다 미래이다.

Ignorabam(ignoravi, etc.) quid ageres. 나는 네가 무엇을 하는지 몰랐다(모르고 있었다).

Ignorabam(ignoravi, etc.) quid egisses. 나는 네가 무엇을 했는지 몰랐다.

Ignorabam(ignoravi, etc.) quid acturus esses. 나는 네가 무엇을 하려고 하는지 몰랐다.

### 3) 특수 용례

•역사적 현재: 문학이나 'dum'에 의존한 역사적 현재는 동사의 형태는 현재이지만, 의미는 과거이다. 주 시제와 마찬가지로 종속절도 역사 시제를 가질 수 있다.

Vercingetorix Gallos hortatur, ut arma capiant(=caperent).5) (Caes.)
베르친제토릭스는 군대를 점령하기 위해 갈리아 사람들을 권고했다. (hortatur는 '권고했다'는 과거의 의미)

•논리적 과거: 라틴 저술가들에게 논리적 과거는 시제상 일반적으로 역사 시제로 인식되었다. 그러나 "novi(알았다 → 알다), memini(기억하였다 → 기억하고 있다, 알다), didici(배웠다 → 몸에 배다, 안다), consuevi(익숙해졌다 → 익숙해지다), oblitus sum(잊어버렸다 → 모르다)"과 같이 현재의 의미를 갖는 논리적 과거는 예외로 한다. 주 시제가 논리적 과거이면 다음에는 의무가 따른다.

Quam me amares,6) facile perspexi. (Cic.) 네가 나를 얼마나 사랑하는지 나는 쉽게 알았다.

Oblitus es(=nescis) quid initio dixerim.7) (Cic.) 내가 처음에 무엇을 말했는지 너는 잊어버렸다.

•역사 부정사문: 역사 부정사문은 직설법 미완료의 의미를 가지며, 역사 부정사문 다음에는 역사 시제를 가진다.

Tum alii alios hortari, ut repeterent8) pugnam. (Liv.)
그래서 전쟁을 다시 하도록 서로 격려하고 있었다.

N.B. alius가 격을 달리하여 겹쳐 쓰면 '저마다, 서로'라는 의미

---

ago, agis, egi, actum, agere, 3 tr. 행하다, 시간을 보내다, 다루다
hortor, aris, atus sum, ari, 1 dep. tr. 권고하다, 격려하다

---

5) capiant는 접속법 현재, caperent는 접속법 미완료.
6) amo의 접속법 미완료.
7) dico의 접속법 과거.
8) repeto의 접속법 미완료.

capio, is, cepi, captum, ere, 3 tr. 잡다, 점령하다, 이해하다

perspicio, is, spexi, spectum, ere, 3 tr. 속속들이 들여다보다, 꿰뚫어보다

obliviscor, eris, oblitus sum, oblivisci, 3 dep. 잊어버리다

repeto, is, petivi(petii), petitum, ere, 3 tr. 반복하다

## 2. 명령법, 접속법 독립절(권고, 소원, 양보, 가능)에 의존하는 접속법 동사

1) 명령법(현재, 미래)에 의존하는 종속절의 접속법 동사는 주절의 시제에 의존한다.
Cura ut valeas.9) (Cic.) 부디 잘 있거라. (직역: 잘 있도록 돌보아라.)

2) 독립 접속법(권고, 소원, 양보, 가능)에 의.하는 종속절의 접속법 동사
• 가능 접속법 현재, 과거, 부정적 명령이 되게 하는 접속법 과거는 논리적 과거에서
유래하며, 모두 현재의 의미이다.
Videamus quid actum sit10) Brundisii. (Cic.) 우리는 브룬디시에서 무엇이 일어났는지 본다.
Quis dubitaverit11)(dubitet12)) quin in virtute divitiae sint? (Cic.)
재산이 힘에 달려 있다는 것을 누가 의심하겠는가(의심하는가)?

• 접속법 미완료, 과기, 과기완료 다음에는 그 지체로 역시 시제를 가진다.
Vellem13) Romae esses. (Cic.) 나는 네가 로마에 있었다면 좋았을 텐데.
Utinam dixerit quid sentiret.14) 제발 당신이 무엇을 생각하는지 말했다면.

utinam, adv. 제발, 아무쪼록

dubito, as, avi, atum, are, 1 intr. et tr. 의심하다

volo, vis, volui, velle, tr. anom. 원하다, ~하고 싶다

---

9) Cura는 명령법 현재, valeas는 접속법 현재 단수 2인칭.
10) ago의 수동 접속법 과거.
11) dubito의 접속법 과거.
12) 접속법 현재.
13) volo의 접속법 미완료.
14) dixerit는 dico의 접속법 과거, sentiret는 sentio의 접속법 미완료.

## III. 주절에 직접적으로 의존하지 않는 문장의 시제 일치

종속절에는 1차 종속절과 2차 종속절이 있는데, 주절에 직접적으로 의존하는 문장을 1차 종속절이라고 부르며, 1차 종속절에 의존하는 문장을 2차 종속절이라 부른다. 1차 종속절에 의존하는 2차 종속절의 경우 주절에 직접적으로 의존하지 않는 문장이라고 한다. 주절에 의존하지 않는 2차 종속절은 접속법문, 부정사문, 동사의 개념을 내포한 분사, 목적분사, 동명사, 명사와 형용사문 등의 1차 종속절에 의존한다.

## 1. 접속법 문장(1차 종속절)에 의존하는 2차 종속절

• 주절에 직설법 시제가 있다면, 종속절에는 접속법 현재, "능동태 용장활용＋sim, etc." 등의 시제는 주 시제를 가진다.

Canes aluntur[15] in Capitolio, (주절)
ut significent[16] (1차 종속절)
si fures venerint.[17] (2차 종속절) (Cic.)
만일 도둑(들)이 온다면 알리도록 개들이 카피톨리움에서 사육된다.

• 주절에 직설법의 역사 시제가 있다면, 종속절에는 접속법 미완료, 과거, 과거완료, "능동태 용장활용＋essem, etc." 등의 역사 시제를 가진다.

Exegisti a me ut scriberem[18] (1차 종속절)
quemadmodum posset[19] (2차 종속절)
ira leniri. (Sen.)
어떻게든 분노가 가라앉을 수 있게 너는 나한테 글을 쓰도록 요구했다.

Ego vero Lycurgo maximam gratiam habeo, qui me ea poena multaverit[20] (1차 종속절)
quam sine mutatione possem[21] (2차 종속절)
dissolvere. (Cic.)
될 수 있는 대로 변경 없이 빚을 갚을 수 있도록, 그와 같은 형벌로 나를 처벌한 리쿠르고에게

---

15) alo의 수동 현재.
16) significo의 접속법 현재 복수 3인칭.
17) venio의 접속법 과거 복수 3인칭.
18) scribo의 접속법 미완료 단수 1인칭.
19) possum의 접속법 미완료 단수 3인칭.
20) multo의 접속법 과거 단수 3인칭.
21) possum의 접속법 미완료 단수 1인칭.

나는 정말 대단히 고맙게 생각한다.

---

Capitolium, -ii, n. 카피톨리움(오늘날 캄피돌리오)

fur, furis, m./f. 도둑             quemadmodum, adv. 어떻게, 어떤 방법으로

mutatio, -onis, f. 변화, 변경

alo, is, alui, altum(alitum), ere, 3 tr. 기르다, 사육(양육)하다

significo, as, avi, atum, are, 1 tr. 드러내다, 알리다, 의미하다

exigo, is, egi, actum, ere, 3 tr. 내보내다, 받아 내다, 요구하다

lenio, is, ivi(itum), ire, 4 tr. et intr. 달래다, 진정시키다

multo, as, avi, atum, are, 1 tr. 처벌하다

dissolvo, is, solvi, solutum, ere, 3 tr. 풀다, (빚) 갚다, 해방하다

---

## 2. 부정사문에 의존하는 2차 종속절

• 부정사가 현재 또는 미래이면, 주절 동사의 시제에 지배받는다.

Cupio scire quid agas.[22] (Cic.) 나는 네가 무엇을 하(려)는지 알고 싶다.

Constitui[23] ad te venire, ut et viderem[24] te et viserem.[25] (Cic.)

나는 너를 보고 방문하기 위해 너한테 가는 것을 결정했다.

• 부정사가 과거이면, 주절 동사를 고려하지 않고 역사 시제를 따른다.

Aristides quaesisse[26] ab eo dicitur quare id faceret.[27] (Nep.)

왜 그것을 했는지 아리스티데스가 그에게 물었다고 전해진다.

## 3. 분사, 목적분사, 동명사, 형용사, 명사에 의존하는 2차 종속절

2차 종속절이 동사의 개념을 내포한 분사, 목적분사, 동명사, 형용사와 명사에 의존하면, 주절 동사의 시제에 지배받는다.

Difficile est dictu,[28] quanto in odio simus[29] apud exteras gentes. (Cic.)

---

22) ago의 접속법 현재 단수 2인칭.

23) constituo의 과거 직설법 단수 1인칭.

24) video의 접속법 미완료 단수 1인칭.

25) viso의 접속법 미완료 단수 1인칭.

26) quaeso의 과거 부정사.

27) facio의 접속법 미완료 단수 3인칭.

우리가 얼마나 외국인들에게 증오가 있는지, 말하기(에) 힘들다.

Cupidus eram audiendi quid gestum esset.[30] (Cic.)

나는 무엇을 했(었)는지 듣고 싶었다.

Constituit[31] rex incertus quantum esset hostium. (Liv.)

왕은 얼마만큼의 적들이 있(었)는지 불확실해서 정지시켰다.

---

quanto, adv. 얼마나                                   exterus, -a, -um, adj. 밖의, 외국의

quantum, adv. 얼마만큼의(속격을 수반함)

constituo, is, stitui, stitutum, ere, 3 tr. 세우다, 결정하다, 제정하다, (군) 정지시키다

viso, is, visi, visum, ere, 3 tr. 관찰하다, 방문하다

quaeso, is, quaesivi(quaesii), ere, 3 tr. 묻다, 청하다, 구하다

gero, is, gessi, gestum, ere, 3 tr. 지니다, 드러내다, 하다

---

## 4. 접속법 시제의 상관관계 도표

| 주절 | 종속절 | | |
|---|---|---|---|
| | 동시 | 선행 | 후행 |
| **주 시제**<br>(직설법 현재, 미래, 논리적 과거; 접속법 현재, 능동태 용장활용+sim) | 접속법 현재 | 접속법 과거 | 능동태 용장활용+sim |
| **역사 시제**<br>(직설법 미완료, 과거, 과거완료, 역사 부정사문; 접속법 미완료, 과거, 과거완료, 능동태 용장활용+essem) | 접속법 미완료 | 접속법 과거완료 | 능동태 용장활용+essem |

---

28) dico의 수동형 목적분사.

29) sum의 접속법 현재 복수 1인칭.

30) gero의 수동 접속법 과거완료 단수 3인칭.

31) constituo의 직설법 과거 단수 3인칭.

## IV. 시제의 특수 용례

라틴어는 일반적으로 시제의 일치, 즉 시제의 상관관계에 대한 규칙이 무척 엄격하게 지켜진
다. 그렇지만 종종 종속절의 시제가 주절의 시제로부터 자유로운 경우가 발생한다. 다음의
경우 주절의 내용과 종속절의 내용 사이에 시제의 관계는 엄격하게 적용되지 않는다. 일반적인
경우를 정리하면 다음과 같다.

### 1. 결과문

원인(주절)과 결과(종속절)의 관계를 표현하는 결과문은 시제의 용례에서 자유롭다. 그러한
경우는 다음과 같다.

1) 과거에 전개한 행위가 현재에 영향을 끼칠 수 있다. 이 경우 주절은 역사 시제이고 종속절
은 접속법 현재이다.

Hortensius murenam adeo dilexit, ut exanimatam flevisse credatur. (Plin.)
호르텐시우스는 곰치를 정말 좋아했는데, (곰치가) 죽었을 때 울었다고 생각된다.

2) 반대로 현재와 관계있는 주절의 내용은 과거 사실의 원인으로 생각될 수 있다. 이 경우
주절은 현재 시제이고 종속절은 접속법 미완료이다.

Patriae tanta est vis, ut Ithacam illam sapientissimus vir immortalitati anteponeret.
(Cic.)
가장 지혜로운 현자(오디세이아)는 저 유명한 이타카를 불사불멸보다 중히 여길 만큼, 조국을 위한
(사랑의) 힘이 크다.

3) 주절이 역사 시제나 과거와 관련된 결과 시제일 경우
•종속절(결과문)에서 결과로 진술한 사실이 주절 동사와 밀접한 동시 관계임을 강조할
때, 접속법 미완료를 가진다.

Tantus in curia clamor factus est,[32] ut populus concurreret.[33] (Cic.)
군중이 집결하였기 때문에 원로원에 이렇게 큰 함성이 생겼다.

•종속절에서 주절 동사와 상관없이 별개의 사실을 강조할 때, 접속법 과거를 가진다.

---

32) fio의 직설법 과거 단수 3인칭.
33) concurro의 접속법 미완료 단수 3인칭.

Eo facto sic doluit,[34] ut nihil tulerit[35] gravius in vita. (Cic.)
아무것도 인생에서 더 쓰라린 것은 견디어 낼 수 없었기에, 그 사실 때문에 이토록 아팠다.

---

murena, -ae, f. 곰치                             adeo, adv. (강조) 그토록

Ithaca, -ae, f. 이타카(오디세이아의 고향, 이오니아 해안의 섬)

immortalitas, -atis, f. 불사불멸, 영원성        clamor, clamoris, m. 고함소리, 외침, 환성

diligo, is, lexi, lectum, ere, 3 tr. 사랑하다, 좋아하다

exanimo, as, avi, atum, are, 1 tr. 숨 막히게 하다, 죽게 하다

antepono, is, posui, positum, ere, 3 tr. ~보다 낫게(중히) 여기다

concurro, is, curri, cursum, ere, 3 intr. 모여들다, 경쟁하다, 집결하다

doleo, es, ui, part. fut. doliturus, ere, 2 intr. et tr. 아프다, 고통을 느끼다

fero, fers, tuli, latum, ferre, 3 tr. 운반하다, 참다, 견디어 내다

---

## 2. 가능과 의혹의 접속법 미완료

가능과 의혹의 접속법 미완료는 주 시제에 의존한다.

Quaero a te cur Cornelium non defenderem.[36] (Cic.)
내가 왜 코르넬리우스를 변호하지 말아야 했는지 내가 너한테 묻는다.

N.B. 1. 독립절인 접속법 의혹문으로 표현하면 다음과 같다.

Cur Cornelium non defenderem? 왜 나는 코르넬리우스를 변호하지 말았어야 했을까?

N.B. 2. 접속법의 시제에 따라 의미가 달라진다.

|접속법 미완료| Nescio quid facerem. 나는 내가 무엇을 했어야 하는지 모른다.

|접속법 과거| Nescio quid fecerim. 나는 내가 무엇을 했었어야 하는지 모른다.

## 3. 삽입 어구

"quod sciam 내가 아는 바로는, quod senserim 내가 이해한 바로는, quod audierim 내가 들은 바로는, quod meminerim 내가 기억하는 한에서는(바로는)" 등의 제한적 삽입 어구는 주절의 동시 관계에서 자유로우며, 시제를 준수하지 않는다.

Epicurus se unus, quod sciam, sapientem profiteri ausus est. (Cic.)
내가 알기로는, 에피쿠루스 홀로 현자라고 밝히기를 원했다.

---

34) doleo의 직설법 과거 단수 3인칭.

35) fero의 접속법 과거 단수 3인칭.

36) defendo의 접속법 미완료 단수 1인칭.

profiteor, eris, fessus sum, profiteri, 2 dep. tr. 공언하다, (자기가 누구임을) 밝히다, 드러내다
audeo, es, ausus sum, ere, 2 semidep. tr. 감히 ~하다, 원하다

## 4. 목적문

몇몇 접속법 종속절 외에도 가령 목적절, 원의나 명령 등의 직접목적어는 시제를 주절의 동사와 항상 동시 관계로 나타낸다. 따라서 이러한 문장은 주 시제와 관계하여 접속법 현재만을, 역사 시제와 관계하여 접속법 미완료만을 가진다.

Studet[37] ut discat.[38] 그는 배우기 위해 공부한다.
Studebat[39] ut disceret.[40] 그는 배우기 위해 공부하였다.
Imperat iis ut veniant.[41] 그는 그들이 오도록 그들에게 명령한다.
Imperavit iis ut venirent.[42] 그는 그들이 오도록 그들에게 명령했다.

# V. 서간체

## 1. 서간체의 시제

로마인들은 편지를 쓸 때 수신인이 편지를 읽을 때 비로소 자신의 생각이 전해진다고 생각하여, 거기에 맞춰 과거 시제로 작성하였다.
• 서간체의 동사 시제
현재 → (일시적 행위) 과거, (지속적 행위) 미완료
과거 → 과거완료
미래 → 능동 미래분사+eram

Brundisio profecti sumus.
|일반 문장| 우리는 브룬디시로 출발했다.
|서간체| 우리는 브룬디시로 출발한다.

---

37) studeo의 직설법 현재 단수 3인칭.
38) disco의 접속법 현재 단수 3인칭.
39) studeo의 직설법 미완료 단수 3인칭.
40) disco의 접속법 미완료 단수 3인칭.
41) venio의 접속법 현재 복수 3인칭.
42) venio의 접속법 미완료 복수 3인칭.

Ante lucem hanc epistulam dictaveram.

|일반 문장| 동트기 전에 나는 이 편지를 작성했다.

|서간체| 동트기 전에 나는 이 편지를 작성한다.

• 서간체의 시간 부사

hodie 오늘 → eo die 그날                                heri 어제 → pridie 전날에

cras 내일 → postridie, postero die 다음 날에

nunc 지금 → tum 그때에                                adhuc 아직까지 → ad id tempus 그때까지

Prid.(ie) Id.(us) Febr.(uarias) haec scripsi ante lucem; eo die apud Pomponium eram cenaturus.

|일반 문장|

2월 12일 동트기 전에 나는 이것들을 썼다. 그날 폼포니우스 옆에서 저녁 식사를 할 작정이었다.

|서간체|

2월 12일 동트기 전에 나는 이것들을 쓴다. 오늘 폼포니우스 옆에서 저녁 식사를 할 것이다.

Ego tabellarios postero die ad vos eram missurus. (Cic.)

|일반 문장|

나는 다음 날에 너희에게 집배원들을 보낼 작정이었다(보내려고 생각하곤 하였다).

|서간체|

나는 내일 너희에게 집배원들을 보낼 것이다.

N.B. 서간체의 규칙을 모든 저술가들[가령 세네카(Seneca), 플리니우스(Plinius)]이 따른 것은 아니며, 치체로도 이 규칙을 늘 지킨 것은 아니다. 치체로는 작성하고 있는 시제와 관계없는 사실을 다룰 때는 규칙적인 시제를 사용하였다.

Ego te maximi et feci et semper facio. (Cic.) 나는 당신을 존경하였고 늘 최대한 존경한다.

[존경을 표시하는 부사(magni, tanti 매우, maxime 최대한, parvi 조금, nihil 전혀, plurimi 대단히, pluris 더)+facio 존경하다.]

## 2. 서간문의 여는 말과 맺는말

• 편지는 늘 여격으로 표시한 발신인의 이름으로 시작하였고, 그다음 수신인의 이름과 인사말이 따랐다. 인사말은 "alicui salutem dicere ~에게 인사하다"라는 관용어의 약어를 사용하여 S. D.(salutem dicit 인사를 드립니다), S. P. D.(salutem plurimam dicit 최대한의 인사를 드립니다)라고 표기하였다. 수신인은 이 관용어에 따라 여격으

로 표시하였다. 때로는 S. V. B. E. E. V.(si vales bene est, ego valeo 당신이 잘 계신다면, 잘 되었네요, 저는 좋습니다/나는 잘 지냅니다)라는 약어를 사용하기도 하였다.

Cicero Attico S. P. D. 치체로가 아티쿠스에게 최대한의 인사를 전해.

•편지의 맺는말에는 'vale/cura ut valeas 잘 지내세요'라는 인사말과 함께 다음의 형식으로 마쳤다.

D. pri. Non. Nov. Brundisio (Cic.)＝Data(dabam) pridie Nonas Novembres Brundisio 11월 4일 브룬디시에서 집배원에게 전함

D.: '집배원에게 전함'이란 뜻의 약어

pri. Non. Nov.: 편지를 보낸 날짜; pridie 전날, Nonae, -arum, f. pl. 초닷새(5)

Brundisio: 편지를 보낸 장소를 여격으로 표시하였다.

---

Brundisium, -ii, n. 브룬디시(오늘날 이탈리아 Puglia 주에 속한 도시)

Idus, Iduum, f. pl. (고대 로마력) 3, 5, 7, 10월의 15일; 그 밖의 달은 13일을 가리킴

Pomponius, -ii, m. 폼포니우스[로마의 씨족명, B.C. 1세기 'Atellan 우화(Atellanae fabulae)의 저자 Lucius Pomponius]

tabellarius, -a, -um, adj. 서찰의, 편지와 관계있는; m. 집배원, 온송인

Atticus, -i, m. 아티쿠스(치체로가 친구 T. Pomponius에게 붙인 별명)

proficiscor, eris, fectus sum, ficisci, 3 dep. intr. 출발하다, 떠나다, 헤어지다

dicto, as, avi, atum, are, 1 tr. 받아쓰다, 작성하다

scribo, is, scripsi, scriptum, ere, 3 tr. 새기다, 쓰다, 작성하다

mitto, is, misi, missum, ere, 3 tr. 보내다, 파견하다

facio, is, feci, factum, ere, 3 tr. et intr. 하다, 작성하다, 세우다, 평가하다;

### 로마 시대의 우편 제도

고대의 우편 제도는 국가 권한의 일환으로, 특히 국가 안보와 직결하여 군사적 목적으로 사용하였다. 이러한 이유에서 로마 시대 우체국은 황제가 신임하는 집정관의 감독하에 있었다. 또한 통치권 행사와 집행을 위해 황제의 칙령을 수도 로마에서 각 속주로 발송하였는데, 이때 가장 중요한 수단은 말이었다. 따라서 일정 지점마다 말을 교환하여야만 가장 신속하게 우편물을 배달할 수 있었는데, 이를 위해 각 거점마다 '역(Statio, —onis, f.)'을 설치하고 우체국장을 임명하였다. 우체국장의 임무는 오늘날과 달리 말의 교환, 마부 관리, 수의사들의 관리·감독 등의 일이었다. 일설에는 로마에서 황제가 칙령을 반포하면 파리까지 전달되는 데 이틀이 걸렸다고 한다. 이는 로마가 단지 군사력을 통해 Pax Romana를 영위한 것이 아니라, 당시로서는 첨단의 통신체계를 구축하여 다른 고대사회에서는 볼 수 없는 잘 정비된 도로망인 사회 간접 자본을 통해 가능케 했음을 보여 준다. 그렇다면 일반인들은 어떻게 우편 제도를 이용하였을까? 일반인은 오늘날의 퀵 서비스에 해당하는 심부름꾼 Cursor를 이용하거나, 우편배달부 Tabellarius를 이용하였다고 하는데 그 요금은 비싼 것으로 추정된다. 왜냐하면 Cursor나 Tabellarius는 아주 부유한 자들만 이용한 것으로 나타나고, 그 밖의 일반인들은 같은 방향을 가는 지인을 통해 인편으로 전한 것으로 드러나기 때문이다.

# Propositio Completiva Directa

## 직접목적어 종속절

주어와 목적어 기능을 하는 직접목적어 종속절은 다양한 종류가 있는데, 크게 다음과 같다.

• 부정법 동사를 가지는 직접목적어절, 통상 부정사문이다. 이에 대해서는 "Pars 2, Lectio II. 부정법"을 참조하라.

• quod(~한다는 것, ~한다는 사실)가 삽입된 직접목적어절. 이 절은 통상 직설법 동사를 가진다.

• 접속사 "ut(설명의 직접목적어 종속절; 부정문 ut non), ut(바람의 직접목적어 종속절; 부정 문 ne), quin, quominus(~하는 것을, ~하지 못하게), ne+접속법 동사"로 삽입된 직접목적어 절. 이 경우 시제의 일치를 엄격히 지켜야 한다.

• 의문대명사나 의문부사가 도입된 직접목적어절. 통상 간접 의문문이라고 한다. 이 경우 동사는 항상 접속법 동사를 가진다. 이에 대해서는 "Pars 4, Lectio VI. 직·간접 의문문"을 참조하라.

## I. quod가 삽입된 직접목적어 종속절

"~한다는 것, ~한다는 사실"을 의미하는 quod는 주절의 내용을 설명하기 위한 절로 주어 (~한다는 것이), 목적어(~한다는 것을), 사실의 기능을 하는 종속절이다. 일반적으로 실제 적인 사실에 대해서는 quod 다음에 직설법 동사를 쓴다. quod의 용법은 다음과 같다.

• 행위나 사건에 관한 판단을 표명하는 동사 또는 표현들 다음

"bene, commode, opportune, male fit, evenit, accidit quod 제때에, 적기에 일어나다(발생하 다), ~하는 것이 나쁘게 되다; gratum/iucundum/molestum est quod ~하는 것은 고맙다/유 익하다/귀찮다; bene/male facio ~하는 것은 잘/잘못하는 일이다; gratum/pergratum facio quod ~하는 것은 감사한/매우 감사한 일이다" 등.

Percommode accidit, quod non adest C. Aquilius. (Cic.)

C. 아퀼리우스가 참석하지 않는 일이 매우 적기에 일어난다.

Bene facis, quod me adiuvas. (Cic.) 네가 나를 도와준 것은 잘한 일이다.

Fecisti mihi pergratum, quod Serapionis librum ad me misisti. (Cic.)

네가 나한테 세라피온의 책을 보내 주었던 것은 나에게 대단히 고마운 일이었다.

---

percommode, adv. 아주 적절하게, 매우 적기에

pergratus, −a, −um, adj. 매우 기쁜, 대단히 고마운

Serapion, −onis, m. 세라피온(그리스 이름)

adsum, ades, adfui(affui), adesse, intr. 있다, 출석(참석)하다

facio, is, feci, factum, ere, 3 tr. et intr. 하다

adiuvo, as, avi, atum, are, 1 tr. 도와주다

mitto, is, misi, missum, ere, 3 tr. 보내다

---

• "더하다/보태다, 잊어버리다" 동사＋quod

(huc) accedit, adde quod (여기로) ~하는 것을 덧붙이다/덧붙여라!

praetereo, praetermitto, omitto quod ~하는 것을 지나가다/넘어가다/생략하다

Accedit quod ingeniis excellentibus Caesar delectatur. (Cic.)

캐사르는 탁월한 재능을 기뻐한다는 사실을 덧붙인다.

Adde huc quod perferri litterae nullo modo potuerunt. (Cic.)

어떠한 방식으로도 전달될 수 없었던 편지는 여기로 첨부해라!

N.B. "accedit quod 직설법 농사"의 표현은 "accedit ut 접속법 동사"로 쓸 수도 있다.

---

ingenium, −ii, n. 재능, 재주

excellens, −entis, (excello 동사의) part. adj. 높이 솟은, 우수한, 탁월한

accedo, is, cessi, cessum, ere, 3 intr. 다가가다, 보태(덧붙여)지다, 첨부하다

addo, is, addidi, ditum, ere, 3 tr. 더하다, 부언하다

praetereo, is, ivi(ii), itum, ire, anom, intr. 지나가다, 빠뜨리다, 넘어가다

omitto, is, omisi, omissum, ere, 3 tr. 묵과하다, 생략하다

delecto, as, avi, atum, are, 1 tr. 즐겁게 하다, 기쁨을 주다, (수동＋abl.) 기뻐하다, 즐거워하다

perfero, fers, tuli, latum, ferre, tr. 운반하다, 전달하다

---

• "칭찬하다, 비난하다, 고발/처벌/용서하다" 등의 동사와 마음의 상태를 나타내는 감정 동사

다음의 quod

laudo quod ~한 사실을 칭찬하다                    vitio tribuo quod ~한 사실의 탓으로 돌리다

gaudeo, laetor quod ~한 사실 때문에 기쁘다

moleste fero quod ~에 대해 마지못해 받아들이다

Socrates accusatus est quod corrumperet iuventutem et novas superstitiones introduceret. (Quint.) 소크라테스는 젊은이를 망치고 새로운 미신들을 가르쳤다는 이유로 고소되었다.

• 주절의 "hoc 이, id 그, illud 저, ex ~에서, ~로 인해; eo 그 이유로, inde 그로 인해서, sic 이와 같이, ita 그와 같이" 등 지시와 이유를 한정하기 위한 quod

Homines hoc uno plurimum a bestiis differunt, quod rationem habent. (Cic.)
인간(들)이 이성을 가진다는 사실, 이 하나만으로 짐승들과 아주 많이 구별된다.

Me una haec res torquet, quod non omnibus in rebus Pompeium secutus sim. (Cic.)
내가 매사에 폼페이우스를 따르지 않았다는 것, 오직 이 일 하나가 나를 괴롭힌다.

• 문장 처음에 시작하는 quod: quod가 문장 처음에 직설법 동사와 함께 쓰이면 "~에 대해서는, ~에 관해시는"이라는 의미를 가질 수 있다.

Quod scire vis qua quisque in te fide sit et voluntate, difficile est dictu de singulis. (Cic.)
네가 알고자 하는 것에 대해서는 믿음과 의지 둘 다 네 안에 있기에, 각각에 대해 말하기 힘들다.

---

superstitio, −onis, f. 미신                         plurimum, adv. 가장 많이, 최대한
bestia, −ae, f. 짐승
corrumpo, is, rupi, ruptum, ere, 3 tr. 변질되게 하다, 문란케 하다
introduco, is, duxi, ductum, ere, 3 tr. 소개하다, 안내하다, 도입하다, 가르치다
differo, differs, distuli, dilatum, differe, anom. tr. 미루다; intr. 다르다, 구별되다
torqueo, es, torsi, tortum, ere, 2 tr. 괴롭히다

---

## II. ut가 이끄는 설명의 직접목적어 종속절(부정문: ut non)

ut가 이끄는 설명의 종속절은 원래 결과의 의미가 사실에 대한 단순 확인을 가리키는 것으로 퇴색되었다. ut가 이끄는 직접목적어 종속절은 대개 주절의 주어와 같은 역할을 대신하여 목적

의 상황을 제시하면서 주절이 표현하는 행위를 완성한다. ut가 이끄는 직접복석어 송속설은 주어의 기능 외에도 목적어나 주절에서 표현한 단어나 개념을 설명하는 기능도 한다.

결과절을 이끄는 ut의 부정문으로는 "ut non ~하지 않고(~함이 없이), ut nemo 아무도 ~하지 않고, ut nihil 아무것도 ~하지 않고" 등이 있다.

ut가 이끄는 직접목적어 종속절은 동사에 의해 상황이 결정되기 때문에 주절의 동사와 관련하여 동시나 과거 시제만을 가질 수 있다. 따라서 "능동태 용장활용＋sim/essem"은 결코 사용하지 않으며, 접속법 동사의 네 가지 시제(현재, 미완료, 과거, 과거완료)만을 쓴다.

• 발생 동사 다음의 ut

fit ut, accidit ut, evenit ut ~하는 것이 발생하다/일어나다

est ut ~하는 대로이다                         futurum est ut ~하는 것이 막 일어나려 한다

fieri potest ut ~하는 것이 일어날 수 있다   fieri non potest ut ~하는 것이 일어나지 않을 수 있다

obtingit/contingit ut 생기다/벌어지다

Accedit Athenis ut una nocte omnes Hermae deicerentur. (Nep.)
하룻밤에 모든 헤르메스 석상들이 내동댕이쳐지는 일이 아테네에서 일어났다.
Fieri non potest ut mihi verba desint. 나에게 말이 없다는 것은 일어날 수 없다.
Soli hoc contingit sapienti, ut nihil faciat invitus. (Cic.)
아무도 억지로 하지 않는 이것은 오직 현자들에게만 일어난다.
N.B. ut ~faciat는 중성대명사 hoc을 설명한다.

• "남다(남아 있다), 따르다" 동사 다음의 ut

sequitur ut ~하는 것을 따르다

restat, superest, relinquitur, reliquum est ut ~하는 것이 남다

proximum est ut ~하는 것이 최후로 남다

Restat ut in castra Bruti nos conferamus. (Cic.)
우리는 우리를 브루투스의 진영으로 한데 모으는 일이 남아 있다.

• "명사, 중성 형용사, 부사＋est ut"의 표현들

lex est ut ~하는 것이 법이다

mos est ut, consuetudo est ut ~하는 것이 관습이다

tempus est ut ~할 때이다

aequum est ut, rectum est ut, par est ut ~하는 것이 옳(합당하)다
integrum mihi est ut ~하는 것은 나의 권한(재량)에 달려 있다
satis est ut ~하면 충분하다

Neque hic locus est ut de moribus maiorum loquamur. (Cic.)
지금은 선조들의 죽음에 대해 말할 상황이 아니다.
Est rectum ut eos aeque ac nosmet ipsos amemus. (Cic.)
그들을 우리 자신과 같이 사랑하는 것은 옳은 일이다.
N.B. "resto 남다, sequor 따르다" 등의 동사, "lex est, aequum est" 등의 표현은 부정사문을 쓸 수 있다. 이에 대해서는 48쪽을 참조하라.
Sequitur vitam beatam virtute confici.[43] (Cic.)
복된 삶은 덕의 열매로 마치게 된다. (직역: 복된 삶은 덕으로 마치게 되는 것을 따른다.)

---

Herma, -ae, f. 헤르메스의 머리를 새긴 사각기둥의 석상
invitus, -a, -um, adj. 억지로 하는, 마지못해 하는
aeque, adv. 같이, 같게
deicio, is, deieci, deiectum, ere, 3 tr. 내동댕이치다, 빼앗다
obtingo, is, tigi, ere, 3 tr. 생기다, 일어나다
resto, as, stiti, are, 1 intr. 머물다, 남아 있다
confero, fers, contuli, conlatum, conferre, anom. tr. 한데 모으다, 기여하다, 비교(참조)하다
loquor, loqueris, locutus(loquutus) sum, loqui, 3 dep. 말하다, 이야기하다
conficio, is, feci, fectum, ere, 3 tr. 만들다, 마치다

---

### III. ut가 이끄는 바람의 직접목적어 종속절(부정문: ne)

ut가 이끄는 직접목적어 종속절은 원의, 바람이 담긴 종속절이다. 이 종속절은 목적어, 주어, 설명의 기능을 전개할 수 있다. 긍정문은 ut(~하도록)를 삽입하고, 부정문은 ne(ne quis, ne quid, ne nullus, etc. ~하지 않도록)를 쓴다.

ut가 이끄는 직접목적어 종속절은 주절과 동시 관계를 가진다. 따라서 시제 일치에 따라 접속법 현재와 미완료만을 쓴다.

ut가 이끄는 직접목적어 종속절은 원의의 개념을 포함한 수많은 동사와 표현들에서 발견된다.

---

43) conficio의 부정법 수동 현재.

# 1. 원의, 바람, 노력, 청구, 권고, 명령, 허가 등의 동사+ut 접속법 동사

• 원의 및 노력

curo, video, facio, efficio, provideo 보살피다 operam do 힘쓰다
contendo, laboro 얻으려고 노력(추구)하다    enitor 노력하다(애쓰다)
studeo, contendo 추구하다

Effice ut valeas. (Cic.) 건강을 돌봐라!
N.B. 종속절 "ut valeas"는 주절 "Effice"의 목적어 기능을 한다. 이 문장은 "Effice valetudinem."이란 뜻이다.

Videant consules ne quid detrimenti res publica capiat. (Cic.)
공화국이 어떤 손해를 당하지 않도록 집정관들이 보살핀다. (직역: 공화국이 손실의 어떤 것을 당하지 않도록 집정관들이 보살핀다.)

• 청구

oro, exoro, precor 청하다                obtestor 맹세하다
rogo, peto, quaero 묻다                 flagito 집요하게 청하다(탄원하다)

Id ut facias te obtestor atque obsecro. (Cic.)
나는 당신이 그것을 하도록 당신한테 애원하고 맹세합니다.
Ne id facias a te peto. (Cic.) 나는 당신이 그것을 하지 않도록 당신한테 청합니다.

• 권고 및 명령

hortor, moneo, admoneo 권고하다        suadeo, persuadeo 설득하다
incito, impello, moveo 자극(격려, 충동)하다  indico, praecipio, edico 지시(명령)하다

Consules Romani Pyrrhum monuerunt[44] a veneno ut caveret.[45] (Cic.)
로마인 집정관들은 독약을(직역: 독약으로부터) 조심하도록 피루스를 권고하였다.
Ciceronem Caesar hortatur ut pristinam virtutem retineat. (Caes.)
캐사르는 과거의 가치를 간직하도록 치체로를 권고한다.

---

44) moneo의 직설법 과거 복수 3인칭.
45) caveo의 접속법 미완료 단수 3인칭.

• 허가

obtineo, impetro, adipiscor (노력, 간청으로) 얻다

mereo ~할 가치가 있다(받을 만하다)　　　permitto 허가하다

Lex permittit ut furem noctu liceat[46] occidere. (Cic.)
법은 야간에 도둑을 살해할 수 있도록 허락한다.

Vos adepti estis[47] ne quem civem metueretis.[48] (Cic.) 너희는 시민을 두렵게 하지 않고 얻었다.

---

quid, n. pron. 무엇?; indef. 무엇, 어떤 것; adv. 왜, 무엇 때문에?

detrimentum, −i, n. 손실, 손해　　　　venenum, −i, n. 독, 독약

Pyrrhus, −i, m. 피루스　　　　pristinus, −a, −um, adj. 이전의, 옛, 오래된

fur, furis, m./f. 도둑

obsecro, as, avi, atum, are, 1 tr. 애원(간청, 탄원)하다

retineo, es, tinui, tentum, ere, 2 tr. 보존(유지, 간직)하다, 기억하다

licet, licuit(licitum) est, licere, 2 intr. impers. 허가되다, 해도 좋다, 할 수 있다

adipiscor, eris, adeptus sum, adipisci, 3 dep. tr. 도달하다, 얻다

metuo, is, ui, utum, ere, 3 tr. et intr. 무서워하다, 두려워하다

---

## 2. 특수 용례

• 첫 번째 문장에 이어 두 번째 문장에 '그리고 아니'라는 의미의 부정 접속문이 이어질 때, 첫 번째 문장이 부정(ne)이면 두 번째 문장은 "neu(neve)"를 쓴다. 반면 첫 번째 문장이 긍정(ut)이면 두 번째 문장은 "neque(neu, neve)"를 쓴다.

ne ~ neu 또는 neve
ut ~ neque 또는 neu, neve

Valerius Publicola legem tulit, ne quis magistratus civem Romanum necaret neve verberaret. (Cic.)

---

46) licet의 접속법 현재 단수 3인칭.
47) adipiscor의 직설법 과거 복수 2인칭.
48) metuo의 접속법 미완료 복수 2인칭.

발레리우스 푸블리콜라는 어떠한 정부관도 로마 시민을 살해하거나 채썩질하지 못하도록 법안을
제정했다.

Id ut facias te obsecro neque immortalia speres.
나는 당신이 그것을 하고 불사불멸을 희망하지 않도록 당신께 애원합니다.

•ut 없이 접속법만을 쓰는 동사와 표현들
oro, obsecro, precor 애원하다; volo 원하다, nolo 원하지 않다; oportet, necesse est 필요하다;
licet 할 수 있다; "fac 해라, cave 조심해라" 등의 명령은 직접목적어 기능의 종속절에 접속사
ut 없이 접속법 문장을 쓸 수 있다.

Cavete, animam amittatis.[49] (Verg.) 너희는 용기를 잃지 말아 다오!
Fortem fac animum habeas. (Cic.) 너는 용감한 마음을 갖도록 해라!
Me velim[50] diligas.[51] (Cic.) 네가 나를 사랑해 주길 원해.

•"facio, efficio ut ~"는 종속절의 의미에 따라 부정문도 달라진다.
facio, efficio ut ~하게 하다, ~하도록 노력하다 ↔ facio, efficio ne
facio, efficio ut ~하게 되다, ~에 대한 원인이 되다 ↔ facio, efficio ut non

Fac ne quid aliud cures[52] hoc tempore. (Cic.)
너는 이 순간에 다른 어떤 것을 걱정하지 않도록 해라!
Obscuritas rerum facit ut non intelligatur oratio. (Cic.)
연설이 이해되지 않게 하는 것이 논쟁의 모호함이 된다.

---

magistratus, -us, m. 정무관, 공무원
fero, fers, tuli, latum, ferre, 3 tr. 운반하다, 당하다; 제시하다, 말하다, 전해지다; fero legem 법안을
제출(제정)하다
neco, as, avi, atum, are, 1 tr. 죽이다, 살해하다
verbero, as, avi, atum, are, 1 tr. 채찍질하다
amitto, is, amisi, amissum, ere, 3 tr. 버리다, 포기하다, 잃다
intellego, is, lexi, lectum, ere, 3 tr. 이해하다, 인정하다

---

49) amitto의 접속법 현재 복수 2인칭.
50) volo의 접속법 현재 단수 1인칭.
51) diligo의 접속법 현재 단수 2인칭.
52) curo의 접속법 현재 단수 2인칭.

## IV. quin이 이끄는 직접목적어 종속절

접속사 quin(=ut non, ~하지 않고, ~않고서는)은 접속법 동사와 결합되며, 주절에 부정문이나 부정적 의미의 수사학적 의문문이 있는 경우에 사용될 수 있다. quin은 다음과 같은 표현 뒤에서 직접목적어절을 이끈다. 의혹 동사(dubito, etc.)나 무지 동사(ignoro, etc.) 다음의 quin이 이끄는 종속절은 "~하는 것을, ~하기를"로 옮긴다.

> nemo dubitat quin 아무도 ~하는 것을 의심하지 않는다
>
> non est dubium(controversia) quin, suspicio non abest quin ~하는 것은 의심(반론)의 여지가 없다, ~하는 것은 의심이 없지 않다
>
> quis dubitat quin? (=nemo dubitat quin) ~하는 것을 누가 의심하느냐? ("아무도 ~하는 것을 의심하지 않는다"는 의미)
>
> quis dubitare potest quin? (=nemo dubitare potest quin) ~하는 것을 누가 의심할 수 있는가? ("아무도 ~하는 것을 의심할 수 없다"는 의미)

- 이러한 표현들을 따르는 상황은 주절 동사와 비교하여 동시, 과거(선행), 미래(후행)가 될 수 있으며, 접속법의 시제 일치를 적용한다.

  Non dubito quin vobis satisfecerim.[53] (Cic.)
  내가 여러분에게 만족을 주었다는 것을 의심하지 않는다.
  Non abest suspicio quin ipse sibi mortem consciverit.[54] (Caes.)
  자신이 자신의 죽음을 알았다는 것은 의심이 없지 않다.

> facere non possum quin ~하지 않을 수 없다
>
> fieri non potest quin ~게 되지 않을 수가 없다, ~게 될 수밖에 없다
>
> non multum (paulum) abest quin ~할 뻔하다, 거의 하게 되다
>
> praeterire non possum quin ~하는 것을 그냥 넘어갈 수 없다
>
> silentio praeterire non possum quin ~하는 것을 묵과할 수 없다
>
> non moror, nullam interpono moram quin ~에 어떠한 유예(지체)도 두지 않다
>
> non (nihil) praetermitto quin ~하는 것을 소홀히 하지 않다
>
> vix (aegre) abstineo, me contineo quin ~하게 되는 것을 (겨우) 참다

---

53) satisfacio의 접속법 과거 단수 1인칭.
54) conscio의 접속법 과거 단수 3인칭.

•이러한 표현들을 따르는 상황은 통상 주절의 동사와 동시 관계를 가지며, 결과적으로 접속법 현재와 미완료를 사용한다.

Facere non possum quin cotidie ad te mittam[55] litteras. (Cic.)
나는 너한테 매일 편지를 보내지 않을 수 없다.

Paulum afuit quin Varum interficeret[56] Fabius. (Caes.)
파비우스가 바루스를 거의 죽일 뻔했다.

Germani retineri non poterant quin in nostros tela conicerent.[57] (Caes.)
독일 사람들이 우리에게 창(들을) 던지는 것을 참을 수 없었다.

•quin은 긍정적 의미를 수반하는 문장에 사용된다. 이 문장을 부정하고자 한다면, quin 다음에 부정사(non)를 덧붙이면 된다.

Non dubito quin verum dixeris.[58]
나는 네가 진실을 말했다는 것을 의심하지 않는다.

Non dubito quin verum non dixeris.
나는 네가 진실을 말하지 않았다는 것을 의심하지 않는다.

•"두려워하지 않다, 주저하지 않다"라는 의미의 "non dubito(dubito 하나만을 쓰기도 함)"는 "non dubito" 다음에 동사의 부정사를 가진다.

Pro patria qui bonus dubitet mortem oppetere? (Cic.)
어떤 의인이 조국을 위해 죽음을 맞이하는 것을 두려워하는가?

---

satisfacio, is, feci, factum, ere, 3 intr. 만족시키다(만족을 주다), 사과하다, 변제하다
conscio, is, ire, 4 tr. 알다, 깨닫다, 의식하다
interficio, is, feci, fectum, ere, 3 tr. 죽이다, 살해하다
retineo, es, tinui, tentum, ere, 2 tr. 붙잡다, 못하게 막다, 보존하다
conicio, is, ieci, iectum, ere, 3 tr. 던지다
oppeto, is, petivi(petii), petitum, ere, 3 tr. 마주 나아가다, 직면하다

---

55) mitto의 접속법 현재 단수 1인칭.
56) interficio의 접속법 미완료 단수 3인칭.
57) conicio의 접속법 미완료 복수 3인칭.
58) dico의 접속법 과거 단수 2인칭.

## V. 공포 동사(Verba Timendi)와 함께하는 직접목적어 종속절

직접목적어 종속절은 공포 동사의 주어(~하는 것이 두렵다)나 목적어(~하는 것을 두려워하다)가 된다. 공포 동사로는 "timeo, metuo, vereor 두려워하다, 무서워하다; timor est 두려움이 있다; metus est 공포가 있다; in magno timore sum 큰 근심 중에 있다; periculum est 위험이 있다" 등이 있다. 공포 동사는 시제 일치에 따라 접속법 동사의 4가지 시제만을 쓴다. 공포 동사와 두려움의 표현법은 다음과 같다.

- 원하지 않는 일이 일어날까 두려울 때는 ne(~할까 봐, ~할까)를 쓴다.
  Vereor ne molestus sim vobis. (Cic.) 내가 여러분에게 귀찮을(폐가 될)까 두렵다.

- 원하는 일이 일어나지 않을까 두려울 때는 ut, ne non을 쓴다.
  Omnes labores te suscipere video, timeo ut(=ne non) sustineas. (Cic.)
  네가 모든 일을 다 맡는 것 같아 보이는데, 나는 네가 감당을 못하지나 않을까 두렵다.

- 공포 동사나 두려움의 표현 앞에 부정부사가 있으면, ut를 사용하지 못하고 ne non만을 쓴다.
  Non timeo ne non impetrem.[59]
  나는 내가 성취하지 못하는 것을 두려워하지 않는다. (나는 꼭 성취한다는 의미)
  Non timeo ne vincar.[60]
  나는 내가 이기게 되는 것이 두렵지 않다. ("내가 이기지 못한다, 이기고 싶지 않다"는 의미)

- vereor, timeo 동사가 "의심하다, 주저하다"라는 의미일 경우, 접속법 동사 대신에 동사의 부정사를 쓴다.
  Vereor dicere. 나는 말하기를 주저한다.
  Caesar timebat tantae magnitudini fluminis exercitum obicere. (Caes.)
  캐사르는 이렇게 큰 크기의 강에(직역: 이렇게 큰 강의 크기에) 군대를 보이게 하는 것을 주저하였다.

---

suscipio, is, cepi, ceptum, ere, 3 tr. 받다, 떠맡다, 짊어지다
sustineo, es, tinui, tentum, ere, 2 tr. 받쳐 주다, 감당하다, 부양하다

---

59) impetro의 접속법 현재 단수 1인칭.
60) vinco의 접속법 수동 현재 단수 1인칭.

> impetro, as, avi, atum, are, 1 tr. (노력, 간청으로) 얻다, 성취하다
> obicio, is, ieci, iectum, ere, 3 tr. 보이게 하다, 맞세우다, 반대하다
> magnitudo, −dinis, f. 크기, 광대, 위대, 중요성

## VI. 방해와 거절 동사와 함께하는 직접목적어 종속절(ne, quominus, quin)

방해나 저항, 거절이나 거부를 표현하는 방해와 거절 동사(verba impediendi et recusandi)를 사용하는 직접목적어 종속절은 주절의 동사와 항상 동시 관계를 가지며, 종속절의 접속법 동사는 현재와 미완료만을 쓴다.

방해 동사로는 "impedio, deterreo, retineo, detineo 방해하다, 말리다, 제지하다" 등이 있으며, 반대나 저항의 동사로는 "obsto, obsisto, resisto, officio, recuso, prohibeo, interdico 반대하다, 저항하다" 등과 "per me stat 나에게 달려 있다, fit quominus ~하지 못하게 되다" 등의 표현이 있다.

- 주절이 긍정일 경우 ne(않도록, 말도록) 또는 quominus(=ut eo minus, ~하지 못하게, 못하도록)를 쓴다.
  Plura ne scribam dolore impedior. (Cic.) 나는 고통으로 인해 더 이상 쓰지 못하게 (방해)된다.

- 주절이 부정일 경우 quominus 또는 quin(non ne)을 쓴다.
  Epaminondas non recusavit quominus legis poenam subiret.[61] (Nep.)
  에파미논다스는 법으로 제정된(직역: 법의) 형벌을 받지 못하도록 반대(항변)하지 않았다.
  Teneri non potui quin tibi apertius illud declararem.[62] (Cic.)
  내가 너한테 그 일을 더 명백하게 말하지 못하게 말릴 수 없었다. (명백하게 말할 수밖에 없었다는 의미)
  Non stat per me quominus intelligas. (Plin.) 네가 이해하지 못하는 것은 나한테 달려 있지 않다.

- impedio와 recuso 동사는 가끔, prohibeo 동사는 거의 항상 부정사문을 쓸 수 있다.
  Me impedit pudor haec exquirere. (Cic.) 수치심이 내가 이 일을 조사하는 것을 막는다.

---

61) subeo의 접속법 미완료 단수 3인칭.
62) declaro의 미완료 단수 1인칭.

impedio, is, ivi(ii), itum, ire, 4 tr. 방해하다, 못하게 하다, 막다

subeo, is, ii, itum, ire, intr. et intr. 책임지다, 당하다, (의학) 맥박이 떨어지다

recuso, as, avi, atum, are, 1 tr. 거절하다, 반대하다

declaro, as, avi, atum, are, 1 tr. 말해 주다, 천명하다, 선포(공포)하다

exquiro, is, quisivi, quisitum, ere, 3 tr. 조사하다, 물어보다

pudor, -oris, m. 부끄러움, 수치심

Lectio

**IV**

# Propositio Completiva Obliqua

# 간접목적어 종속절

## I. 목적절(Propositio Finalis)

> ut (quo) ~하기 위하여
> ne ~하지 않기 위하여

### 1. 목적절의 일반 원칙

목적절은 목적을 표현하는 종속절이며, 주절에서 표현하는 행위의 완수로 주어가 추구하는 목적을 표현한다.

- 목적절은 주절의 주 시제나 역사 시제와 비교하여, "ut 접속법 현재 또는 미완료"를 쓴다. In schola sumus, ut litteris studeamus.[63] 우리는 학문을 연구하기 위하여 학교에 있다. N.B. studco는 여격 요구 동사이다. 따라서 littera의 복수 여격 litteris를 쓴 것이다.

- 주절에는 가끔 다음에 나올 목적절을 밝혀 주고 강조해 주는 "eo, idcirco, propterea 그 이유로, 그래서; ob eam causam 그 이유 때문에; eo consilio 그 충고 때문에" 등의 부사어를 삽입한다. 그러나 이 부사어는 우리말로 옮기지 않아도 무방할 때가 있다. Legibus idcirco omnes servimus ut liberi esse possimus. (Cic.) 우리는 자유인이 될 수 있기에, 이 이유 때문에 모든 사람이 법에 순종한다.

- 목적절은 "~하기 위하여"라는 의미의 부사 탈격 quo(=ut eo)가 삽입될 수 있다. 또한 목적절에 비교급 또는 비교급의 뜻을 가진 동사가 나오면 ut 대신 quo를 쓴다.

---

63) studeo의 접속법 현재 복수 1인칭.

Otiare,[64] quo melius labores.[65] 너는 더 잘 일하기 위해서 쉬어라.

Ager aratur, quo meliores fetus possit edere. (Cic.)

더 좋은 결실을 산출하기 위하여 밭을 간다. (직역: 더 좋은 결실을 산출하기 위하여 밭이 갈린다.)

### 부정 목적절

• 부정 목적절은 "~하지 않기 위하여(위해서)"라는 의미의 접속사 ne를 삽입한다.

Dionysius tyrannus ne tonsori collum committeret,[66] tondere suas filias docuit. (Cic.)

폭군 디오니시우스는 목을 이발사에게 맡기지 않기 위하여, 자기 딸들에게 이발하는 것을 가르쳤다.

• 첫 번째 문장에 이어 두 번째 문장에 '그리고 아니'라는 의미의 부정 접속문이 이어질 때, 첫 번째 문장이 부정 "ne"이면 두 번째 문장은 "neu(neve)"를 쓴다. 반면 첫 번째 문장이 긍정 "ut"이면 두 번째 문장은 "neque(neu, neve)"를 쓴다.

|ne ~ neu(neve)|

Nostri constiterunt, ne propius accederent neve telis obruerentur.[67]

우리는 창들을 멀리 던지기 위하여 (그리고) 더 가까이 접근하지 않기 위해서 계속 머물러 있었다.

|ut ~ neque|

Nostri constiterunt,[68] ut procul tela conicerent neque propius accederent.[69]

우리는 더 가까이 섭근하지 않기 위해서 그리고 창들로부터 싯밟히지 않기 위해서 계속 머물러 있었다.

---

tonsor, -oris, m. 이발사, 미용사, 정원사　　　collum, -i, n. 목

procul, adv. 멀리, 떨어져　　　　　　　　　propius, adv. 더 가까이

servio, is, ivi(ii), itum, ire, 4 intr. 시중들다, 유용하다, 순종하다, 따르다

otior, aris, atus sum, ari, 1 dep. 쉬다, 휴식을 갖다

aro, as, avi, atum, are, 1 tr. 밭을 갈다, 경작하다, 농사짓다

edo, is, didi, ditum, ere, 3 tr. 출판하다, 낳다, 산출하다

fetus, -us, m. 해산, (식물의) 결실, 열매

tondeo, es, totondi, tonsum, ere, 2 tr. 면도하다, 이발하다

---

64) otior의 명령법 현재 단수 2인칭.

65) laboro의 접속법 현재 단수 2인칭.

66) committo의 접속법 미완료 단수 3인칭.

67) obruo의 접속법 수동 미완료 복수 3인칭.

68) consto의 직설법 과거 복수 3인칭.

69) accedo의 접속법 미완료 복수 3인칭.

consto, as, stiti, part. fut. constaturus, −a, −um, are, 1 intr. 그대로 있다, 알려신 사실이나, 일마이나
accedo, is, cessi, cessum, ere, 3 intr. (드물게 tr.) 가까이 가다, 접근하다, 증가되다
obruo, is, rui, rutum, ere, 3 tr. et intr. 파묻다, 짓밟다

## 2. 목적절의 특수 용례

• ut nemo, ut nihil, ut nullus 등과 같이 ut와 부정대명사가 함께 오는 경우 목적절에서는
쓸 수 없고 결과절에서만 사용된다. 목적절의 경우는 ne quis, ne quid, ne ullus로
써야 한다. 이에 대해서는 제1권을 참조하라.

• 목적절 전체가 부정되는 것이 아니라 그중의 어떤 단어만을 부정할 경우에는 ne를
쓰지 않고, ut를 쓰며, 부정하는 단어 앞에 non을 쓴다. 이 경우 non 다음에 sed 등의
동등접속사가 뒤따라와서 앞의 부정에 대해 적극적인 대립을 표현한다.
Confer[70] te ad Manlium, ut a me non eiectus ad alienos, sed invitatus ad tuos esse
videaris. (Cic.)
외국인들한테 추방된 것이 아니라 나한테, 그러나 너희한테 유인된 것으로 보이도록, 네가 만리움
한테 가라!

• 다른 의미를 가지는 관용적 표현
ut non dicam ~에 대해 함구하기 위해, ~에 대해 말하지 않기 위해; 역설법의 고전기 형식
ne dicam 말하지 않(말)기를; 너무 강한 표현을 완화시키기 위해 사용
Ut non dicam de aliis, de te loquar.[71]
다른 사람들에 대해 함구하기 위해, 나는 너에 대해 말할 것이다.
Crudelem Castorem, ne dicam sceleratum et impium! (Cic.)
오, 잔인한 카스토렘, 흉악한 범죄와 패륜을 말하지 말기를!

sceleratus, −a, −um, adj. 악행(죄악)으로 더럽혀진, 흉악한
impius, −a, −um, adj. 경건하지 않은, 불효한, 불충한, 패륜한
confero, fers, contuli, collatum, conferre, anom. tr. (어디로) 가게 하다, 기여(공헌)하다, 비교(대조,
참조)하다
eicio, is, ieci, iectum, ere, 3 tr. 내던지다, 내쫓다, 추방하다

---

70) confero의 명령법 현재 단수 2인칭.
71) loquor의 직설법 미래 단수 1인칭.

> invito, as, avi, atum, are, 1 tr. 초대하다, 유인(유혹)하다
> loquor, eris, locutus (loquutus sum), loqui, 3 intr. et tr. dep. 말하다, 이야기하다

## 3. 목적절의 다른 라틴어 표현법

"~하기 위하여"라는 라틴어의 목적절은 "ut＋접속법 동사" 외에도 다른 다양한 표현법들이 있다. 이에 대해서는 98, 213쪽을 참조하라.

- 목적 관계사절: qui, quae, quod＋접속법 동사
- ad＋대격 동명사, 동형사
- 동명사나 동형사의 속격＋causa/gratia
- 움직임이나 파견의 뜻을 가지는 동사의 목적은 −um으로 끝나는 목적분사로, 지향을 표시하는 목적은 미래분사로 표시하고, 드물게 현재분사도 사용한다.
  E.g. 화친(평화)을 청하기 위해 사신들이 왔다.

|  |  |
|---|---|
| Venerunt legati | ut pacem peterent. |
|  | qui pacem peterent. |
|  | ad petendam pacem. |
|  | causa(gratia) petendi pacem. |
|  | causa(gratia) petendae pacis. |
|  | petitum pacem. |
|  | petituri(또는 petentes) pacem. |

## II. 결과절(Propositio Consecutiva)

> ita ~ ut ~할 만큼(할 정도로, 하도록, 하기에) ~해서, 어떻게 되다
> ita ~ ut non ~할 만큼(할 정도로, 하도록, 하기에) ~해서, 어떻게 안 되다

## 1. 결과절의 일반 원칙

결과절은 주절에서 표현하는 조건이나 행위에 대한 결과를 나타낸다. "~할 만큼 ~해서 어떻게 되다"라는 라틴어의 표현은 긍정이면 "ut＋접속법 동사", 부정이면 "ut non(ut nihil, ut nullus, ut numquam, etc.)＋접속법 동사"를 쓴다. 앞의 결과절에 이어 "그리고

아니"로 이어지는 능위절은 항상 neque를 쓴다.

결과절의 시제는 시제의 일치를 따른다.

N.B. 결과절의 시제 특수 용례에 대해서는 "Lectio II. 시제의 일치, IV. 시제의 특수 용례, 1. 결과절"을 참조하라.

결과의 ut에 상응하여 주절에 부사나 형용사, 대명사 등을 놓을 수 있다.
• "tam ~할 만큼"은 형용사나 부사 앞에 쓴다.
• "sic, ita 이렇게, 그렇게"; "eo ~할 정도까지, ~할 만큼"; "tantum 그만큼"은 동사 앞에 쓴다.
• "talis, −is 이와 같이", tantus 그렇게 큰", "tot ~한 만큼"은 형용사나 대명사 앞에 쓴다.

Nemo tam doctus est, ut omnia sciat.72) 아무도 모든 것을 다 알 만큼 박학하지 않다.

Atticus sic Graece loquebatur,73) ut Athenis natus videretur.74) (Nep.)
아티쿠스는 아테네에서 태어난 것처럼 보일 만큼, 그렇게 그리스어로 (잘) 말했다.

Tales nos esse putamus, ut iure laudemur.75) (Cic.)
우리는 마땅히 칭찬받을 만한 사람이라고 (그렇게) 생각한다.

## 2. 결과절의 특수 용례

### 1) 결과 관계사절

• 결과절에는 'ut' 대신 관계대명사 qui, quae, quod(결과 성격의 관계사절)가 삽입될 수 있다. 이를 '결과 관계사절'이라고 한다. 이 경우 통상 주절에 "is(ea, id) 그러한, talis 이와 같이, eiusmodi 그러한 방식의, tantus ~할 만큼 그렇게 큰; 형용사와 함께 쓴 tam 이렇듯 ~해서, dignus 받을 만한, indignus 부당한, aptus 밀접히 연결된, idoneus 합당한" 등이 놓인다. 그러나 경우에 따라서 이러한 것들 없이 사용될 때도 있다.

Neque tu is(=talis) es, qui, quis sis, nescias. (Cic.)
너는 네가 누구인지 모르는 그런 사람이 아니다.

Qui paret, dignus est, qui(=ut is) aliquando imperet.76)
복종하는 사람은 장차 명령할 자격이 있는 사람이다.

---

72) scio의 접속법 현재 단수 3인칭.
73) loquor의 직설법 미완료 단수 3인칭.
74) video의 접속법 수동 미완료 단수 3인칭.
75) laudo의 접속법 수동 현재 복수 1인칭.
76) impero의 접속법 현재 단수 3인칭.

2) "주절의 비교급+quam ut ~하기에는 너무"

• 주절의 비교급 다음에 "quam ut (quam qui, quae, quod)"가 삽입된 결과절은 부조화를 나타낸다. 우리말로는 "~하기에는 너무, ~하기보다 더"로 옮긴다.

Ista res maior est quam ut(quam quae) credi[77] possit.[78] (Sen.) 그 일은 믿기에는 너무 크다.

Amor in te meus maior est quam ut possim dicere. (Cic.)

너에 대한 나의 사랑이 너무 커서 말할 수 없다. (직역: 너에 대한 나의 사랑은 말할 수 있기에는 너무 크다.)

3) 관용적 표현

비인칭 표현: tantum abest ut ~ ut ~하기는커녕 오히려, ~는 고사하고 오히려

• 일반적으로 첫 번째 ut는 직접목적어절을, 두 번째 ut는 결과절을 이끈다. 그리고 의미를 강조하기 위해 ut 다음에는 "etiam, contra" 등을 쓴다.

Tantum abest ut scribi[79] contra nos nolimus,[80] ut etiam maxime optemus.[81] (Cic.)

우리를 반대해서 쓰이는 것을 원하지 않기는커녕, 오히려 우리는 매우 원한다.

• 결과절 앞에 "in eo est ut (ego, tu, nos, etc.)(나는, 너는, 우리는, etc.) 막 ~하려고 하다, 막 ~하려는 참이다"라는 비인칭 표현이 따르기도 한다.

In eo est ut proficiscar('profecturus sum'이 더 나은 표현임). 나는 막 떠나려는 참이다.

In eo erat ut proficiscereris('profecturus erat'가 더 나은 표현임). 너는 막 떠나려고 하였다.

4) 부정부사가 이끄는 주절이 오고, 이에 의존하는 결과 종속절에는 때때로 quin이 삽입된다. quin이 삽입되는 경우는 크게 두 가지이다.

• ut non(~함이 없이, ~하지 않고)과 같은 접속사의 의미

Numquam etiam fui usquam, **quin**(=ut non) me amerent omnes. (Ter.)

어느 곳에서나 모든 사람이 나를 사랑해 주고 있었다. (직역: 모든 사람이 나를 사랑하지 않게끔은 아무 곳에도 있었던 적이 없다.)

---

77) credo의 수동 부정법 현재.
78) possum의 접속법 현재 단수 3인칭.
79) scribo의 부정법 수동 현재.
80) nolo의 접속법 현재 복수 1인칭.
81) opto의 접속법 현재 복수 1인칭.

Numquam ad te accedo, quin(=ut non) doctior abeam.[82]
너한테 가서 더 현명해져서 돌아오지 않는 때가 한 번도 없다.
Numquam tam male est Siculis, quin(=ut non) aliquid facete dicant. (Cic.)
시칠리아 사람들이 무언가 익살맞게 말하지 않는 것이 이렇게 나쁜 때는 없다.

• 관계대명사의 의미로 성격상 결과 관계사절에서 남성, 중성 주격인 qui non, quod non 대신에, 여성 주격을 포함하여 그 밖의 다른 격(quae non, cuius non, etc.)에서도 quin을 쓸 수 있다.

• quin은 다음과 같은 관용적 표현과 부정적 의미의 수사학적 의문문 다음에서 이러한 의미를 가진다.
nemo est tam fortis quin 아무도 ~하지 않을 만큼 그렇게 강하지 않다
nihil est tam detestabile quin 아무것도 ~하지 않을 만큼 그렇게 가증스러운 것은 없다
quis est tam fortis quin? (nemo est tam fortis quin의 의미) 누가 ~하지 않을 만큼 그렇게 강한가?
quid est tam detestabile quin? (nihil est tam detestabile quin의 의미) 무엇이 ~하지 않을 만큼 그렇게 가증(혐오)스러운가?

Nemo est tam fortis, quin(=qui non) rei novitate perturbetur. (Caes.)
뜻밖의 일에 당황하지 않을 만큼 그렇게 용감한 사람은 아무도 없다.
Nihil tam difficile est, quin(=quod non) quaerendo[83] investigari[84] possit. (Ter.)
아무것도 찾아서 발견되지 않을 만큼 그렇게 어려운 것은 없다.

| | |
|---|---|
| Graece, adv. 그리스어로 | iure, adv. 법대로, 마땅히 |
| aliquando, adv. 언젠가, 장차 | maxime, adv. 매우, 제일 크게 |
| numquam, adv. 한 번도 아니, 언제든지 아니 | usquam, adv. 아무 곳에도 (아니), 어떤 곳에 |
| facete, adv. 훌륭하게, 우습게, 익살맞게 | detestabilis, -e, adj. 가증스러운, 지겨운 |

novitas, -atis, f. 새로움, 뜻밖의 일
pareo, es, parui, paritum, ere, 2 intr. 나타나다, 양보하다, 종속되다
impero, as, avi, atum, are, 1 tr. 명령하다; intr. 통치하다
proficiscor, proficisceris, profectus sum, ficisci, 3 dep. intr. 출발하다, 떠나다
accedo, is, cessi, cessum, ere, 3 intr. (드물게 tr.) 접근하다, 자주 다니다, 발생하다

---

82) abeo의 접속법 현재 단수 1인칭.
83) quaero의 수동 미래분사 탈격.
84) investigo의 부정법 수동 현재.

> abeo, is, abii, abitum, abire, 4 intr. 가 버리다, 돌아오다, 사라지다
> perturbo, as, avi, atum, are, 1 tr. 어지럽게(당황하게, 불안하게) 하다
> quaero, is, quaesivi(quaesii), quaesitum, ere, 3 tr. 찾다, 구하다, 묻다, 탐구하다
> investigo, as, avi, atum, are, 1 tr. 추적하다, 찾아내다, 탐구하다

## III. 이유절(Propositio Causalis)

### 1. 이유절의 일반 원칙

이유절은 주절의 내용에 대한 이유, 동기, 원인을 설명한다. 이유절에는 quod, quia, quoniam, cum, quandoquidem(quando), siquidem 등의 접속사가 삽입된다. 그 가운데 cum은 항상 접속법 동사와 결합하고, 나머지는 상황에 따라 직설법 또는 접속법 동사와 결합한다.

1) cum 때문에, 까닭에
• cum이 이끄는 이유 종속절에는 항상 시제 일치에 따른 접속법 동사를 쓴다. cum은 "quia, quod"처럼 직접적 이유를 제시하지 못하고, 주절의 사실에 대한 특정 상황을 제시한다. 간혹 cum 앞에 부사 "quippe (cum), utpote (cum), praesertim (cum)"을 삽입해 "특히 ~때문에"라고 강조하기도 한다.

Cum vita brevis sit, tempori parcendum est. 인생은 짧기 때문에 시간은 절약해야 한다.
N.B. parco 동사가 여격을 요구하기 때문에 tempori를 씀. 수동태 용장활용임.

**Cum sint** in nobis consilium, ratio, prudentia, necesse est deos haec ipsa habere maiora.[85] (Cic.)
우리 안에 분별, 이성, 신중함이 있기 때문에, 신들 자체도 더 뛰어난 이것들을 가질 필요가 있다. (necesse est가 이끄는 부정사문)

2) quod, quia, quoniam 때문에, 까닭에, ~이기에
quod, quia, quoniam은 때때로 주절에 "eo, ideo, idcirco, propterea(그래서, 그러므로, 그 때문에); ob eam causam 그 이유 때문에, ob eam rem 그 일 때문에"를 삽입하여 이유절을 강조하기도 한다.

---

85) maior의 중성 복수 대격.

•quod, quia, quoniam 나음에 직설법 동사를 쓸 경우

직설법 동사는 객관적 이유, 즉 화자나 글쓴이의 실제 생각을 표현한다.

Inimicos habeo cives Romanos, quod sociorum commoda ac iura defendi. (Cic.)
나는 동맹국들의 이익과 권리를 지지했기 때문에, 로마 시민들을 적으로 여긴다. (직역: 적인 로마 시민들을 가진다. 화자의 생각)

Quoniam iam nox est, in vestra tecta discedite.[86] (Cic.)
이미 밤이 되었으니(직역: 이미 밤이니까), 여러분의 집으로 돌아가라!

Solis exortus, cursus, occasus nemo admiratur propterea quod cotidie fiunt.[87] (*Rhet.*)
매일 일어나기 때문에 아무도 해의 일출, 운행, 일몰을 감탄하며 바라보지 않는다.

•quod, quia, quoniam 다음에 접속법 동사를 쓸 경우

접속법 동사는 주관적 이유를 표현한다. 대개 주절의 주어가 아닌 다른 사람, 즉 글쓴이나 화자가 제시하는 이유가 아닌 다른 사람의 의견이나 생각을 제시한다.

Laudat Africanum Panaetius, quod fuerit[88] abstinens. (Cic.)
파내티우스는 (아프리카누스가) 절제심이 있는 사람이었기 때문에 아프리카누스를 칭송한다.

Noctu ambulabat in publico Themistocles, quod somnum capere non posset.[89] (Cic.)
테미스토클레스는 잠들 수가 없어서 밤에 광장을 산책했다. (이 문장은 저자의 생각이 아니라, 테미스토클레스의 생각을 의미한다.)

3) quandoquidem(quando) 실로(사실) ~하기 때문에, siquidem 만일 정말로 ~라면 (조건), ~하기 때문에(이유)

•종속접속사 quandoquidem, siquidem은 대개 객관적 이유를 표현하며, 일반적으로 직설법 동사를 쓴다.

Siquidem Homerus fuit et Hesiodus ante Romam conditam, serius poetae cogniti[90] vel recepti sunt.[91] (Cic.)
호메로스와 헤시오도스가 로마 창건 이전에 살았기 때문에, 너무 늦게 시(詩)들이 (로마에서) 인지되거나 받아들여졌다.

Id omitto, quando vobis ita placet. (Cic.)

---

86) discedo의 명령법 현재 복수 2인칭.
87) fio의 직설법 현재 복수 3인칭.
88) sum의 접속법 능동 과거 단수 3인칭.
89) possum의 접속법 미완료 단수 3인칭.
90) cognosco의 직설법 수동 과거 복수 3인칭.
91) recipio의 직설법 수동 과거 복수 3인칭.

그것이 그렇게 여러분의 마음에 들기 때문에, 나는 그것을 단념한다.

maior, maioris, adj. (magnus의 비교급) 더 큰, (나이가) 많은, 더 뛰어난

socius, −ii, m. 동료, 친구, 동맹        commodum, −i, n. 편의; pl. 이익, 이득

tectum, −i, n. 지붕, 집, 피신처        exortus, −us, m. 해돋이, 일출

cursus, −us, m. 달림, 여행, (천체의) 운행, 경과

occasus, −us, m. (해, 달, 별의) 사라짐, 해거름, 일몰

abstinens, −entis, adj. 금욕의, 욕심 없는     publicum, −i, n. 광장, 공공장소

somnus, −i, m. 잠; somnum capere 잠들다

conditus, −a, −um, adj. (condo의 p.p.) 창건된

serius, adv. 더 늦게, 너무 늦게

parco, is, peperci, parsum(parcitum), ere, 3 intr. 아끼다, 절약하다, 잘 보존하다

defendo, is, defendi, defensum, ere, 3 tr. 방어하다, 수호(옹호, 지지)하다, 변호하다

discedo, is, cessi, cessum, ere, 3 intr. 가다, 해산하다, 헤어지다

admiror, aris, atus sum, ari, 1 dep. tr. 놀라다, 경탄하다, 감탄하여 바라보다

omitto, is, omisi, omissum, ere, 3 tr. 포기(단념)하다, 생략하다

cognosco, is, cognovi, cognitum, ere, 3 tr. 알다, 인지하다

recipio, is, cepi, ceptum, ere, 3 tr. 허락하다, 받아들이다

## 2. 이유절의 특수 용례

1) 주절의 동사가 다음과 같을 경우, quod는 사실과 이유의 의미가 병용된다. 접속사 quod 다음에는, 객관적 이유를 나타낼 때는 직설법 동사를, 주관적 이유를 나타낼 때는 접속법 동사를 쓴다. 이에 대해서는 "Lectio III. 직접목적어 종속절 I. quod가 삽입된 직접목적어 종속절"을 참조하라.

• 감정 동사 다음의 quod
gaudeo quod ~하기 때문에/~것을 기뻐하다
doleo quod ~하기 때문에/~것을 슬퍼하다, 가슴 아파하다
queror quod ~하기 때문에/~것을 원망하다

Valde gaudeo, quod venisti. 네가 와서 나는 매우 기쁘다.

• "laudo 칭찬하다; vitupero, reprehendo 책망하다, 꾸짖다; accuso, insimulo 고소/고발하다;

damno, condemno **단죄하나, 저빌하나**" 동사 다음의 quod

Socrates accusatus est quod corrumperet iuventutem et novas superstitiones introduceret. (Quint.)

소크라테스는 젊은이를 망치고 새로운 미신들을 가르쳤다는 이유로 고소되었다. (이 문장의 단어에 대해서는 280쪽에 있는 단어장을 참조하라.)

•"gratulor 축하하다, gratias ago 감사하다" 다음의 quod

Tibi gratias ago, quod me omni molestia liberas. (Cic.)

네가 나를 모든 걱정에서 구해 준 것을(구해 주기 때문에) 나는 네게 감사한다.

2) non quo/non quod ~ sed quia(quod) ~때문이 아니고, 오직 ~때문에

non quo non/non quod non/non quin ~ sed quia ~아니기 때문이 아니고, 그러나 ~때문에

•이 표현은 첫 번째 이유절을 부정하면서 두 번째 이유절을 대립시켜 놓은 것이다. 첫 번째 이유절은 실제 이유를 제시하는 것이 아니기 때문에 접속법 동사를 쓰고, 두 번째 이유절은 주절의 행위에 대한 실제 이유를 나타내기 때문에 직설법 동사를 쓴다.

Pugiles in iactandis[92] caestibus ingemiscunt, non quod doleant, sed quia profundenda[93] voce omne corpus intenditur. (Cic.)

권투 선수들이 권투 장갑을 끼고 이리저리 흔들면서 신음 소리를 내는 것은 아파서가(아프기 때문이) 아니라, 오직 소리를 발산시킴으로써 온몸을 집중시키기 때문이다.

3) qui, quae, quod가 삽입된 이유 관계사절

•목적이나 결과절처럼 이유절도 접속사(cum, etc.)의 자리에 관계대명사 qui, quae, quod를 가질 수 있다. 종종 부사 quippe, utpote를 삽입하여 "특히(사실) ~하므로(~하기 때문에)"라고 강조하기도 한다. 이유절에 삽입되는 관계대명사는 항상 주절의 단어와 관계하고, 접속법 동사를 써야 한다.

Me et de via fessum et qui ad multam noctem vigilavissem,[94] somnus artior[95] quam solebat complexus est. (Cic.)

여행에서 밤늦게까지 잠자지 못했었기 때문에 지친 나를, 평소보다 더 깊은 잠이 휘감았다.

Tribunorum plebis potestas mihi quidem pestifera videtur, quippe quae in seditione nata sit.

---

92) iacto의 수동 미래분사 복수 탈격.

93) profundo의 수동 미래분사 복수 탈격.

94) vigilo의 접속법 과거완료 단수 1인칭.

95) artus의 비교급 남성 단수 주격.

(Cic.) 사실 폭동 중에 탄생했기 때문에 평민 호민관의 권한은 나에게 정말 해롭게 보인다.

---

pugil, pugilis, m. 권투 선수

caestus, -us, m. 권투 장갑, (승마, 검도용) 긴 장갑

fessus, -a, -um, adj. 지쳐 버린, 피곤해진, 녹초가 된

artus, -a, -um, adj. 압축된, 깊이 잠든

tribunus, -i, m. 로마 3대 종족의 장, 3명의 호민관

pestifer, pestifera, pestiferum, adj. 페스트를 퍼뜨리는, 유해한, 해로운

quidem, adv. 정말, 사실                    seditio, -onis, f. 반란, 폭동, 소요

libero, as, avi, atum, are, 1 tr. 구하다, 해방하다

iacto, as, avi, atum, are, 1 tr. 던지다, 이리저리 흔들다

ingemisco, is, gemui, ere, 3 intr. et tr. 신음하다, 탄식하다

profundo, is, fudi, fusum, ere, 3 tr. 쏟아 버리다, 발산시키다, 기울이다

intendo, is, tendi, tentum, ere, 3 tr. 집중시키다, 주의를 기울이다, 의도하다

vigilo, as, avi, atum, are, 1 tr. 깨어 있다, 잠자지 아니하다, 불침번을 서다

complector, teris, complexus sum, plecti, 3 dep. tr. 포함하다, 파악하다, 휘감다

---

## IV. 시간절(Propositio Temporalis)

시간절은 시간의 상황에 따라 주절의 내용을 명시한다. 시간절은 주절과 비교하여 동시, 과거, 미래일 수 있다. 시간절은 다음과 같은 접속사들이 이끈다.

- cum, dum, quoad, donec, antequam, priusquam: 이들 접속사는 직설법이나 접속법 동사를 요구한다. 직설법은 순수 시간과 단순 시제의 상황을 가리키며, 접속법은 그 내용이 우연, 예상, 결과나 목적의 의미로 제시될 때 쓴다.
- ut, ut primum, ubi, ubi primum, simul ac(atque), statim ut, postquam: 이들 접속사는 항상 직설법 동사를 요구한다. 단, 다른 말의 영향에 의해 인칭, 수, 격 등의 어미변화가 일어날 때와 주관적인 생각을 표현할 때는 예외이다.

### 1. cum의 용법

1) cum + 직설법 동사
"cum + 직설법 동사"는 주절의 동사와 동시 관계를 이끌며, 다양한 의미를 갖는다.

(1) 일반적 시간의 cum

• "~때에, ~적에"라는 의미의 cum 종속절은 순수 시간과 단순 시제의 관계를 나타낸다. 그러한 의미로 직설법 모든 시제에 사용되며, 주절에 "tum 그때에, nunc 지금, eo tempore 그때에, eo die 그날에" 등의 시간부사어를 둘 수 있다.

Facile omnes, cum valemus,[96] recta consilia aegrotis damus.[97] (Cic.)
우리가 잘 있을 때, 우리 모두가 어려움 없이 아픈 이들에게 올바른 충고를 준다.
Cum recte navigari poterit,[98] tum navigabis.[99]
무사하게 항해할 수 있을 때, 그때에 네가 항해하게 될 것이다.
Cum sol ortus est,[100] profecti sumus.[101] 해가 떴을 때 우리는 출발했다.

• "~한 이래, ~한 지, ~때부터"라는 라틴어의 표현은 "cum, postquam, ex quo + 직설법 동사"를 쓴다.

Multi anni sunt cum(=ex quo) ille a me diligitur. (Cic.)
그가 나한테 사랑받은 지 여러 해가 된다.

(2) 부가/전도의 cum

• 통상 과거(또는 역사 현재) 시제와 함께 "(갑자기) ~때에, ~적에"라는 의미를 가지는 cum 이하의 종속절은 주절에 표현된 사실과 동시에 또는 이후 즉시 예상치 않았던 일이 일어날 경우에 쓴다. 주절에는 통상 "iam 이미, vix 겨우, 간신히, aegre 간신히, nondum 아직 아니" 등의 부사가 있고, cum 이하의 종속절에서는 "repente, subito 갑자기, 돌연, 즉시"라는 부사로 의미를 강조할 수 있다.

Vix epistulam tuam legeram,[102] cum ad me frater tuus venit.
너의 형제가 나한테 왔을 때에, 나는 겨우 네 편지를 읽었다.
Nondum legebam[103] epistulam tuam, cum ad me frater tuus venit.
너의 형제가 나한테 왔을 때, 나는 아직 네 편지를 읽지 못하고 있었다.

---

96) valeo의 직설법 현재 복수 1인칭.
97) do의 직설법 현재 복수 1인칭.
98) possum의 직설법 미래 단수 3인칭.
99) navigo의 직설법 미래 단수 2인칭.
100) orior의 직설법 과거 단수 3인칭.
101) proficiscor의 직설법 과거 복수 1인칭.
102) lego의 직설법 과거완료 단수 1인칭.
103) lego의 직설법 미완료 단수 1인칭.

Iam Galli ex oppido fugere parabant,104) cum matres familiae repente in publicum procurre—
runt.105) (Cic.)

가정의 어머니들이 갑자기 광장으로 돌진했을 때에, 이미 갈리아 사람들은 도시에서 도망갈 채비를 하고 있었다.

(3) 등위, 동시의 cum

•"한편, 동안에, 사이에"라는 의미의 cum 종속절은 주절의 행위와 시간절의 행위의 시간 관계를 묶는 데 필요하다. 통상 cum은 "interea, interim 그 사이에, 그동안에"라는 부사를 동반한다.

Caedebatur106) virgis civis Romanus, cum interea nullus gemitus audiebatur.107) (Cic.)
로마 시민은 채찍으로 매를 맞았으며, 그동안에 어떠한 신음도 들리지 않았다.

(4) 사실의 cum

•"~때문에, ~라는 사실 때문에, ~하는 것은"라는 의미의 cum 종속절은 사실의 quod와 유사하다.

Hoc cum confiteris,108) scelus concedis.
네가 이것을 자백한다는 사실 때문에, 너는 범죄를 인정하는 것이다. (또는 "네가 이것을 자백한다는 것은 네가 범죄를 인정하는 것이다.")

Praeclare facis, cum puerum diligis.109) (Cic.) 너는 소년을 사랑하기 때문에, 참 잘한다.

(5) 반복의 cum

•"~때마다, ~적마다"라는 의미의 cum 종속절은 반복된 행위를 나타낸다. 반복의 의미인 cum 종속절 시제는 선행의 원칙을 준수한다. 다시 말해서 주절이 현재이면 과거를, 미완료이면 과거완료를, 미래이면 미래완료를 쓴다.

Omnia sunt incerta, cum a iure discessum est. (Cic.)
법에서 멀어졌을 때마다 모든 것이 불확실하게 된다.

Cum ad villam veni,110) hoc ipsum nihil agere me delectat.111) (Cic.)

104) paro의 직설법 미완료 복수 3인칭.
105) procurro의 직설법 과거 복수 3인칭.
106) caedo의 직설법 수동 미완료 단수 3인칭.
107) audio의 직설법 수동 미완료 단수 3인칭.
108) confiteor의 직설법 현재 단수 2인칭.
109) diligo의 직설법 현재 단수 2인칭.
110) venio의 직설법 과거 단수 1인칭.

별장에 올 때마다, 아무것도 하지 않는다는 것, 이 지체가 나를 기쁘게 한다.

• 반복된 행위를 나타낼 때는 반복의 cum 외에도 "ut, cum primum, ut primum, ubi primum, simul ac, statim ut ~하자마자", "quotiens, quotiescumque ~할 때마다, 매번" 등의 접속사를 쓰기도 한다. 이에 대해서는 311쪽을 참조하라.

Mulier dixit se amavisse illum virum ubi primum eum cognoverat.
여인은 그를 알자마자 그 남자를 사랑하였다고 말했다.

---

aegrotus, ─i, m. 환자, 병자     recte, adv. 옳게, 무사하게

virga, ─ae, f. 연한 가지, 매, 채찍     gemitus, ─us, m. 탄식, 신음

praeclare, adv. 훌륭하게, 참 잘, 썩 잘     navigo, as, avi, atum, are, 1 tr. 항해하다

paro, as, avi, atum, are, 1 tr. 준비하다, 채비를 하다

procurro, is, curri, cursum, ere, 3 intr. 앞으로 달리다, 전진하다, 돌진하다

caedo, is, cecidi, caesum, caedere, 3 tr. 베다, 자르다, 죽이다, 때리다

confiteor, eris, confessus sum, eri, 2 dep. tr. 고백(자백, 인정)하다

concedo, is, cessi, cessum, ere, 3 intr. 양보하다; tr. 인정하다, 허락하다

discedo, is, cessi, cessum, ere, 3 intr. 떠나다, 벗어나다, 이탈하다, 멀어지다

---

## 2) cum + 접속법 동사: 서술의 cum

• 서술의 cum은 '역사의 cum'이라고도 부르는데, 그 이유는 역사 서술에 빈번히 사용되기 때문이다. 이러한 역사 서술의 cum은 대개 주절에서 표현하는 과거에 발생한 행위의 상황을 정확하게 한다.

• 서술의 cum이 이끄는 종속절은 모두 접속법 시제를 써야 하며, 접속법 미완료는 주절과 동시 상황을, 접속법 과거완료는 일련의 사건을 가리킨다.

• 서술의 cum이 이끄는 종속절은 통상 주절 앞에 놓이며, 시간과 이유의 종속절의 의미를 내포한다.

|접속법 미완료─동시 상황|

Cum dux exercitum lustraret,[112] hostes aggressi sunt.[113]
장군이 군대를 사열하고 있을 때에, 적군들이 기습했다.

---

111) delecto의 현재 단수 3인칭.
112) lustro의 접속법 미완료 3인칭 단수.
113) aggredior의 직설법 과거 복수 3인칭.

|접속법 과거완료—일련의 사건|

Cum urbs capta esset,[114] incolae necati sunt.[115] 도시가 점령되고 나서 주민들이 살해되었다.

•est, fuit, erit tempus cum=est, fuit, erit, cum ~하고 있을 때이다, 때가 있었다, 때일 것이다
이러한 관용적 표현 다음에는 직설법이나 접속법 동사가 올 수 있다. 직설법 동사는 단순한
시간 개념이 우세하며, 단지 사실에 대한 확인을 표현한다. 반면 접속법 동사는 시간 개념과
더불어 사실에 대한 가능성이나 앞뒤 연관성과도 관련된다.

Fuit quoddam tempus, cum in agris homines passim bestiarum more vagabantur.[116] (Cic.)
인간들이 대지에서 동물들의 방식으로 여기저기 배회하던 때가 있었다.

Illucescet[117] aliquando ille dies, cum tu amicissimi hominis benevolentiam desideres.[118] (Cic.)
네가 가장 친한 사람의 호의를 갈망하고 있을 때에, 언젠가 그날이 밝아 올 것이다.

---

passim, adv. 도처에, 여기저기, 함부로        benevolentia, -ae, f. 친절, 호의, 자비

lustro, as, avi, atum, are, 1 tr. (군대를) 사열하다, 관찰하다

aggredior(adgredior), eris, gressus sum, gredi, 3 dep. intr. (향하여) 가다; tr. 공격하다, 착수하다

neco, as, avi, atum, are, 1 tr. 죽이다, 살해하다

vagor, aris, atus sum, ari, 1 dep. intr. 떠돌아다니다, 방황(배회)하다

illucesco, is, illuxi, ere, 3 intr. 밝아 오다, 나타나다; tr. 비추다

desidero, as, avi, atum, are 1 tr. 바라다, 열망하다, 사모하다

---

## 2. dum, quoad, donec, quamdiu

### 1) dum+직설법 현재

•"~하는 있는 동안, ~하는 한"이라는 의미의 접속사 dum은 주절의 동사와 종속절의 동사가
같은 시간대(동시성)에 있을 때 쓴다.

Dum custodes dormiunt,[119] hostes urbem aggressi sunt.
경계병들이 잠자고 있는 동안에, 적군들이 도시를 공격했다.

Dum haec in Venetis geruntur,[120] Q. Titurius in fines Venellorum pervenit.

---

114) capio의 직설법 수동 과거완료 단수 3인칭.
115) neco의 직설법 수동 과거 복수 3인칭.
116) vagor의 직설법 미완료 3인칭 단수.
117) illucesco의 직설법 미래 단수 3인칭.
118) desidero의 접속법 현재 단수 2인칭.
119) dormio의 직설법 현재 복수 3인칭.

베네치아 주민들 사이에서 이것들이 전개되고 있는 동안에, 티투리우스가 베넬리의 국경에 도착했다.

---

Veneti(-thi), -orum, m. pl. 베네치아 주민들　　Venelli, -orum, m. pl. 베넬리(갈리아 종족의 일파)

gero, is, gessi, gestum, ere, 3 tr. 지니다, 보이다, 실행(수행)하다, 다스리다

pervenio, is, veni, ventum, ire, 4 intr. 다다르다, 도착하다, (누구에게) 돌아가다, 차지하다

---

2) dum, quoad, donec, quamdiu

• "~하는 전 기간 동안, ~할 때까지"라는 의미의 dum, quoad, donec, quamdiu는 주절의 행위와 시간절의 행위 사이에 계속성을 강조하고자 할 때 쓰이며, 이들 접속사 이하의 시간절은 모두 직설법 시제를 사용한다.

Dum vivimus, speramus. 우리는 살아 있는 동안 희망한다. ( =Dum vita est, spes est.)

Quoad potero, perferam. (Cic.) 나는 할 수 있을 때까지, 참을 것이다.

Donec eris sospes, multos numerabis[121] amicos; tempora si fuerint[122] nubila, solus eris.[123] (Ov.)

행운이 있는 동안 너는 많은 친구들을 가질 것이다. 그러나 불행한 시기(들이)가 생기게 되면, 너는 혼자가 될 것이다.

---

sospes, sospitis, adj. 무사한, 안전한, 행운의　　nubilus, -a, -um, adj. 구름 낀, 어두운, 불운한

perfero, fers, tuli, latum, ferre, tr. 운반하다, 참다

numero, as, avi, atum, are, 1 tr. (수를) 세다, 가지다, 인정받다

---

3) quoad, donec, dum

"할 때까지"라는 의미의 quoad, donec, dum이 행위의 계속을 결정할 때, 직설법 동사와 접속법 동사에 따라 의미가 달라진다.

• 현실에서 어떤 사실을 표현한다면, 직설법 동사를 쓴다.

주절이 역사 시제면 시간절인 종속절은 직설법 과거 또는 (역사) 현재 시제를 가지며, 주절이 미래이면 종속절은 직설법 미래완료 시제를 가진다.

---

120) gero의 직설법 수동 현재 복수 3인칭.

121) numero의 직설법 미래 3인칭 단수.

122) sum의 직설법 미래완료 복수 3인칭.

123) sum의 직설법 미래 단수 2인칭.

Dum ille rediit,[124] putavimus[125] te Capuae esse. (Cic.)
그가 돌아올 때까지, 우리는 네가 카푸아에 있는 줄로 생각했다.
Haud desinam,[126] donec perfecero[127] hoc. (Tac.)
내가 이것을 마칠 때까지, 그만두지 않을 것이다.

• 사실에 가령 지향, 기대, 목적 등이 부여될 때는 접속법 동사를 쓴다. 시제는 통상적
용례에 따라 접속법 현재, 미완료, 과거완료를 쓴다.
Ego hic cogito commorari,[128] quoad me reficiam.[129] (Cic.)
내가 건강을 회복할 때까지, 나는 여기에 머물 생각이다.
Ipse, quoad munita hiberna cognovisset,[130] in Gallia morari[131] constituit. (Caes.)
몸소 방어진을 친 겨울 진영을 알게 될 때까지, 그는 갈리아에 머물러 있는 것을 결정했다.

• "exspecto 기다리다" 동사는 늘 접속법 동사를 쓴다.
Non exspectavi, dum mihi litterae redderentur.[132] (Cic.)
편지가 나에게 전해질 때까지 나는 기다리지 않았다.

---

desino, is, desii, desitum, ere, 3 tr. 그치다; intr. 그만두다, 중지하다
perficio, is, feci, fectum, ere, 3 tr. 끝내다, 마치다
commoror, aris, atus sum, ari, 1 dep. intr. 머물다, 체류(지체)하다; tr. 지연시키다
reficio, is, feci, fectum, ere, 3 tr. 복구하다, 재건하다, 건강을 회복하다
moror, aris, atus sum, ari, 1 intr. et tr. dep. 지체하다, 늦추다, 머무르다
constituo, is, stitui, stitutum, ere, 3 세우다, 작성하다, 제정하다, 결정하다
reddo, is, didi, ditum, ere, 3 tr. 돌려주다, (편지) 전달하다, 만들다
hiberna, —orum, n. pl. 겨울 진영

---

124) redeo의 직설법 과거 단수 2인칭.
125) puto의 직설법 과거 복수 1인칭.
126) desino의 직설법 미래 1인칭 단수.
127) perficio의 직설법 미래완료 단수 1인칭.
128) commoror의 능동 부정법 현재.
129) reficio의 접속법 현재 단수 1인칭.
130) cognosco의 접속법 과거완료 단수 3인칭.
131) moror의 능동 부정법 현재.
132) reddo의 접속법 수동 미완료 복수 3인칭.

## 3. priusquam, antequam

"prius ~quam, ante ~quam"으로 분리될 수 있는 "priusquam, antequam ~하기 전에, ~하기 앞서"라는 의미의 시간 접속사는 단순 계속에 대한 시간의 순서를 표현한다. 즉 행위의 시간적 발생 순서를 가리킨다.

priusquam, antequam 시간 종속절은 다음과 같은 시제를 따른다.

1) priusquam, antequam 시간 종속절이 이끄는 동사가 현재나 미래 행위를 표현할 경우
• 시간 종속절은 직설법 현재 또는 접속법 현재를 쓴다. 이 경우 시간 종속절의 직설법 동사는 어떤 실제 사실이 다른 일보다 시간적으로 먼저임을 표시한다. 반면 접속법 동사는 가능, 우연, 기대, 지향 등의 사실과 관련할 때 쓴다.

Antequam pro C. Murena dicere instituo,[133] pro me ipse pauca dicam. (Cic.)
C. 무레나를 위해 말(하는 것)을 시작하기 전에, 나 자신을 위해 조금 말할 것이다(말하고 싶습니다).
Ante videmus fulgurationem quam sonum audiamus.[134] (Sen.)
우리는 (천둥)소리를 듣기 전에 번개를 본다.

• 시간 종속절이 미래에 완료된 행위를 나타내면 미래완료를 쓴다.
De Carthagine non ante vereri[135] desinam,[136] quam illam excisam[137] esse
**cognovero.**[138] (Cic.) 그가 제거된 것을 알기 전에, 나는 카르타고에 대한 두려움이 사라지지 않을 것이다.

2) priusquam, antequam 시간 종속절이 이끄는 동사가 과거 행위를 표현할 경우
• 주절의 시제가 과거이고, 종속절은 단지 주절과의 시간적 전후 관계(행위가 발생한 것을 실질적으로 인지한 시간적 상황)를 강조할 때, 또한 주절이 부정(non, etc.)일 경우에 종속절은 항상 직설법 과거를 쓴다.

Non prius sum conatus misericordiam aliis commovere, quam misericordia sum ipse captus.[139] (Cic.) 나 자신이 자비심을 느끼기 전에, 다른 사람에게 자비심을 일으키려고

---

133) instituo의 직설법 현재 단수 1인칭.
134) audio의 접속법 현재 복수 1인칭.
135) vereor의 부정법 현재.
136) desino의 직설법 미래 단수 1인칭.
137) excido의 과거분사 단수 여성 대격.
138) cognosco의 미래완료 단수 1인칭.
139) capio의 직설법 수동 과거 단수 3인칭.

애쓰지 않았다.

N.B. capio (+abl.) 가지다, 당하다, 느끼다

• 주절의 시제가 과거이고, 종속절이 가능이나 지향을 표현하고자 할 경우에는 접속법 미완료, 과거, 과거완료를 쓴다.

Caesar, priusquam se hostes ex fuga reciperent,[140] in fines Suessionum exercitum duxit. (Caes.) 적들이 도피에서 돌아오기 전에, 캐사르는 수에시오네스의 경계로 군대를 인솔했다.

Antequam de meo adventu audire potuissent,[141] in Macedoniam perrexi. (Cic.) 그들이 나의 도착에 대해 들을 수 있기 전에, 나는 마체(케)도니아로 직행했다.

---

fulguratio, −onis, f. 번개        sonus, −i, m. 소리, 음향, 말소리

Suessiones, −um, n. pl. 수에시오네스(갈리아 종족의 일파)

instituo, is, stitui, stitutum, ere, 3 tr. 삼다, 제정(설립)하다, 시작하다, 가르치다

vereor, eris, veritus sum, eri, 2 dep. tr. et intr. 존경하다, 두려워하다, 주저하다

excido, is, cidi, ere, 3, intr. 떨어지다, 잊히다; 잘라 내다, 제거하다

conor, aris, atus sum, ari, 1 dep. 힘쓰다, 하려 하다, 시도하다

commoveo, es, movi, motum, ere, 2 tr. 움직이게 하다, 감동시키다, 일으키다

recipio, is, cepi, ceptum, ere, 3 tr. 돌아오다, 철수하다, 받아들이다

pergo, is, perrexi, perrectum, ere, 3 tr. 계속해서 하다, 곧바로 가다, 직행하다

---

## 4. 직설법 동사와 함께하는 시간절

1) ut, ut primum, cum primum, ubi, ubi primum, simul ac, statim ut ~하자마자
이 접속사들은 주절의 행위와 비교하여 동시이거나 먼저인 것을 표현한다.

• 시간절의 행위가 주절의 행위보다 먼저일 때, 주절이 역사 시제이면 시간 종속절은 직설법 과거를, 미래이면 미래완료를 쓴다.

Epaminondas, ut primum dispexit,[142] quaesivit salvusne esset clipeus. (Cic.)
에파미논다스는 눈을 뜨자마자, 방패가 구해 주었는지를 물었다.

Cum primum aliquid audivero,[143] faciam[144] te certiorem. (Cic.)

---

140) recipio의 접속법 미완료 복수 3인칭.

141) possum의 접속법 과거완료 복수 3인칭.

142) dispicio의 직설법 과거 단수 3인칭.

143) audio의 직설법 미래완료 단수 1인칭.

내가 무언가를 알자마자, 네게 알려 술 것이다.

• 이들 접속사가 "반복의 cum, quotiens, quotiescumque ~할 때마다"라는 의미의 습관이나 반복된 상황을 가리키면, 시제 일치에 관한 선행의 규칙에 따라 다양한 직설법 시제를 쓴다. Polypi, ubi quid tetigerunt,[145] tenent. (Plaut.) 산호층들은 무언가를 접촉할 때마다, 붙잡는다.

Alcibiades, simul ac se remiserat,[146] dissolutus, intemperans reperiebatur.[147] (Nep.) 알치비아데스는 돌려보내졌을 때마다, 경박하고 방탕해져 있었다.

---

clipeus, −i, m. 방패                    facio certiorem 알려 주다

polypus, −i, m. 산호층, (의학) 용종

dissolutus, −a, −um, adj. 해이해진, 무관심한, 유약한, 경박한

intemperans, −antis, adj. 자제심 없는, 방종한

dispicio, is, spexi, spectum, ere, 3 intr. 눈을 뜨다, 똑똑히 보다; tr. 분간하다, 식별하다

tango, is, tetigi, tactum, ere, 3 tr. 접촉하다, 만지다

remitto, is, misi, missum, ere, 3 tr. 돌려보내다, 늦추다

reperio, is, repperi(reperi), repertum, ire, 4 tr. 발견하다, (배워서) 알다; (수동) 있다

---

## 2) postquam ~한 후에

이 접속사는 시간절의 행위와 주절의 행위 사이에 시간의 연속을 나타낸다.

• 직설법 과거: 시간의 연속이 즉각적일 때, 주절의 역사 시제와 관련하여 시간 종속절은 직설법 과거(때때로 역사 현재)를 쓴다.

Hamilcar, postquam in Hispaniam venit, magnas res secunda gessit[148] fortuna. (Nep.) 하밀카르가 스페인에 온 뒤에, 행운이 커다란 순경(역경의 반대말)을 낳았다.

• 과거완료: postquam이 주절의 행위(과거)와 시간절의 행위 사이에 시간상의 간격이나 경과를 강조하고자 할 경우, 과거완료를 쓴다.

Anno octavo postquam in Hispaniam venerat,[149] Cn. Scipio est interfectus.[150] (Liv.)

---

144) facio의 직설법 미래 단수 1인칭.

145) tango의 직설법 과거 복수 3인칭.

146) remitto의 직설법 과거완료 단수 3인칭.

147) reperio의 직설법 수동 미완료 단수 3인칭.

148) gero의 직설법 과거 단수 3인칭.

스페인에 온 뒤 팔 년 만에, Cn. 쉬피오(스키피오)는 살해되었다.

● 직설법 현재: "~한 후로부터, ~한 이래"라는 의미의 postquam이 현재에도 여전히 지속되는 행위를 가리킬 경우, postquam 이후의 시간절 동사는 직설법 현재를 쓴다.

Relegatus[151] mihi videor, postquam in Formiano sum. (Cic.)
내가 포르미아에 있는 뒤로, 나는 격리된 것처럼 보인다.

● 직설법 미완료: postquam이 과거에 계속되던 어떤 행동이나 상태의 원인을 나타내는 경우, 직설법 미완료를 쓴다.

Labienus, postquam neque aggeres neque fossae vim hostium sustinere poterant,[152] Caesarem fecit[153] certiorem. (Caes.)
라비에누스는 성벽과 호들이 적들의 무력을 견뎌 낼 수 없게 된 다음에, 캐사르에게 알렸다.

---

Formianus, -i, m. 포르미아(현 이탈리아 라치오에 있는 도시)
certiorem(certum) aliquem facere ~에게 알려 주다
agger, aggeris, m. 방벽, 보루
fossa, -ae, f. 도랑, (성벽 주위에 도랑처럼 파서 물을 고인) 호
gero, is, gessi, gestum, ere, 3 tr. 지니다, 보이다, 실행(수행)하다, 다스리다, 낳다
interficio, is, feci, fectum, ere, 3 tr. 죽이다, 살해하다
sustineo, es, tinui, tentum, ere, 2 tr. 유지하다, 견디다, 보호하다, 저항하다

---

## V. 조건절(Propositio Condicionalis)

조건절은 적어도 두 개의 절로 구성된 것으로, 그중 하나는 조건 접속사 "si(긍정 조건) 만일 ~라면; nisi, si non(부정 조건) 만일 ~아니라면"이 이끄는 조건절(전제절)로 조건 또는 가정을 내포한다. 반면 다른 절은 조건절의 귀결절로 결과를 표현한다. 귀결절은 주절을 구성하며, 조건절은 종속절이 된다.

Si hoc dicis, erras. 네가 이것을 말한다면(조건절), 너는 실수하는 것이다(귀결절).

---

149) venio의 직설법 과거완료 단수 3인칭.
150) interficio의 직설법 수동 과거 단수 3인칭.
151) relego의 수동 과거분사.
152) possum의 직설법 미완료 복수 3인칭.
153) facio의 직설법 과거 단수 3인칭.

의미론의 관점에서 조건절은 크게 세 가지 송류로 나뉜다.
- 현실 조건(condicionalis realis)
- 가능 조건(condicionalis potentialis)
- 비현실 조건(condicionalis irrealis)

문장론의 관점에서 조건절은 크게 두 가지 종류로 구분된다.

- 귀결절이 다른 동사에 의존하지 않는 주절일 경우 독립 조건절이라 한다.
 Si hoc dicis, erras. 네가 이것을 말한다면, 너는 실수하는 것이다.

- 귀결절이 다른 동사에 의존하는 종속절일 경우 종속 조건절이라 한다. 귀결절은 부정사문이나 접속법 동사로 이루어질 수 있다.
 Puto, te errare, si hoc dicas. 만일 네가 이것을 말한다면, 나는 네가 실수하는 것이라고 생각한다.

## 1. 독립 조건절

1) 현실 조건절(propositio condicionalis realis)
- 현실 조건은 화자나 필자가 조건절에서 표현하는 내용에 대해 어떠한 판단도 내리지 않고, 객관적 사실로서 상정한다. 조건절은 귀결절에 포함되는 것으로서 귀결절과 밀접한 연관을 갖는다. 조건절에는 논리에 따라 직설법 시제를 쓰며, 주절에는 모든 법(직설법, 명령법, 독립 접속법)을 귀결절로 쓴다.
 Si spiritum ducit, vivit. (Cic.) 숨을 쉰다면, 살아 있는 것이다.
 Naturam si sequemur[154] ducem, numquam aberrabimus.[155] (Cic.)
 만일 우리가 자연을 인솔자로 따른다면, 결코 빗나가지 않을 것이다.
 Si dormis, expergiscere.[156] (Cic.) 네가 잠을 잔다면, 정신 차려라!
 Si salvus ille est, utinam videam![157] 그가 무사하다면, (원컨대) 나는 보고 싶다!
 Ne vivam,[158] si scio. (Cic.)
 나는 죽어도 모른다. (직역: 만일 내가 안다면, 나는 살지 못할 것이다. 내가 알고 있다면, 나는

---

154) sequor의 직설법 미래 복수 1인칭.
155) aberro의 직설법 미래 복수 1인칭.
156) expergiscor의 명령법 현재 단수 2인칭.
157) video의 접속법 현재 단수 1인칭.
158) vivo의 직설법 미래, 접속법 현재 단수 1인칭.

죽일 놈이라는 뜻.)

• 주어가 미한정(si quis 만일 누가)일 경우, 조건절은 통상 직설법 대신 접속법 동사를 쓴다. Vita si scias[159] uti, longa est. (Sen.) 만일 사용하는 것을 안다면, 인생은 길다.

> spiritum duco 숨을 쉬다, 살다
> aberro, as, avi, atum, are, 1 방황하다, 벗어나다, 빗나가다
> expergiscor, eris, perrectus(pergitus) sum, pergisci, 3 dep. intr. 눈뜨다, 잠깨다, 정신 차리다

## 2) 가능 조건절(propositio condicionalis potentialis)

• 가능 조건절은 화자나 글쓴이가 발생되거나 발생되었어야 할 가능 또는 순수한 상상을 조건으로 제시한다. 가능 조건절은 주로 예문(exempla ficta)에서 아주 빈번히 사용되었다. 이때 주절은 접속법 동사를 쓴다. 조건절은 현재 또는 미래와 관련된 가능은 접속법 현재를 쓰고, 과거와 관련된 가능은 접속법 과거를 쓴다. 단, 과거는 조건절에서만 쓰인다.

Si quis vos interroget,[160] quid respondeatis?[161] (Liv.)
만일 누군가 여러분에게 묻는다면(가능), 여러분은 무엇을 대답할 것인가?

Sapiens si quaesitum ex eo sit[162] stellarum numerus par an impar sit, nescire se dicat.[163] (Cic.)
만일 현자에게 별들의 수가 짝수인지 홀수인지를 물었다면, 모른다고 대답할 것이다.

• "possum, debeo" 동사와 "oportet, necesse est 필요하다; iustum est 옳다"라는 표현은 귀결절 (주절)에 접속법 현재 대신에 직설법 현재를 쓸 수 있다.

Id ego si postulem,[164] tu restituas[165] necesse est. (Cic.)
내가 만일 그것을 청구한다면, 너는 배상할 필요가 있다.

Si velim,[166] nonne possum? (Cic.) 내가 원한다면, 할 수 있지 않느냐?

N.B. "Si velim, possim. (Cic.) 내가 원한다면, 할 수 있다."라고 쓰기도 했다.

---

159) scio의 접속법 현재 단수 2인칭.
160) interrogo의 접속법 현재 단수 3인칭.
161) respondeo의 접속법 현재 복수 2인칭.
162) quaero의 접속법 수동 과거 단수 3인칭.
163) dico의 접속법 현재 단수 3인칭.
164) postulo의 접속법 현재 단수 1인칭.
165) restituo의 접속법 현재 단수 2인칭.
166) volo의 접속법 현재 단수 1인칭.

•가능 조건절은 라틴 저술가들의 예문(exempla ficta) 또는 예화로 종종 사용되었다. 즉 자신의 논증이나 주장을 입증하기 위해 고안한 예문이었다.

Si is, qui apud te pecuniam deposuerit,[167] bellum inferat[168] patriae, reddasne depositum? (Cic.)

만일 그가 너한테 돈을 기탁하였다면, 조국을 위해 전쟁을 벌여, (너는) 기탁금을 돌려줄 수 있느냐?

---

par, paris, m./f. 한 쌍, 배우자; n. 짝수    impar, imparis, adj. 동등하지 않은, 홀수의, 틀린

nonne, adv. (긍정적 답변을 기다리며) ~하지 않은가?

depositum, -i, n. 기탁금

interrogo, as, avi, atum, are, 1 tr. (aliquem de aliqua re, aliquem aliquid, de aliquo, aliquid+간접의문문) 묻다; 고소(고발, 심문)하다, 논증하다

postulo, as, avi, atum, are, 1 tr. 청구하다, 요구하다, 부탁하다

restituo, is, stitui, stitutum, ere, 3 tr. 돌려주다, 배상하다

depono, is, posui, positum, ere, 3 tr. 내려놓다, 사직하다, 위탁하다

infero, infers, intuli, illatum, inferre, anom. 전쟁(bellum)을 벌이다, 들어가다

reddo, is, didi, ditum, ere, 3 tr. 돌려주다, (편지) 전달하다, 만들다

---

3) 비현실 조건절(propositio condicionalis irrealis)

(1) 비현실 조건절의 일반 원칙

•비현실 조건절에서는 화자나 글쓴이가 현실과 반대되는 조건(condicio)을 상정한다. 따라서 주절, 즉 귀결절의 결론도 실현 불가능한 것으로 표현된다. 이때 주절은 접속법 동사를 쓴다. 조건절은 현재의 비현실을 표현하기 위해서는 접속법 미완료, 과거의 비현실을 표현하기 위해서는 접속법 과거완료를 쓴다.

Nisi Alexander essem,[169] ego vero vellem[170] esse Diogenes. (Cic.)

만일 내가 알렉산데르가 아니었다면, 나는 정말 디오제네스(디오게네스)이고 싶다. (어떤 한 사람이 다른 사람이 될 수 없기 때문에 불가능함을 의미)

Gauderem,[171] si id mihi accidisset.[172] (Cic.)

만일 그것이 나에게 일어났다면, 나는 기뻤을 텐데. (실제로 일어나지 않았음을 의미)

---

167) depono의 접속법 과거 단수 3인칭.

168) infero의 접속법 현재 단수 3인칭.

169) sum의 접속법 미완료 단수 1인칭.

170) volo의 접속법 미완료 단수 1인칭.

171) gaudeo의 접속법 미완료 단수 1인칭.

172) accido의 접속법 과거완료 단수 3인칭.

Si Roscius has inimicitias cavere potuisset,[173] viveret.[174] (Cic.)
만일 로쉬우스가 이 적들을 경계할 수 있었다면, 살 수 있었을 텐데.

### (2) 비현실 조건절의 특수 용례

• "possum, debeo" 동사와 "oportuit, necesse erat 필요하였다; iustum erat 옳았다" 등의 표현들은 귀결절(주절)에 접속법 과거완료 대신 직설법 미완료, 과거, 과거완료를 사용할 수 있다.
Democritus non potuit[175] fieri sapiens, nisi natus esset. (Cic.)
데모크리투스가 태어나지 않았다면, 현자가 될 수 없었을 것이다.

• 수동태 용장활용은 주절에 접속법 과거완료 대신 직설법을 쓸 수 있다.
Si unum diem morati essemus,[176] omnibus moriendum fuit.[177] (Liv.)
만일 우리가 단 하루만이라도 늦었었다면, 모두 죽어야만 했을 것이다.

• 접속법을 대체한 능동태 용장활용
Relicturi agros erant(=agros reliquissent), nisi Metellus litteras misisset.[178] (Cic.)
메텔루스가 편지를 보내지 않았었다면, 밭들을 포기하였을 것이다.

• paene(거의, 하마터면 ~할 뻔(하다), 드물게 prope)가 사용될 경우 직설법 과거를 쓴다.
Paene in foveam decidi,[179] nisi tu hic adesses.[180] (Plaut.)
만일 네가 여기 없었다면, 거의 함정에 빠질 뻔했다.

• 막 발생하려고 했던 사실이 예기치 못한 사건 때문에 발생하지 못한 것을 강조하여 표현하고자 할 경우에는 주절에 직설법 과거완료(아주 드물게 미완료)가 사용된다.
Praeclare viceramus,[181] nisi Lepidus recepisset[182] Antonium. (Cic.)

---

173) possum의 접속법 과거완료 단수 3인칭.
174) vivo의 접속법 미완료 단수 3인칭.
175) possum의 직설법 과거 단수 3인칭.
176) moror의 접속법 과거완료 복수 1인칭.
177) morior의 수동태 용장활용 직설법 과거.
178) mitto의 접속법 과거완료 단수 3인칭.
179) decido의 직설법 과거 단수 1인칭.
180) adsum의 접속법 미완료 단수 2인칭.
181) vinco의 직설법 과거완료 복수 1인칭.
182) recipio의 접속법 과거완료 단수 3인칭.

레피두스가 안토니우스를 맞아들이지 않았었더라면, 우리는 분명히 이겼을 덴데.

Si scriberem[183](=scripsissem) ipse, longior epistula fuisset. (Cic.)

만일 내가 친히 썼더라면, 편지는 훨씬 더 길었을 것이다.

---

fovea, -ae, f. 함정, 구덩이, 간계 praeclare, adv. 훌륭하게, 분명히

gaudeo, es, gavisus sum, ere, 2 semidep. intr. et tr. 즐거워하다, 기뻐하다, 누리다

caveo, es, cavi, cautum, ere, 2 intr. et tr. (대격 요구) 조심하다, 경계하다; (여격 요구) 보살피다

moror, aris, atus sum, ari, 1 intr. et tr. dep. 지체하다, 늦추다, 머무르다

relinquo, is, liqui, lictum, 3 tr. 떠나다, 버리다, 남겨 놓다

decido, is, cidi, ere, 3 intr. 떨어지다, 빠지다

recipio, is, cepi, ceptum, ere, 3 tr. 받아들이다, 맞아들이다

---

### 4) 독립 조건절의 시제

| 종류 | 조건절 | 귀결절(주절) |
|---|---|---|
| 현실 | 직설법 | 직설법, 명령법, 접속법 독립절 |
| 가능 | 접속법 현재, 과거 | 접속법 현재, (드물게) 과거<br>possum, debeo가 오면 직설법 현재 |
| 비현실 | 접속법 미완료, 과거완료 | 접속법 미완료, 과거완료<br>특수 용례(possum, debeo, 수동태 용장활용, etc.) |

## 2. 종속 귀결절과 함께하는 조건절(Periodus Hypothetica Dependens)

조건절의 귀결절은 주절을 필요로 하지 않는다. 그러나 귀결절이 종속절이 될 수 있다. 그러한 경우 귀결절은 1차 종속절이 되고, 조건절은 2차 종속절이 된다. 귀결절은 부정사문과 접속법 동사를 가질 수 있다.

### 1) 부정사문 종속 귀결절

(1) 현실 조건의 종속 귀결절

동사에 의존하는 현실 조건의 종속 귀결절은 대격 부정사문 구조를 요구한다.

•1차 종속절인 귀결절은 부정사문의 규칙에 따라 부정법 현재, 과거, 미래를 쓴다.

•2차 종속절인 조건절은 시제 일치의 규칙에 따라 성, 수, 격을 맞추어 접속법 동사를 쓴다.

---

183) scribo의 접속법 미완료 단수 1인칭.

| | 현실 조건의 독립 귀결절 | 현실 조건의 종속 귀결절 |
|---|---|---|
| 현재 | Si hoc dicis(dixisti), erras. 네가 이것을 말한다면(말했다면), 실수하는(실수한) 것이다. | \|주 시제\|<br>Puto te errare, si hoc dicas(dixeris). 나는 네가 이것을 말한다면(말했다면), 네가 실수한 것이라고 생각한다.<br>\|역사 시제\|<br>Putabam te errare, si hoc diceres(dixisses). 나는 네가 이것을 말한다면(말했다면), 네가 실수하는(실수한) 것이라고 생각했다. |
| 과거 | Si hoc dixisti, erravisti. 네가 이것을 말했다면, 실수했다. | \|주 시제\|<br>Puto te erravisse, si hoc dixeris. 나는 네가 이것을 말했다면, 네가 실수한 것이라고 생각한다.<br>\|역사 시제\|<br>Putabam te erravisse, si hoc dixisses. 나는 네가 이것을 말했었다면, 네가 실수한 것이라고 생각했다. |
| 미래 | Si hoc dices(dixeris), errabis. 네가 이것을 말할 거라면, 실수할 것이다. | \|주 시제\|<br>Puto te erraturum esse, si hoc dicas(dixeris). 나는 네가 이것을 말한다면, 네가 실수할 거라고 생각한다.<br>\|역사 시제\|<br>Putabam te erraturum esse, si hoc diceres(dixisses). 나는 네가 이것을 말했다면, 실수했을 것이라고 생각했다. (미래완료 시제는 우리말로는 과거완료 시제로 옮긴다.) |

(2) 가능 조건의 종속 귀결절

동사에 의존하는 가능 조건의 종속 귀결절은 대격 부정사문 구조를 요구한다.

• 1차 종속절인 귀결절은 항상 -urum esse의 형식을 취한다.

• 2차 종속절인 조건절은 시제 일치의 규칙에 따라 성, 수, 격을 맞추어 접속법 동사를 쓴다.

• 가능 조건이나 비현실 조건의 종속 귀결절을 우리말로 옮길 때에는 현실 조건의 종속 귀결절과 비슷하게 한다.

| | 가능 조건의 독립 귀결절 | 가능 조건의 종속 귀결절 |
|---|---|---|
| 현재/<br>미래 | Si hoc dicas, erres. 네가 이것을 말한다면, 실수하는 것이다. | \|주 시제\|<br>Puto te **erraturum esse**, si hoc **dicas**<br>\|역사 시제\|<br>Putabam te **erraturum esse**, si hoc **diceres**. |
| 과거 | Si hoc dixeris, erres. 네가 이것을 말했다면, 실수한 것이다. | \|주 시제\|<br>Puto te **erraturum esse**, si hoc **dixeris**.<br>\|역사 시제\|<br>Putabam te **erraturum esse**, si hoc **dixisses**. |

(3) 비현실 조건의 종속 귀결절

① 일반 원칙

동사에 의존하는 비현실 조건의 종속 귀결절은 대격 부정사문 구조를 요구한다.

• 1차 종속절인 귀결절은 항상 -urum fuisse의 형식을 취한다.

• 2차 종속절인 조건절은 주절의 시제(주 시제와 역사 시제)와 같은 시제의 접속법 동사(미완료, 과거완료)를 쓴다. 그러나 시제 일치의 예외도 성립된다.

| | 비현실 조건의 독립 귀결절 | 비현실 조건의 종속 귀결절 |
|---|---|---|
| 현재 | Si hoc diceres, errares.<br>네가 이것을 말했다면,<br>실수한 것이다. | \|주 시제\|<br>Puto te erraturum fuisse, si hoc diceres<br>\|역사 시제\|<br>Putabam te erraturum fuisse, si hoc diceres. |
| 과거 | Si hoc dixisses, erravisses.<br>네가 이것을 말했었다면,<br>실수했을 것이다. | \|주 시제\|<br>Puto te erraturum fuisse, si hoc dixisses.<br>\|역사 시제\|<br>Putabam te erraturum fuisse, si hoc dixisses. |

② 특수 용례

• 미래분사가 없는 동사나 수동형 동사는 귀결절에 "futurum fuisse ut＋접속법 미완료"를 가진다.

Credo nisi aegrotus fuisses,[184] futurum fuisse ut hanc disciplinam disceres.[185]
만일 네가 아프지 않았었다면, 이 규율을 배웠을 것이라고 생각한다.

Nisi eo tempore nuntii de Caesaris victori* essent allati,[186] existimabant plerique futurum fuisse ut oppidum amitteretur. (Caes.)
만일 그때에 캐사르의 승리에 대한 소식(들)이 전해지지 않았었다면, 대다수의 사람들은 도시를 잃었을 것이라고 여겼다.

• "possum ~할 수 있다, volo 원하다, debeo 해야 한다"처럼 이미 그 자체로 미래의 개념을 암시한 동사들과 "oportet, necesse est 필요하다; iustum est 옳다(정당하다)"라는 표현은 현재 조건에 대해서는 귀결절에 부정법 현재(posse, debere, velle, oportere, facile esse, moriendum esse)를 쓴다. 반면 과거 조건에 대해서는 귀결절에 부정법 과거(potuisse, debuisse, voluisse, oportuisse, facile fuisse, moriendum fuisse)를 쓴다.

---

184) sum의 접속법 과거완료 단수 2인칭.
185) disco의 접속법 미완료 단수 2인칭.
186) adfero의 접속법 과거완료 복수 3인칭.

Credo nisi Caesar impedietur,[187] sententiam nobis suam dicere posse.

만일 캐사르가 방해받지 않았다면, 자신의 의견을 우리에게 말할 수 없을 거라고 (나는) 생각한다.

Credo nisi Caesar impeditus esset, sententiam nobis suam dicere potuisse.

만일 캐사르가 방해받지 않았었다면, 자신의 의견을 우리에게 말할 수 없었을 거라고 (나는) 생각한다.

---

plerique, pleraeque, pleraque, adj. pl. 대다수의, 대부분의(경우, 사람들)

adfero(affero), fers, tuli, latum, ferre, tr. 가져다주다, 알려 주다, (소식을) 전하다

existimo, as, avi, atum, are, 1 tr. 여기다, 생각하다

amitto, is, amisi, amissum, ere, 3 tr. 가게 하다, 떠나가게 하다, 버리다, 잃다

impedio, is, ivi(ii), itum, ire, 4 tr. 방해하다, 못하게 하다, 막다

---

## 2) 접속법 종속 귀결절

### (1) 현실과 가능 조건의 접속법 종속 귀결절

동사에 의존하는 현실과 가능 조건의 종속 귀결절은 접속법 동사를 요구하며, 같은 시제를 제시한다. 귀결절과 조건절 양자는 시제 일치에 따른 접속법 동사를 쓴다. 현실과 가능 조건의 종속 귀결절 차이는 문맥에 따라 추론될 수 있으며, 우리말로는 정확한 의미의 차이를 옮기기 어렵다. 따라서 라틴어의 구조가 이렇다는 정도만 이해하면 좋겠다.

• 현실 조건의 접속법 종속 귀결절

| | 현실 조건의 독립 귀결절 | 현실 조건의 접속법 종속 귀결절 |
|---|---|---|
| 현재 | Si hoc dicis(dixisti), erras.<br>네가 이것을<br>말한다면(말했다면),<br>실수하는(실수한) 것이다. | \|주 시제\|<br>Non dubito quin, si hoc dicas(dixeris), erres.<br>나는 네가 이것을 말한다면(말했다면), 실수한다는 것을 의심하지 않는다.<br>\|역사 시제\|<br>Non dubitabam quin, si hoc diceres, errares.<br>나는 네가 이것을 말한다면, 네가 실수한다는 것을 의심하지 않았다. |
| 과거 | Si hoc dixisti, erravisti.<br>네가 이것을 말했다면,<br>실수했다. | \|주 시제\|<br>Non dubito quin, si hoc dixeris, erraveris.<br>나는 네가 이것을 말했다면, 네가 실수하였다는 것을 의심하지 않는다.<br>\|역사 시제\|<br>Non dubitabam quin, si hoc dixisses, erravisses. |

---

187) impedio의 접속법 수동 미완료 단수 3인칭.

| | | 나는 네가 이것을 말했었다면, 네가 실수하였다는 것을 의심하지 않았다. |
|---|---|---|
| 미래 | Si hoc dices(dixeris), errabis.<br>네가 이것을 말할 거라면, 실수할 것이다. | \|주 시제\|<br>Non dubito quin, si hoc dicas(dixeris), erraturus sis.<br>나는 네가 이것을 말한다면, 네가 실수하게 되리라는 것을 의심하지 않는다.<br>\|역사 시제\|<br>Non dubitabam quin, si hoc diceres, erraturus esses.<br>나는 네가 이것을 말했다면, 실수하게 되었으리라는 것을 의심하지 않았다. |

•가능 조건의 접속법 종속 귀결절

| | 가능 조건의 독립 귀결절 | 가능 조건의 접속법 종속 귀결절 |
|---|---|---|
| 현재 | Si hoc dicas(dixeris), erres.<br>네가 이것을 말한다면, 실수하는 것이다. | \|주 시제\|<br>Non dubito quin, si hoc dicas(dixeris), erres(erraturus sis, errare possis).<br>나는 네가 이것을 말한다면(말했다면), 실수한다는 것을 의심하지 않는다.<br>\|역사 시제\|<br>Non dubitabam quin, si hoc diceres(dixisses), errares(erraturus esses, errare posses).<br>나는 네가 이것을 말한다면, 네가 실수한다는 것을 의심하지 않았다. |

(2) 비현실 조건의 접속법 종속 귀결절

① 일반 원칙

•동사에 의존하는 비현실 조건의 종속 귀결절은 접속법 동사를 요구하며, 귀결절과 조건절은 독립절에서와 같은 시제를 지킨다. 즉 주절의 동사가 역사 시제이건 주 시제이건 간에 현재와 관련되면 접속법 미완료를, 과거와 관련되면 접속법 과거완료를 쓴다. 그러나 시제 일치의 예외도 성립한다.

| | 비현실 조건의 독립 귀결절 | 비현실 조건의 접속법 종속 귀결절 |
|---|---|---|
| 현재 | Si hoc diceres, errares.<br>네가 이것을 말했다면, 실수한 것이다. | \|주 시제\|<br>Non dubito quin, si hoc diceres, errares.<br>나는 네가 이것을 말한다면(말했다면), 실수한다는 것을 의심하지 않는다.<br>\|역사 시제\|<br>Non dubitabam quin, si hoc diceres, errares.<br>나는 네가 이것을 말한다면, 네가 실수한다는 것을 의심하지 않았다. |

| | | |
|---|---|---|
| 과거 | Si hoc dixisses, erravisses.<br>네가 이것을 말했었다면,<br>실수했을 것이다. | \|주 시제\|<br>Non dubito quin, si hoc dixisses, erravisses (erraturus fueris).<br>나는 네가 이것을 말했다면, 네가 실수하였다는 것을 의심하지 않는다.<br>\|역사 시제\|<br>Non dubitabam quin, si hoc dixisses, erravisses (erraturus fueris).<br>나는 네가 이것을 말했었다면, 네가 실수하였다는 것을 의심하지 않았다. |

② 특수 용례

•귀결절 접속법 과거완료 자리에 동사가 능동이고 미래분사라면, "능동태 용장활용 + fuerim"을 쓴다. 그러나 동사가 수동이고 목적분사가 없다면, 규칙적으로 과거완료를 쓴다. Haud dubium est quin idem facturus fueris(=fecisses), si eo tempore censor fuisses. 만일 그때 네가 검열관이었었다면, 같은 것을 했었을 것임에 의심이 없다.

•같은 방식으로 "possum, debeo" 등을 가리키는 동사들의 수동태 용장활용은 귀결절에 과거 완료 대신 접속법 과거 "potuerim, debuerim, facile fuerit, moriendum fuerit"를 쓴다. Haud dubium fuit quin, nisi ea mora intervenisset,[188] castra Punica eo die capi[189] potuerint. (Liv.) 만일 그 지체가 없었더라면(직역: 일어나지 않았었다면), 페니키아의 진지가 그날 점령될 수 있었 다는 것은 의심이 없었다.

censor, -oris, m. 검열관, 감찰관
intervenio, is, veni, ventum, ire, 4 intr. 끼어들다, 일어나다, 개입하다
mora, -ae, f. 지체, 지연

3) 부정사문과 접속법 종속 귀결절의 시제

| 종류 | 조건절 | 부정사문 종속 귀결절 | 접속법 종속 귀결절 |
|---|---|---|---|
| 현실 | 시제 일치에 따른 접속법 | 부정법 현재, 과거, 미래 | 시제 일치에 따른 접속법 |
| 가능 | 시제 일치에 따른 접속법 | 부정법 미래, 현재<br>posse, debere, velle, etc. | 시제 일치에 따른 접속법<br>능동태 용장활용 + sim/essem<br>possim/possem + 부정사 |

188) intervenio의 접속법 과거완료 단수 3인칭.
189) capio의 부정법 수동 현재.

| 비현실 | 접속법 미완료, 과거완료 | 부정사문+-utrum fuisse potuisse, debuisse, voluisse, etc. | 접속법 미완료 또는 과거완료(시제 일치의 예외도 있음) 능동태 용장활용+fuerim 접속법 과거(potuerim, debuerim, etc.) |
|---|---|---|---|

## 3. 조건 접속사

### 1) nisi(전체 부정) 만일 ~아니면, ~는 제외하고, ~외에는

•nisi는 조건절 전체를 부정한다.

　Nisi caves, peribis.[190] (네가) 조심하지 않으면, 망할 것이다.

•관용적 표현

　nisi fallor, nisi me fallit (직역: 내가 속이는 것이 아니라면), 내가 아는 한에서는

　nisi molestum est 만일 폐가 되지 않는다면

•맹세 다음의 nisi

　peream/moriar/ne salvus sim nisi 만일 ~하지 않는다면 사라질 것이다/죽을 것이다/무사하지 않을 것이다

•부정사와 함께 예외(배타)적인 의미의 nisi(~외에는)

이 경우 nisi 다음의 동사는 주절에서 사용된 동사와 같은 시제와 법을 쓴다.

　Nihil aliud fecerunt[191] nisi rem detulerunt.[192] (Cic.)

　그들은 일을 보고하는 것 외에는 다른 것은 아무것도 하지 않았다.

　Nihil aliud ago, nisi te defendo. 나는 너를 변호하는 것 외에는 다른 것은 아무것도 하지 않는다.

•nihil aliud 다음에는 quam 대신 nisi를 쓰기도 한다. 우리말로는 "다만 ~만(뿐)"이라고 옮긴다.

　Nihil aliud cogito nisi(=quam) de hac re. 나는 이 점에 대해서만은 생각하지 않는다.

　Nihil aliud loquor nisi de hac re. 나는 이 일에 대해서만은 말하지 않는다.

---

190) pereo의 직설법 미래 단수 2인칭.
191) facio의 직설법 과거 복수 3인칭.
192) defero의 직설법 과거 복수 3인칭.

•nisi vero, nisi forte 혹시라도 ~아니라면(역설적인 의미를 강조)

Nemo saltat sobrius, nisi forte insanit. (Cic.)

혹여라도 미치지 않고서야, 아무도 제정신인 사람은 춤추지 않는다. (로마인들은 춤을 정숙하지 못한 것으로 생각했다.)

2) si non(부분 부정) 만일 ~아니면, ~하지 않는 경우에

•si non은 조건절의 단 하나의 단어(서술어, 보어)만을 부정한다.

Dolorem si non potuero frangere, occultabo. (Cic.)

만일 꺾을 수 없다면, 나는 아픔을 감출 것이다.

Hic magnus orator est, si non maximus. (Cic.)

만일 가장 최고가 아니라면, 이 사람은 훌륭한 연설가이다.

•nisi는 종종 si non의 의미를 가질 수도 있지만, si non은 결코 nisi의 의미를 갖지 못한다.

•긍정 조건문에 뒤이어 부정 조건문에서 같은 동사가 되풀이될 경우, si non을 쓴다.

O miserum te si intelligis, miseriorem si non intelligis. (Cic.)

만일 네가 이해한다면 불쌍하고, 만일 이해하지 못한다면 더 불쌍하다.

3) 앞에 나온 조건에 또 하나의 조건을 대립시킬 경우

•si minus 만일 그렇지 않으면, 그렇지 않을 경우에는

앞에 나온 조건에 또 하나의 조건을 대립시킬 동사가 없을 때 쓴다.

Quod si assecutus sum, gaudeo, si minus, hoc tamen me consolor, quod venies. (Cic.)

만일 내가 그것을 성취했다면, 나는 기쁘다. 만일 그렇지 않으면, 단지 네가 온 이것이 나를 위로한다.

N.B. quod는 앞에 id가 생략된 지시대명사

•sin, si autem, sin autem 그러나 만일 ~면, 그렇지 않고 만일 ~면

앞에 나온 조건에 또 하나의 조건을 대립시킬 때 쓴다.

Hunc mihi timorem eripe:[193] si verus est, ne opprimar, sin falsus, ut timere desinam.[194] (Cic.)

사실이라면(근거 있는 것이라면), 내가 억압되지 않도록 나에게서 이 두려움을 사라지게 해라!

---

193) eripio의 명령법 현재 단수 2인칭.

194) desino의 직설법 미래 단수 1인칭.

그러나 만일 거짓이라면, 누려워하는 것이 그지노톡 나에게서 이 두려움을 사라지게 해라!

---

sobrius, -a, -um, adj. 절주하는, 정숙한, 제정신의

caveo, es, cavi, cautum, ere, 2 intr. et tr. (대격 요구) 조심하다, 경계하다; (여격 요구) 보살피다

pereo, is, perii, periturus, ire, intr. 잃어버리다, 없어지다, 망하다, 파괴되다

defero, fers, tuli, latum, ferre, tr. anom. 가져가다, 넘겨주다, 전하다, 보고하다

salto, as, avi, atum, are, 1 intr. et tr. 춤추다

insanio, is, ivi(ii), itum, ire, 4 intr. 미치다, 미쳐 날뛰다

frango, is, fregi, fractum, ere, 3 tr. 꺾다, 부러뜨리다, 깨뜨리다

occulto, as, avi, atum, are, 1 tr. 숨기다, 감추다

intelligo(intellego), is, lexi, lectum, ere, 3 tr. 알아듣다, 깨닫다, 이해하다

as(ad)sequor, eris, secutus sum, sequi, 3 dep. tr. 성취하다, 얻다

consolor, aris, atus sum, ari, 1 dep. tr. 위로하다, 달래다

eripio, is, ripui, reptum, ere, 3 tr. 빼내다, 사라지게 하다

alicui timorem eripio ~에게서 공포를 없애 주다

opp(obp)rimo, is, pressi, pressum, ere, 3 tr. 압박하다, 억압하다

---

## 4) dum, modo, dummodo(dum ne, modo ne)

• 조건절의 특수한 형태의 하나인 접속사 "dum, modo, dummodo ~하기만 한다면, ~한 다는 조건에서만, ~경우에만"이 이끄는 조건절은 접속법 동사를 쓴다. 이 조건들은 제한적 의미를 가진다. 즉 주절에서 표현하는 행위가 실현될 수 있는 조건들을 나타낸 다. 부정은 이들 접속사에 ne를 붙이면 된다: "dum ne, modo ne, dummodo ne ~않기만 하면, 아니기만 하면"

Omnia postposui,[195] dummodo praeceptis patris parerem.[196] (Cic.)
아버지의 가르침에 순종하기만 한다면, 나는 모든 것을 경시했다.

Dummodo sit dives, barbarus ipse placet. (Ov.)
(그가) 부유하기만 하다면, 야만인이라도 마음에 든다.

Industriam tuam laudo, modo ne laudis cupidior sis.
네가 칭찬을 더 바라지만 않는다면, 나는 너의 근면함을 칭찬한다.

N.B. cupidior는 "cupidus 갈망(열망)하는"의 비교급으로 속격 요구 형용사이다. 이 때문 에 laus의 속격 laudis를 쓴 것이다.

---

195) postpono의 직설법 과거 단수 1인칭.
196) pareo의 접속법 미완료 단수 1인칭.

praeceptum, -i, n. 명령, 규칙, 가르침          dives, divitis, adj. 부유한, 부자의
barbarus, -a, -um, adj. 미숙한, 미개한, 야만의
industria, -ae, f. 노력, 근면, 열심          ipse, ipsa, ipsum, pron. 자신, 친히, ~도 또한
postpono, is, posui, positum, ere, 3 tr. ~보다 못하게 여기다, 제쳐놓다, 경시하다
pareo, es, parui, paritum, ere, 2 intr. 나타나다, 복종하다; (비인칭) paret 분명하다

## VI. 양보절과 반대절(Propositio Concessiva et Adversativa)

### 1. 양보절(Propositio Concessiva)

양보절은 종속절의 사실을 인정함에도 불구하고 주절의 사실이 성립된다는 것을 표현한다. 사실과 비현실 양보절이 있으며, 사실에는 직설법을, 비현실에는 접속법을 쓴다. 라틴어의 양보절을 이끄는 접속사는 다음과 같다.

#### 1) quamquam, etsi, tametsi 비록 ~할지라도, ~하기는 하지만
•이 양보 접속사는 사실을 표현하므로 직설법 동사를 쓴다.

Medici, quamquam intellegunt[197] saepe, tamen numquam dicunt aegrotis illo morbo eos esse morituros.[198] (Cic.)
의사들은 가끔 알더라도, 환자들에게 그들이 그 병으로 죽게 된다는 것을 말하지 않는다.
Nostri, tametsi a duce et a fortuna deserebantur,[199] tamen omnem spem salutis in virtute ponebant.[200] (Caes.)
비록 군주와 행운으로부터 버려지게 되었더라도, 우리에 대한 구원의 모든 희망을 가치에 두고 있었다.

•quamquam(드물게 etsi, tametsi도)은 종종 대화를 정정하거나 중단하는 의미로 문장 첫머리에 쓰인다. 이때의 의미는 "그렇지만, 그럴지라도, 그러나 역시"라고 옮긴다.
Quamquam, quid loquor? (Cic.) 그럴지라도, 내가 무엇을 말할까?

tamen, conj. 1. 그러나 2. (양보 접속사 다음에) 비록 ~하더라도 ~하다
morbus, -i, m. 병, 질환

---

197) intellego의 직설법 현재 3인칭 복수.
198) morior의 부정법 미래.
199) desero의 직설법 수동 미완료 복수 3인칭.
200) pono의 직설법 미완료 복수 3인칭.

> morior, moreris, mortuus sum(part. fut. moriturus), mori, 3 intr. dep. 죽다, 긴럭히디
> desero, is, serui, sertum, ere, 3 tr. 버리다, 포기하다

### 2) quamvis(=quam vis) 아무리 ~할지라도

• quamvis는 항상 접속법 동사를 쓴다.
Illa, quamvis ridicula essent, mihi tamen risum non moverunt.[201] (Cic.)
그것들이 우스울지라도, 나에게 웃음을 자아내지 않았다.

• quamvis가 "한껏, 최대한으로"라는 의미일 경우 최상급 형용사를 수반하지 않는다.
quamvis fortunati 대단히 행복한, 최고의 행운

• quamvis는 형용사나 부사 앞에 쓰이기도 한다.
quamvis pauper 가난할지라도　　　　　　quamvis lente 매우(몹시) 느리게

### 3) licet ~할지라도, ~지만

항상 접속법 현재를 가지며, licere 동사의 현재 의미와 일치하여 접속법 현재, 과거를 쓴다.
Licet undique pericula impendeant[202] omnia, subibo.[203] (Cic.)
사방에서 모든 위험(들)이 닥칠지라도, 나는 감당할 것이다.

### 4) ut(ut non), cum 비록 ~할지라도, ~하지만

ut는 대체로 접속법 동사를 쓰고, cum은 항상 접속법 동사를 쓴다. ut와 cum에 대해서는
뒤에 있는 ut와 cum의 총정리 334쪽을 참조하라.
Ut non efficias[204] quod vis, tamen mors ut malum non sit efficies.[205] (Cic.)
비록 네가 원하는 것을 이루지 못할지라도, 그리고 죽음이 나쁜 것이 아닐지라도 도래하게 될
것이다.
Ut desint[206] vires, tamen est laudanda voluntas. (Ov.)
비록 힘은 없다 해도, 뜻만은 칭찬해야 한다.

---

201) moveo의 직설법 과거 복수 3인칭.
202) impendeo의 접속법 현재 3인칭 복수.
203) subeo의 직설법 미래 단수 1인칭.
204) efficio의 접속법 현재 단수 2인칭.
205) efficio의 직설법 미래 단수 2인칭.
206) desum의 접속법 현재 복수 3인칭.

Socrates, cum facile posset educi[207] e custodia, noluit.[208] (Cic.)

소크라테스는 감옥에서 쉽게 나올 수 있었지만, 원하지 않았다.

### 5) etiamsi(etiam si) 비록 -할지라도

가정의 의미가 있으며, 대개 접속법 동사를 쓴다. 그러나 직설법 동사를 쓰기도 한다. 직설법 동사는 실제적 사실에 대한 양보를, 접속법 동사는 불확실하거나 비현실적인 사실에 대한 양보를 나타낸다.

Utilitas efflorescit[209] ex amicitia, etiamsi tu eam minus secutus sis.[210] (Cic.)

비록 네가 그것을 추구하지 않았더라도, 우정에서 유익함이 피어난다.

Etiamsi quid scribas[211] non habebis,[212] scribito[213] tamen. (Cic.)

비록 네가 쓸 것이 없을지라도, 그렇더라도 써라! (네가 나한테 쓸 것이 없더라도 써서 보내라는 의미)

### 6) 양보 관계사절

cum 대신에 관계대명사 qui, quae, quod(=cum is, ea, id)에 접속법 동사를 써서 양보절을 이끌 수 있다.

Egomet, qui sero ac leviter Graecas litteras attigissem,[214] tamen complures Athenis dies commoratus sum.[215] (Cic.)

나 자신이 비록 그리스 문학을 너무 늦게 피상적으로 손댔을지라도, 아테네에 여러 날을 머물렀다.

## 2. 반대절(Propositio Adversativa)

반대절은 주절의 내용과 반대되는 것을 나타내는 종속절이다. 라틴어는 반대절을 "cum+접속법 동사"로 표현한다. 우리말로는 "반면에, ~와는 반대로, 그와는 달리, 그러나" 등으로 옮긴다.

---

207) educo의 수동 부정법 현재.
208) nolo의 직설법 과거 단수 3인칭.
209) effloresco의 직설법 현재 단수 3인칭.
210) sequor의 접속법 과거 단수 2인칭.
211) scribo의 접속법 현재 단수 2인칭.
212) habeo의 직설법 미래 단수 2인칭.
213) scribo의 명령법 미래 단수 2인칭.
214) attingo의 접속법 과거완료 단수 1인칭.
215) commoror의 직설법 과거 단수 1인칭.

Solus est homo ex tot animantium generibus particeps rationis, cum cetera sint omnia expertia. (Cic.)

그렇게 많은 동물들의 종류 가운데에서 이성의 참여는 인간만이 유일하다. 반면 다른 것들은 모두 참여하지 않는다.

---

undique, adv. 사방에서, 도처에서, 모든 면에서  custodia, -ae, f. 지킴, 보관, 수호, 보호, 경비, 감금

utilitas, -atis, f. 이익, 유익, 유용성, 편리, 행복  sero, adv. 저녁때에, 늦게, 너무 늦게

leviter, adv. 가볍게, 피상적으로  complures(m./f.), compluria(n.), adj. 다수의, 여러

tot, adj. 그렇게 많은, 허다한

particeps, participis, adj. 참여하는; m. 참여자, 공모자

expers, expertis, adj. 끼지 못한, 참여하지 않은, 관계없는

educo, is, duxi, ductum, ere, 3 tr. 끌어내다, 이끌고 나오다, 교육하다

impendeo, es, ere, 2 intr. et tr. 위협하다, 닥치다

subeo, is, ii, itum, ire, 감당하다, 겪다, 무릅쓰다

efficio, is, feci, fectum, ere, 3 tr. 이루다, 만들다, ~게 하다, 성취하다

effloresco, is, florui, ere, 3 intr. 만발하다, 번성하다, 피어나다

sequor, sequeris, secutus sum, sequi, dep. tr. 따르다, 추구하다

attingo(adtingo), is, tigi, tactum, ere, 3 tr. 손대다, 엄습하다, 전념하다

commoror, aris, atus sum, ari, 1 dep. intr. 머물다, 체류(지체)하다; tr. 지연시키다

---

## VII. 비교절(Propositio Comparativa)

비교절은 주절에서 말하는 것과 비교되는 두 번째 단어(명사, 대명사, 형용사)로써 비교를 나타내는 종속절이다. 비교문에 대해서는 제1권 104~109쪽을 참조하라.

비교절에는 크게 현실 비교와 가상 비교 두 가지 종류가 있다.

• 현실 비교는 두 개의 실제 사실을 비교하는 것을 말한다. 현실 비교는 직설법 동사를 쓴다.

• 가상 비교는 가정(조건) 형식으로 비교되는 것을 말한다. 가상 비교는 항상 접속법 동사를 쓴다.

### 1. 현실 비교

현실 비교절은 두 개의 실제 상황 사이의 비교를 하는 것으로, 현실 비교절에는 우등, 열등, 동등 관계가 발생할 수 있다.

1) 우열 비교절

(1) 일반 원칙

우열 비교절은 주절에 비교되는 단어(비교급 형용사, 부사, 동사)를 쓰고, 비교 접속사 quam 을 연결하여 비교되는 두 번째 단어를 쓴다.

Plura dixi quam ratio postulabat.216) (Cic.) 나는 논제가 요구했던 것보다 더 길게 말했다.

N.B. plura는 plus의 중성 복수 주격. plus는 multus의 비교급.

Alcibiades timebatur non minus quam diligebatur.217) (Nep.)
알치비아데스는 사랑을 받았던 것 못지않게 두려움을 받았다.

(2) magis quam, potius quam의 용례

•magis quam과 potius quam(~하기보다는 오히려)의 비교절 동사는 주절에서 사용된 동사와 같은 시제와 법을 쓴다.

Di magis distulere(=distulerunt)218) quam prohibuere(=prohibuerunt)219) imminentem pestem. (Liv.)
신들은 임박한 재앙을 막았다기보다는 오히려 어찌할 바를 몰랐다.

Promissum potius non faciendum (fuit), quam tam taetrum facinus admittendum fuit. (Cic.)
약속은 이처럼 흉악한 범죄가 용인되기보다는 오히려 하지 못하도록 해야 했다.

•potius quam이 두 행위 사이에서 선택되거나 또는 전에 선택됐던 양자택일을 가리키고자 할 경우, 접속법 동사를 쓴다.

Zeno perpessus est220) omnia, potius quam conscios delendae tyrannidis indicaret.221) (Cic.)
제논은 폐허로 만든 폭정의 공범자들을 신고하기보다는 오히려 모든 것을 방조했다.

(3) maior quam pro~, maior quam ut(quam, qui, quae, quod) ~에 비해 너무 큰, ~하기에는 너무 큰

•두 단어 사이의 부조화를 가리키고자 할 경우에 쓴다. 이 표현은 리비우스(Livius)에게서 발견되며, 리비우스 이후의 저자들도 비교의 표현을 할 때 quam pro를 따라서 쓰게 된다.

---

216) postulo의 직설법 미완료 단수 3인칭.
217) diligo의 직설법 수동 미완료 단수 3인칭.
218) difero의 직설법 과거 복수 3인칭.
219) prohibeo의 직설법 과거 복수 3인칭.
220) perpetior의 직설법 과거 단수 3인칭.
221) indico의 접속법 미완료 단수 3인칭.

Maior quam pro numero hominum editur[222] pugna. (Liv.)
사람들의 수에 비해 너무 큰 전쟁이 자행된다.

•maior quam pro 외에도 "quam ut+접속법" 또는 "quam qui(quae, quod)+접속법 동사"의
용례도 발견된다.

Longius iam progressus erat,[223] quam ut(=quam qui) regredi[224] posset. (Tac.)
그는 돌아오기에는 너무나 멀리 가 버렸다.

Campani maiora deliquerant,[225] quam quibus ignosci[226] posset. (Liv.)
캄파니아 사람들은 용서받기에는 너무나 큰 죄를 저질렀다.

---

non minus quam ~보다 못지않게          pestis, -is, f. 페스트, 흑사병, 재해, 재난

imminens, -entis, (immineo의 현재분사) 임박한

promissum, -i, n. 약속

taeter, taetra, taetrum, adj. 흉한, 끔찍한, 혐오를 일으키는

facinus, facinoris, n. 업적, 악행, 범죄

conscius, -a, -um, adj. 의식하고 있는, 죄책감 있는, 공모한

delendus, -a, -um, deleo의 동형사(미래 수동 분사) 없애 버린, 폐허로 만든, 섬멸한

tyrannis, tyrannidis, f. 폭정, 횡포, 폭군 체제

Campani, -orum, m. pl. 캄파니아 사람들

postulo, as, avi, atum, are, 1 tr. 청구하다, 요구하다, 부탁하다

differo, differs, distuli, dilatum, differre, anom. tr. 미루다, 어찌할 바를 모르다; intr. 다르다

prohibeo, es, hibui, hibitum, ere, 2 tr. 막다, 금하다, 보호하다

admitto, is, misi, missum, ere, 3 tr. 받아들이다, 인정(용인)하다, 방임하다

perpetior, eris, pessus sum, peti, 3 dep. tr. 겪다, 참다, 내버려두다

indico, as, avi, atum, are, 1 밀고하다, 가리키다, 지적하다

edo, edis, didi, ditum, ere, 3 tr. 낳다, 출판하다, 생기게 하다, 자행하다

progredior, eris, gressus sum, gredi, 3 dep. intr. 나아가다, 계속하다, 이르다

regredior, eris, gressus sum, gredi, 3 dep. intr. 물러나다, 돌아오다

delinquo, quis, liqui, lictum, ere, 3 intr. 잘못하다, 죄짓다

ignosco, is, ignovi, ignotum, ere, 3 intr. et tr. 용서하다

---

222) edo의 직설법 수동 단수 3인칭.
223) progredior의 직설법 과거완료 단수 3인칭.
224) regredior의 부정법 현재.
225) delinquo의 직설법 과거완료 복수 3인칭.
226) ignosco의 부정법 수동 현재.

2) 동등 비교절

동등 비교절은 대개 직설법을 쓰며, 다음과 같이 표현한다.

(1) 상관관계 비교

상관관계 비교는 주절의 내용과 종속절의 내용이 동등하거나 동등하지 않음을 나타낸다. 상관관계 비교절에는 상관관계를 나타내는 접속사, 부사, 형용사를 쓴다. 앞의 상관사는 주절을, 뒤의 상관사는 종속절을 나타낸다.

| | |
|---|---|
| sic ~ ut | tantum ~ quantum |
| ita ~ ut | tam ~ quam |
| sic ~ quemadmodum | tot ~ quot |
| talis ~ qualis | totiens ~ quotiens |

Ut magistratibus leges, ita populo praesunt[227] magistratus. (Cic.)
법(들)이 관리들을 감독하는 것처럼, 그렇게 관리는 백성을 감독한다.
Quemadmodum senectus adulescentiam sequitur, ita mors senectutem.
청춘 뒤에 노인이 되는 것처럼, 노인 다음에 죽음이 뒤따른다. (직역: 노인은 청춘을 뒤따르게 되는 것처럼, 그렇게 죽음이 노년기를 뒤따르게 된다.)
Tot victoriae (sunt), quot pugnae (sunt). 연전연승(직역: 싸운 수만큼 그만큼의 승리)
Quot homines (sunt), tot sententiae (sunt). 십인십색(직역: 사람들의 수만큼 그만큼의 의견)
Quid tam bonum est quam litteris studere?
공부하는 것만큼 좋은 것이 무엇이냐? (직역: 학문을 연구하는 것만큼 그만큼 좋은 것이 무엇인가?)

(2) ac, atque가 삽입된 경우

"similis 닮은, 비슷한; dissimilis 비슷하지 않은; aequus, par, idem, 동등한, 같은; alius 다른; contrarius 반대되는, 거스르는" 등의 유사, 동등, 반대의 형용사와 "similiter 비슷하게; pariter 같이, 동등하게; perinde 같은 모양으로, 비슷하게; aeque 같게, 동등하게, 같이; aliter, secus 달리, 다르게; contra 반대로" 등의 유사, 동등, 반대의 부사 다음에 두 번째 절을 이어 주는 접속사는 ac과 atque를 쓰고 동사는 직설법을 쓴다.

Alios aeque ac semetipsos diligere oportet. 다른 사람을 자기 자신처럼 사랑해야 한다.
Non dixi secus ac sentiebam. (Cic.) 나는 생각한 것과 다르게 말하지 않았다.
Aliter loquitur ac sentit. 그는 생각한 것과 다르게 말한다.

---

227) praesum의 직설법 현재 복수 3인칭.

(3) ut와 velut

주절에 상관사 sic이나 ita가 없는 ut와 velut는 다양한 의미를 가진다.

• 본보기의 의미: "예를 들자면, 가령, 말하자면"

Nonnullae aves, ut perdices, humi nidificant.

몇몇 새들은, 가령 자고새는(들은), 땅에 둥지를 짓는다.

• 사실과 원인의 의미: "~한 이유로, ~했기 때문에, (생각)한 바와 같이"

Diogenes, ut Cynicus, proici[228] se iussit inhumatum. (Cic.)

디오제(게)네스는 치니쿠스가 했던 것처럼 매장하지 않고 (시신을) 유기하기를 간곡히 당부했다.

• 제한의 의미: "~로서, ~범위 안에서, ~로 봐서"

Multae erant in Q. Fabio, ut in homine Romano, litterae. (Cic.)

로마인으로서 퀸투스 파비우스에게는 많은 교양이 있었다.

---

magistratus, -us, m. 정무관, 공무원, 관리    nonnullus, -a, -um, adj. 어떤, 몇몇, 일부의

perdix, -icis, m./f. 자고새(꿩과)    inhumatus, -a, -um, adj. 매장하지 않은

praesum, es, fui, esse, anom. intr. (여격 요구) 지휘하다, 감독하다

oportet, oportuit, ere, 2 intr. impers. 필요하다, 해야 한다, 마땅하다

nidifico, as, avi, atum, are, 1 tr. 둥지를 짓다, 보금자리를 만들다

proicio, is, ieci, iectum, ere, 3 tr. 내던지다, 유기하다

iubeo, es, iussi, iussum, ere, 2 tr. 명령하다, (부정사문) 간곡히 당부하다

---

## 2. 가상 비교(접속법 동사)

가상 비교절이 쓰일 경우, 상상이나 가정으로 주절을 구성한다. 가상 비교절인 종속절과 주절 모두 접속법 동사를 쓴다.

• 가정 si와 결합하는 접속사

"velut si, ut si, 마치 ~처럼, ~듯이, ~와 같이; quam si; similiter/aeque ac si ~과 같은 방식으로; non secus ac si ~과 다르지 않게" 등의 표현과 함께하는 동사는 접속법을 쓴다. 간혹 "ut si, velut si, quam si, ac si" 다음에 시제 일치와 상충되는 표현들이 발견된

---

228) proicio의 부정법 수동 현재.

다. 즉 주절이 현재나 미래인데, 종속절에 접속법 미완료나 과거완료를 쓴 경우가 있다.
이는 조건의 비현실성을 강조하기 위함이다.

P. Sestius me, iuxta ac si meus frater esset, sustentavit.229) (Cic.)
세스티우스는 마치 친형제(나의 형제)와 같이 나를 부양했다. (이 문장에서 종속절의 미완료 esset
와 주절의 동사는 시제 일치에서 보면 맞지 않는다. 다시 말해서 이 문장의 의미는 형제인 양
할 수 없는데 형제처럼 나를 돌봤다는 의미이다.)

Egnati absentis rem ut tueare230) aeque a te peto ac si mea negotia essent. (Cic.)
부재한 에냐투스의 일을 돌보기 위해 나는 마치 내 일처럼 네게 묻는다.

•가정의 si와 결합하지 않는 접속사

tamquam, quasi, proinde quasi처럼 si가 연결되지 않은 접속사는 시제 일치에 따른 접속법
동사를 쓴다.

Tamquam clausa sit Asia, sic nihil perfertur231) ad nos. (Cic.)
마치 아시아가 봉쇄된 것처럼, 우리에게 아무 소식도 전달되지 않는다.

Gellius quasi mea culpa bona perdiderit,232) sic est mihi inimicus. (Cic.)
젤(겔)리우스는 거의 내 탓으로 재산을 잃기나 한 듯이, 그렇게 나에게 원수이다.

---

clausus, −a, −um, adj. 닫힌, 폐쇄된

sustento, as, avi, atum, are, 1 지탱(유지)하다, 부양하다

tueor, eris, tuitus sum, eri, 2 dep. tr. 관찰하다, 주시하다, 보살피다

perfero, fers, tuli, latum, ferre, tr. 운반하다, 전달하다

perdo, is, perdidi, perditum, ere, 3 tr. 망하게 하다, 잃다, 탕진하다, 실패하다

---

## VIII. 접속사 ut와 cum의 용례 요약

### 1. ut 접속사

접속사 ut는 직설법과 접속법 동사를 쓴다.

---

229) sustento의 직설법 과거 단수 3인칭.
230) tueor의 접속법 현재 단수 2인칭.
231) perfero의 직설법 수동 현재 단수 3인칭.
232) perdo의 접속법 과거 단수 3인칭.

## 1) "ut+직설법 동사"를 쓸 때의 의미

• 시간: 때, ~하자마자

Caesar, ut Brundisium venit, contionatus est apud milites. (Caes.)

캐사르는 브룬디시에 오자마자 군인들 앞에서 연설했다.

• 사실: "~한 이유로, ~했기 때문에, (생각)한 바와 같이"

Diogenes, ut Cynicus, proici[233] se iussit inhumatum. (Cic.)

디오제(게)네스는 치니쿠스가 했던 것처럼 매장하지 않고 (시신을) 유기하기를 간곡히 당부했다.

• 제한: "~로서, ~범위 안에서, ~로 봐서"

Multae erant in Q. Fabio, ut in homine Romano, litterae. (Cic.)

로마인으로서 퀸투스 파비우스에게는 많은 교양이 있었다.

## 2) "ut+접속법 동사"를 쓸 때의 의미

• 목적: ~하기 위하여, ~하도록(부정: ne ~하지 않기 위하여)

Romani ab aratro abduxerunt[234] Cincinnatum, ut dictator esset. (Cic.)

독재관이 되도록 로마인들은 친친나투스를 쟁기에서 떼어놓았다.

• 결과: ~할 만큼 ~해서 어떻게 되다(부정: ut non)

Atticus sic Graece loquebatur,[235] ut Athenis natus videretur.[236] (Nep.)

아티쿠스는 아테네에서 태어난 것처럼 보일 만큼, 그렇게 그리스어로 (잘) 말했다.

• 설명(부정: ut non, ne)

ut가 이끄는 설명의 직접목적어 종속절에 대해서는 280쪽을 참조하라.

Ad Appii Claudi senectutem accedebat[237] etiam ut caecus esset. (Cic.)

아뻬(피)우스 클라우디우스의 노년에 장님이 되는 일이 발생했다.

Ne id facias a te peto. (Cic.) 나는 당신이 그것을 하지 않기를 당신한테 청합니다.

---

233) proicio의 부정법 수동 현재.

234) abduco의 직설법 과거 복수 3인칭.

235) loquor의 직설법 미완료 단수 3인칭.

236) video의 접속법 수동 미완료 단수 3인칭.

237) accedo의 직설법 미완료 단수 3인칭.

•양보: 비록 ~할지라도, ~하지만(부정: ut non)

이에 대해서는 327쪽을 참조하라.

 Ut desint[238] vires, tamen est laudanda voluntas. (Ov.)

 비록 힘은 없다 해도, 뜻만은 칭찬해야 한다.


## 2. cum 접속사

cum 접속사는 직설법과 접속법 동사를 쓴다. 이에 대해서는 302~306쪽을 참조하라.

### 1) "cum+직설법 동사"를 쓸 때의 의미

•일반적 시간: ~때에, ~적에

 Facile omnes, cum valemus,[239] recta consilia aegrotis damus.[240] (Cic.)

 우리가 잘 있을 때, 우리 모두가 어려움 없이 아픈 이들에게 올바른 충고를 준다.


•부가, 전도: (갑자기) ~때에, ~적에

 cum 이하의 종속절은 주절에 표현된 사실과 동시에 또는 이후 즉시 예상치 않았던 일이 일어날 경우에 쓴다.

 Hannibal iam subibat[241] muros, cum repente in eum erumpunt[242] Romani. (Liv.)

 그를 대항해 로마인들이 갑자기 출격했을 때에, 한니발은 이미 성벽에 접근하고 있었다.


•사실: ~라는 사실 때문에, ~하는 것은

 Praeclare facis, cum memoriam eorum tenes. 너는 그것에 대해 기억하는 것은 참 잘한다.


•등위, 동시: 한편, 동안에, 사이에

 Caedebatur[243] virgis civis Romanus, cum interea nullus gemitus audiebatur.[244] (Cic.)

 로마 시민은 채찍으로 매를 맞았으며, 그동안에 어떠한 신음도 들리지 않았다.


---

238) desum의 접속법 현재 복수 3인칭.

239) valeo의 직설법 현재 복수 1인칭.

240) do의 직설법 현재 복수 1인칭.

241) subeo의 직설법 미완료 단수 3인칭.

242) erumpo의 직설법 현재 복수 3인칭.

243) caedo의 직설법 수동 미완료 단수 3인칭.

244) audio의 직설법 수동 미완료 단수 3인칭.

•반복: ~때마다, ~적마다

Omnia **sunt** incerta, cum a iure discessum est. (Cic.)

법에서 멀어졌을 때마다 모든 것이 불확실하게 된다.

## 2) "cum+접속법 동사"를 쓸 때의 의미

•(역사) 서술

Pyrrhus, cum Agros oppidum oppugnaret,[245] lapide ictus.[246] (Nep.)

피루스가 아그로스 도시를 공격할 때에 돌에 맞아 죽었다.

•이유: 때문에, 까닭에

Cum id facere non possem, quievi.[247] (Cic.)

나는 그것을 할 수 없었기 때문에 쉬었다(활동하지 않았다).

•양보: 비록 ~할지라도, ~하지만

Socrates, cum facile posset educi[248] e custodia, noluit.[249] (Cic.)

소크라테스는 감옥에서 쉽게 나올 수 있었지만, 원하지 않았다.

•반대: 반면에, ~와는 반대로, 그와는 달리, 그러나

Nihil satis paratum[250] ad bellum habebant[251] Romani, cum Perseus omnia praeparat a[252] atque instructa[253] haberet.[254] (Liv.)

로마인들은 전쟁을 위해 아무런 충분한 준비를 하지 않았던 반면, 페르세우스는 모든 준비와 장비를 갖췄다.

N.B. 마치 영어의 "have 과거분사"처럼 라틴어는 "habeo+과거분사"를 써서 완료된 행위에 따르는 상태를 강조한다.

---

245) oppugno의 접속법 미완료 단수 3인칭.
246) ico의 과거분사 interiitintereo의 직설법 과거 단수 3인칭.
247) quiesco의 직설법 과거 단수 1인칭.
248) educo의 수동 부정법 현재.
249) nolo의 직설법 과거 단수 3인칭.
250) paro의 과거분사.
251) habeo의 직설법 미완료 복수 3인칭.
252) praeparo의 과거분사.
253) instruo의 과거분사.
254) habeo의 접속법 미완료 단수 3인칭.

aratrum, ─i, n. 쟁기                                     Cincinnatus, ─i, m. 친친나투스(유명한 독재관)

lapis, lapidis, m. 돌                                       Perseus, ─ei, m. 페르세우스(그리스신화의 영웅)

contionor, aris, atus sum, ari, 1 dep. intr. 연설하다, 설교하다

abduco, is, duxi, ductum, ere, 3 tr. 인솔하다, 떼어놓다, 앗아 가다

subeo, is, ii, itum, ire, intr. et intr. 책임지다, 당하다, (의학) 맥박이 떨어지다, (대격) ~에 접근하다

erumpo, is, rupi, ruptum, ere, 3 tr. 부수고 나오다; intr. 분출하다, (군대가) 출격하다, 나오다

ico(icio), icis, ici, ictum, icere, 3 tr. 치다, 때리다, 쏘아 맞히다

intereo, is, ii, itum, ire, intr. anom. 멸망하다, 죽다

quiesco, is, quievi, quietum, ere, 3 intr. 쉬다, 활동하지 않다

paro, as, avi, atum, are, 1 tr. 준비하다, 장만하다, 태세를 갖추다

praeparo, as, avi, atum, are, 1 tr. 준비하다, 장만하다, 예비하다

instruo, is, struxi, structum, ere, 3 tr. 준비하다, 훈련시키다, 가르치다

# Propositio Relativa

# 관계사절

관계사절이란 qui, quicumque, quisquis 등의 관계대명사나 ubi, ubicumque 등의 관계부사를 통해 주절과 결합한 문장을 말한다. 이러한 관계사절은 크게 세 가지로 분류된다.

- 한정 또는 동격 관계사절: 직설법 동사로 구성되며, 통상 형용사 기능을 하며 고유 관계사절이라 한다.
- 간접목적어 관계사절: 접속법 동사로 구성되며, 주로 목적, 결과, 이유, 양보, 반대, 가정 등을 표현하는 절이다. 통상 비고유 관계사절이라 한다.
- 형식적 관계사절: 형식적 관계사절이란 주절과 동등한 형식의 종속절을 말한다. 형식적 관계사절도 관계대명사가 문장의 첫머리에 사용되지만, 그것은 관계사절을 구성하기 위한 것이 아니라, 앞 문장과의 연속적인 연결을 표시하기 위한 것이다. 이러한 이유에서 형식적 관계사절의 관계대명사 qui는 et is, sed is, nam is의 뜻을 가진다.

## I. 고유 관계사절

고유 관계사절은 직설법과 접속법 동사로 구성된다.

### 1. 직설법 동사로 구성되는 고유 관계사절

- 관계사절이 주절의 단어와 관계하여 형용사 또는 동격의 기능을 한다. 이 경우 관계사절이 본질적 개념을 내포하면 필수 관계사절이라고 하고, 그렇지 않으면 부수 관계사절이라 한다.

Belgae proximi sunt Germanis, qui trans Rhenum incolunt. (Caes.)
라인 강 너머에 사는(부수 관계사절), 벨기에 사람들은 독일 사람들과 제일 가깝다(인척 관계이다).

Hominum milia sex eius pagi, qui Verbigenus appellatur, ad Rhenum contenderunt.255) (Caes.)
베르비제누스라고 불린(필수 관계사절) 그 마을(들)의 6천 명의 사람들은 라인 강으로 서둘러
갔다.

●완곡어법의 관용적 관계사절

ii qui audiunt 청자들, qui legunt 독자들, qui spectant 관객들

id quod sentio 내 생각 (직역: 내가 생각하는 것)

res eae, quae gignuntur e terra 대지의 산물들

res eae, quae exportantur 수출품들　　　　ea, quae sequuntur 결과들

ea, quae nuntiantur 소식들

Dicam256) plane quod sentio. (Cic.)
솔직히 내 생각을 말할게. (직역: 내가 생각하는 것을 솔직하게 말할 것이다.)

●부수적 의미의 관계사절

qua prudentia es 너의 현명함으로(~에 따라, 대로, 때문에)

qua es prudentia＝ea qua es prudentia＝pro tua prudentia

Qua prudentia es, nihil te fugiet. (D. Brut.)
너의 현명함 때문에, 아무것도 너를 배척하지 않을 것이다.
Cupio plane dicere quod sentio. Credo, qua prudentia es, nihil te fugere.
내 생각을 솔직하게 말하고 싶다. 나는 너의 현명함 때문에 아무것도 너를 배척하지 않을 것이라고
생각한다.
N.B. 일반적으로 부수적 의미의 관계사절과 완곡어법의 관용적 관계사절은 인칭, 수, 격
변화에 좌우되지 않는다. 즉 접속법 문장이나 부정사문에 종속하더라도, 부수적 성격이나
완곡어법의 관계사절에서는 직설법 동사를 쓴다.

●미한정 대명사나 부사의 중복(quisquis, quamquam, etc.) 또는 −cumque로 끝나는 미한정
대명사나 부사는 미한정 관계사절을 구성하여 "~든지 간에, ~를 막론하고"라고 옮긴다.
이에 대해서는 제1권의 "미한정 대명사"를 참조하라.

Quisquis es, noster eris. (Verg.)

---

255) contendo의 직설법 과거 복수 3인칭.
256) dico의 직설법 미래/접속법 현재 단수 1인칭.

네가 누구이건 간에, 너는 우리 것이 될 것이다. (우리와 하나가 될 것이라는 의미)

Ubicumque hoc factum est, improbe factum est. (Cic.)

이것이 일어났던 곳은 어디든지, 부실하게 되었다.

Aiunt,[257] ubicumque hoc factum sit, improbe factum esse.

사람들은 이것이 일어났던 곳은 어디든지, 부실하게 되었을 것이라고 말한다.

N.B. 미한정 부사의 관계사절은 부수적 의미의 관계사절이나 완곡어법의 관계사절과 달리 인칭, 수, 격변화에 좌우된다. 즉 접속법 문장이나 부정사문일 경우, 접속법 동사를 쓴다.

---

trans, praep. 저쪽으로, 너머, 건너, 저편    pagus, -i, m. 마을, 시골

plane, adv. 솔직히, 평평하게, 분명히        improbe, adv. 불량하게, 나쁘게, 부실하게

incolo, is, colui, cultum, ere, 3 tr. et intr. 살다, 거주하다

contendo, is, tendi, tentum, ere, 3 tr. 얻으려고 노력하다, 비교하다; intr. (ad) 서둘러 가다, (abl.) 싸우다

fugio, is, fugi, fugitum, ere, intr. 도망하다, 피신하다; tr. 피하다, 배척하다

aio, ais, (결여동사) 사람들은 말한다(*they say*)

---

## 2. 접속법 동사로 구성되는 고유 관계사절

• 간접화법의 관계사절, 즉 관계사절의 내용이 화자나 글쓴이가 아닌 다른 사람의 생각과 관계하거나 어떤 가능성을 표현할 때, 접속법 동사를 쓴다.

|타자의 생각|

Socrates exsecrari[258] eum solebat, qui primus utilitatem a iure seiunxisset[259]. (Cic.)

소크라테스는 처음 법에서 유익함을 분리시켰던 사람을 악담하곤 하였다. (소크라테스의 생각)

|가능성|

Multa e corpore exsistunt,[260] quae mentem obtundant.[261] (Cic.)

정신을 무디게 하는 많은 것들이 신체에서 기인한다.

• 2차 종속절(관계사절)이 접속법 문장이나 부정사문, 이러한 의미가 포함되어 있는 문장과 결합되었을 때, 의미 완성에 필요할 경우 인칭, 수, 격변화에 영향을 받은 접속법 동사를 쓴다.

---

257) aio의 직설법 현재 복수 3인칭.

258) exsecror의 부정법 현재.

259) seiungo의 접속법 과거완료 단수 3인칭.

260) exsisto의 직설법 현재 복수 3인칭.

261) obtundo의 접속법 현재 복수 3인칭.

Hannibal tempus, quod gerendis rebus supererat,[262] quieti dabat. (Liv.)

한니발은 해야 할 일들을 주관하면서, 휴식 시간을 주곤 하였다.

→ Titus Livius auctor est Hannibalem tempus, quod gerendis rebus superesset,[263] quieti dare solitum esse.

티투스 리비우스가 한니발이 해야 할 일들을 주관하면서, 휴식 시간을 주곤 하였다고 쓴 저자이다. (필수 관계사절. superesset는 간접화법 접속법 동사로 저자 Titus의 생각이 담김)

Belgae proximi sunt Germanis, qui trans Rhenum incolunt. (Caes.)

라인 강 너머에 사는, 벨기에 사람들은 독일 사람들과 제일 가깝다(인척 관계이다).

→ Caesar auctor est Belgas proximos esse Germanis, qui trans Rhenum incolunt.

캐사르는 라인 강 너머에 사는 벨기에 사람들이 독일 사람들의 친척들이라고 쓴 저자이다. (부수적 관계사절. 독자에게 사실을 말함)

---

exsecror, aris, atus sum, ari, 1 dep. 저주하다, 악담하다

seiungo, is, iunxi, iunctum, ere, 3 tr. 분리시키다, 분간하다, 구별하다

exsisto(existo), is, (s)titi, ere, 3 intr. 발생하다, 나오다, ~하게 되다, 있다, 이다, 존재하다

obt(opt)undo, is, tudi, tusum(tunsum), ere, 3 tr. 때리다, (눈, 귀를) 어둡게 하다, 무디게 하다

supersum, es, fui, esse, intr. 남아 있다, 지휘하다, 도와주다, 주관하다

---

## II. 비고유 관계사절

비고유 관계사절은 관계대명사가 이끄는 종속절로 형용사 기능을 갖지 않고 간접목적 어나 부사적 기능을 한다. 비고유 관계사절은 항상 접속법 동사를 쓰며, 목적, 결과, 이유, 양보, 반대, 가정 등의 부대 상황을 설명한다.

### 1. 목적 관계사절

목적 관계사절은 어떤 일이 발생되거나 정해진 목적을 나타낸다.

Caesar equitatum, qui(=ut is) sustineret[264] hostium impetum, misit.[265]

캐사르는 적들의 공격을 저항하기 위해 기병대를 파견했다.

---

262) supersum의 직설법 미완료 단수 3인칭.

263) supersum의 접속법 미완료 단수 3인칭.

264) sustineo의 접속법 미완료 단수 3인칭.

265) mitto의 직설법 과거 단수 3인칭.

## 2. 결과 관계사절

### 1) 일반 원칙

결과 관계사절은 주절에서 표현하는 행위의 결과를 나타내며, 주절에 "talis, tam, tantus 이와 같이, 이처럼, 이렇게; is 그러한; eiusmodi 이러한, 그러한 방식의" 등이 놓인다.

Innocentia est affectio talis animi, quae(=ut ea) noceat nemini. (Cic.)
결백은 아무에게도 해를 끼치지 않는다는 이러한 영혼의 상태이다.

### 2) 특수 용례

• 부성사(부정대명사, 형용사, 부정부사)나 수사학적 의문문의 결과 관계사절

nemo(nullus) est qui ~할 사람은 아무도 없다

nemo invenitur/reperitur qui ~할 사람을 아무도 찾지 못하다

nihil(non) est quod ~할 것은 없다          nihil habeo quod ~할 것이 내게는 없다

quis est qui? ~할 사람이 누구냐? (아무도 없다는 의미. 이를 수사학적 의문문이라 함)

quid est quod? ~할 것은 무엇이냐? (아무것도 없다는 의미. 이를 수사학적 의문문이라 함)

N.B. nihil(non) est quod, nihil habeo quod는 "~할 이유가 없다"로도 옮길 수 있다. 이 경우 quod는 관계대명사가 아니라 이유를 나타내는 접속사이다.

Nemo est orator, qui se Demosthenis similem esse nolit. (Cic.)
데모스테네스와 같이 되고 싶지 않은 연설가는 아무도 없을 것이다.
Quis est qui hoc non intellegat? (Cic.)
이것을 모르는 사람이 누가 있겠는가(누구냐)? (모르는 사람이 아무도 없다는 의미)

• 불특정 표현, 즉 특정 인물을 지시하지 않고 주절의 일반적인 사람을 꾸며 주는 표현들은 발생할 수 있는 결과를 나타낸다.

non desunt qui, existunt(inveniuntur, reperiuntur) qui ~하지 않는 사람들이 있다(~하지 않는 사람들이 발견된다)

ego sum qui(est qui, sunt qui), unus qui ~하는 사람이 있다

Sunt qui censeant[266] una animum et corpus occidere. (Cic.)
영혼과 육신이 함께 죽어 없어지는 걸로 생각하는 사람들이 있다.

---

266) censeo의 접속법 현재 복수 3인칭.

• 긍정적 의미의 표현에서 관계사절이 특정 주어를 수식할 경우, 주절의 주어가 미한정 대명사일지라도 직설법 동사를 쓴다.

Sunt quidam, qui molestas amicitias faciunt. (Cic.) 우정을 귀찮게 만드는 일부 사람들이 있다.

Sunt bestiae quaedam, in quibus inest aliquid simile virtutis. (Cic.)
덕과 비슷한 어떤 것을 가진 동물들이 있다.

---

innocentia, ―ae, f. 무죄, 결백    affectio, ―onis, f. 작용, 정서, (정신적, 육체적) 상태

Demosthenes, ―is, m. 데모스테네스(B.C. 4세기 그리스의 유명 정치가이자 연설가)

sustineo, es, tinui, tentum, ere, 2 tr. 유지하다, 견디다, 보호하다, 저항하다

noceo, es, nocui, nocitum, ere, 2 intr. et tr. (여격 요구) ~에게 해를 끼치다, 범죄하다

censeo, es, censui, censum, ere, 2 tr. 호구 조사하다, 여기다, 생각하다

occido, is, occidi, occasum, ere, 3 intr. 죽다, 없어지다, (해, 달, 별이) 지다

---

## 3. 이유 관계사절

주절의 동사가 표현한 이유를 나타낸다. 관계대명사 앞에 utpote, quippe를 넣어 강조할 수 있다. 이 경우 "특히(사실) ~하기 때문에(하므로)"라고 옮긴다.

Maluimus[267] iter facere pedibus qui(=cum/quod) incommodissime navigavissemus.[268] (Cic.)
우리는 아주 불편하게 항해했었기 때문에 걸어서 여행하는 것을 더 원한다.

## 4. 양보 관계사절

양보 관계사절은 주절에서 언급했음에도 불구하고 할 수밖에 없는 상황을 표현한다.

Hostes patientissimo exercitui Caesaris luxuriem obiciebant,[269] cui semper omnia defuissent.[270] (Caes.)
적들은 늘 모든 것이 부족했었기 때문에, 캐사르의 가장 절제력 있는 군대에게 호사로움을 보이곤 하였다.

---

267) malo의 직설법 현재 복수 1인칭.
268) navigo의 접속법 과거완료 복수 1인칭.
269) obicio의 직설법 미완료 복수 3인칭.
270) desum의 접속법 과거완료 복수 3인칭.

## 5. 반대 관계사절

반대 관계사절은 주절에서 언급한 것과 반대되는 개념을 표현한다.

Tu non adfuisti,[271] qui diligentissime semper illum diem et illud munus solitus esses obire.[272] (Cic.)

너는 있지 않았다. 그러나 너는 늘 그날과 그 임무를 가장 성실하게 이행하곤 하였다.

## 6. 조건 관계사절

조건 관계사절은 가정문의 의미를 가지는 것으로서, 두 번째나 세 번째 종속절로 귀결절에 일치한다.

Qui(=Si quis) haec videat, nonne cogatur[273] confiteri[274] deos esse? (Cic.)

누가(만일 누가) 이것들을 보고, 신들이 존재한다는 것을 인정하지 않을 수 있는가?

## 7. 제한적 의미의 관계사절

•주절에서 표현한 생각을 제한하거나 완화시키는 경우. 이 경우 관계대명사는 대개 "quidem 적어도 ~는(만은), modo 다만, ~뿐, ~만"을 의미하는 부사를 동반한다.

Antiquissimi sunt, quorum quidem scripta constent,[275] Pericles atque Alcibiades. (Cic.)

남아 있는 기록물 가운데 가장 오래된 것은 페리클레스와 알치비아데스 것이다.

•관용적 표현

quod sciam 내가 아는 바로는, quod meminerim 내가 기억하는 바로는

•직설법을 쓰는 관용적 표현

quantum possum 내가 할 수 있는 한

quantum in me/in te est 나에/너에 관한 한

quod ad me attinet 나에 관해서는

---

271) adsum의 직설법 과거 단수 2인칭.
272) obeo의 부정법 현재.
273) cogo의 접속법 수동 현재 단수 3인칭.
274) confiteor의 부정법 현재.
275) consto의 접속법 현재 복수 3인칭.

N.B. "quod(quoad) attinet ad+대격, ~에 관해서는"이란 관용어는 아주 빈번하게 사용되므로 암기해 두면 유용하다.

Quantum possum voce contendam,[276] ut populus Romanus haec audiat.[277]
로마 백성이 이것들을 순종하도록, 나는 가능한 말로 노력할 것이다(직역: 내가 할 수 있는 말로 노력할 것이다.).

---

luxuria, -ae, f. 호사로움, 방탕, 사치

patiens, -entis, adj. 참을 줄 아는, 인내력 있는, 자제력 있는

scriptum, -i, n. 기록, 문서, 서적

malo, mavis, malui, malle, anom. tr. 선호하다, 더 원하다(하고 싶다)

obicio, is, ieci, iectum, ere, 3 tr. 보이게 하다, 맞세우다, 반대하다

obeo, is, ii(드물게 ivi), itum, ire, intr. 향해서 가다, (해, 달, 별이) 지다, (사람) 죽다; tr. 당하다, 준수하다, 이행하다

cogo, is, coegi, coactum, ere, 3 tr. 강제(강요)하다, 결론짓다, 추론하다

consto, as, stiti, part. fut. constaturus, -a, -um, are, 1 intr. 남아 있다, 알려진 사실이다, 얼마이다

confiteor, eris, confessus sum, eri, 2 dep. tr. 고백(자백, 인정)하다

contendo, is, tendi, tentum, ere, 3 tr. 잡아당기다, 얻으려고 노력하다, 비교하다; intr. 빨리 가다, 힘쓰다, 애쓰다, 싸우다, 대결하다

---

276) contendo의 직설법 미래 단수 1인칭.
277) audio의 접속법 현재 단수 3인칭.

# Propositio Interrogativa Directa et Obliqua

## 직·간접 의문문

의문문은 화자가 질문을 하거나 의문을 표시하는 문장으로 라틴어에서 직접 의문문과 간접 의문문의 형태로 표현된다. 직접 의문문은 단문으로 화자의 질문이나 의문을 표현하는 형태이고, 간접 의문문은 의문문이 복문의 종속절로 표현된 경우이다.

## I. 직접 의문문(Propositio Interrogativa Directa)

직접 의문문에는 "예/아니요"의 대답이 요구되는 단문 형태가 있고, A 혹은 B의 대답을 요구하는 "이접문" 형태가 있다. 단문이란 주어와 서술어가 각각 하나씩 있고, 그 둘 사이의 관계가 한 번만 이루어지는 문장을 말한다. 반면 이접문이란 두 가지 명제가 "또는, 혹은"과 같은 논리적 관계로 이루어진 문장을 말한다. 여타 사전에서는 '선언문'이라고 하기도 한다.

|단문 형태| Proficisceris Romam? 로마로 떠나니?

|이접문 형태| Proficisceris Romam an Neapolem? 로마로 떠나니, 나폴리로 떠나니?

• 직접 의문문은 일반적으로 직설법 동사를 사용한다. 그러나 의혹이나 가능성을 묻는 의문문의 경우 접속법 동사를 사용한다. 이에 대해서는 "Pars 2, Lectio III, II, 4, 5"를 참조하라.

Quando iam tuas litteras accipiam? (Cic. *Fam.* 14, 4, 5)

이제 언제 너의 편지를 받을 수 있을까? (가능성을 묻는 경우)

Quando te aspiciam? (Hor.) 언제 너를 볼 수 있을까? (가능성을 묻는 경우)

• 직접 의문문 가운데는 수사학적 의문문이 있다. 수사학적 의문문이란 질문에 이미 긍정이나 부인 등의 답이 전제되어 있는 의문문을 말한다. 수사학적 의문문은 본 의미의 의문문은 아니다.

## 1. 단문 형태의 직접 의문문

### 1) 의문사(의문대명사, 의문형용사, 의문부사)를 사용한 의문문

quis 누가          qui 어떤          quisnam 도대체 누가

uter 둘 중 누가     qualis 어떠한      quantus 얼마만큼

quot 얼마나         ubi 어디에        quomodo 어떻게

quando 언제        cur 왜

Quis nunc te adhibit? (Catull.) 이제 누가 너한테 올 것인가?

Quid expectas? Bellum? (Cic. *Catil.* 2, 18) (너는) 무엇을 기다리느냐? 전쟁?

Quem socium defendistis? (Cic.) (너희는) 무슨 동맹을 지지하였는가?

Cui praesidio fuistis? (Cic.) (너희는) 누구를 보호하였는가?

Ubi est dominus? (*Rhet.*) 주인은 어디에 있는가?

---

adhibeo (사람에게) 초대하다, 오다

praesidium, −ii, n. 보호, 경호, 도움; praesidio esse alicui ~를 보호하다

---

### 2) 의문접사 -ne, num, nonne를 이용한 의문문

의문접사 −ne, num, nonne는 의문문과 수사학적 의문문에 사용된다.

(1) 의문접사 −ne의 용법

•질문할 단어를 문장 첫머리로 놓고, 그 단어의 끝에 의문접사 −ne를 붙이면 된다. 우리말로 "~하느냐?"로 옮긴다. 의문접사 −ne는 답이 전제되어 있지 않은 의문문, 정말 몰라서 물을 때 사용된다.

Venisne? 네가 오니?

Estne frater tuus intus? (Ter.) 네 형제가 안에 있느냐?

•videsne, videtisne, potesne 등의 표현은 의문사 num, nonne를 사용할 수도 있다.

Videtisne(=nonne videtis) ut apud Homerum saepissime Nestor de virtutibus suis praedicet?[278] (Cic. *De Senectute*, 31)

네스토르가 호메로스 앞에서 자주 자신의 능력에 대해 얼마나 자랑하는지 (너희는) 보느냐?

Potestne(=num potest) virtus servire? (Cic. *De Orat.* Lib. I, 52)

덕이 유용할 수 있는가?

---

278) praedicet는 praedico 동사의 접속법 현재 단수 3인칭. 이 문장에서 ut는 의문부사로 "얼마나, 어떻게"란 뜻이다.

> saepissime, adv. 매우 자주, 퍽, 여러 번　　　intus, adv. 안에, 안으로
> praedico 외치다, 공표하다, 자랑하다, 칭찬하다
> virtus, -utis, f. 덕, 도덕, 능력, 자질, 재능, 가치
> servio 시중들다, 섬기다, 유용하다, 쓸모가 있다

### (2) 의문사 num의 용법

부정적인 답변을 기대하는 수사학적 의문문에 사용된다. 우리말로 "~란 말이냐?"로 옮긴다.

Num venis? 네가 온단 말이야?

Num potes hoc negare? (Cic. *Verr.* 2, 5, 132) 네가 이것을 부인할 수 있겠니?

Num eloquentia Platonem superare possumus? (Cic. *Tusc.* 1)[279]

우리가 웅변에서 플라톤을 능가할 수 있겠는가? (답변은 "그럴 수 없음"을 전제한다.)

### (3) 의문사 nonne의 용법

긍정적인 답변을 기대하는 수사학적 의문문에 사용된다. 우리말로 "~하지 않은가?"로 옮긴다.

Nonne venis? 너 오지 않니?

Canis nonne similis est lupo? (Cic.) 개는 늑대와 비슷하지 않은가?

Nonne vides Albi ut male vivat filius? (Hor. *Sat.* 1, 4, 109)

알비의 아들이 얼마나 나쁘게 사는지 보지 않느냐?

### 3) 의문문에 답하기

로마인들은 질문에 대해 긍정하거나 부정할 때 "예(Sic, Ita est.), 아니요(non)"라는 표현보다는 질문에 쓰인 동사를 사용해서 대답하는 것을 좋아했다.

### (1) 긍정적인 답변하기

• 질문한 동사를 반복하기

Estne frater tuus intus? −Est. (Ter.) 네 형제가 안에 있니? −있어.

Fuistin(=fuistine) liber? −Fui. (Pl. *Capt.* 628)

(당신은) 자유인이었습니까? −예.

• 긍정을 표현하는 부사를 사용한다.

| | |
|---|---|
| Etiam. 네, 그렇습니다. | ita (est). 그렇다. |
| certe. 확실히 그렇다. | sane (quidem). 그렇고말고. |
| utique. 물론, 암 그렇고말고 | omnino. 확실히 그렇다. |

---

279) 치체로가 자신의 저서 *Tusc. Disputatio* 제1권에서 한 말.

(2) 부정적인 답변하기

• 질문한 동사에 non을 붙여 대답한다.

Estne frater tuus intus? −Non est. 네 형제가 안에 있니? −없어.

• 부정적 의미의 부사를 써서 표현한다.

**non** 아니 　　　　　　　　　　　　　　　　**non ita est/minime** 절대로 아니

**nullo modo** 절대로 아니

Iam ea (dies) praeterit?[280] −Non! 벌써 그날이 지났나요? −아니요!

N.B. dies는 남성 여성으로 모두 사용된다. 일반적으로 dies는 남성명사로 사용되나, 몇 월 며칠, 편지 날짜, 주기적인 날짜를 표기할 때는 여성명사가 된다. 따라서 이 문장에서 ea를 사용한 것이다.

---

praetereo, is, ii(ivi), itum, ire 지나가다, 통과하다

---

## 2. 이접문 형태의 직접 의문문

• 이접문 형태의 의문문은 두 개나 그 이상의 절로 구성되는데, 두 번째 의문절은 첫 번째 의문절에 대한 양자택일(~또는)이나, 찬반의 성격을 띤다.

Romamne venio an hic maneo an Arpinum fugiam? (Cic.)

(나는) 로마로 가느냐 여기에 머무르느냐 아르삐눔으로 피신할 것인가?

• 두 번째 의문절부터, 앞에 의문접속사 an(~이냐?)이 삽입된다. 그러나 상관관계를 나타낼 때는 첫 번째 의문절에 utrum(~인가, 아니면 ~인가)이나 −ne를 쓴다.

~ an ~

utrum ~ an ~

-ne ~ an ~

Servus es an liber? (Plaut.) (너는) 노예인가 자유인인가?

=Utrum servus es an liber?

=Servusne es an liber?

Haec vera an falsa sunt? (Cic. *Acad.* 2, 95) 이것들은 진짜일까 가짜일까?

Haec utrum tandem lex est an legum omnium dissolutio? (Cic. *Phil.* 1, 21) 도대체 이것들은 법인가 아니면 모든 법들의 파괴인가?

---

280) praeterit는 praetereo 동사의 직설법 현재 단수 3인칭.

Pacemne huc fertis an arma? (Verg. *Aen.* 8, 114)
너희는 여기에 평화를 아니면 전쟁을 가지고 오는가?

• 두 번째 질문이 첫 번째 질문의 부정일 때는 an non(또는 아니냐?)을 쓴다. 때로는 necne를
쓰기도 한다.

Pater eius rediit, an non. (Ter.) 그의 아버지가 돌아왔니, 안 돌아왔니?
Videon(=videone) Cliniam an non? (Ter. *Heaut.* 405) 나는 클리니아를 아는가, 모르는가?
Sunt haec tua verba necne? (Cic. *Tusc.* 3, 41) 이것들은 네 말인가, 아닌가?

• 두 번째 질문이 첫 번째 질문에 대립되지 않고 부연 설명이나 정정을 나타낼 경우 an을
쓰지 않고 aut나 vel을 쓴다.

Voluptas meliorem efficit aut laudabiliorem virum?281) (Cic. *Par.* 15)
즐거움(쾌락)이 더 좋고 혹은(또는) 더 높이 평가할 만한 인간을 만드는가?

---

dissolutio, -onis, f. 분리, 해약, 소멸, 파괴, 폐지, 박약
laudabilis, -e, adj. 높이 평가할, 칭찬받을 만한
efficio, is, feci, fectum, ere 이루다, 만들다, ~게 하다

---

## II. 간접 의문문(Propositio Interrogativa Indirecta)

간접 의문문은 "묻다, 대답하다, 말하다, 보다, 알다, 생각하다, 의심하다" 동사의 주절이나
목적절 역할을 하는 종속절로 화자의 의문을 표현하는 문장이다.

간접 의문문은 직접 의문문과 마찬가지로 의문사, 의문접사를 문장 첫머리에 놓으며,
늘 접속법 동사를 사용한다.

주절의 동사와의 시제 관계는 시제 일치에 관한 규칙을 따른다.

| 주절 동사의 시제 | 동시성 | 선행 | 후행 |
|---|---|---|---|
| 현재(미래) | 접속법 현재 | 접속법 단순과거 | 미래분사+sim, sis, sit, etc. |
| 과거 | 접속법 미완료 | 접속법 과거완료 | 미래분사+essem, esses, esset, etc. |

|현재| 여인은 약혼남이 부자인지 모른다. (동시성)
Puella nescit an sponsus sit dives.

---

281) meliorem은 bonus의 비교급 남성 대격. laudabiliorem은 laudabilis의 비교급 남성 대격.

|과거| 여인은 약혼남이 부자였는지 모르고 있었다. (동시성)

Puella nesciebat an sponsus esset dives.

## 1. 단문 형태의 간접 의문문

### 1) 의문사(의문대명사, 의문형용사, 의문부사)를 문두에 삽입

| | | |
|---|---|---|
| quis 누가 | qui 어떤 | quisnam 도대체 누가 |
| uter 둘 중 누가 | qualis 어떠한 | quantus 얼마만큼 |
| quot 얼마나 | ubi 어디에 | quomodo 어떻게 |
| quando 언제 | cur 왜 | |

Quis sim cognosces.[282] (Sall.) 너는 내가 누구인지 알게 될 것이다.

Non refert quam multos libros, sed quam bonos habeas. (Sen. *Ep.* 45, 1)

얼마나 많은 책을 가지고 있는가가 중요하지 않고, 얼마나 좋은 책을 가지고 있는가이다.

Cupio scire quid agas et ubi sis hiematurus. (Cic. *Fam.* 7, 9, 1)

네가 무엇을 하고 어디서 겨울을 날지 알고 싶다.

Incredibile est quanta multitudo fuerit Syracusis. (Cic.)

시라쿠사에 얼마나 많은 사람들이 있었는지 믿기지가 않는다.

N.B. 주절 동사의 시제는 현재(est)이고 종속절 동사의 시제는 접속법 단순과거(fuerit)로 주절보다 선행하는(먼저 일어난) 시제를 나타낸다.

Quaesiverat ex me Scipio quidnam sentirem de hoc. (Cic.)

내가 이 문제에 대해 도대체 무슨 생각을 하고 있었는지 쉬피오(스키피오)가 나에게 물었다.

N.B. 주절의 동사가 직설법 과거완료(quaesiverat)이고, 종속절 동사의 시제는 접속법 미완료(sentirem)이므로 과거 시제의 동시성을 나타낸다.

---

cupio 몹시 원하다, 열망하다　　　　　　　　hiemo 겨울나다, 동면하다

incredibilis, -e, adj. 믿을 수 없는, 믿어지지 않는

quantus, -a, -um, adj. 얼마나 큰, 얼마만큼　　multitudo, -dinis, f. 군중, 대중, 무리

Syracusae, -arum, f. pl. 시라쿠사(시칠리아 섬에 있는 도시)

quidnam (의문대명사) 도대체 무엇이

---

282) sim은 접속법 현재 단수 1인칭. cognosces는 cognosco 동사의 직설법 미래 단수 2인칭.

## 2) 의문접사 -ne, num, nonne를 이용한 의문문

### (1) 의문접사 -ne, num의 용법

긍정적인 답변이나 부정적인 답변을 기대하는 -ne와 num은 의미상 큰 차이가 없다. -ne와 num은 일반적인 의문문이나 수사학적 의문문에 모두 사용된다.

Pater meus quaesivit a me vellemne secum in castra proficisci.283) (Nep. *Hann.* 2, 4)

나의 아버지는 당신과 함께 진지로 떠나는 것을 원하는지 나에게 물었다.

Xenophon Socratem consuluit sequereturne Cyrum.284) (Cic.)

크세노폰은 치로를 따라야 할지 소크라테스에게 의논하였다.

Disputatur num interire virtus in homine possit. (Cic.)

덕이 인간에게서 사라질 수 있을지 논의된다.

Exquire num quid ad regem contra dignitatem tuam scripserit.285) (Cic. *Deiot.* 42)

그가 당신의 권위에 반하여 왕에게 무엇을 썼는지 조사하라!

Num quid286) potest caecus caecum ducere? (Lc 6, 39)

장님이 어떻게 장님을 인도할 수 있겠는가?

---

secum (=cum se) 자기와 함께; 스스로, 혼자서

consulo tr. (대격 요구) ~에게 묻다, 의논하다　sequor 따르다, 뒤따르다

exquiro 조사하다, 검토하다, 물어보다　　　　　disputo 논쟁하다, 토의하다

intereo 사라지다, 죽다

---

### (2) 의문사 nonne의 용법

특별히 quaero, peto 동사와 함께 긍정적인 답변을 기대하는 의문문에 사용된다. nonne는 일반적으로 ne로 대체된다.

Quaero a te, Lucio Piso, nonne oppressam rem publicam putes.287) (Cic. *Phil.* 1, 15)

루치오 피소, 당신은 공화국이 탄압받는다고 생각하지 않는지 당신에게 묻소.

Vir petivit a puella nonne esset felix cum eo.

남자는 그와 함께 행복하지 않은지 여자에게 물었다.

---

opprimo 억압하다, 탄압하다

---

283) vellem은 volo 동사의 접속법 미완료 단수 1인칭.

284) sequeretur는 sequor 동사의 접속법 미완료 단수 3인칭.

285) exquire는 exquiro 동사의 명령법 현재 단수 2인칭.

286) quid는 부사로 "왜, 무엇 때문에; 어떻게"라는 의미.

287) oppressam은 esse가 생략된 것으로 수동태 과거 부정사문이다.

## 2. 예외적 용법

### 1) ut, si가 삽입되는 간접 의문문

• 주절의 동사가 "conor/experior 시도하다, expecto 기다리다, video 보다" 등의 동사일 경우, 종속절의 첫머리에 num이나 -ne 대신에 si를 쓴다.

Exspectabam, si quid ad me scriberes. (Cic.)
네가 나에게 무엇을 쓸지 기다리고 있었다.

• 지각동사(video, etc.) 다음에 오는 간접 의문문은 "ut 어떻게, 얼마나"를 쓰기도 한다.

Videtis ut senectus sit operosa. (Cic. *Sen.* 26)
노인이 얼마나 열심히 일하는지 너희는 안다(보고 있다).

| senectus, -utis, f. 노인, 노년기, 늙은이 | operosus, -a, -um, adj. 열심히 일하는, 활동적인 |
|---|---|

### 2) 의심이나 불확실성을 나타내는 동사

• "nescio/haud scio 모르다, dubito 의심하다, dubium est 의심스럽다, incertum est 불확실하다" 등의 표현은 간접 의문문에서 종속절에 완곡어법으로 an, an non을 쓴다.

> **an:** 완곡한 긍정
> **an non:** 완곡한 부정
> **-ne/num:** 확실한 의문/의심

Haud scio, an alter sentias. 네가 달리 생각할지도 모른다.
Haud scio an non possis. (Cic.) 네가 할 수 없을지도 모른다.
Dubito num tibi idem suadere debeam. 네게 같은 것을 추천해야 하는지 의심스럽다.

| suadeo, tr. (~을) 권고하다, 추천하다 |
|---|

## 3. 이접문 형태의 간접 의문문

• 이접문 형태의 간접 의문문은 주절에 "peto, quaero, 묻다, 청하다; dubito 의심하다" 등의 동사와 함께 종속절에 접속법 동사가 쓰인다. 직접 의문문과 마찬가지로 두 번째 물음 앞에 의문접속사 an(~이냐?)이 삽입된다. 단, 상관관계를 나타낼 때는 첫 번째 물음에

utrum(~인가, 아니면 ~인가)/-ne를 놓는다.

~ an ~

utrum ~ an ~

-ne ~ an ~

~ -ne ~

Ex te quaero servus sis an liber.

=Ex te quaero utrum servus sis an liber.

=Ex te quaero servusne sis an liber.

=Ex te quaero servus sis liberne.

(나는) 네가 노예인지 자유인인지 네게 묻는다.

•직접 의문문에서와 마찬가지로, 간접 의문문에서도 이접문 속 두 개의 질문이 양자택일 또는 찬반의 관계로 연결되었을 경우, necne(~인지 아닌지)로 표현할 수 있다.

Sitne malum dolere necne, viderint Stoici. (Cic.)

고통을 느끼는 것이 나쁜 것인지 그렇지 않은지, 스토아학파 사람들은 알았을 것이다.

doleo 아파하다, 아프다, 고통을 느끼다          Stoici, -orum, m. pl. 스토아학파 사람들

# 참고문헌
# Librorum Descriptio

## 1. 사전류

가톨릭대 고전라틴어연구소 편찬, 『라틴 한글 사전』, 가톨릭대학교출판부, 2006.

이순용, 『한글-라틴 라틴-한글 사전』, 한국 천주교회 교회사 연구소, 2009.

D. A. Kidd, M. Wade, *Collins latin dictionary & Grammar*, Glasgow: Harper Collins Publishers, 1997.

D. P. Simpson, *Cassell's latin dictionary*, NewYork: Wiley Publishing, 1968.

F. Rendich, *Dizionario etimologico comparato delle lingue classiche indoeuropee Indoeuropeo – Sanscritto – Greco – Latino*, Roma: Palombi & Patrner, 2010.

H. T. Riley, *Dictionary of Latin quotations, proverbs, maxims, and mottos: classical and mediaeval, including law terms and phrases, with a selection of Greek quotations(1866)*, London: Dell & Daldy, 1866.

J. Rowbotham, *A new derivative and etymological dictionary of such english works as have their origin in the Greek and Latin languages(1838)*, London: Longman, 1838.

L. Castiglioni, S. Mariotti, *Il vocabolario della lingua latina*, Milano: Loescher editore, 1996.

T. Pontillo, *Dizionario Sanscritto*, Milano: Antonio Vallardi Editore, 2005.


## 2. 단행본

가톨릭대학교 신학대학 라틴어연구소 편찬, 『라틴어 30일』, 가톨릭출판사, 2004.

공성철, 『명문으로 문법과 독해력을 습득하는 라틴어 강좌』, 한들출판사, 2007.

백민관, 『라틴어 교본』, 가톨릭출판사, 2011.

성염, 『고전 라틴어』, 바오로딸, 2009.

성염, 『라틴어 첫걸음』, 경세원, 2010.

오연수, 『최신 라틴어 교본』, 도서출판 한글, 2011.

오평호, 『라틴어 교본』, 연세대학교출판부, 2002.

조경호, 『꿩 먹고 알 먹는 라틴어 첫걸음』, 문예림, 2010.

허창덕, 『초급 라틴어』, 가톨릭대학교출판부, 2010.

허창덕, 『중급 라틴어』, 가톨릭대학교출판부, 2009.

허창덕, 『라틴어 문장론』, 가톨릭대학교출판부, 1962.

F. M. 휠록, 이영근 옮김, 『휠록 라틴어 문법』, 비블리카 아카데미아, 2005.


A. Cavarzere, A. D. Vivo, P. Mastandrea, *Letteratura latina*, Roma: Carroci, 2003.

B. Bell, *Minimus: Starting out in Latin*, Cambridge: Cambridge University Press, 1999.

B. Bell, *Minimus Secundus: Moving on in Latin*, Cambridge: Cambridge University Press, 1999.

C. A. Hull, S. R. Perkins, T. Barr, *Latin for Dummies*, NJ: Wiley Publishing, 2002.

F. Manna, *Grammatica della lingua latina*, Milano: Carlo Signorelli Editore, 1995.

H. Clifford A., P. R, Steven, B. Tracy, *Latin for Dummies*, Wiley Publishing, Inc, 2002.

J. Clackson, *Latin language*, Oxford: Wiley—Blackwell, 2011.

J. Clackson, G. Horrocks, *The blackwell history of the Latin language*, Oxford: Wiley—Blackwell, 2011.

J. Doug, *Latin Made Simple*($2^{nd}$ed), Broadway Books, 2006.

J. I. Handlin, B. E. Lichtenstein, *Learning Latin through Mythology*, Cambridge: Cambridge University Press, 2011.

M. Agosto, *Latino per il diritto canonico*, Lugano: Eupress FTL, 2007.

N. Flocchini, P. G. Bacci, M. Moscio, *Maiorum Lingua: Manuale*, Milano: Bompiani, 2007.

N. Flocchini, P. G. Bacci, M. Moscio, *Maiorum Lingua: Materiali di lavoro A*, Milano: Bompiani, 2007.

N. Flocchini, P. G. Bacci, M. Moscio, *Maiorum Lingua: Materiali di lavoro B*, Milano: Bompiani, 2007.

N. Flocchini, P. G. Bacci, M. Moscio, *Maiorum Lingua: Materiali di lavoro C*, Milano: Bompiani, 2007.

P. Poccetti, D. poli, C. Santini, *Una storia della lingua latina*, Roma: Carocci, 2008.

R. E. Prior, *Everything learning latin book*, Massachusetts: Adams Media Cor., 2003.

S. P. Chair, P. E. Bell, S. Farrow, R. M. Popeck, *Cambridge Latin Course Unit 1*, Cambridge: Cambridge University Press, 2008.

S. P. Chair, P. E. Bell, S. Farrow, R. M. Popeck, *Cambridge Latin Course Unit 2*, Cambridge: Cambridge University Press, 2008.

S. P. Chair, P. E. Bell, S. Farrow, R. M. Popeck, *Cambridge Latin Course Unit 3*, Cambridge: Cambridge University Press, 2008.

S. P. Chair, P. E. Bell, S. Farrow, R. M. Popeck, *Cambridge Latin Course Unit 4*, Cambridge: Cambridge University Press, 2008.

V. Barocas, *Fairy tales in Latin*, NewYork: Hippocrene Books, 2010.

V. Pisani, *Grammatica latina*, Torino: Rosenberg & Sellier, 1974.

V. Tantucci, *Urbis et orbis lingua: Parte Teorica*, Bologna: Poseidonia, 2007.

V. Tantucci, A. Roncoroni, *Latino: Grammatica descrittiva*, Bologna: Poseidonia, 2006.

V. Tantucci, T. Rimondi, *Urbis et orbis lingua: Parte Pratica*, Bologna: Poseidonia, 2007.

W. E. Linney, *Getting started Latin — Beginning Latin for homeschoolers and self—taught students of anyage*, Armfield Academic Press, 2007.

# 찾아보기
## Index

## 한동일

2001년 로마 유학길에 올라 교황청립 라테라노 대학교에서 2003년 교회법학 석사학위와 2004년 동대학원에서 교회법학 박사학위 모두를 최우등으로 취득했으며, 바티칸 대법원 로타 로마나(Rota Romana) 변호사 자격을 얻은 뒤 이탈리아 법무법인에서 일했다. 2010년부터 2016년까지 서강대학교에서 라틴어 강의를 맡아 진행했고, 이어 연세대학교 법무대학원에서 '유럽법의 기원'과 '로마법 수업'을 강의했다. 현재는 번역 및 집필 활동을 이어가고 있다.
<한동일의 라틴어 산책> <카르페 라틴어 한국어 사전> <라틴어 수업> <법으로 읽는 유럽사> <로마법 수업> <한동일의 공부법> 등을 짓고, <교부들의 성경 주해 로마서> <교회법률 용어사전> 등을 우리말로 옮겼다. <라틴어 수업>은 대만에서도 출간돼 화제를 모으고 있고, 일본에서도 출간과 동시에 어학 및 고대·중세·근대·르네상스 시대 서양사상 분야에서 1위에 오르며 아마존 저팬의 베스트셀러가 되었다.

## 카르페 라틴어 제2권 라틴어 구문론

**초판 6쇄** 인쇄 2023년 5월 16일
**초판 6쇄** 발행 2023년 5월 26일

**지은이** 한동일
**펴낸이** 서덕일
**펴낸곳** 도서출판 문예림

**출판등록** 1962년 7월 12일 제 2-110호
**주소** 경기도 파주시 회동길 366 3층(파주출판도시)
**전화** 02-499-1281.2 **팩스** 02-499-1283
**전자우편** info@moonyelim.com **홈페이지** www.moonyelim.com

ISBN  978-89-7482-858-5(93790)
제1권, 제2권, 부록 세트